느리게 느리게
걸어유
충남도보여행

상상출판

프롤로그

느리게 걸을수록 행복한
충청남도 걷기여행

송일봉 ((사)한국여행작가협회 회장)

우리 일상의 상당부분이 기계화되고 자동화되면서 점차 인간성이 상실되고 있습니다. 여기에 무분별한 개발과 자원의 낭비로 인한 오존층의 파괴와 지구온난화 등은 지구촌 모든 사람들이 고민해야 할 새로운 문제로 등장했습니다. 이에 따라 에코투어리즘(Eco-tourism)에 대한 관심도 그만큼 높아졌습니다. 에코투어리즘은 '자연환경의 훼손을 최대한 줄이면서 숲이나 바다, 산, 강, 동물 등을 관찰하는 친환경적인 여행형태'를 말합니다.

에코투어리즘의 명소는 '자연환경이 잘 보존된 곳'이라는 특성상 문명의 이기에서 많이 벗어난 지역에 편중되어 있습니다. 따라서 자동차를 타고 찾아가기에는 많은 제약이 따를 수밖에 없습니다. 걸어서 직접 숲이나 산을 찾아가야 하는 이유가 바로 여기에 있습니다.

이 세상에는 바닷길, 산길, 숲길, 돌담길, 오솔길 등 많은 길이 있습니다. 우리가 별다른 생각 없이 일상처럼 걷는 길이 있고, 일부러 찾아가서 걷는 길도 있습니다. 그런가 하면 걷기 힘든 길이 있고, 걸으면 왠지 기분이 좋아지는 길도 있습니다. 골목길이나 논둑길처럼 옛 추억이 새록새록 솟아나는 길도 있습니다.

길은 무엇인가요? 길은 우리에게 많은 질문을 던집니다.

길을 걸으면 얻는 것이 참 많습니다.
먼저, 자연의 소리를 들을 수 있어서 좋습니다.
계절마다 색다른 풍경을 만날 수 있습니다.
다양한 삶을 사는 사람들을 만날 수 있습니다.
도심에서는 결코 느낄 수 없는 땅의 기운을 느낄 수 있습니다.
이름 없는 풀과 나무들을 사랑하게 됩니다.
같이 걷는 사람과 깊은 대화를 나눌 수 있습니다.
건강에 많은 도움이 됩니다. 특히 숲길을 걸으면 좋습니다.

바쁜 일상에서 잠시나마 여유를 가질 수 있습니다.

그래서
길은 천천히 오래 걸을수록 좋습니다.

지난여름은 무척 더웠습니다. 그 더운 여름 한가운데서 저희 작가들은 많은 땀을 흘렸습니다. 충남도보길의 시작부터 끝까지 모두 걸어야 했기 때문입니다. 안내판이 제대로 설치되지 않아 길에서 길을 잃은 적도 있었습니다. 하지만 똑같은 길을 두세 번 찾는 동안 안내판과 쉼터가 마련되었고 마침내 충남도보길은 완성되었습니다. 때를 같이해 충남도보길 안내책자도 완성되었습니다. 저희 작가들이 혼신을 다해 만든 이 안내책자를 통해 충남의 멋진 길을 마음껏 걸으시기 바랍니다.

추천사

길을 걸으면서 인간은 다시 한 번 태어난다
- '충남 도보여행길'에 부쳐

나태주 (시인, 공주문화원장)

50대 중반 시절 나는, 충남지역을 내 발로 걸어서 한 바퀴 도는 계획을 세우고 그것을 부분적으로나마 실행에 옮긴 적이 있다. 직장이 있었으므로 연속적으로는 불가능했고 토요일이나 일요일마다 시간을 내서 구간을 끊어서 걸은 다음 그것을 이어서 일주가 되도록 하는 방식이었다. 남들은 다들 백두대간 종주를 꿈꾸는 시절에 이러한 생각은 나름 기특한 것이었다. 자기방식대로의 고장사랑이 그렇게 발현된 것이다. 하지만 의지박약, 시간부족, 장비부족을 핑계로 그 계획은 오래 실행되지 못하고 몇 차례 시도로 그치고 말았다. 이러한 소망과 생각을 품은 사람으로서 몇 년 전 충남문화산업진흥원에서 기획하고 추진하는 '충남 도보여행길'에 대한 기초자료 심의회의에 참여하여 많이 기쁘고 특별한 감동을 받은 적이 있다. 바로 이것이다, 라는 울림이 왔다. 계획을 보니 그 길은 지자체별로 특징을 지니면서 충청남도 전체가 지닌 자연조건이나 역사, 문화를 어우르면서 특색을 갖기도 하고 주제를 갖게 되어 있었다. 걷는 길을 따라 풍광이 달라지고 이야기가 달라지고 소감이 달라지고 분위기가 달라지게 되어 있었다.

병원에서 중병을 앓고 퇴원한 지 얼마 되지 않았던 나는 더욱 건강해져서 그 길들을 차례대로 걸어본다면 얼마나 좋을까 그런 생각을 당시에 간절히 했던 기억이 난다. 그렇게 되면 나의 50대 중반 시절 충남의 전 지역을 내 발로 걸어서 일주해보겠다는 조금은 무모하기도 했던 소망을 비로소 이루는 게 아닐까 싶은 생각이 났던 것이다. 생각해보면 행복은 멀리 있는 것이 아니고 가까이 있는 것이다. 희망은 또 젊은 세대들에게만 있는 것이 아니라 전 생애를 두고 상존하는 것이다. 나이 든 사람도 충분히 행복해질 필요가 있고 희망을 가질 권리가 있다. 그것은 일생동안 줄기차게 추구해야 할 인간의 삶의 목표요 지향인 것이다.

사람은 똑바로 서서 걸으므로 비로소 사람이다. 선사시대 이래 그러했고 오늘날도 그러하다. 인간은 걸으면서 많은 것들을 보고 듣고 느끼고 생각한다. 그러므로 세련된 인간, 지혜로운 인간, 정신적으로 성숙한 인간이 된다. 무엇보다도 생각은 도보의 산물이다. 생각

속에서 인간의 온갖 새로움은 태어났고 철학은 자랐다. 미술이나 음악, 문학과 같은 예술도 마찬가지다. 걷는 과정과 행위 속에서 소재를 얻음은 물론, 그것을 숙성시켜 완전토록 도왔다. 어찌 예술가나 철학가가 걷는 행위 없이 그것을 제대로 자기 것으로 할 수 있었더란 말이냐!

오늘날 우리 삶이 각박하고 우리가 만나는 온갖 사색의 조각이나 예술의 흔적들이 지리멸렬한 것은 그들의 주인공들이 길을 걷지 않기 때문이다. 방 안에 갇히고 텔레비전에 막히고 온갖 복사된 정보에 지배되고 다시금 자동차에 갇혀서 살기 때문이다. 우리는 마땅히 자기 자신을 이러한 모든 감옥으로부터 해방시켜 길 위에 던져야 한다. 길 위에 섰을 때 우리는 진정으로 한 사람 살아서 숨 쉬는 인간이 된다. 사람마다 길을 되찾아야 한다. 그것만이 우리가 다시 한 번 인간답게 사는 길이다. 건강하게 사는 길이다. 길이 참으로 우리의 길이다. 우리를 살리고 우리를 바로 세우고 우리를 건강하게 이끄는 길이다. 길과 함께했을 때 우리의 인생은 고행이 아니라 아름다운 여행이 되리라.

이러한 생각과 소망에 바탕을 두어 우리 충청남도에 도보길이 열리고 그것을 알리는 책자가 나온다는 것은 매우 반갑고 고맙고 고무적인 일이다. 쾌거다. 얼른 그 책을 손에 받아들고 싶다. 그리고는 충남 일주의 꿈을 꾸고 싶다. 아니 그 꿈을 실현하고 싶다. '바다와 함께하는 길'이 있고 '역사와 문화를 느끼며 걷는 길'이 있고 '생태체험의 길' 있고 '솔바람길'이 있고 '강 따라 걷는 길'이 있네. 이 얼마나 아름다운 유혹인가. 이 얼마나 좋은 세상인가. 부디 오래 건강하게 지상에 남아 이러한 모든 길들을 내 발로 걸어보고 싶다.
내 발이 길에 닿을 때만이 모든 길은 정말로 나의 길로 태어난다. 결코 타인의 길이 아니다. 나의 길이다. 나의 발이 일깨워 숨 쉬게 하는 아기의 길이고 나의 마음이 일으켜 세워 앞장서 걷게 하는 청년의 길이다. 아, 이 얼마나 아름다운 환상이며 현실인가! 언제든 길은 혼자서 걷는 것이 아니다. 비록 우리가 그 길을 호락질로 걸을 때일지라도 우리는 그 길 위에서 또 다른 우리 자신을 만나 두런두런 이야기하면서 어깨동무하면서 걷게 될 것이다. 혼자서 가는 길의 동행, 그것이 바로 향기로운 인간의 길이다.

여러 가지 길 이름 가운데서도 내 마음에 와서 꽂히는 길 이름은 단연 '솔바람길'이다. 젊은 시절 나는 얼마나 오랜 날 소나무 아래 솔바람을 쏘이며 마음 속 버큼(거품)들을 삭혔는지 모른다. 원래 시인인 사람에겐 앵그리와 헝그리가 있게 마련이다. 앵그리가 승할 때 사회에 관심 가지는 시인이 되고 헝그리에 기울 때 인간 자신에 치중하는 시인이 된다. 만약 나에게 솔바람 소리와 가까이하는 시간이 없었다면 나도 앵그리의 시인이 되었을 것이다. 그러나 그 날의 솔바람 소리가 나로 하여금 인간 내면을 꿈꾸게 했고 영혼을 그리워하는 시인이게 했다. 그리하여 오늘날 나는 이렇게 조그맣고 식물성이면서 친자연적인 시인이 될 수 있었다. 하나의 축복이다.

'충남 도보여행길'이 열리는 날, 나는 어떤 길보다도 '솔바람길' 가운데 한 길을 택하여 제일 먼저 걸어보리라. 그 길 위에서 만나는 모든 바람과 풀꽃과 햇살과 산새 소리들에게 나의 시 몇 편을 들려주리라. 그러면서 외롭고도 서럽게 보낸 나의 청춘의 어느 날, 그 길목에서 나의 사랑을 매정하게 거절하고 돌아선 여인들을 떠올리며 다시 한 번 울먹거려보리라. 오, 아름다운 배반이여. 나를 시인으로 만들어준 고마운 아낙들이여. 비록 그 길을 걸은 흔적은 내 발이 만든 낙엽 소리와 더불어 허공에 흩어지고 말 것이지만 나의 시들은 저 혼자 남아 때로는 쓸쓸해하고 그리워하고 슬퍼하기도 하면서 낡아갈 대로 낡아갈 것을 믿는다. 그러한 날, 내가 그 길 위에서 읽어주고 싶은 시들은 다음과 같은 것들이다.

자세히 보아야
예쁘다

오래 보아야
사랑스럽다

너도 그렇다
-「풀꽃」 전문

저녁 때
돌아갈 집이 있다는 것

힘들 때
마음속으로 생각할 사람 있다는 것

외로울 때
혼자서 부를 노래 있다는 것
− 「행복」 전문

하늘 아래 내가 받은
가장 귀한 선물은
오늘입니다

오늘 받은 선물 가운데서도
가장 아름다운 선물은
당신입니다

당신 나지막한 목소리와
웃는 얼굴, 콧노래 한 구절이면
한 아름 바다를 안은 듯한 기쁨이겠습니다
− 「선물」 전문

목차

01 바다와 함께 걷는 길

태안 바라길 1구간 (학암포~신두리해변) · 바다와 사막이 이어진 길 … 018 태안 바라길 2구간 (신두리해변~의항해변) · 질퍽한 갯벌을 곁에 두고 걷는 길 … 026 태안 바라길 3구간 (의항해변~파도리해변) · 십리에서 만리로 이어지는 바닷길 … 034 태안 솔향기길 1코스 · 치유와 소통의 길에서 명품 도보길로 거듭나다 … 042 태안 솔향기길 2코스 · 아름다운 사람들이 모여 사는 세상 속의 길 … 050 태안 해변길 솔모랫길 · 곰솔숲과 해안사구를 걸으며 자연의 생명력을 느끼다 … 056 태안 해변길 노을길 · 그림 같은 풍광의 끝에서 황홀한 해넘이를 만나다 … 064 태안 태배길 · 고난의 세월을 지나 상생과 희망을 노래하다 … 072 당진 바다사랑길 · 서해대교를 한눈에 바라보며 걷다 … 078 당진 대난지도 둘레길 · 난초와 지초가 많이 자생한다는 당진시의 유일한 섬 … 086 보령 외연도 둘레길 · 천연기념물 당산 숲과 낙조가 아름다운 걷기 천국 … 094 보령 삽시도 둘레길 · 바다가 감춘 숨은 보물찾기 … 102 서산 아라메길 3-1구간 · 서해의 한려수도를 발아래 두고 걷는 삼길포 봉수대길 … 110 서산 아라메길 4구간 · 산길, 호수길, 바닷길이 어우러진 아라메길 4구간 … 118

02 역사와 문화를 느끼며 걷는 길

백제큰길 부여 구간 · 사비백제시대의 맥을 찾는 길 … 128 백제큰길 공주 구간 · 찬란한 백제문화를 찾아가는 비단강길 여행 … 138 공주 고마나루 명승길 · 백제의 고도 공주의 상징을 거닐다 … 146 당진 내포문화숲길(백제부흥군길) · 산길, 밭길, 둑길 따라 걷다보면 모든 상념 사라진다 … 154 당진 버그내 순례길 · 역사 깃든 천주교 성지 따라 순례에 나서다 … 162 부여 사비길 · 1400년 전 백제로 떠나는 시간여행 … 170 홍성 홍주성 천년여행길 · 옛 성곽과 장터, 과거와 현재의 흥거운 어우러짐 … 178 예산 내포문화숲길(원효 깨달음의 길) · 길을 걸으며 마음을 비우고, 길을 걸으며 깨달음을 얻는다 … 186 예산 느리꼬부랑길 · 느린 걸음으로 삶의 지혜를 배운다 … 194 서산 아라메길 1-1구간 · 백제의 미소를 품으며 걷는 천년 숲길 … 202 서산 아라메길 2구간 · 신앙을 지키기 위한 순교자길 … 210

03 경관이 아름다운 길

천안 태조산 솔바람길 · 후삼국 통일의 기틀을 다진 산, 태조산 솔바람길 … 220 **아산 봉곡사 솔바람길** · 새 소리, 바람 소리 벗 삼아 걷는 반나절의 행복 … 228 **논산 계백혼이 살아 숨 쉬는 솔바람길** · 충효정신을 그리며 걷는 서원 순례길 … 234 **계룡 사계 솔바람길** · 선비를 따라 느긋하게 산책하는 길 … 242 **금산 금강 솔바람길** · 투박한 산길을 걷는 재미가 있다 … 248 **부여 성흥산 솔바람길** · 옛날은 가고 없어도 새삼 마음 설레라 … 254 **청양 칠갑산 솔바람길 1구간** · 길에서 만나는 '느림의 미학' … 262 **청양 칠갑산 솔바람길 2구간** · 충북 알프스 칠갑산 최고 코스 … 270 **홍성 거북이마을 솔바람길** · 명당 내현을 감싸는 보개산의 명품 솔숲길 … 278 **예산 온천과 함께하는 솔바람길** · 솔향기 따라 걷고 600년 전통의 보양온천도 즐긴다 … 286 **공주 마곡사 솔바람길** · 솔바람길 따라 마곡사의 신록을 노래하다 … 294 **서천 천년 솔바람길** · 천년 솔바람길에서 느낀 옛사람들의 향기 … 302

04 물길 따라 걷는 길

서천 철새 나그네길 · 서천 바닷가 생태 탐방로, 부사호에서 다사항까지 … 312 **서천 금강2경 도보여행길** · 습지의 꽃, 갈대를 만나는 금강2경 … 320 **서천 봉선지 둘레길** · 봉선지 물가를 노닐다가 월명산에 오르다 … 328

05 생태체험 길

아산 천년비손길 · 산길, 들길, 호수길, 숲길, 시골길 모두 걷자! … 338 **금산 금성산 술래길** · 한적한 숲길을 걷는 재미에 빠지다 … 344 **부여 장암 송죽 억새길** · 돛대도 아니 달고 삿대도 없이 건너는 은빛 억새바다 … 352 **서천 장항 성주산 탐방로** · 오래된 항구 도시를 만나다 … 358 **청양 남산 녹색둘레길** · 이 길 있어 청양 사람들 좋겠네~! … 364 **예산 가야구곡 녹색길** · 가야산 자락에 감춰진 아름다운 물길 … 372 **태안 안면도 안면송길** · 진한 솔 향기와 화사한 수련꽃에 취하다 … 380 **보령 오서산 억새길** · 은빛 억새, 금빛 노을 춤추는 '서해의 등대' … 388

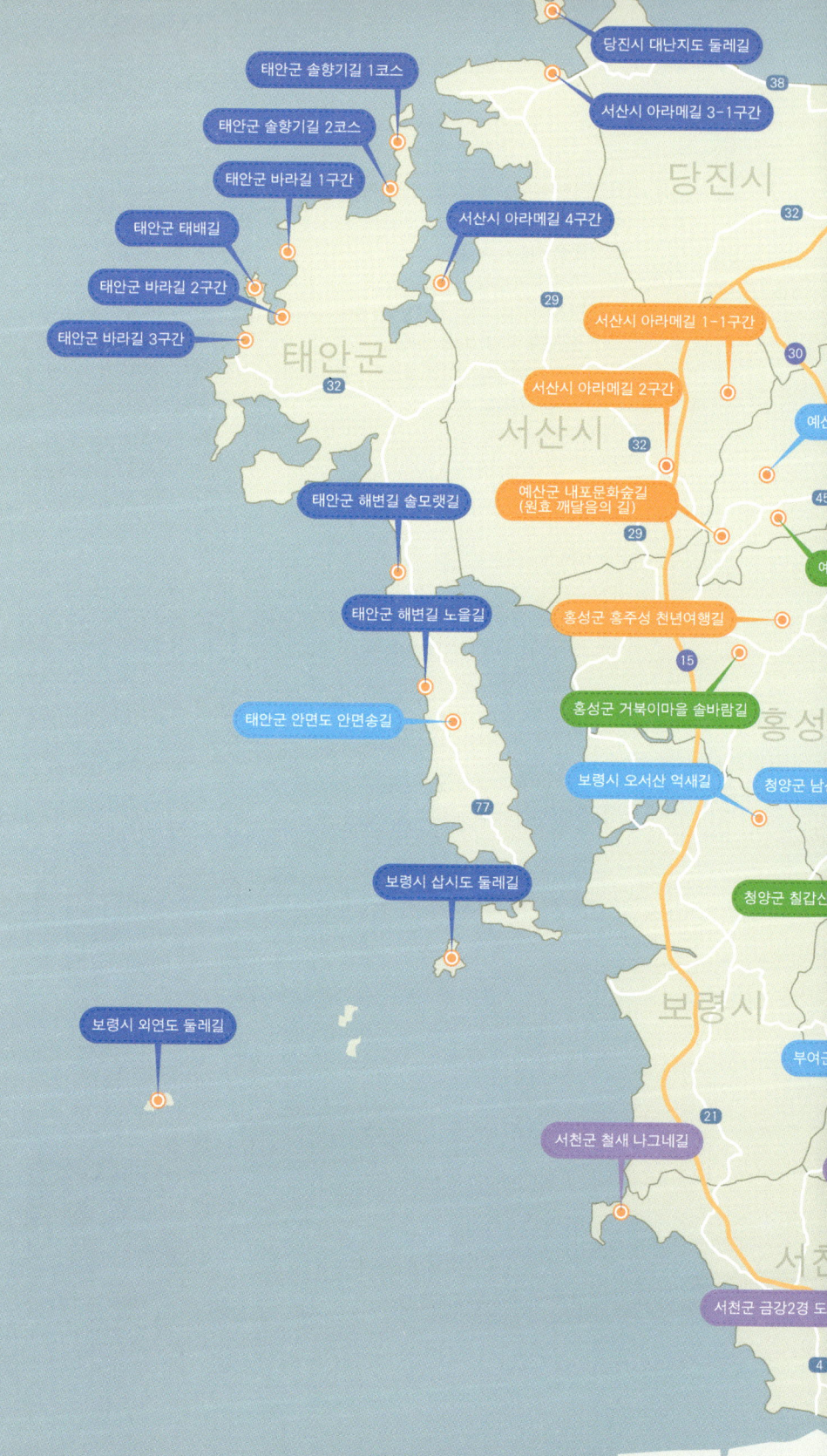

01
바다와 함께 걷는 길

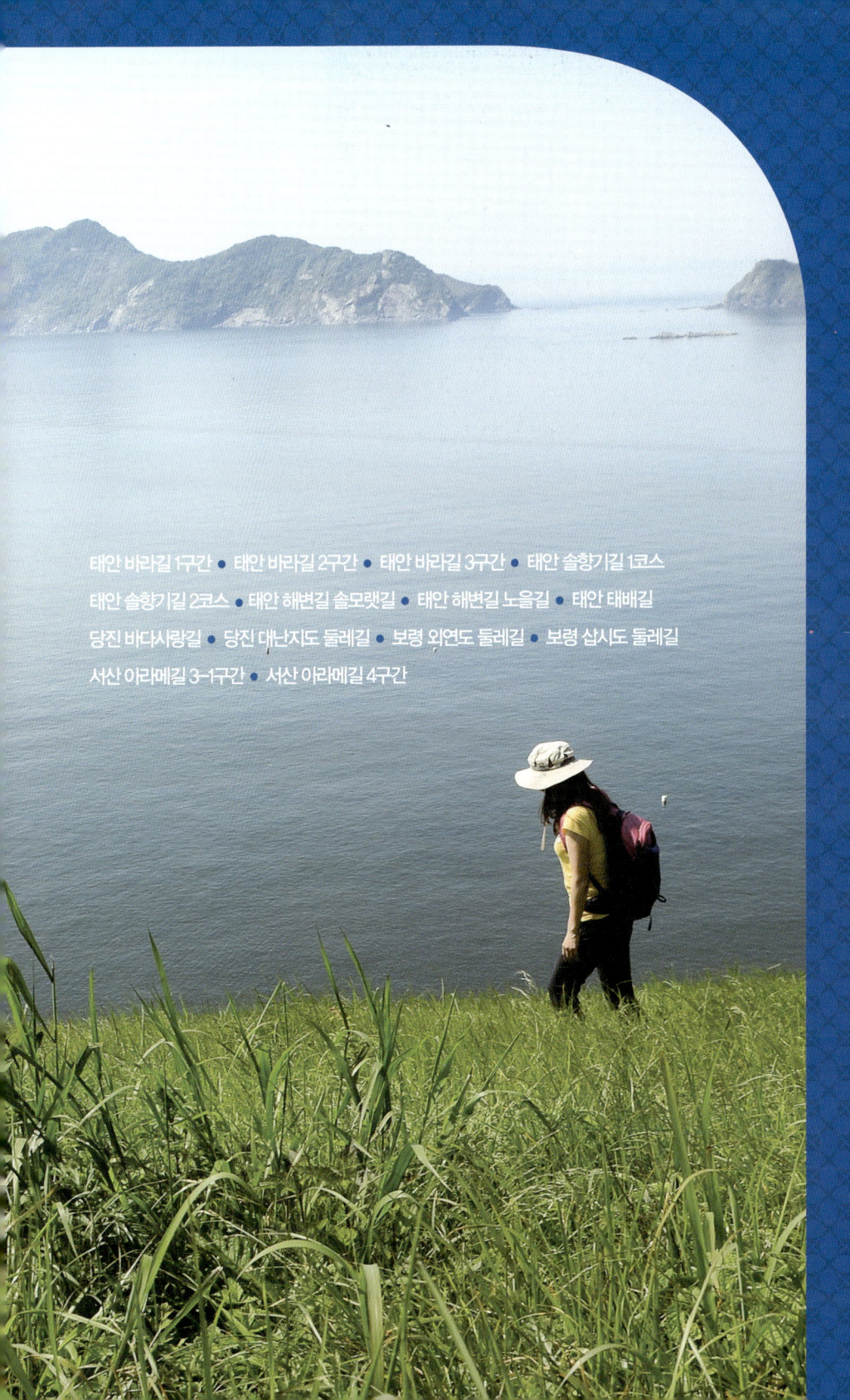

- 태안 바라길 1구간
- 태안 바라길 2구간
- 태안 바라길 3구간
- 태안 솔향기길 1코스
- 태안 솔향기길 2코스
- 태안 해변길 솔모랫길
- 태안 해변길 노을길
- 태안 태배길
- 당진 바다사랑길
- 당진 대난지도 둘레길
- 보령 외연도 둘레길
- 보령 삽시도 둘레길
- 서산 아라메길 3-1구간
- 서산 아라메길 4구간

01
태안 바라길 1구간 (학암포~신두리해변)

바다와 사막이 이어진 길

바라길은 '아라'에서 유래된 말이다. '아라'는 바다의 옛말이다.
바라길은 바다를 곁에 두고 걷는 길이다. 그중 바라길 1구간은 무척 매력적인 길이다.
하얀 모래가 오랜 세월 동안 켜켜이 쌓인 신두리 해안사구는 그 자체로 감동적이다.
해변과 해변을 이어주는 호젓한 숲길과 햇볕을 두른 소나무는 걷는 자를 반긴다.
지루함을 느낄 틈이 없는 길, 바다가 쉬어가라 손짓하며 발길을 붙잡는 길,
바라길 1구간은 행복한 길이다. 글·사진 유정열

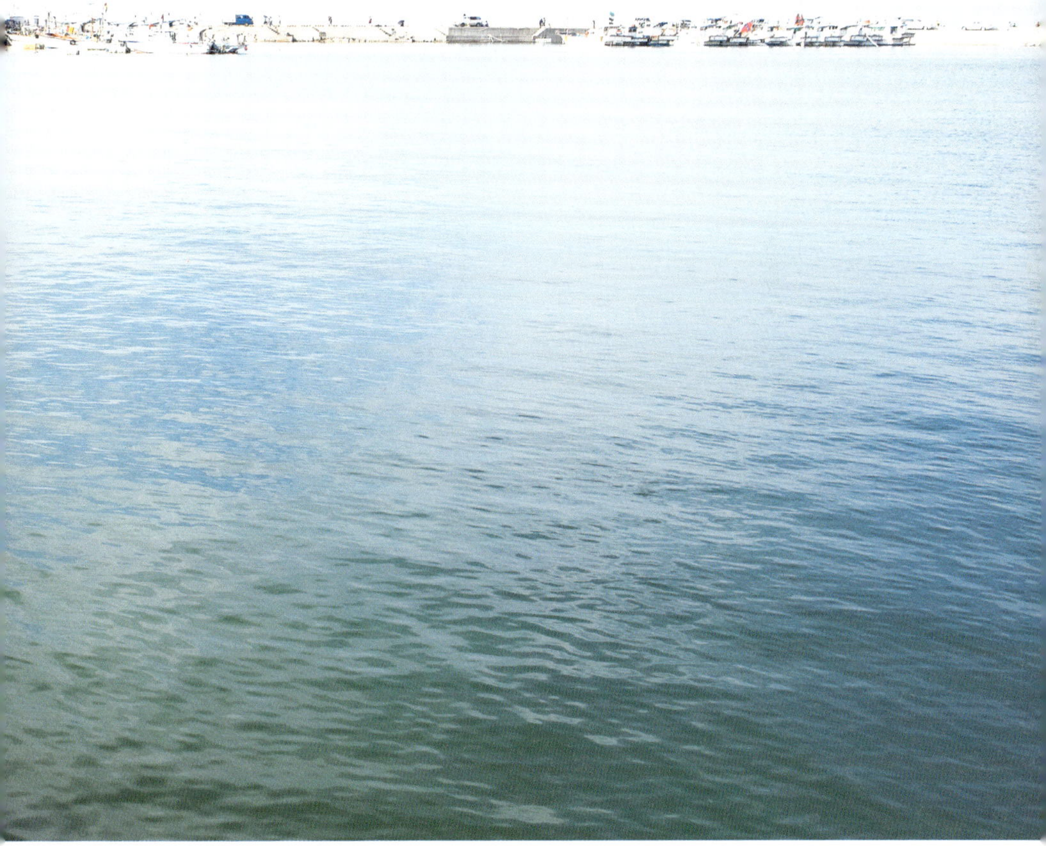

걷기 좋은 계절 **봄, 여름, 가을**   난이도 **★ ★**   동반자 **가족, 어린이, 연인, 친구**

모랫길 걷는 요령과 준비

해변의 모랫길을 걷는 것은 일반적인 길을 걷는 것보다 두 배로 힘들고 두 배의 에너지가 소모된다. 처음 천천히 작은 보폭으로 걷다가 속도와 보폭을 늘려주는 것이 좋다. 무엇보다 걷기 전에 충분한 준비운동을 해주어야 하는데 모래가 유동적이기 때문에 발목에 힘이 많이 가 부상을 입을 수 있기 때문이다. 워킹 스틱을 준비하면 걷는 데 많은 도움이 된다.

아픔을 씻어내며 걷는 길

바라길은 희망의 길이다. 아름답던 태안 앞바다에 밀어닥친 아픔 위에 놓인 길이다. 2007년 12월 7일 학암포 앞바다에서 홍콩 유조선 '허베이 스피리트호'와 삼성물산의 해상 크레인선이 충돌하며 대량의 원유가 유출되는 사고가 발생했다. 원유는 태안의 바다를 뒤덮었고 큰 피해를 입혔다. 특히 학암포와 신두리해변의 피해가 제일 심했다. 태안군민들과 자원봉사자들이 겨울 바닷바람에도 아랑곳하지 않고 일일이 기름을 제거했다. 당시 자원봉사자 수만 약 120만 명에 달했다. 지금은 많이 회복되었다지만 사고 이전의 생태계는 아직 요원하다.

원유유출이라는 최악의 재앙이 덮쳤던 학암포는 이제 평온하다. 바다로부터 더운 바람이 불고 방파제에는 낚시를 즐기는 사람들이 망중한의 시간을 보낸다.

바라길 1구간은 학암포에서 시작해 신두리해변에서 끝난다. 구간 사이에는 구례포, 먼동해변, 태안 제1의 비경인 신두리 해안사구와 람사르에 습지로 등록되어 있는 두웅습지를 만날 수 있다. 학암포로 진입하는 도로 곳곳에 흰색의 백일홍이 꽃 터널을 이루고 있다. 여름과 가을 백일동안 피어 있는 꽃이다. 학암포 방파제에 그려진 벽화를 따라 걸으면 고운 모래가 뒤덮인 학암포해변이 나온다. 해변 뒤로 작은 사구가 형성되어 있고 그 안에 학암포 탐방지원센터가 있다. 학암포해변 앞에는 소분점도가 떠 있다. 물이 완전히 빠지는 썰물일 때는 걸어서 섬에 닿을 수 있다.

학암포해변을 지나면 숲길로 이어진다. 숲 입구에는 바라길 구간의 시작을 알리는 문이 만들어져 있다. 비릿한 바다 내음을 맡으며 솔바람을 등지고 걷는다. 숲길은 푹푹 빠지는 모래해변길보다 걷기에 훨씬 편하다. 바닷바람이 나무를 흔들고 여행자의 뺨도 시원하게 어른다. 조붓한 숲길을 조금 더 가면 석갱이전망대가 나온다. 전망대에 서면 기암절벽 위에 꿋꿋하게 서 있는 소나무와 반짝이는 바다 풍경이 펼쳐져 있다. 전망대에서 내리막길로 향하면 구례포다. 구례포에는 천사길이 있다.

천사길 따라 먼동해변으로

구례포는 학암포와 마찬가지로 사구와 고운 모래가 깔려 있는 해변이다. 구례포해변에는 천사길이 있는데 해변과 사구 사이에 놓인 나무데크 길이다. 노약자와 장애인 등 약자들도 쉽게 접근해 바닷길을 다닐 수 있도록 만든 길이다. 1004m의 길이에서 따온 천사길은 비장애구간으로 배려의 길이기도 하다. 구례포는 캠핑하기에 좋은 해변이다. 숲 쪽으로 석갱이 오토캠핑장이 있고 그늘진 곳에는 어김없이 텐트들이 자리 잡고 있다.

천사길을 지나 해변의 끝으로 향하면 다시 숲길이다. 오르막길을 조금 오르면 임도가 나타난다. 임도는 다시 두 갈래로 나뉘는데 군부대로 가는 길과 먼동해변으로 가는

구례포 사구에 놓인 천사길은 비장애구간으로 배려의 길이다.

길이다. 발걸음은 먼동해변으로 향해야 한다.

먼동해변의 원래 이름은 '안뫼'다. 1993년 드라마〈먼동〉의 촬영장소로 유명해지면서 해변의 이름까지 바꿨다. 먼동해변은 기암절벽과 해넘이가 아름다워 드라마의 단골 촬영지가 되었다.〈용의 눈물〉,〈야망의 전설〉,〈불멸의 이순신〉 등도 먼동해변에서 촬영했다. 작지만 아름다운 먼동해변 오른쪽에 거북바위가 있다. 거북바위 위에는 매서운 바닷바람에도 굳건하게 자리를 지키고 있는 소나무가 자란다. 그 뒤로 구름포가 아스라이 보인다.

먼동해변에서 신두리까지는 숲길이다. 해변과 숲의 연속이다. 먼동해변에서 약 500m 정도 가면 바다를 조망하는 먼동전망대가 있고 300m를 가면 쉼터가 있다. 양식장을 지나 오른편으로 마외해변을 지난다. 마침 바닷물이 빠진 마외해변에 돌들이 총총히 박혀 있어 지나온 해변과는 다른 풍경을 보여준다. 마외해변 옆으로 마외쉼터가 있고 1km 정도 더 가면 능파사다. 능파사의 가파른 임도를 따라 500m를 더 가면 모재쉼터고 모재쉼터에서 숲길 따라 3.5km를 가면 신두리사구관리사무소에 닿는다.

1만 5천 년의 신두리 해안사구와 7천 년의 두웅습지

신두리사구관리사무소에서 신두리 해안사구까지는 제방길이다. 제방길에는 코스모스가 흐드러지게 피어 있다. 제방길 옆 물 빠진 해변은 너른 모래사장과 갯벌이 먼 바다까지 이어져 있다. 제방길 끝에는 우리나라 최대 사구인 신두리 해안사구가 시작된다.

신두리 해안사구는 천연기념물 제431호다. 사구 안쪽에 있는 커다란 모래언덕은 매우 이국적이다. 가늠할 수 없는 세월 동안 쌓인 모래언덕이다. 신두리 해안사구는 바닷물에 의해 바닷가로 운반된 모래가 바람에 밀려 쌓인 구릉 형태의 지형이다. 무려 1만 5천 년 동안 이루어진 사구다. 마치 천천히 움직이는 거대한 생명체가 이곳에서 멈춘 것 같다.

신두리 해안사구 아래는 길이가 약 3km에 이르는 백사장이 자리하고 있다. 물이 빠진 넓은 해변의 풍경이 장관이다. 멀리 해변과 바다가 만나는 지점에는 사람들이 조개를 캐고 있는 모습도 보인다.

1. 구례포 가는 곰솔 숲길 2. 작은 두웅습지 안에 여름의 꽃 수련이 가득하다. 3. 일몰의 빛으로 가득한 신두리해변

신두리 해안사구에서 20분 정도 걸어가면 두웅습지다. 신두리 해안사구 모래언덕 뒤편에 산책로가 나 있다. 여기서 임도를 따라가면 곰솔과 갈대숲으로 둘러싸인 두웅습지가 모습을 드러낸다.

두웅습지에 들어서자 습지의 대표 동물인 금개구리 모양의 화장실이 눈길을 끈다. 두웅습지는 신두리 해안사구의 배후습지다. 배후습지란 해안에 사구가 형성되면서 사구와 육지의 중간에 담수가 고여 형성되는 것을 말한다. 이 보기 드문 습지는 7천 년 전부터 형성됐다. 습지 산책로 입구에 두웅습지의 마스코트인 금개구리가 앉아 있다. 습지 안에는 수련이 곱게 피어 있다. 우리나라 대표적인 습지인 우포늪보다 규모가 훨씬 작아 아담하게 느껴지는 습지다.

두웅습지는 생명의 공간이다. 멸종 위기종인 금개구리, 맹꽁이, 표범장지뱀을 비롯한 양서류 10여 종과 사구식물인 갯그령, 통보리사초군락, 수생식물인 붕어마름, 수련군락 등 식물 200여 종, 곤충 30여 종이 동고동락한다. 생태학적 가치를 인정받아 2002년 11월 환경부로부터 습지보호지역으로 지정됐고, 2007년 12월에는 국제습지조약인 '람사르습지'로 지정됐다. 두웅습지에서 나와 조금만 걸어가면 갈림길이 나오고 오른편으로 돌아 임도를 따라가면 신두리해변에 닿는다.

바라길 1구간은 신두리해변에서 끝난다. 약 12km의 길은 풍경에 취하고 걷는 재미가 쏠쏠하다. 원유유출이라는 큰 상처를 극복하려는 희망의 길이다. 그 길 속에 사람들의 염원이 담겨 있다.

> Story Telling

두웅습지 금개구리

금개구리는 우리나라에서만 서식하는 고유종이다. 저지대 평야의 농경지 주변 물웅덩이와 수로에서만 산란을 하며, 거의 물에서 떠나지 않는 습성을 지니고 있다. 금개구리에 관한 대표적인 신화로는 고구려 시조인 동명성왕, '금와'가 있다.

부여왕 해부루는 늙도록 아들이 없어 대를 잇지 못하고 있었다. 해부루가 후사를 알아보던 중 '곤연'이라는 연못가에서 금빛 나는 개구리의 모습을 한 아이를 발견했다. 해부루는 하늘이 준 자식이라 여겨 키웠다. 아이는 금와로 불렸는데 금와는 '금개구리'를 뜻한다. 금와는 태자로 책봉되었고 후에 부여의 왕이 되었다. 금와는 하백의 딸 유화와 결혼했는데 유화가 알을 낳았고 이 알에서 주몽이 탄생했다. 금와의 다른 일곱 명의 자식들이 서자였던 주몽을 없애기를 건의했지만 금와는 듣지 않았다. 후에 부여에서 달아난 주몽은 고구려를 세웠고 부여는 고구려에 의해 멸망한다. 신이 내려준 금와의 부여는 신이 내려준 주몽의 고구려에 폐망한 것이다.

주변 볼거리

이종일 선생 생가 옥파 이종일 선생은 독립운동가다. 3·1운동 당시 민족대표 33인 중 한 명으로 손수 독립선언서를 인쇄했다. 1858년에 태어났으며 평생을 국권회복과 민중계몽을 위해 헌신했다. 보성학교 교장을 시작으로 전국의 7개 학교장을 지내면서 교육 사업에 전념했다. 1898년에는 한국 최초의 한글신문인 《제국신문》을 창간했다. 1925년 3월, 68세의 나이로 세상을 떴고 1962년 3월 1일 건국공로훈장 복장을 수여받았다. 태안군 원북면 반계리에 있는 이종일 선생 생가는 1986년에 복원한 것이다. 생가는 충청남도 기념물 제85호로 지정되어 있다.

이원방조제 이원방조제는 태안군 이원면과 원북면을 잇는 방조제다. 1999년 이원지구 간척지 사업으로 만들어졌다. 방조제에는 희망 벽화가 그려져 있다. 길이 2.7km 세계에서 가장 긴 벽화다. 벽화에 그려진 그림은 공모 작품 54점과 700m의 손도장 구간으로 이루어졌다. 공모 작품은 태안의 산과 바다, 꽃, 나무 등이 주제로 그려져 있다. 가장 눈길을 끄는 것은 손도장이다. 6만 3천 명의 손바닥이 찍힌 벽화다. 희망 벽화는 태안 유조선기름유출 사고의 아픔을 딛고 희망을 꿈꾸며 그려진 벽화들이다.

먼동해변을 따라 구례포로 향하고 있는 트레커들

가는길

자가운전 서해안고속도로 서산IC(32번 국도 서산 방면) → 서산 → 태안(603번 지방도) → 원북(634번 지방도 좌회전) → 학암포

대중교통

서울 → 태안 서울남부터미널(02-521-8550)에서 1일 33회(06:40-20:00) 운행, 2시간 20분 소요

대전 → 태안 대전복합터미널(1577-2259)에서 1일 15회(07:40-20:40) 운행, 2시간(고속), 3시간 10분(직행) 소요

※ 태안시외버스터미널(041-675-5105)에서 원북, 학암포행 버스 이용.
하루 6회(06:30-18:50) 운행, 25분 소요

태안 바라길 1구간 (12.2km, 4시간 15분 소요)

학암포 → (3.3km 1시간 10분) → 구례포해변 → (1.5km 30분) → 먼동해변 → (1km 20분) → 마외쉼터 → (1km 20분) → 능파사 → (2.8km 1시간) → 신두리 해안사구 → (1.4km 30분) → 두웅습지 → (1.2km 25분) → 신두리해변

맛집

선경횟집 학암포에 위치한 펜션을 겸하는 횟집이다. 낚싯배를 운영하며 자연산 제철 생선회를 먹을 수 있다. 계절별로 우럭이나 광어, 붕장어를 비롯해 대하, 꽃게 등을 맛볼 수 있다. • 태안군 원북면 옥파로 1168-1(원북면 방갈리 515-117) • 041-674-5288

이원식당 밀국낙지탕 • 태안군 소원면 모항항길 121-7 (소원면 모항리 466-1) • 041-672-8024

토담집 우럭젓국 • 태안군 태안읍 동백로 161(태안읍 남문리 468-6) • 041-674-4561

숙소

학암포비치콘도 태안군 원북면 학암포길 43-22 (원북면 방갈리 515-7) • 1544-6417
www.hakampobeachcondo.com

학암포제일모텔 태안군 원북면 옥파로 1147 (원북면 방갈리 515-57) • 041-674-7221
jeilmotel.mireene.com

자작나무펜션 태안군 원북면 신두해변길 141 (원북면 신두리 1414-29) • 041-675-9995
www.birchresort.com

02

태안 바라길 2구간 (신두리해변~의항해변)

질퍽한 갯벌을 곁에 두고 걷는 길

비릿한 갯냄새가 코를 간질인다. 썰물로 물 빠진 바다는 온통 회색빛 갯벌이다.
갯벌은 바다를 지칭하는 '개'와 벌판의 '벌'이 합쳐진 말이다. 밀물일 때는 바다가 되고
썰물일 때는 육지가 되는 곳이 갯벌이다. 바라길 2구간은 이 갯벌과 나란히
걷는 길이다. 갯벌에는 많은 생명들이 서로 호흡하며 살아간다.
원유유출의 고통을 딛고 일어선 생명들의 꿈틀거림을 눈으로 확인하는 길이다.
글·사진 유정열

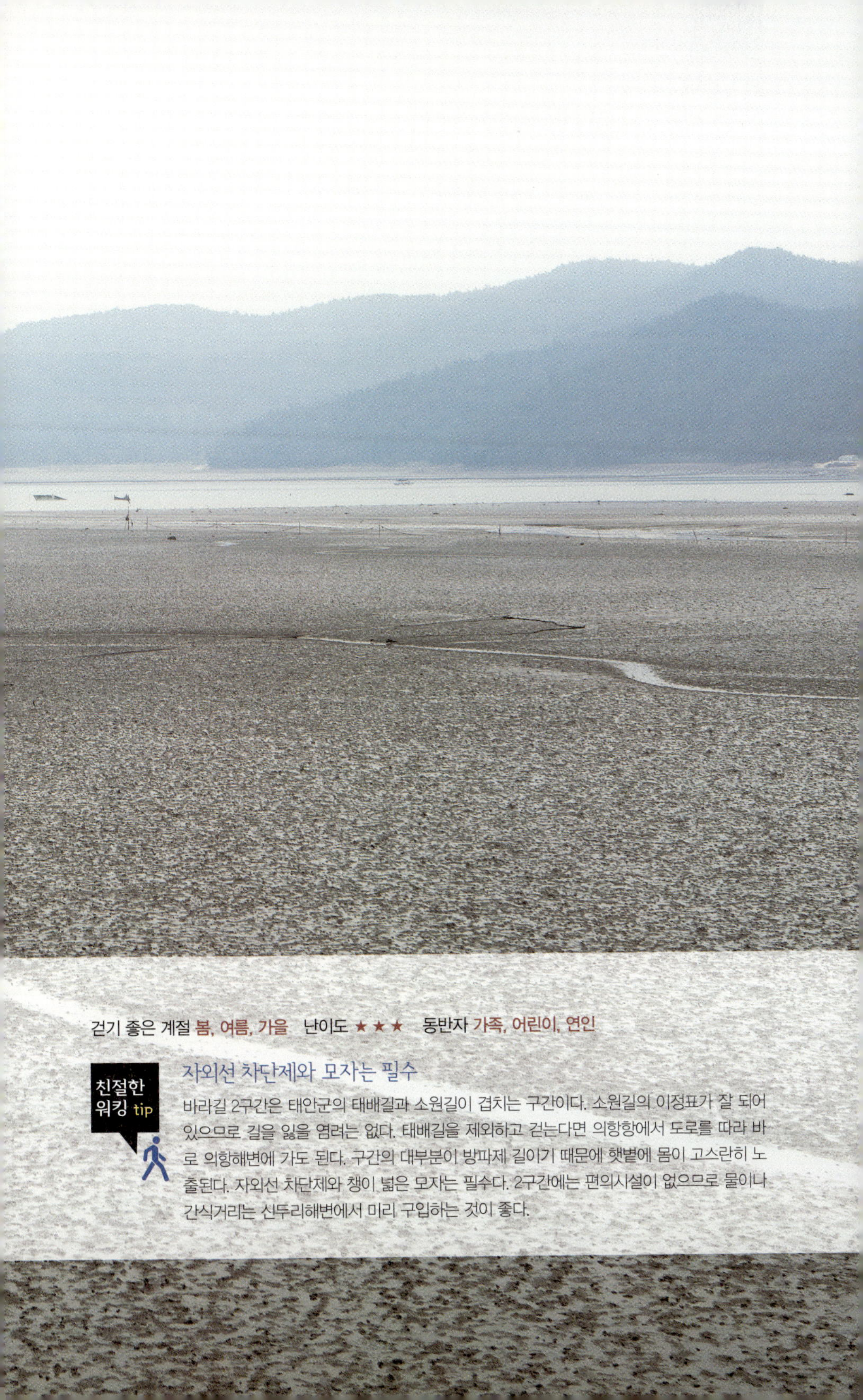

걷기 좋은 계절 **봄, 여름, 가을**　난이도 **★★★**　동반자 **가족, 어린이, 연인**

자외선 차단제와 모자는 필수

바라길 2구간은 태안군의 태배길과 소원길이 겹치는 구간이다. 소원길의 이정표가 잘 되어 있으므로 길을 잃을 염려는 없다. 태배길을 제외하고 걷는다면 의항항에서 도로를 따라 바로 의항해변에 가도 된다. 구간의 대부분이 방파제 길이기 때문에 햇볕에 몸이 고스란히 노출된다. 자외선 차단제와 챙이 넓은 모자는 필수다. 2구간에는 편의시설이 없으므로 물이나 간식거리는 신두리해변에서 미리 구입하는 것이 좋다.

끈적한 삶이 묻어 있는 갯벌을 따라 걷는다

바라길 2구간의 특징은 갯벌이다. 신두리해변에서 출발해 소근진성을 지나 방근제를 걸어 의항에 이르는 길옆은 죄다 갯벌이다. 걷는 내내 질퍽한 갯벌의 질감이 눈을 가득 메운다.

태안의 갯벌은 리아스식 해안의 특징인 구불구불한 지형 덕분이다. 지형이 파도의 힘을 분산시켜 퇴적 작용이 일어나 넓고 완만한 갯벌이 형성된 것이다.

갯벌은 생명의 땅이다. 바다와 육지의 경계를 짓는 쓸모없는 땅이 아니다. 갯벌은 수많은 어패류가 머물며 산란 장소로 이용된다. 풍부한 해산물 덕에 철새들의 중간 기착지로, 번식 장소로도 이용된다. 또한 육지에서 배출된 오염물을 정화하는 기능도 가지고 있다. 예컨대 갯벌은 건강한 생태환경의 지표다.

바라길 2구간은 신두리해변에서 출발한다. 신두리해변에는 많은 펜션들이 들어서 있다. 그만큼 풍경이 좋다는 방증이기도 하고 가까이에 있는 해안사구나 두웅습지 같은 명소들이 있는 덕분이기도 하다.

신두리해변에서 출발해 걸어갈 곳은 소근진성이다. 펜션 단지를 벗어나면 제방길로 들어선다. 마침 썰물로 물 빠진 바다는 속살을 드러낸다. 갯벌 위에는 작은 칠게들이 걷는 자의 인기척에 재빨리 숨어든다. 제방길에는 파란색 페인트로 걷기 코스라는 표식이 그려져 있다. 도로에 들어서면 오른편으로 코스모스가 심어져 있다. 바다를 타고 온 바람이 코스모스를 흔든다. 도로와 제방길을 벗어나면 소근진성으로 향하는 해안도로를 따라 걸어야 한다. 갯벌 끝에는 어민들이 조개를 채취하는 풍경이 보인다.

바닷가에 기대어 사는 늙은 아낙들은 호미 한 자루와 바구니를 옆에 끼고 걷기도 힘든 갯벌로 나아간다. 호미는 밭에서만 사용하는 물건이 아님을 증명하듯 능숙한 솜씨로 갯벌에 파묻혀 있던 조개를 캔다. 조개는 인근 횟집에 팔거나 가족들 저녁 반찬이 될 것이다. 해안도로 왼편으로 채플힐펜션이 있다. 소근진성은 채플힐펜션 옆 마을로 들어서야 한다.

방근제 황톳길에서 맨발의 힐링을

어느 집의 개 짖는 소리와 닭 우는 소리를 들으며 산으로 조금 오르면 소근진성의 성벽이 눈에 들어온다. 소근진성은 조선시대에 축조된 석축성이다. 조세로 바치는 쌀을 수송하던 조운선의 보호와 왜구의 침탈을 막기 위해 축성됐다. 성의 규모는 둘레가 650m, 높이는 330m였다. 1894년 동학농민운동 때 성은 폐허가 되었다. 지금의 소근진성은 동문 일대의 성벽 정도만 남아 있다.

소근진성에서 나와 해안도로를 따라가면 자염을 설명한 표지판이 눈길을 끈다. 태안은 자염 생산지이다. 자염은 바닷물을 가마솥에 끓여 소금을 만드는 방식이다. 넓은

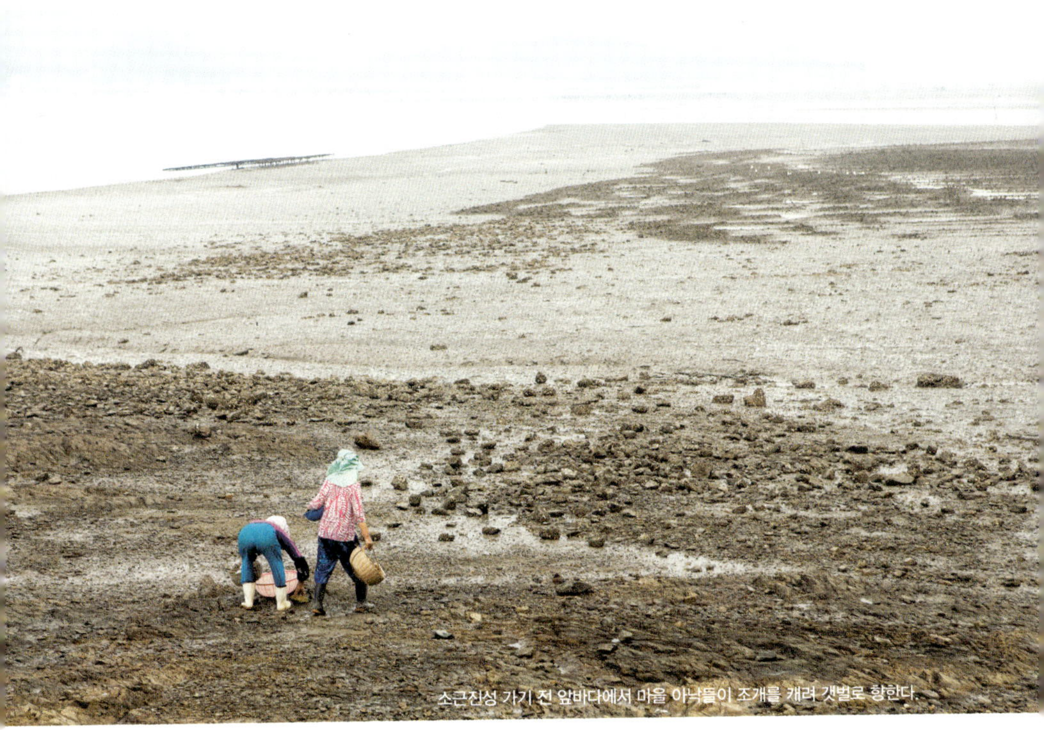

소근진성 가기 전 앞바다에서 마을 아낙들이 조개를 캐러 갯벌로 향한다.

1

3

2

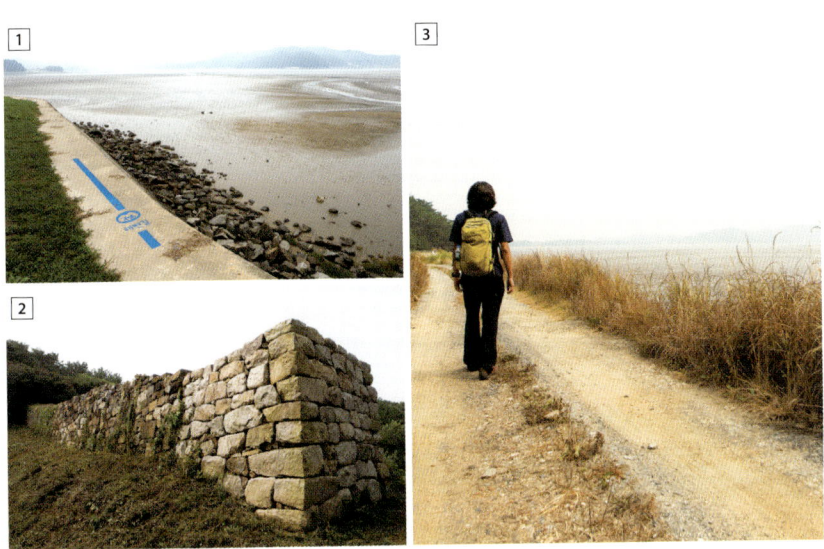

1. 펜션 단지를 지나 소근진성으로 향하는 제방길과 길 안내표식
2. 복원된 조선시대의 소근진성
3. 방근제에서 해안길을 따라 조금 더 가면 서들산책로다.

방근제에는 황톳길이 놓여 있고 숙근천인국이 피어 있다.

갯벌과 땔감이 풍부한 태안의 대표적 소금 생산방식이었다. 자염의 역사는 삼국시대 이전으로 거슬러 올라갈 만큼 역사가 깊다. 우리의 전통 소금인 자염은 갯벌에서 염도를 높인 바닷물을 걸러 10시간 동안 뭉근한 불로 끓여 만든다. 이렇게 생산한 자염은 입자가 곱고 짜지 않은 순한 맛이 특징이다.

제방길을 계속 걸어가면 방근제. 오른쪽은 만리저수지고 왼쪽은 해안 갯벌이다. 방근제에는 약 800m의 황톳길이 열려 있다. 도로 옆 바닷가 쪽은 맨발로 걸을 수 있도록 했다. 차가 다니는 길보다 훨씬 부드럽고 편안한 길이다.

황톳길 옆으로는 숙근천인국이 심어져 있다. 숙근이란 겨울에는 죽은 것처럼 보이지만 봄에 다시 싹을 틔우고 꽃을 피우는 뿌리를 말한다. 숙근천인국은 한 번 심으면 계속해서 꽃을 피우는 꽃이라는 것. 겨울을 이기고 여름에 화려하게 피는 꽃이라 그런지 더욱 아름답다. 붉은색과 노란색이 어우러진 숙근천인국은 국화과의 꽃으로 '숙근 가일라디아'라고도 부른다. 7~8월에 개화를 하는데 추위에 강하고 건조하며 척박한 땅에서도 잘 자라 화단에 많이 심는다.

꽃에 취해 잠시 쉬었다가 다시 길을 나선다. 길은 의항리 수망산 아래 해안길을 걷는다. 해안길은 숲길을 통과해 서들골 마을로 이어진다. 해안가의 평탄한 길을 걷다가 수망산 숲길에 이르니 가파른 산길이 낯설게 느껴진다. 숲길은 '서들산책로'라는 다른 이름도 가지고 있다. 수망산에서 나오면 다시 방파제 길이고 1.1km를 걸어 방파제 끝에 이르면 의항항이다.

리아스식 해변의 진수를 느끼며

의항의 순우리말은 '개미목'이다. 지형이 마치 개미 목처럼 생겼다고 해서 붙여졌다. 위성 지도를 보면 개미처럼 생기지는 않았다. 의항항은 작은 어항이다. 항구에서 바다를 바라보면 멀리 신두리해변이 보이고 지나온 소근진성과 방근제, 갯벌들이 주르륵 파노라마처럼 펼쳐진다.

의항항에서 서북쪽 방향으로 길을 이어가면 태배다. 태배란 이름은 중국의 시인 이태백이 이곳의 절경에 반해 시를 남겼다는 전설에서 비롯됐다. 처음 이태백의 '태백'으로 불리다가 '태배'로 바뀌었다고 한다. 태배길은 태안군에서 조성한 태배길과 소원길이 겹친다. 바라길 2구간도 마찬가지로 태배의 신너루해변, 안태배해변, 태배전망대, 태배백사장, 구름포해변을 지나 의항해변에서 끝나는 구간 모두 겹친다.

태배길은 임도를 걷는 구간이다. 원유유출사고 때 태안을 찾은 자원봉사자들을 실어 나르던 길인데 방제로라는 이름이 따로 붙어 있다.

의항항에서 잠시 숨을 고른 뒤 방제로를 따라 신너루해변으로 향한다. 신너루해변은 구름포해변과 등을 맞대고 있는 아담한 해변이다. 신너루해변에서 해안으로 나 있는 데크 길을 따라 안태배해변을 지나가면 태배전망대에 닿는다.

태배전망대에서 나오면 큰길은 구름포로 향하고 오른쪽으로 가면 태배해변으로 내려가게 된다. 방제로는 숲길이다. 가는 길 곳곳에 계단으로 이어진 데크 길이 놓여 있다. 길 아래로 구름포해변이 보인다. 구름포는 옛날부터 구름뫼(雲山)라 불렀다. '일리포'라는 이름도 가지고 있다. 구름포가 보이는 길은 전망이 트여 있어 시원한 태안 앞바다의 풍경을 맘껏 볼 수 있다. 방제로 끝에 다다르면 구름포로 들어가는 길이 있고 계속 가면 십리포라 불리던 의항해변이 나온다. 바라길 2구간은 의항해변에서 끝난다.

> **Story Telling**
>
> **숫자로 본 태안 기름유출사건**
>
> 우리나라에서 일어난 최대 규모의 기름유출사고다. 이 사건으로 태안 앞바다는 죽음의 바다가 됐다. 당시 사건을 숫자로 돌아보면 삼성 1호와 충돌한 허베이 스피리트호에서 흘러나온 기름은 원유 1만 2547kℓ다. 1995년 여수에서 발생한 '씨프린스호' 사건의 유출 원유 5035kℓ에 비해 2.5배에 달한다. 해안가 구석구석을 파고든 기름을 제거하기 위해 자원봉사자 123만 명이 태안을 찾았다. 389억 원의 성금을 걷었고 기름 제거용 걸레만 73만 6329kg이 들었고 2만 9천 대의 중장비가 동원되었다. 피해액만 해도 약 4조 2273억 원에 달한다.
>
>
>
> 이 사건으로 서산 가로림만에서 안면도까지 168km에 이르는 해안이 오염되었고 5159ha의 양식장에 피해를 주었다. 하지만 군민과 자원봉사자가 해안을 따라 길게 인간 띠를 이루며 일일이 손으로 기름을 제거하는 모습은 슬픔을 희망으로 바꾸는 계기가 되었고 많은 사람들에게 감동적인 장면으로 기억되었다.

주변 볼거리

신두리 해안사구 태안군 원북면 신두리에 있는 우리나라 최대의 해안사구다. 2001년 11월 30일 천연기념물 제431호로 지정되었다. 신두리 해안사구는 사막이라는 지형 덕분에 많은 사람들이 찾는다. 파란 하늘 아래 모래언덕은 매우 이국적인 풍경을 드러낸다. 사구와 이어지는 해변에는 모래의 유실을 막아주는 모래포집기가 설치되어 있다. 여름이면 해당화군락이 장관을 이루고 다양한 사구 식물들이 살아간다. 사구는 조류의 산란 장소 등으로도 이용되며 생태학적 가치가 높다.

꾸지나무골해변 맑은 바다와 깨끗한 모래사장이 있는 해변이다. 태안군 북쪽의 이원면에 위치해 있다. 꾸지나무골해변은 아담하다. 캠핑하기 좋은 솔숲이 있고 주변에 편의시설도 들어서 있어 가족과 함께 휴식을 즐기기에 좋은 해변이다. 만대항까지 바닷길을 따라 3~4시간의 트레킹을 즐길 수 있다. 바다낚시와 갯벌체험이 가능하다. 가까운 만대항에서는 자연산 회를 맛볼 수 있다.

방근제 황톳길 왼편에 있는 만리저수지

가는길

자가운전 서해안고속도로 서산IC → 서산·당진·태안 방면 좌회전 → 운산교차로에서 서산 방면 좌회전 → 32번 지방도 따라 '서산시'와 '태안 읍내'를 지난 후 → 군청 입구 오거리에서 안면도·만리포·학암포 방면 우회전 → 반계 삼거리에서 학암포·태안화력본부 방면 좌측 9시 방향 → 닷개 삼거리에서 신두리 방면 좌회전 → 신두리해변

대중교통
- 서울 → 태안 서울남부터미널(02-521-8550)에서 1일 33회(06:40-20:00) 운행, 2시간 20분 소요
- 대전 → 태안 대전복합터미널(1577-2259)에서 1일 15회(07:40-20:40) 운행, 2시간(고속), 3시간 10분(직행) 소요

※ 태안시외버스터미널(041-675-5105)에서 소원, 의항행 버스 이용, 하루 6회(06:30-18:50) 운행

태안 바라길 2구간 (14.4km, 5시간 소요)

신두리해변 → (3.5km 1시간 10분) → 소근진성 → (2.4km 50분) → 방근제 황톳길 → (3.3km 1시간 10분) → 의항항 → (1.1km 25분) → 신너루해변 → (1.1km 25분) → 태배전망대 → (1.9km 40분) → 구름포해변 입구 → (1.1km 20분) → 의항해변

맛집

항포구횟집의 우럭과 노래미회

항포구횟집 의항항 방파제 앞에 위치한 자연산 생선회 전문점이다. 두툼하게 썬 제철 생선회 이외에 매운탕도 괜찮다. • 태안군 소원면 송의로 767(소원면 의항리 294) • 041-675-7134

천리포횟집 갱개미무침 • 태안군 소원면 천리포1길 277(소원면 의항리 978-27) • 041-672-9170

화해당 간장게장과 찰돌솥밥 • 태안군 근흥면 근흥로 901-8(근흥면 도황리 223) • 041-675-4443

숙소

에벤에셀펜션 태안군 원북면 신두해변길 39-4(원북면 신두리 1233-3) • 041-675-8273
www.sinduri.kr

하늘과바다사이리조트 태안군 원북면 신두해변길 199(원북면 신두리 1414-53) • 041-675-2111
www.sky-sea.co.kr

채플힐펜션 태안군 소원면 소근로 887-31 (소원면 소근리 80) • 010-4802-3122
www.chapelhill.kr

03

태안 바라길 3구간 (의항해변~파도리해변)

십리에서 만리로 이어지는 바닷길

해변의 이름이 길이 단위다. 바라길 3구간은 십리포라고도 불리는 의항해변에서
출발해 백리포, 천리포, 만리포, 어은돌 등 5개의 해변을 지나 파도리해변에
닿는 길이다. 해변 길이를 재며 걷는 재미가 있다. 천리포 수목원의 아름드리나무에
기대어 마음을 보듬고 아담한 항구인 모항항에서 신선한 제철 회를 맛본다.
풍경이 아름다운 모항저수지는 여행의 덤이다.
햇살 비추인 바다는 물비늘을 반짝이며 여행자를 반긴다.
글 · 사진 유정열

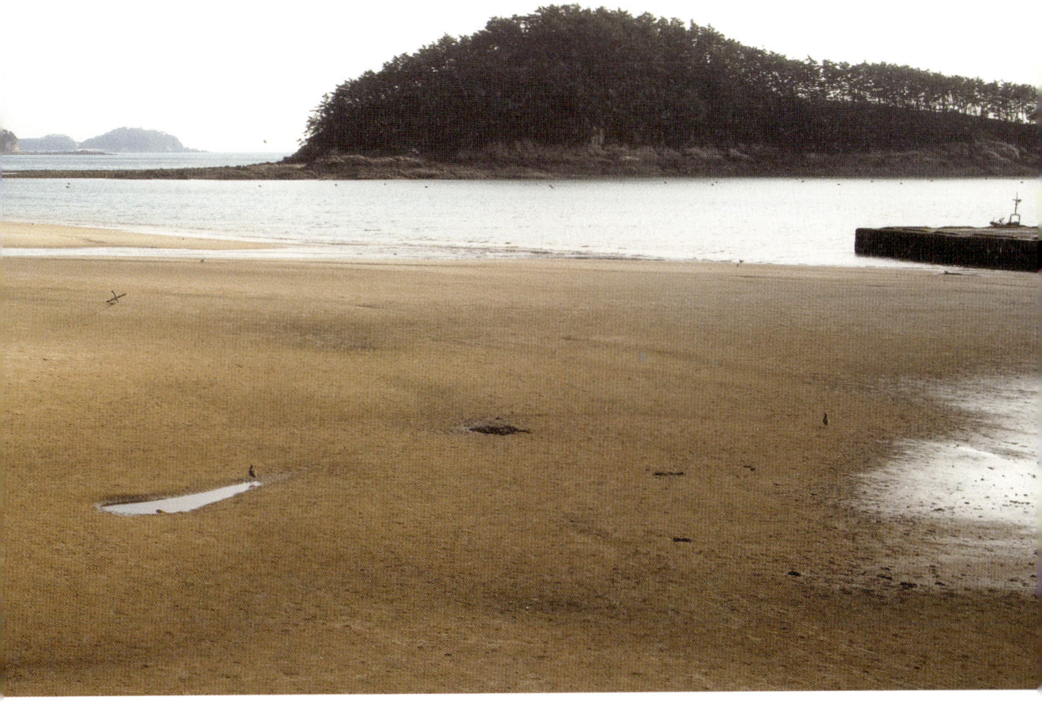

걷기 좋은 계절 **봄, 여름, 가을**   난이도 ★★   동반자 **가족, 어린이, 연인, 친구**

이정표 확인을 꼭 하자

이정표가 구간별로 명확하지 않다. 태안군 소원길과 겹치는 구간은 잘 되어 있다. 모항항에서 어은돌해변 가는 구간이 헷갈릴 수 있다. 모항항 선착장으로 가는 길에 해녀횟집 옆으로 계단이 있다. 그 길로 올라 모항저수지로 향해야 한다. 바닷길 구간은 강한 햇살을 받기 때문에 챙이 넓은 모자를 준비하는 것이 좋겠다. 코스가 길기 때문에 자신에게 맞는 걷기를 할 필요가 있다. 3구간은 코스 중간에 나가거나 들어오는 것이 쉽다. 의항해변에서 출발해 만리포, 모항항에서 끝낼 수도 있고 파도리해변까지 갈 수도 있다. 만리포에서 파도리까지 파도길로 이어진다.

십리포에서 시작한다

태안 바라길 3구간은 바라길 구간 중 가장 길다. 의항해변에서 파도리해변까지 17km가 넘는다. 바라길 3구간 해변의 이름은 길이로 되어 있다. 의항2리에 있는 의항해변은 십리포로 의항1리에 있는 해변은 백리포, 백리포 남쪽으로 천리포와 만리포가 연달아 있다. 길이에 따라 이어진 해변은 숫자로는 가릴 수 없는 각각의 특징이 있다.

의항해변은 십리포해변이다. 태안군 소원면 북쪽 끄트머리에 있는 구름포해변 아래에 위치해 있다. 해변에서 동쪽으로 약 1km 정도 걸어가면 의항항이다. 편의시설은 부족하지만 다른 해변에 비해 한적하게 해수욕을 즐길 수 있는 해변이다. 의항해변 북쪽의 갯바위 부근에는 독살이 있다. 바닷물의 조수간만의 차이를 이용한 원시어업의 형태다. 독살은 돌들을 바다에 활처럼 휘어지게 쌓은 것인데 바닷물이 빠져나가면 물고기들은 독살 안에 가둬지는 원리다.

의항해변에서 남쪽으로 향하면 숲길로 이어지고 임도를 따라 걷는다. 임도는 유조선 원유유출사건 때 난 길인데 조금 가파르다. 이 길로 자원봉사자가 지났고 기름 제거에 필요한 장비가 수송되었다. 임도를 따라 고도가 점점 높아지면 태안 앞바다가 아스라이 펼쳐진다. 먼발치 아래로 백리포해변이 보인다.

천리포와 천리포 수목원

백리포해변을 지나 임도를 따라가면 천리포 수목원과 천리포해변으로 갈라지는 길이 있다. 천리포해변에서 잠시 쉬어가도 되고 곧장 천리포 수목원으로 향해도 된다. 천리포해변은 널찍한 해변과 아담한 포구, 다수의 민박집이 모여 있다. 성긴 모래사장을 지나 바닷물에 발을 담그기도 하고 포구에서 제철 회를 먹으며 낙조를 감상해도 괜찮은 해변이다. 천리포해변 바로 옆에 천리포 수목원이 있다.

천리포 수목원은 국내 최초의 민간 수목원으로 미국에서 귀화한 민병갈 박사에 의해 세워졌다. 수목원은 국제수목학회로부터 세계에서 12번째 아시아에서는 최초로 '세계의 아름다운 수목원'으로 인증 받은 곳이다. 국내 최대인 1만 4천여 종의 식물이 이곳에서 자란다.

천리포 수목원은 설립 이후 연구 목적 이외에는 출입할 수 없었다. 40년 만인 2009년 3월부터 수목원의 7개 지역 중 하나인 밀러가든을 처음 세상에 공개하기 시작했다. 지금은 수목원의 아름다움을 찾는 관광객이 사계절 찾아오는 곳이 되었다. 수목원에서 수목이 내뿜는 짙은 향기를 맡는다. 짧지만 강렬한 치유의 시간이다. 천리포 수목원 안에는 한옥 등 숙박시설이 갖춰져 있다. 단체 관광객의 경우 예약하면 가이드의 해설도 들을 수 있다. 수목원에서 나와 주차장을 지나 해안길을 따라가면 만리포해변에 이른다.

볕자루 볕에 말리는 천리포구 사람들

'만리포라 내 사랑'을 흥얼거리며

'똑딱선 기적소리, 젊은 꿈을 싣고서, 갈매기 노래하는, 만리포라 내 사랑' 귀에 익숙한 노래 「만리포 사랑」은 1940년대를 대표하는 대중가요다. 작사가 반야월 선생이 노랫말을 썼고 가수 박경원이 불렀다. 사람들은 만리포는 가보지 않아도 노래로 만리포를 기억한다. 3km의 넓은 해변을 따라 걸으며 정감 어린 노래가 절로 흥얼거려진다. 노래가사처럼 만리포 앞바다는 햇살에 반짝이는 은비늘이 곱다. 해변의 도로를 사이에 두고 왼편에는 음식점과 숙박업소가 도열해 있고 오른편으로 길게 이어진 모래사장에는 사람들이 바다에 취해 있다.

만리포라는 지명은 수중만리에서 유래됐다. 조선시대 때 명나라 사신이 해상을 이용해 안흥으로 상륙하려 했지만 풍랑으로 파도리로 들어 왔다. 고생한 사신을 위해 지방의 관리가 지역의 대표 음식들로 극진히 대접했다. 사신이 돌아갈 때 '수중만리 무사항해'를 기원하며 잔잔한 바닷가 '모래장벌'에서 배웅을 했다. 이때 사용한 '수중만리'의 만리와 장벌을 합쳐 만리장벌이라 불렀는데 해수욕장으로 이용되면서 만리포라 부르게 되었다고 한다.

지명의 유래는 재미있는 사연이 참 많다는 생각을 해본다. 만리포해변 북쪽 끝에서 약 1km 남짓한 거리를 걸어야 만리포 노래비에 닿는다. 활처럼 휜 만리포해변의 서쪽 끝으로 가면 '서울여자대학 만리포임해수련장'이 보이고 그 사이로 임도가 나 있다. 그 길을 따라 쭉 가면 모항항과 소원면으로 가는 갈림길이 나오는데 바라길은 모항항으로 가야 한다.

모항항과 어은돌해변

모항항은 국가 어항으로 태안군에 있는 12개의 항구 중 한 곳이다. 꽃게와 넙치, 우럭, 붕장어를 주로 잡는다. 모항항은 우럭 낚시의 명소이며 인근 바다에서 잡아 올린 신선한 해산물을 저렴한 값에 먹을 수 있는 곳이다. 위판장 옆에 있는 수산물 직판장에서 배불리 맛볼 수 있다.

1. 만리포의 상징인 만리포 사랑 노래비 2. 방파제 옆 기암이 멋진 어은돌해변
3. 제철 신선한 회를 맛볼 수 있는 모항항 4. 만리포에 있는 태안 기름유출사건을 기록한 조형물

모항항에서 땀을 식힌 후 선착장 가기 전 유림슈퍼 옆 계단길을 오른다. 숲길을 따라 약 1km 정도 가면 행금이 정상이다. 행금이는 옛날 사금이 많이 나왔던 곳으로 '생금말'이라 불렸다. '생금말'은 '생금'으로 불리다 '생금이'가 됐고 지금은 '행금이'라 불린다. 행금이 정상에는 쉬어가는 벤치가 있고 소원면 일대의 들판이 훤히 보인다. 구불구불 이어진 숲길을 지나면 모항저수지에 이른다.

오후의 햇살을 받은 모항저수지에는 수생식물이 가득하다. 모항저수지는 여름을 밝히는 수련군락지로 유명하다. 낚시꾼들에게는 붕어낚시터로도 알려져 있다. 수련은 6~8월까지 피고, 오전에 봉오리가 폈다가 저녁에 오므라드는 것을 3~4일간 반복하는 꽃이다. 여름이면 붉게 피어난 수련으로 가득한 모습을 만날 수 있다.

모항저수지에서 제방을 따라가다 도로를 만난다. 도로를 따라 계속 가면 어은돌에 닿는다. 어은돌해변은 풍경이 예쁜 곳이다. 특히 어은돌항 옆 방파제와 등대가 있는 곳이 제일이다. 기암 아래로 철썩이는 파도를 보면 마음도 편해진다.

어은돌해변에서 마지막 곰솔 숲길을 지나면 파도리캠핑장이 나타난다. 캠핑장 뒤로 해변이 드러난다. 파도리해변은 바다와 해안 절벽이 만나는 곳이다. 일몰이 아름다운 곳이다. 이곳에서 드라마 〈추노〉를 촬영했다. 파도리해변은 해변에 널린 해옥이라 불리는 자갈로 유명하다. 해옥은 파도에 씻긴 작은 돌들이다. 파도리란 지명은 갯바위와 자갈이 많아 파도가 드나들 때 파도 소리가 끊이지 않은 데서 유래됐다. 바라길 3구간은 파도리해변에서 끝이 난다.

긴 걷기 여행의 끝에서 만난 풍경은 맑고 푸르다. 바다에 기대어 살아간 사람과 바다에 마음을 놓는 사람들이 한데 어우러진 길을 걸은 셈이다.

Story Telling

민병갈 원장의 한국 사랑

민병갈 원장은 미국인으로 본명은 칼 페리스 밀러(Carl Ferris Miller)다. 천리포 수목원을 설립했다. 민 원장이 한국과 인연을 맺은 것은 2차 대전이 한창이던 때 미 해군 중위로 한국에 오면서다. 1945년 해방 후 미 정보장교로 다시 찾았고 그대로 한국에 머물게 된다. 경제학을 전공한 민 원장은 한국은행 고문으로 지내며 1962년 사재를 털어 천리포해변의 부지를 매입한다. 수목을 식재하고 식물원을 조성했다. 국내외의 희귀종이나 자생종 등 많은 식물의 종자와 수목을 수집했다. 민 원장은 1979년 한국으로 귀화한 첫 미국인이다. 평생을 독신으로 지내며 한국 음식을 좋아했고 한복을 즐겨 입으며 살았다. 목련을 유난히 좋아했던 민 원장은 2001년 81세의 나이로 수목원에 묻혔다. '몸을 태워 나무 거름으로 쓰라'는 유언을 남겼다. 그는 한국과 결혼해 수목원에 살면서 1만 4천여 종의 식물을 자식처럼 생각하며 일생을 살았다.

주변 볼거리

두웅습지 약 7천 년의 역사를 가진 신두리 해안사구의 배후습지다. 해안에 사구가 형성되고 사구와 배후 산지의 경계 부분에 담수가 고여 형성된 것이다. 두웅습지는 멸종 위기인 금개구리의 서식지다. 2백여 종의 식물과 10여 종의 양서류, 30여 종의 곤충이 어우러져 살고 있다. 생태적 가치가 높아 환경부에서 습지보호 지역으로 지정해 관리하고 있고, 국제습지협약인 '람사르습지'에도 등록되어 있다. 아이들과 함께라면 반드시 둘러봐야 할 곳이다.

🚗 가는길

자가운전 서해안고속도로 서산IC → 서산·당진·태안 방면 좌회전 → 운산교차로에서 서산 방면 좌회전 → 32번 지방도 따라 '서산시'와 '태안군'을 지난 후 → 소원면 송현 삼거리에서 우회전 → 의항리 입구 삼거리에서 '구름포 해수욕장, 의항항' 방면으로 좌회전 → 의항해변

대중교통
- 서울 → 태안: 서울남부터미널(02-521-8550)에서 1일 33회(06:40-20:00) 운행, 2시간 20분 소요
- 대전 → 태안: 대전복합터미널(1577-2259)에서 1일 15회(07:40-20:40) 운행, 2시간(고속), 3시간 10분(직행) 소요

※ 태안시외버스터미널(041-675-5105)에서 소원, 의항행 버스 이용, 1일 6회(06:30-18:50) 운행

🍽 맛집

관해수산 제철 회를 제대로 맛볼 수 있는 곳. 우럭이나 노래미뿐만 아니라 꽃게, 붕장어, 간재미, 대하 등도 계절에 따라 먹을 수 있고 조개구이도 판매한다. • 태안군 소원면 천리포2길 61(소원면 의항리 978-90) • 041-672-2118

토담집 우럭젓국 • 태안군 태안읍 동백로 161(태안군 태안읍 남문리 468-6) • 041-674-4561

흙도회관 붕장어(아나고)통구이 • 태안군 소원면 모항항길 121-7(태안군 소원면 모항리 466-1) • 041-672-5353

관해수산의 두툼하게 썰어진 노래미회와 천리포구 풍경

🏠 숙소

송도오션리조트 태안군 소원면 모항항길 94(태안군 소원면 모항리 466-22)
041-672-7000 • www.songdoocean.co.kr

베이브리즈 태안군 소원면 만리포2길 235-9(태안군 소원면 의항리 977-56)
041-675-9551 • www.baybreeze.co.kr

천리포수목원 힐링하우스 태안군 소원면 천리포 1길 187(태안군 소원면 의항리 875)
041-672-9982 • www.chollipo.org

태안 바라길 3구간 (17.06km, 5시간 25분 소요)

의항해변 → (1.2km 25분) → 망산고개 → (1.7km 30분) → 백리포전망대 → (1km 20분) →
천리포 수목원 → (1.4km 30분) → 국사봉전망대 → (2.3km 40분) → 만리포해변 → (3.26km 1시간) →
모항항 → (0.8km 20분) → 행금이쉼터 → (3.3km 1시간) → 어은돌해변 → (2.1km 40분) → 파도리해변

04

태안 솔향기길 1코스

치유와 소통의 길에서 명품 도보길로 거듭나다

솔향기길은 치유와 소통, 사랑과 헌신의 길이다.
태안 기름유출사고 당시 태안 주민들은 효율적인 방제작업을 위해 삽과 곡괭이로
실핏줄 같은 방제로를 만들었다. 그 길을 통해 130여만 명의 자원봉사자들이
기름띠를 닦았다. 사상 초유의 상처를 치유하기 위해 만들어진 방제로는 이제
'솔향기길'이라는 명품 도보길로 다시 태어났다. 솔향기길의 5개 코스 중에서도
맨 처음에 개설된 1코스는 명품 길 중의 명품이다. 글·사진 양영훈

걷기 좋은 계절 **봄, 여름, 가을, 겨울**　난이도 **★★★**　동반자 **가족(성인), 친구, 동호회원**

물과 간식을 충분히 챙겨라

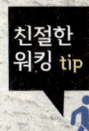

친절한 워킹 tip

솔향기길의 1코스는 기분 좋은 곰솔 숲길 구간이 대부분이다. 하지만 콧노래가 절로 나올 만큼 수월한 길은 아니다. 처음부터 끝까지 오르내림과 구불거림이 반복된다. GPS에 기록된 코스 전체의 고도 표시는 톱날처럼 뾰족뾰족하다. 체력 안배에 유념하고, 가급적이면 등산 스틱도 챙겨가는 것이 좋다. 도중에 세 곳의 매점이 있지만, 문 닫는 날이 많고 물과 음료수 이외에는 살 것도 마땅치 않다. 물과 간식은 충분히 챙겨가는 것이 좋다. 적설기에는 아이젠도 필수품이다.

치유와 소통의 길에서 생태탐방로로 거듭나다

태안군의 북쪽 끝에 이원반도가 있다. 서해바다와 가로림만 사이에 북으로 길쭉하게 돌출한 땅이다. 2007년 12월에 발생한 태안 기름유출사고 당시 유조선 허베이 스피리트호가 좌초한 현장과 가장 근접한 곳이기도 하다. 그래서 상상을 초월할 정도로 큰 피해를 입었다.

이원반도를 비롯한 태안 바닷가에는 모두 130여만 명의 자원봉사자들이 구름처럼 몰려와 밤낮없이 방제작업을 도왔다. 주민들은 자원봉사자들의 안전과 효율적인 방제작업을 돕기 위해 가파른 비탈길에 밧줄을 묶거나 삽과 곡괭이로 길을 만들었다. 사람들은 가파른 벼랑길을 오르내리며 기름 범벅이 된 갯바위와 해변의 구석구석을 정성스레 닦아냈다. 수많은 자원봉사자들의 헌신, 자연 스스로의 치유능력에 힘입어 이제 태안 바다는 옛 모습을 되찾았다. 해양수산부는 2013년 6월 29일 '태안 앞바다의 오염 정도가 기름유출사고 이전 수준으로 회복됐다'고 공식 선언했다.

사상 초유의 재앙을 극복하기 위해 수많은 사람들이 땀과 눈물로 만들고 걸었던 태안 바닷가의 곰솔 숲길은 '솔향기길'이라는 생태탐방로로 다시 태어났다. 솔향기길은 태안군의 북쪽 끝에 위치한 만대항에서 태안읍 냉천골까지 이어진다. 5개 코스로 이루어진 이 명품 길은 총 길이가 51.4km에 이른다. 만대항~꾸지나무골해변 구간이 1코스(10.2km), 꾸지나무골해변~볏가리마을~이원방조제(희망 벽화) 구간이 2코스(9.9km)이다. 3코스(9.5km)는 볏가리마을에서 밤섬나루터를 거쳐 새섬리조트까지, 4코스(12.9km)는 새섬리조트에서 청산포구를 경유해 갈두천까지, 그리고 마지막 5코스(8.9km)는 갈두천에서 용주사를 거쳐 백화산 냉천골까지 이어진다. 그중에서도 이원반도의 울창한 곰솔 숲과 빼어난 절경을 두루 거쳐 가는 1코스는 솔향기길의 으뜸 코스로 꼽힌다.

태안의 땅끝에서 조붓한 오솔길에 들어서다

버스를 타고 이원반도의 북쪽 끝에 자리한 만대항으로 달려간다. 버스 종점이라 졸다가 지나칠 일도 없는 곳이다. 가는 길이 너무 멀어 '가다가다 그만 가고 만대'라 해서 '만대'라 불리게 됐다는 우스갯소리도 있다. 하지만 만대(萬垈)는 땅이 기름지고 바다가 풍요로워서 '만세대의 사람들이 모여 살만한 터'라는 뜻이다.

솔향기길 1코스는 만대항 선착장 입구의 가파른 벼랑길부터 시작된다. 길바닥의 바위를 쪼아 계단을 만들고, 양쪽 길가에는 튼튼한 동아줄까지 매달아놓았다. 첫걸음부터 그걸 보니 한숨이 절로 나온다. 하지만 이 고비만 올라서면 길은 의외로 순해진다. 울창한 솔숲 사이의 조붓한 오솔길이 강물처럼 굽이친다. 진한 솔향기가 사방에서 풍겨온다. 간간이 불어오는 바람에는 비릿한 갯내음도 섞여 있다.

당봉전망대 아래의 솔향기길에서는 근욱골해변이 한눈에 들어온다.

길에서 만나는 기암괴석과 해안 절경, 작은 해변과 낮은 골짜기에는 어김없이 소박하고도 정겨운 이름이 붙어 있다. 만대항을 출발해 꾸지나무골에 도착할 때까지 큰구매쉼터, 작은구매수동, 붉은앙땡이, 새막금쉼터, 해먹쟁이, 샘너머, 근욱골해변, 가마봉, 악넘어약수터, 중막골해변, 용난굴, 별쌍금약수터, 와랑창, 큰어리골 등이 잇달아 나타난다. 그 가운데 큰구매쉼터와 붉은앙땡이는 바다 전망이 시원스럽다. 멀리 '꽃섬' 풍도가 아스라하고, 서산의 북서쪽 해안에 우뚝한 황금산이 지척이다. 바로 앞바다에는 붉은 등대가 세워진 장안여가 떠 있다. 물때에 따라 출몰하는 이 작은 바위섬으로 인해 1938년에 무려 73명이 사망한 여객선침몰사고가 발생했다. 그로부터 60년이 지난 1998년에야 이곳에는 등대가 세워졌다.

솔향기길에서 그윽한 꽃향기에 매료되다

길은 처음부터 끝까지 오르내림과 구불거림이 끊임없이 반복된다. GPS에 기록된 구간 전체의 고도 표시가 톱날처럼 뾰족뾰족하다. 그런 길을 계속 걷다보니 생각보다 빨리 허기졌다. 여

섬 입구의 바위에 앉아 편의점에서 사온 도시락으로 간단하게 점심을 해결했다.

여섬은 온통 바위로 둘러싸인 섬이다. 밀물 때에 바위를 때리며 포말로 부서지는 파도가 볼만하다. 주변 바다에는 물고기도 많다. 한때 이곳에 설치됐던 독살은 열 마지기의 문전옥답을 줘도 안 바꿨다는 말이 전해온다.

여섬을 뒤로하고 꾸지나무골로 가는 길에는 중막골, 큰어리골, 용난굴 등의 한적한 해변을 정원 삼은 펜션들이 종종 눈에 띈다. 이들 펜션에서 하룻밤 머물며, 붉은 저녁노을도 감상하고 밤하늘의 별자리도 찾아보고 밤바다의 파도소리에 귀 기울여 봐도 좋겠다는 생각이 들었다.

한 펜션 단지 아래의 해안절벽에 뚫린 용난굴은 솔향기길 1코스의 대표 절경이다. 아득한 옛날에 용이 승천했다는 전설은 별로 새롭지 않지만, 안쪽 18m쯤 되는 지점에서 두 개로 갈라진다는 굴 내부의 구조는 특이해 보인다. 이 굴에서 조금만 더 가면 솔향기길 1코스의 개척자인 차윤천 씨가 운영하는 무인매점이 있다. 마당 한쪽에 물맛 좋다는 별쌍금약수터가 있다.

Story Telling

솔향기길 1코스의 개척자, 차윤천 씨

차윤천 씨(64세)는 스스로 "솔향기길과 결혼했다."고 말한다. 놀랍게도 솔향기길 1코스를 혼자 힘으로 개척한 그는 지금도 그 길 위에서 산다. 와랑창 부근의 솔향기길에서 예초기를 등에 지고 제초작업에 열중하던 차씨를 만나 솔향기길을 만든 계기에 대해 물었다.

"기름유출사고가 터지자 저도 급히 고향으로 달려왔어요. 와서 보니까 수많은 자원봉사자들과 연세 지긋한 마을 노인들이 '앙뗑이(가파른 비탈길)'를 아주 위험하게 오르내립디다. 그래서 밧줄을 매달고 발 디딜 자리를 만들어주기 시작했죠."

차씨는 비가 오나 눈이 오나 날마다 삽과 곡괭이를 들고 길을 만들었다. 방제작업이 끝난 뒤에도 길 내는 일을 멈추지 않는 그를 한때는 주민들까지도 정신병자 취급을 했다.

하지만 차씨는 처음부터 이미 길의 기능뿐만 아니라 아름다움까지 생각했다.

"보시다시피 얼마나 아름다워요? 이 길이…. 저는 보석처럼 아름다운 이 길을 수많은 관광객들이 찾는 명소로 만들고 싶었어요."

그의 바람대로 솔향기길은 이제 태안군뿐만 아니라, 우리나라의 대표적인 도보길 중 하나가 되었다. 지금도 솔향기길 1코스를 걷다 보면, 어디쯤에선가 무슨 일이든 열중하는 차씨를 만날 수 있다.

1. 여름철의 꾸지나무골해변은 젊음이 넘친다. 2. 쓰러진 나무로 만든 통나무 의자에 화려한 꽃과 물고기가 그려졌다.
3. 곰솔과 활엽수가 빼곡한 솔향기길 주변의 숲은 한낮에도 햇볕이 들지 않는다.

길은 여전히 오르내림이 반복된다. 길가 풀숲에는 원추리, 중나리, 까치수염, 대극 같은 여름 꽃이 소담스레 피었다. 흔치 않은 야생난초 중 하나인 닭의난초도 눈에 띄었다. 꽃도 구경하고, 사진도 찍다보니 좀체 길이 붙지 않는다. 다급한 마음에 얼마 남지 않은 길을 재촉했다. 금세 와랑창, 작은어리골, 큰어리골을 지나 꾸지나무골해변에 도착했다. 처음 길을 나섰을 때에는 솔향기길 1, 2코스를 한꺼번에 섭렵할 작정이었다. 하지만 1코스의 종점이자 2코스의 시점인 꾸지나무골해변에 막상 도착하자 바로 2코스까지 섭렵할 엄두가 나질 않았다. 2코스는 다음 기회로 미루고 일정을 마무리했다.

주변 볼거리

태안마애삼존불상 백화산 정상 부근의 바위에 새겨진 마애불이다. 1966년 보물 제432호로 지정됐다가 가장 오래된 백제의 마애불로서의 가치를 인정받아 2004년에 국보 제307호로 승격됐다. 본존불의 좌우에 협시보살을 배치하는 기존의 삼존불과는 달리, 가운데에 보살을 두고 그 양쪽에 불상을 배치한 형식이 독특하다. 전체적으로 중국 북제 양식의 영향을 받은 것으로 보인다.
태안군 태안읍 동문리 817-2 · 041-672-1440

만대어촌체험마을 태안군의 맨 북쪽에 위치한 이원면 내리에 있다. 삼면이 바다에 둘러싸인 마을인데도, 농촌과 어촌의 특성을 두루 갖추었다. 마을 앞 가로림만의 넓은 갯벌에서는 조개, 쏙, 낙지 등을 잡거나 망둥이 낚시 등을 즐길 수 있다. 그리고 꾸지나무골해수욕장의 한쪽에 돌을 쌓아 만든 독살에서는 직접 맨손으로 고기를 잡으며 서해안의 전통어로법을 체험한다. 그 밖에 염전체험, 전통주 담그기 등의 체험프로그램도 진행된다.
태안군 이원면 원이로 2414-19(내리 만대마을)
041-675-0081 · mandae.seantour.com

이원반도의 북쪽 끝에 위치한 만대항

가는길

자가운전 서해안고속도로 서산IC → 서산 · 태안 방면 좌회전 → 운산교차로 서산 방면 좌회전 → 서산 방면 32번 국도 → 서산시 예천 사거리 태안 방면으로 좌회전 → 태안읍 교통광장 오거리에서 원북 · 이원 방면 직진 → 원북 · 이원 방면 603번 지방도 → 원북 반계교차로에서 이원 방면 직진 → 만대항

대중교통
`서울 → 태안` 서울남부터미널(02-521-8550)에서 1일 22회(06:40-20:00) 운행, 2시간 20분 소요
`대전 → 태안` 대전복합터미널(1577-2259)에서 1일 15회(07:40-20:40) 운행, 2시간(고속), 3시간 10분(직행) 소요
※ 태안버스터미널(041-675-6672)에서 만대행 버스가 1일 7회(06:30-18:50) 운행. 만대 종점까지 약 40분 소요. 만대항에 위치한 여러 횟집에서는 식사 손님들이 원할 경우에 무료 픽업서비스를 제공

솔향기길 1코스 (10.2km, 3시간 25분 소요)

만대항 → (1.9km 39분) → 당봉전망대 → (1km 20분) → 근욱골해변 → (2km 40분) → 여섬 → (1km 20분) →
중막골해변 → (0.6km 11분) → 별쌍금약수터 → (1.5km 30분) → 큰어리골해변 → (2.2km 45분) → 꾸지나무골해변

만대어촌계횟집의 자연산 생선회

큰어리골의 자드락펜션

맛집

만대항어촌계횟집 바다 전망이 좋은 횟집이다. 우럭, 광어, 도다리, 노래미 등의 자연산 생선회를 시키면 푸짐한 곁 음식이 딸려 나온다. 조개구이도 맛볼 수 있다.
태안군 이원면 원이로 2964(내리 41-7) • 041-675-7976
www.gomandae.com

만대항운영수산회센터 모듬조개구이 • 태안군 이원면 원이로 2963(내리 39-2) • 041-675-3048 • uyss.net

꾸지나무골회수산 우럭매운탕 • 태안군 이원면 꾸지나무길 81-26(내리 522-1) • 041-674-7850 • www.taean.net/7kkuji

숙소

자드락펜션 태안군 이원면 원이로 2535-214 (내리 482-3) • 010-9271-6604 • www.jadrak.com

씨엔블루펜션 태안군 이원면 원이로 2771-152 (내리 310-16) • 010-4366-3597 • www.pscnblue.com

블루라군펜션 태안군 이원면 원이로 2771-226 (내리 319-2) • 041-675-0045 • www.pensionbluelagoon.com

바다마을이야기펜션 태안군 이원면 원이로 2909-19(내리 110-2) • 041-675-6215 • www.seavil.co.kr

05
태안 솔향기길 2코스

아름다운 사람들이 모여 사는 세상 속의 길

솔향기길 1코스는 자연의 길이다. 사람이 만든 길 말고는 인공적인 풍경이 별로 없다. 반면에 2코스는 사람 사는 세상 속의 길이다. 그래서 일하는 사람들을 만날 수 있어 좋다. 들길에서는 풀 베는 농부를 만나고, 염전 둑길에서 가래질하는 염부와 마주친다. 대대손손 이 땅을 지키고 살아온 그들의 일하는 모습은 아름다운 자연 못지않게 깊은 인상을 남긴다. 글·사진 양영훈

제방길, 갯벌 길을 거쳐 솔숲 길에 들어서다

솔향기길 2코스의 전체적인 분위기는 1코스와 사뭇 다르다. 1코스는 줄곧 바닷가의 곰솔 숲을 가로지르는 반면, 2코스는 곰솔 숲길 이외에도 마을길, 들길, 제방길, 해변 길 등을 두루 거친다. 새로 개설된 길보다 기존의 포장도로를 따라가는 구간이 많다. 따가운 햇살을 피하기 어려운 구간도 적지 않다.

솔향기길 2코스는 출발지인 꾸지나무골해변부터 삭막하고 불편한 포장도로를 걸어야 한다. 해변부터 해변 입구의 603번 지방도까지 1km쯤 되는 포장도로를 지나야 편안한 흙길을 밟을 수 있다.

꾸지나무골해변 입구에서 양식장을 옆에 두고 장구도까지 700m쯤 이어지는 흙길도 그늘이 없다. 뜨거운 여름날에는 적잖이 고역스러운 길이다. 오래전에 육지가 된 장구도에서 퉁퉁바위까지 550m 가량의 제방길도 바람 없는 여름날이면 숨이 턱턱 막힐 정도로 무덥다.

길은 제방길의 끝에서 물 빠진 갯벌로 이어진다. 잔자갈과 굵은 모래가 깔려 있어서 질퍽거리거나 발이 빠지지는 않는다. 퉁퉁바위에서 사항 사이의 갯벌만 통과하면, 볏가리마을의 구멍바위를 찾아갈 때까지 갯벌을 지날 일은 없다. 사항 갯벌을 벗어난 길은 마을 진입로인 시멘트 포장도로로 따라가다가 603번 지방도 아래의 굴다리를 통과해 내리마을에 들어선다.

내리마을은 사목해변의 초입에 있다. 바닷가 마을인데도 어촌보다는 농촌의 정취가 더 짙게 느껴진다. 마을회관 앞에서는 사목해변의 솔숲에 가려 바다가 잘 보이지도 않는다. 약 500m 가량의 백사장을 거느린 사목해변은 곱고 단단한 백사장과 아름드리 솔숲을 품었다. 태안군의 여느 해변들에 비해 잘 알려지지 않아서 여름 성수기에도 비교적 한가롭게 피서를 즐길 수 있다. 솔숲에서는 야영도 가능하고, 백사장의 남쪽 해안에서는 독살로 고기 잡는 이색체험도 즐길 수 있다.

걷기 좋은 계절 **봄, 여름, 가을**   난이도 **★**   동반자 **가족, 친구, 동료**

쿠션 있는 신발을 신어라

솔향기길 2코스는 콘크리트나 아스팔트 포장도로 구간이 많다. 오래 걸으면 발바닥과 무릎이 아프거니와 그늘조차 적어서 뙤약볕을 피하기가 어렵다. 그러므로 장시간 걸어도 발바닥과 무릎에 무리를 주지 않는, 쿠션이 좋은 트레킹 신발을 신고, 여름철에는 챙이 넓은 모자를 쓰는 게 좋다. 도중에는 몇 군데의 마을을 거쳐 가지만 간식이나 음료를 파는 매점을 찾아가기가 쉽지 않으므로 미리 챙겨가는 것이 좋겠다.

붉은 노을을 바라보며 희망을 노래하다

사목해변에서 다음 목적지인 음포해변까지의 거리는 약 2.2km이다. 평지 같으면 한달음에 닿을 법한 거리다. 하지만 후망산 자락의 제법 비탈진 오르막과 내리막을 지나고, 아담한 피꾸지해변을 거쳐서 음포해변으로 가려면 30분 이상 소요된다. 피꾸지해변에서 음포해변으로 가는 길은 모처럼 만에 상쾌한 곰솔 숲길로 들어선다. 그윽한 솔향기에 심신이 날아갈 듯 가뿐해진다. 여름날의 맹렬했던 더위의 기세가 꺾이지 않은 날인데도, 어느덧 길가에는 가을꽃인 마타리가 노란 꽃망울을 터뜨렸다.

은밀하게 숨어 있는 음포해변이 불현듯 앞에 나타났다. 아담하고 고즈넉한 음포해변에서 볏가리마을까지의 1.9km 구간은 줄곧 시멘트 포장된 마을길을 따라간다. 솔향기길 2코스에서는 가장 걷기 힘든 구간이다.

볏가리마을은 행정구역상 이원면 관리에 속한다. 바다를 끼고 있는데도, 포구는 없고 들은 넓다. 농사만으로도 풍족한 삶을 영위하는 전형적인 농촌마을이다. 드넓은 들녘에는 염전과 논이 공존한다. 그래서 농촌체험뿐만 아니라 염전이나 갯벌에서의 어촌체험도 가능하다.

볏가리마을의 마을회관에서 0.6km 떨어진 해변에는 구멍바위가 있다. 우뚝 솟은 바닷가 절벽 아래에 커다란 구멍이 뻥 뚫려 있다. 억겁의 세월 동안 파도의 침식과 바람의 풍화작용이 만들어놓은 절경이다. 이 굴을 통과하면서 소원을 빌면 반드시 이뤄진다는 말이 전해온다. 그래서인지 아이 갖기를 간절히 염원하는 아낙네들이 많이 찾는다고 한다.

볏가리마을에서 2코스의 종점인 이원방조제로 가는 길은 두 갈래다. 마을회관 뒤쪽의 산들바다농장을 거쳐 팔금봉 능선의 곰솔 숲길로 이어지는 길이 있고, 바닷가 구멍바

Story Telling

은포해변이 음포해변이 된 사연

음포의 원래 지명은 숨을 은(隱), 물가 포(浦) 자를 쓰는 '은포'였다. 바닷물이 들고 나는 것이 잘 보이지 않아서 '숨은 포구'라는 뜻의 은포라는 지명이 생겼다고 한다. 그러나 은포는 오랜 세월 동안 사람들의 입을 통해 전해오면서 '음포'로 변했다. 다른 한편으로는 청일전쟁(1894) 때에 청나라 군사들이 숨어 있던 곳이어서 그런 지명이 붙었다는 말도 있다. 당시 만대항의 북동쪽에 위치한 풍도 해전에서 일본 해군에 패한 청나라 함정이 음포 앞바다에서 침몰되자, 배에서 급히 탈출한 청나라 군사들은 이곳 해변에 상륙해서 숨어 있다가 돌아갔다고 한다.

1. 소원 하나를 빌며 구멍바위를 통과하면 그 소원이 이뤄진다고 한다.
2. 볏가리마을 뒤편의 산등성이를 넘어가는 솔향기길 2코스
3. 이원방조제 희망 벽화는 태안 기름유출사고 당시의 자원봉사자들이 손도장을 찍어 그렸다.
4. 사목해변을 지나 음포해변으로 가는 길에 색소폰 연주자를 만났다.

위를 둘러본 뒤에 팔금봉의 곰솔 숲길에 합류되는 길이 있다. 어느 길을 택하든지 간에 이원방조제까지 가는 길은 별로 멀지 않다.

이원방조제는 태안군 이원면과 원북면 사이의 바다를 메꾼 '태안이원지구간척공사'의 일환으로 1999년도에 축조됐다. 이 방조제에는 특별한 그림이 그려져 있다. 태안 기름유출사고 당시 방제작업을 도운 130여만 명의 자원봉사자들에 대한 감사와 보답의 마음을 담은 벽화이다. 길이 2740m에 높이가 7.2m에 이르는 이 거대한 '희망 벽화'에서 가장 눈길을 끄는 것은 연인원 6만 3천여 명이 700m에 걸쳐 빼곡하게 찍어놓은 핸드프린팅이다. 그중에는 부모와 함께 방제작업에 참여한 어린이들의 고사리 같은 손도 적지 않다. 이름 석 자와 함께 선명하게 찍힌 손바닥 도장들을 하나하나 살펴보고 있노라면, 괜스레 가슴이 뜨거워지는 듯하다.

주변 볼거리

두웅습지 신두리 해안사구 남쪽의 내륙에 위치한 사구습지이다. 습지의 못은 담수를 저장하는 기능을 갖고 있으며, 땅속의 지하수와 연결돼 있어서 늘 일정한 수량을 유지한다. 전체 면적이 6만 4595㎡에 달하는 이 습지에는 다양한 동식물이 서식한다. 2007년에 세계에서 가장 작은 규모의 람사르습지로 등록되었다. 현재 습지 주변에는 길이 170m의 데크 탐방로와 정자가 설치돼 있어서 습지 생물을 관찰하기에도 편리하다.
태안군 원북면 태안군 신두리1・041-670-2566(태안군청 문화관광과)

안흥성 조선 효종 6년(1655)에 인근 18개 고을에서 동원된 백성들이 10년 동안이나 쌓은 성이다. 길이 1568m의 석성으로 완공된 안흥성은 이후 240년 동안이나 건재하면서 중국 사신을 맞이하던 곳이자 군사적 요충지로 활용됐다. 그러나 고종 31년(1894)에 일어난 동학농민운동 당시 성안의 건물들이 불타버리는 바람에 폐허로 변했다. 근래 들어와 오랜 복원공사를 마치고 옛 모습을 되찾은 안흥성의 성벽에 올라서면 안흥내항과 신진도, 신진대교 등의 풍광이 한눈에 들어온다.
태안군 근흥면 정죽리 1112-1・041-670-2114

음포해변 부근의 꿈솔 숲길에 가을꽃인 마타리가 피었다.

가는길

자가운전 서해안고속도로 서산IC → 서산・태안 방면 좌회전 → 운산교차로에서 서산 방면 좌회전 → 서산 방면 32번 국도 → 서산시 예천 사거리에서 태안 방면 좌회전 → 태안읍 교통광장 오거리에서 원북・이원 방면 직진 → 원북・이원 방면 603번 지방도 → 원북 반계교차로에서 이원 방면 직진 → 꾸지나무골해변 입구에서 좌회전 → 꾸지나무골해변

대중교통
| 서울 → 태안 | 서울남부터미널(02-521-8550)에서 1일 22회(06:40~20:00) 운행, 2시간 20분 소요 |
| 대전 → 태안 | 대전복합터미널(1577-2259)에서 1일 15회(07:40~20:40) 운행, 2시간(고속), 3시간 10분(직행) 소요 |

※ 태안버스터미널(041-675-6672)에서 만대행 버스가 1일 7회(06:30~18:50) 운행. 꾸지나무골해변까지 약 35분 소요

솔향기길 2코스 (10.8km, 3시간 20분 소요)

꾸지나무골해변 → (1km 20분) → 꾸지나무골해변 입구 → (2.6km 55분) → 사목해변 → (0.7km 18분) → 후망봉 삼거리 → (1.5km 15분) → 음포해변 → (1.9km 22분) → 볏가리마을회관 → (3.1km 70분) → 이원방조제

맛집

이원식당의 박속낙지탕

이원식당 태안의 대표적인 향토별미 중 하나인 박속밀국낙지탕의 원조집이다. 박속을 넣고 끓인 육수에 산낙지를 데쳐 먹은 다음, 그 국물에 다시 수제비나 칼국수를 끓여 먹는다. • 태안군 이원면 원이로 1539(포지리 82-2) • 041-672-8024

와우재 돼지갈비와 바지락칼국수 • 태안군 이원면 원이로 1849(관리 766-2) • 041-672-6699

영일식관 박속밀국낙지탕 • 태안군 이원면 원이로 1559(포지리 136) • 041-672-8016

숙소

음포해변의 팜비치펜션과 힐링비치펜션

힐링비치펜션 태안군 이원면 음포길 146 (관리 1040-26) • 041-672-3922
www.healingbeach.co.kr

파인비치펜션 태안군 이원면 음포길 148 (관리 1040-24) • 041-672-3223
www.eumpopension.com

더나무펜션 태안군 이원면 관리 볏가리길 65-14(631-4) • 041-673-3883
www.thenamupension.co.kr

06

태안 해변길 솔모랫길

곰솔 숲과 해안사구를 걸으며 자연의 생명력을 느끼다

솔모랫길은 태안 해변길의 7개 구간 중 하나다. 태안군 남면 몽산포와 드르니항 사이의 13km에 이르는 바닷가를 남북으로 가로지른다. 억겁의 세월 동안 서해바다의 파도와 바람은 곱디고운 모래밭을 일궈놓았다. 그리고 모래가 바람에 날리는 것을 막기 위해 한두 그루씩 심기 시작한 곰솔은 어느덧 울울창창한 숲을 이뤘다. 그 모래밭 위의 울창한 곰솔 숲에는 솔모랫길이 구불구불 이어진다. 글·사진 양영훈

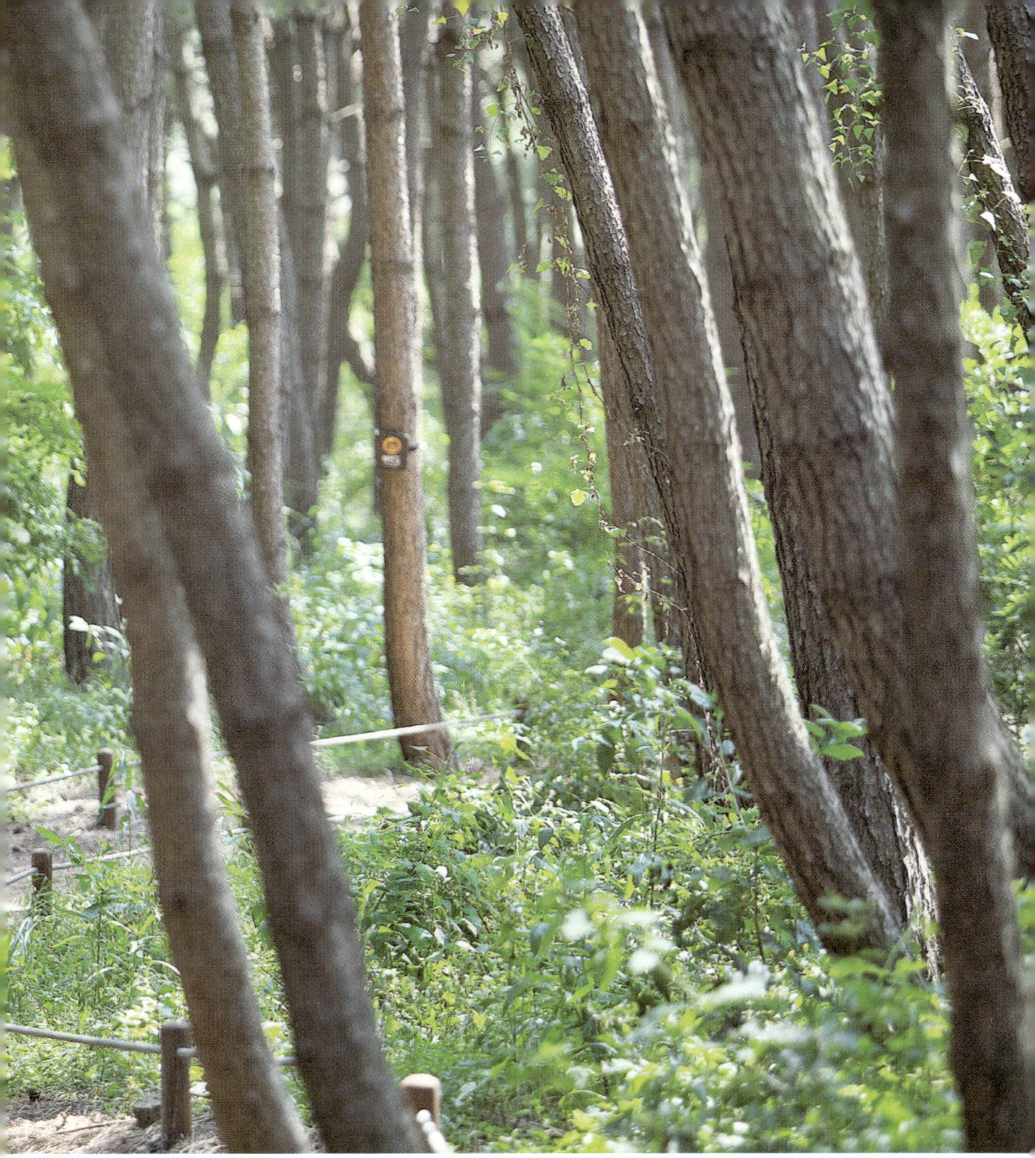

걷기 좋은 계절 **봄, 여름, 가을**   난이도 **★ ★**   동반자 **가족, 연인, 친구**

여름철의 햇볕과 겨울철의 바람을 막아라
솔모랫길은 평탄하다. 길바닥이 모래밭인데도 푹푹 빠지지는 않는다. 오히려 푹신한 감촉이 기분 좋다. 미리 대비해야 할 것은 여름철의 더위와 겨울의 바람이다. 전체 코스의 절반쯤 되는 청포대~드르니항 구간은 여름철에 뙤약볕을 고스란히 받는 길이다. 챙이 넓은 모자와 충분한 물은 필수이다. 기온이 차가워지면 서해안의 매서운 바람으로부터 체온을 유지해줄 바람막이재킷이나 보온재킷을 챙겨야 한다. 간식과 물도 미리 준비한다.

태안해안국립공원의 절경을 걷는 태안 해변길

태안반도와 안면도를 품은 태안군의 해안선은 마치 톱니바퀴처럼 들쭉날쭉하다. 전형적인 리아스식 해안이다. 그 길이만도 무려 530km에 이른다. 드넓은 백사장과 나지막한 모래언덕, 울창한 곰솔 숲과 천태만상의 기암괴석 등이 절묘하게 어우러진 태안군의 해안은 빼어난 풍광을 자랑한다. 1978년에는 우리나라의 유일한 해안국립공원으로 지정됐고, 2011년에는 처음으로 태안 해변길이 열렸다.

태안 해변길은 두 발로 걸으면서 태안해안국립공원의 아름다운 풍광과 청정무구한 자연을 직접 보고 느끼며 즐길 수 있는 친환경 생태길이다. 모두 7개 코스에 총 길이가 97km나 된다. 2011년에 4코스 솔모랫길(몽산포~드르니항, 13km)과 5코스 노을길(백사장항~꽃지, 12km)이 먼저 개통됐다. 그 뒤를 이어 1코스 바라길(학암포~신두리, 12km), 2코스 소원길(신두리~만리포, 22km), 3코스 파도길(만리포~파도리, 9km)이 잇달아 열렸다. 2013년 7월에는 안면도의 서남쪽 해안을 따라가는 6코스 샛별길(꽃지~황포항, 13km)과 7코스 바람길(황포항~영목항, 16km)이 개통됨으로써 태안 해변길의 전체 구간이 완공됐다. 다양한 특색과 풍광을 지닌 7개 코스 중에서 특히 인기 있는 것은 노을길과 솔모랫길이다.

융단처럼 부드럽고 편안한 곰솔 숲길을 걷다

솔모랫길을 걷는 여행자들은 대개 몽산포를 출발지로 삼는다. 그래야 태안해안국립공원 몽산포탐방안내센터에서 필요한 정보를 얻을 수 있고, 다음 코스인 노을길을 이어 걷기에도 좋다.

캠핑을 즐기는 사람들에게 몽산포는 낯설지 않은 곳이다. 캠핑 열풍이 온 나라를 휩쓸기 전부터 이미 몽산포는 서해안 제일의 오토캠핑지로 유명했다. 사시사철 푸른 솔숲과 단단하면서도 고운 모래밭, 해 질 녘의 황홀한 일몰과 광활한 백사장을 품은 몽산포야영장에서는 가족이나 연인과 함께 낭만적인 오토캠핑을 즐길 수 있었다. 오랜만에 다시 찾은 몽산포야영장은 예전보다 훨씬 더 많은 텐트와 캠핑카들로 가득했다. 바야흐로 캠핑 전성시대가 도래한 듯하다.

몽산포야영장을 벗어난 길은 잠시 풀밭과 곰솔 숲을 지나 해당화 곱게 핀 모래언덕으로 이어진다. 길바닥은 온통 모래밭이다. 잘 다져진 데다가 솔잎까지 두껍게 깔린 모래밭은 적당히 단단하고 푹신해서 걷기 좋다. 더욱이 길은 시종일관 평탄하다. 30여 리의 솔모랫길에서 5분 이상 지속되는 오르막길은 한 군데도 없다. 일행 중 한 사람은 "이렇게 편안한 길은 하루 종일 쉬지 않고도 걸을 수 있겠다"며 자신했다. 길은 뚜렷

따사로운 가을 햇살 아래 청포대해변의 캠핑장에서 독서하는 캠핑객

해서 헷갈릴 일도 거의 없다. 곳곳마다 상세한 안내지도와 이정표가 세워져 있어서 걸어온 길과 남은 길을 가늠하기도 쉽다.

자연을 배우고 옛 이야기를 듣다

몽산포와 청포대 사이의 곰솔 숲에는 아담한 사구습지와 둠벙이 있다. 각각 작은 전망대도 마련돼 있어서 생태환경을 관찰하기 좋다. 길가의 넓은 공터에는 자연놀이체험장을 겸한 쉼터도 들어서 있다. 태풍에 쓰러진 나무들을 활용해 만들었다는 널뛰기, 철봉, 구름다리 등의 놀이시설과 통나무 의자, 초가형 원두막, 배 모양의 평상 등이 눈길을 끈다.

솔모랫길의 4-1코스와 4-2코스가 시작되고 끝나는 청포대해변의 솔숲에도 대규모의 사설 야영장이 조성돼 있다. 시원한 솔숲뿐만 아니라 뙤약볕이 내려쬐는 풀밭에도 형형색색의 텐트가 자리 잡았다. 남쪽 해변에는 지중해풍의 펜션 건물이 즐비해서 마치 외국의 어느 휴양지를 통과하는 듯한 느낌이 든다.

청포대해변의 남쪽에는 별주부마을이 있다. 독살체험마을로 널리 알려진 곳이다. 독살은 조수간만의 차이를 이용한 전통 함정어구이다. 밀물을 따라 독살 안으로 들어왔다가 썰물 때에 빠져나가지 못하고 갇힌 물고기들을 그냥 줍기만 하면 된다. 마을 앞의 노루미해변에 설치된 독살은 지금도 제 구실을 다한다. 독살 옆에는 『별주부전』 속의 자라가 죽어서 변했다는 덕바위(자라바위)가 있다. 이 마을에서는 독살체험뿐만 아니라 맛조개 잡이, 조개 캐기, 갯벌 스포츠 등의 다양한 체험과 캠핑도 즐길 수 있다.

여름엔 인고의 길, 겨울엔 따뜻한 해바라기 길

몽산포부터 줄곧 곰솔 숲을 가로질러 온 솔모랫길은 별주부마을을 지나면서부터 농로, 찻길, 둑길, 마을 진입로 등을 번갈아 지나게 된다. 종점인 드르니항에 도착할 때까지 한낮의 뜨거운 햇살을 피하기 어렵다. 여름날 삼복염천에는 사우나처럼 뜨거운 인고(忍苦)의 길이겠지만, 한 줄기의 햇살조차 그리운 겨울철에는 오히려 따사로운 해바라기 길일 것이다.

별주부마을을 지나 마검포에 들어선 뒤로는 바다가 저만치 멀어진다. 대신에 황금빛으로 물들어가는 들녘과 때늦은 연꽃이 피어 있는 신온리저수지, 갈대와 띠가 하늘거리는 습지와 소금 꽃이 하얗게 핀 천일염 지대가 연이어 눈앞에 펼쳐졌다.

한동안 시야에서 멀어지거나 아예 사라졌던 바다는 드르니항의 인도교가 보일 즈음에 다시 가까워진다. 솔모랫길의 마지막 해변길 구간은 썰물 때에만 통과할 수 있다.

Story Telling

『별주부전』의 무대가 된 태안군 남면 원청리

태안군 남면 원청리는 별주부마을로 더 유명하다. 마을 곳곳에 『별주부전』과 관련된 지명이 산재해 있다. 용새골은 별주부(자라)가 토끼의 간을 구하기 위해 육지에 첫발을 디뎠다는 곳이고, 묘샘은 토끼가 "간을 떼어 청산녹수 맑은 샘에 씻어 감추어 놓고 왔다"고 말한 바로 그 샘이다. 해변과 마을 사이의 노루미재는 자라의 등에 업혀서 용궁까지 들어갔다가 구사일생으로 살아나온 토끼가 "간을 빼놓고 다니는 짐승이 어디 있느냐"고 자라를 놀리며 사라진 곳이다. 해변의 덕바위(자라바위)는 토끼가 자신을 놀리며 노루미재 숲으로 달아나자 크게 탄식하며 죽은 자라가 죽어서 변한 바위라고 전해진다. 지금도 이 마을에서는 해마다 정월 대보름날이면 자라바위에서 별주부용왕제를 지내며 건강을 기원한다.

1. 지오랜드캠핑장 2. 한여름날의 뙤약볕 아래에서는 수로 옆의 긴 제방길을 걷기가 수월치 않다.
3. 드르니항 직전의 제방길 구간을 지나는 해변길

밀물 때에는 인접한 산길로 우회해야 된다. 이윽고 길지 않은 제방길과 작은 수문을 지나자 드르니항이 코앞이다.

태안반도와 안면도 사이의 좁은 물목에 안면교가 놓인 것은 1970년의 일이다. 그 전까지는 드르니항과 마주보는 백사장항이 안면도의 관문이었다. '드르니'라는 지명도 안면도 사람들이 배를 타고 계속 들른다고 해서 붙여졌다고 한다. 이제 드르니항과 백사장항 사이의 바다 위에는 폭 4m, 길이 250m의 인도교 '대하랑꽃게랑다리'가 놓였다. 그동안 두 포구 사이를 오가려면 약 5.3km의 먼 길을 에돌아야 했지만, 이제는 5분쯤만 걸으면 당도할 수 있다. 바다에 가로막혔던 태안 해변길의 솔모랫길과 노을길이 이제야 비로소 하나로 이어진 것이다.

주변 볼거리

태안꽃축제장 태안군 남면 신온리 일대의 26만㎡ 부지에 조성돼 있다. 영농조합을 구성한 태안지역의 꽃 재배 농민들이 '단순한 1차 산업에 머물던 태안의 화훼산업을 각종 가공산업과 관광 등의 2, 3차 산업으로 발전시켜 기름유출사고로 침체된 태안의 지역경제를 되살린다'는 취지로 개최하는 여러 꽃 축제가 이곳에서 열린다. 봄에는 튤립꽃축제, 여름에는 백합꽃축제와 태안빛축제, 가을에는 오색꽃축제가 열린다. 태안군 남면 마검포길 200(남면 신온리 168-3) • 041-675-7881 • www.ffestival.co.kr

팜카밀레허브농원 국내 최대 규모의 허브농원으로 1만 2천 평의 부지에 들어서 있다. 캐모마일가든, 로즈가든, 보테니컬가든, 라벤더가든, 토피어리가든, 습지식물원 등 테마가든에서는 다양한 종류의 허브식물과 심신을 편안케 하는 허브 향기를 마음껏 음미할 수 있다. 동화 속의 집 같은 펜션, 레스토랑과 빵집, 허브숍 등의 부대시설을 갖추고 있어 하룻밤 머물며 휴식하기에 좋다. 허브 비누 만들기, 압화 만들기 등의 체험도 가능하다. 태안군 남면 우운길 56(남면 몽산리 83-3) • 041-675-3636 • www.kamille.co.kr

태풍에 쓰러진 나무를 이용해 자연놀이체험장을 겸한 쉼터를 조성했다.

가는길

자가운전 서해안고속도로 홍성IC → 갈산교차로에서 해미 · 안면도 방면 좌회전 → 상촌교차로에서 안면 · 천북 · 남당리 방면 좌회전 → 서산간척지 A, B 방조제 → 원청 사거리에서 태안 방면 우회전 → 태안 방면 77번 국도 → 남면 소재지의 농협주유소 삼거리에서 몽산포 방면 좌회전 → 몽산포탐방지원센터

대중교통

| 서울 → 태안 | 서울남부터미널(02-521-8550)에서 1일 22회(06:40-20:00) 운행, 2시간 20분 소요 |
| 대전 → 태안 | 대전복합터미널(1577-2259)에서 1일 15회(07:40-20:40) 운행, 2시간(고속), 3시간 10분(직행) 소요 ※ 태안버스터미널(041-675-6672)에서 몽산포 초입의 남면소재지까지는 약 30분 간격으로 운행하는 안면도행 버스 이용. 자가용을 이용할 경우에는 백사장항 주차장이나 몽산포 주차장 이용. 주차한 곳으로 되돌아갈 때에는 꽃다지콜택시(041-674-4433) 이용

솔모랫길 코스 (13km, 4시간 30분 소요)

몽산포탐방지원센터 → (1.3km 25분) → 해당화길 → (1.5km 30분) → 습지/둠벙 전망대 → (0.5km 10분) → 자연놀이체험장 → (1.3km 25분) → 청포대해변 → (0.5km 10분) → 별주부마을 → (2.3km 50분) → 지오랜드 → (1.5km 30분) → 신온리저수지 → (1.6km 30분) → 염전지대 → (2.5km 60분) → 드르니항

청포대해변의 더클래식펜션

맛집

안면식당 드르니항과 건너편의 백사장항 입구에 있다. 안면대교 아래의 바다에 서식하는 디웅조개로 끓인 조개탕과 조개칼국수의 칼칼하고도 담백한 맛이 그만이다. • 태안군 안면읍 백사장1길 24(안면읍 창기리 1262-199) • 041-673-7736

몽대횟집 생선회 • 태안군 남면 몽대로 495-83(남면 몽산리 686-20) • 041-672-2254 • www.041-672-2254.kti114.net

곰섬나루 바지락조개볶음정식 • 태안군 남면 안면대로 1610-27(남면 신온리 505) • 041-675-5427 • www.gomseom.com

숙소

몽산포오토캠핑장 태안군 남면 몽산포길 54(남면 신장리 358-6) • 011-409-9600 • www.몽산포오토캠핑장.com

더클래식펜션 태안군 남면 청포대길 57-60(남면 원청리 512-135) • 041-675-0059 • www.theclassicps.com

팜비치펜션 태안군 남면 청포대길 57-34(남면 원청리 512-31) • 041-675-3644 • www.pbpension.co.kr

07 태안 해변길 노을길

그림 같은 풍광의 끝에서 황홀한 해넘이를 만나다

노을길은 태안 해변길의 백미다. 백사장항과 꽃지해변 사이의 낭만적인 서해바다를 줄곧 옆구리에 끼고 이어진다. 푸른 솔숲 길과 부드러운 모랫길과 탁 트인 해변길을 두루 거쳐 간다. 서너 곳의 고갯길과 바다 풍광을 모두 껴안은 전망대도 있어서 다채로운 여정을 느낄 수 있다. 그리고 마침내 길의 끝에서 맞이하는 해넘이와 저녁노을은 눈물겹도록 아름답고 황홀하다. 글·사진 양영훈

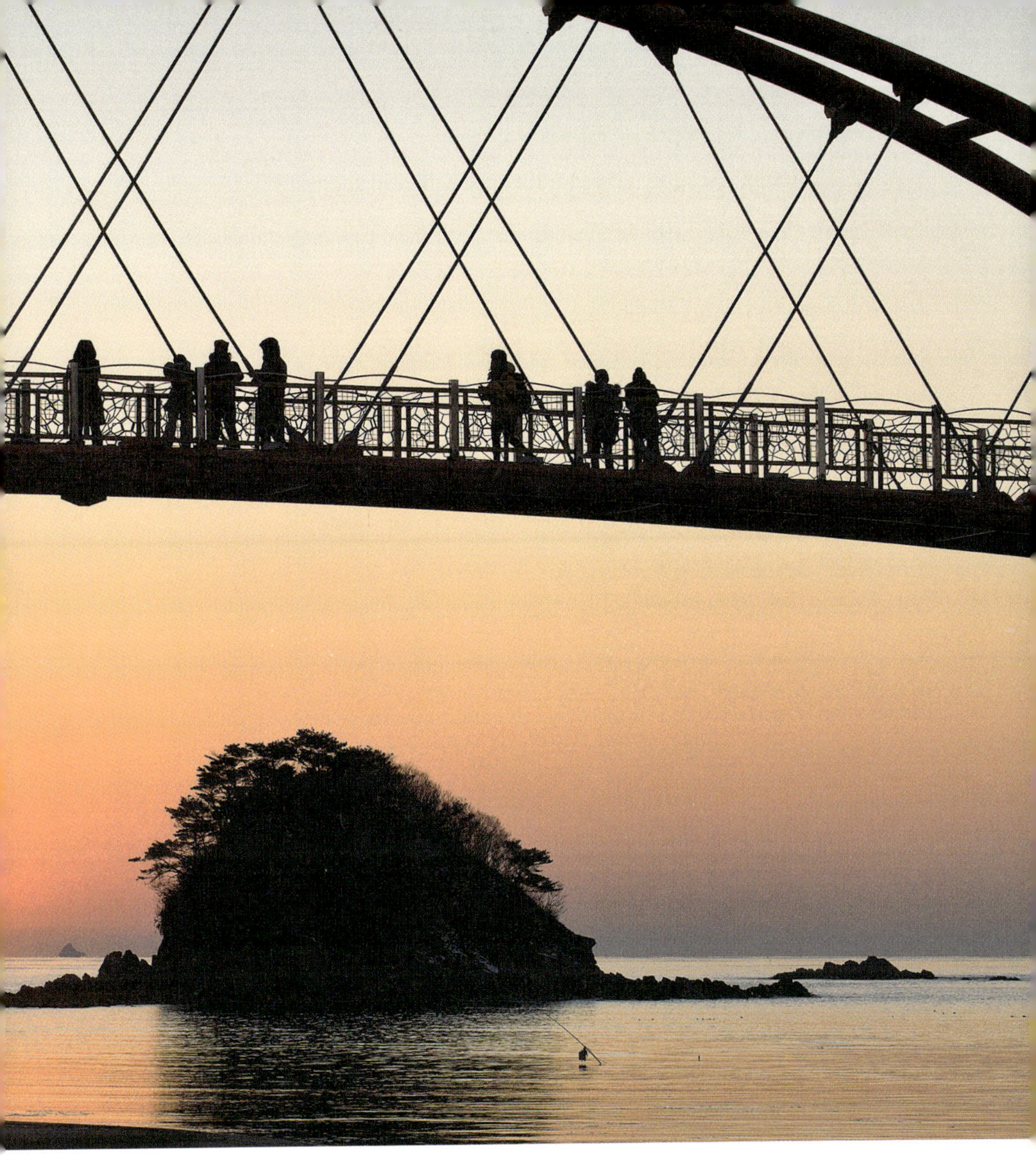

걷기 좋은 계절 **봄, 여름, 가을, 겨울**　난이도 ★★　동반자 **가족, 연인, 친구**

산책하듯 가볍게 걸어라!

노을길은 편안하다. 네 곳의 작은 고갯길이 있지만, 사실 고갯길이라 부르기도 민망할 만큼 짧아서 별로 힘들지 않게 오를 수 있다. 대부분의 구간은 평탄하고 다져진 모래가 깔린 곰솔 숲길이다. 해변 옆의 제방길과 시멘트 포장된 마을길도 짧게 걷는다. 그래서 특별한 준비가 필요 없다. 간식이나 생수도 곳곳에 위치한 가게에서 구입할 수 있으므로 걷기 편한 신발과 복장만 갖추면 된다. 다만 바닷바람이 제법 매서운 겨울철에는 다운재킷이나 아웃도어용 재킷을 반드시 챙겨가는 것이 좋다.

태안해안국립공원의 백미, 노을길

노을길은 솔모랫길과 함께 2011년에 태안 해변길 중 처음으로 개통됐다. 태안 해변길의 5코스인 노을길은 백사장항에서 꽃지해변까지 12km의 바닷가를 끼고 이어진다. 북쪽에 이웃한 솔모랫길보다 길이는 짧지만 난이도는 더 높은 편이다. 솔모랫길에는 숨 가쁜 오르막 구간이 전혀 없는 반면, 노을길에서는 나직한 고갯길을 네 번이나 넘어야 한다. 하지만 포장도로 구간이 별로 없어서 시종 아주 가뿐하고 경쾌하게 걸을 수 있다. 숲길 구간이 많은 덕택에 햇살 따가운 여름철이나 바닷바람 차가운 한겨울에도 사랑하는 사람들과 함께 트레킹을 즐기기에 아주 좋다. 실제로 태안 해변길의 여러 코스 가운데 가장 인기 있는 코스가 바로 이 노을길이다.

삼봉에서 일망무제의 조망을 즐기다

노을길을 걷는 여행자들의 십중팔구는 백사장항에서 출발한다. 그래야 노을길의 종점이자 서해안 제일의 일몰 명소인 꽃지해변에서 황홀한 노을을 감상할 수 있기 때문이다. 백사장항은 안면도에 연륙교가 생기기 전부터 안면도의 관문이었다. 지금은 안면도 최대의 관광어항으로 손꼽힌다. 일 년 내내 관광객들의 발길이 끊이질 않지만, 특히 꽃게와 대하가 잡히는 철에는

> **Story Telling**
>
> #### 해넘이가 환상적인 꽃지해변의 할미·할아비바위
>
> 꽃지해변은 서해안 제일의 해넘이 명소이다. 그곳의 일몰과 노을이 아름다운 것은 할미바위와 할아비바위 덕택이다. 그중 할미바위에는 슬픈 전설이 전해져 온다. 통일신라 말기인 흥덕왕 3년(828), 완도 청해진을 거점으로 동양 삼국의 해상교통로를 장악한 장보고는 북쪽에는 황해도 장산곶, 가운데에는 지금의 안면도 방포인 견승포를 중간기지로 삼았다. 당시 견승포 기지에 있었던 '승언'
> 이라는 사람은 부부 금슬이 아주 좋아서 하루라도 보지 못하면 살 수 없을 정도였다고 한다. 그러던 어느 날 급히 상관으로부터 출정 명령을 받은 승언은 금방 돌아오겠다는 말을 남긴 채 떠났지만 오래도록 돌아오지 않았다. 승언의 아내 '미도'는 비가 오나 눈이 오나 하루도 빠짐없이 젓개산에 올라가 남편이 돌아오기만 손꼽아 기다리다가 죽고 말았다고 한다. '미도'가 남편을 기다리다가 죽은 젓개산은 오랜 세월이 흐른 뒤에 지금의 '할미바위'로 변했다고 한다.

거지포해변의 자연관찰로에서 바라보는 바다는 마음을 편안하게 한다.

항구 전체가 밤낮없이 북적거린다.
장바닥처럼 붐비는 백사장항의 상가를 벗어나자마자 곰솔 숲과 바다를 양쪽에 거느린 해변길이 들어선다. 솔숲에는 형형색색의 오토캠핑용 텐트와 고깔 모양의 인디언 텐트가 가득하다. 최근 새로 조성된 캠핑장이다. 자연의 훼손을 최소화하기 위해 애쓴 듯한 흔적들이 여기저기 눈에 띈다. 다행스럽고도 고마운 일이다.
백사장항에서 1km쯤 떨어진 곳에서 첫 번째 오르막길을 만난다. 야트막한 야산을 넘어가는 이 길에는 수십 개의 계단이 놓여 있다. 계단을 오르내리는 일이 힘들고 불편하다면, 썰물 때에는 해변길을 이용해도 된다. 거친 돌과 굵은 모래가 뒤섞인 이 해변의 끝에 세 개의 작은 봉우리, 즉 삼봉이 있다. 삼봉해변의 지명도 거기서 비롯됐다. 삼봉 정상에는 삼봉해변에서 기지포해변과 안면해변을 거쳐 두여해변까지 이어지는 약 4km의 긴 백사장, 그 백사장과 나란히 뻗은 곰솔 숲이 고스란히 시야에 들어온다.

1. 노을길의 첫 번째 고개를 넘어 삼봉해변으로 향하는 여행자들
2. 기지포해변의 자연관찰로에서 바라보는 바다는 마음을 편안하게 한다.
3. 방포해변을 찾은 연인들이 추억의 순간을 기록하고 있다.

그야말로 일망무제(一望無際)의 조망을 자랑한다.
삼봉해변의 백사장은 단단해서 발이 빠지지 않는다. 더군다나 밀물 때에도 안전하게 걸을 수 있을 정도로 폭이 넓다. 따뜻한 햇살이 그리운 겨울철의 바람이 매섭지 않은 날에는 숲길보다 이 해변길을 걷는 여행자들이 훨씬 더 많다.

'사색의 길'을 지나 '천사길'에 들어서다

삼봉해변과 그 이웃의 기지포해변은 해 질 녘의 풍경도 아름답다. 꽃지해변의 명성에 가려서 잘 알려지진 않았지만, 우연찮게 한번이라도 이곳의 일몰을 지켜본 사람들은 이구동성으로 꽃지해변에 결코 뒤지지 않는다고 말한다. 불덩이처럼 시뻘건 해가 백사장 끝에 봉긋이 솟은 삼봉 너머로 뉘엿뉘엿 저무는 광경은 서러울 만치 아름답다.
삼봉해변의 해변길이 아무리 매력적이어도 곰솔 숲길을 포기하기란 쉽지 않은 일이다. 태안 해변길의 전체 숲길 가운데 가장 아름답고 운치 있는 곳으로 손꼽히기 때문이다. 600m 가량의 길 양쪽에 빼곡하게 늘어선 곰솔의 자태가 마치 도열한 병사들처럼 정연하고 준수하다. 그 길에 들어서면 마음이 절로 고요해지는 듯하다. 자분자분 걸으며 사색하기에 안성맞춤이어서 일명 '사색의 길'로도 불린다.

노을길은 '사색의 길'이 끝나는 지점에서 두 갈래로 나뉜다. 왼쪽 길은 모래가 푹신하게 깔린 곰솔 숲으로 들어서고, 오른쪽 길은 시야가 탁 트인 기지포해변의 해안사구를 가로지르는 데크 길로 이어진다. 총 길이가 1004m여서 '천사길'로 불리는 이 데크 길은 거동이 불편한 장애인이나 휠체어 이용자들을 위해 개설되었다.

기지포해변의 남쪽 끝에서는 풍천이 바다로 흘러든다. 풍천에 놓인 창정교를 지나면 길은 다시 오른쪽에 바다를 바투 낀 채 이어진다. 창정교에서 두여전망대까지 약 2.3km 구간의 풍경은 다소 밋밋하다. 그래서 가쁜 숨을 몰아쉬며 두여전망대에 올라서서 바라본 풍광이 더 특별하게 느껴지는지도 모른다. 때마침 만조 때라 바다는 창망했다. 멀리 점점이 떠 있는 섬들만 아니라면 동해안의 어디쯤으로 착각할 듯하다.

길의 끝에서 서럽도록 아름다운 노을을 만나다

두여전망대 남쪽의 밧개해변을 지나자 또다시 두에기해변을 우회하는 고갯길이 나타났다. 숨을 헐떡이며 넘어서니 파도에 몽돌 구르는 소리가 기분 좋은 방포해변에 당도한다. 긴 방파제 너머로 꽃지해변의 할아비바위도 언뜻 보인다. 이제 종점이 지척이다. 마지막 한 고비만 남았다. 방포해변과 방포항 사이의 나직한 산꼭대기에 위치한 방포전망대에 올라야 한다. 방포항과 꽃지해변의 전경이 고스란히 들어오는 이 전망대를 지나칠 수는 없다. 어느덧 햇살이 설핏 기울어졌다. 일몰 시간이 얼마 남지 않은 것이다.

방포전망대 아래의 모감주나무 군락을 지나 방포항 꽃다리에 도착했다. 이미 많은 사람들이 꽃다리와 물 빠진 꽃지해변에 늘어서서 장엄한 그 순간을 기다리고 있었다. 해가 낮게 드리워진 서쪽 하늘은 점차 주황빛으로 물들었다가 섬뜩한 선홍빛으로 바뀌기 시작한다. 이곳 찬란한 노을은 이 길이 왜 노을길인지를 여실히 보여준다. 이윽고 붉디붉은 해는 할미바위와 할아비바위 사이의 수평선 너머로 삽시간에 스러졌다. 그 광경을 내내 숨죽인 채 바라보던 사람들이 환호와 탄식을 한꺼번에 쏟아냈다. 누군가에게는 오래도록 잊히지 않을 진풍경이었겠고, 다른 이들에게는 진한 아쉬움과 미련만 남긴 순간이었을 것이다. 눈앞의 똑같은 광경도 사람들의 생각에 따라 가치가 달라지는 법이다. 그렇게 오늘도 자연에서 배운다.

주변 볼거리

안면도 모감주나무 군락 우리나라에서는 드물게 자연적으로 발생한 모감주나무 군락이다. 중국의 모감주나무 씨앗이 해류에 떠밀려와 뿌리를 내린 것이라는 설도 있다. 방포항 부근의 바닷가에 위치해 있어 바닷바람을 막아주는 방풍림 역할을 한다. 길이 120m, 너비 약 15m의 이 군락에는 높이 2m 가량의 나무가 400~500그루 정도 자라고 있다. 학술적 가치가 높아서 1962년에 천연기념물 제138호로 지정됐다.
태안군 안면읍 방포항길 113(안면읍 승언리 1318)
041-670-2566(태안군청 문화관광과)

안면암 안면도에서 가장 큰 사찰로 1998년에 지어졌다. 암자 앞의 천수만 바다에는 여우섬과 조구널이라는 두 개의 바위섬이 떠 있다. '조구널'은 조기가 많이 잡히던 옛날에 조기를 넣어 말렸던 곳이라고 해서 그런 이름이 붙었다고 한다. 안면암에서 두 섬까지는 100m 가량의 부교가 설치돼 있다. 밀물 때 맞춰 가면 바다에 떠서 출렁거리는 부교를 건너 섬까지 걸어갈 수 있다. 이곳 안면암은 해돋이 광경이 아름다운 곳으로도 알려져 있다. 특히 6월경에는 두 무인도 사이로 떠오르는 해를 감상할 수 있다.
태안군 안면읍 여수해길 198-160(안면읍 정당리 178-7) · 041-673-2333 · www.anmyeonam.org

곰솔 숲이 아름답기로 유명한 삼봉해변 주변에는 독특한 기암괴석도 많다.

가는길

자가운전 서해안고속도로 홍성IC → 갈산교차로에서 해미 · 안면도 방면 좌회전 → 상촌교차로에서 안면 · 천북 · 남당리 방면 좌회전 → 서산간척지 A, B 방조제 → 원청 사거리에서 안면도 방면 우회전 → 태안 방면 77번 국도 → 백사장 사거리 우회전 → 백사장항 주차장

대중교통
서울 → 태안 서울남부터미널(02-521-8550)에서 1일 22회(06:40-20:00) 운행, 2시간 20분 소요
대전 → 태안 대전복합터미널(1577-2259)에서 1일 15회(07:40-20:40) 운행, 2시간(고속),
3시간 10분(직행) 소요
※ 태안버스터미널(041-675-6672)에서 백사장항까지는 30~70분 간격으로 운행하는 안면도행 버스 이용. 자가용을 이용할 경우에는 백사장항 주차장이나 꽃지해변 주차장 이용. 주차장소로 되돌아갈 때에는 꽃다지콜택시(041-674-4433) 이용

노을길 코스 (12km, 3시간 50분 소요)

백사장항 → (1.9km 40분) → 삼봉전망대 → (1.2km 22분) → 기지포탐방지원센터 → (1.3km 23분) → 창정교 → (2.3km 45분) → 두여전망대 → (3.7km 70분) → 방포해변 → (0.6km 10분) → 방포전망대 → (1km 20분) → 꽃지해변

맛집

솔밭가든의 우럭젓국

솔밭가든 잘 갈무리된 우럭으로 끓인 우럭젓국이 잡냄새가 없이 구수하고 담백하다. 밑반찬도 깔끔하고 맛깔스럽다. 안면읍 소재지의 초입에 있다. • 태안군 안면읍 장터로 176-5(승언리 967-3) • 041-673-2034

물새집 조개구이 • 태안군 안면읍 방포1길 29-1(승언리 18-459) • 010-5475-8524

승진횟집 생선회 • 태안군 안면읍 방포항길 118(승언리 1329) • 041-673-3378 • www.승진횟집.com

숙소

행복한테라스펜션 태안군 안면읍 삼봉길 161(창기리 1401-18) • 041-673-4855 • www.morningterrace.co.kr

W펜션 태안군 안면읍 해안관광로 554-9 (정당리 1311-12) • 041-672-6789 • www.wpension.net

그랑프리펜션 태안군 안면읍 밧개길 165-15 (승언리 1931-5) • 041-672-0565 • www.grprix.net

해상송림펜션 태안군 안면읍 관광로 215-42 (승언리 2004-5) • 041-673-4782 • www.e-anmyon.com

08 태안 태배길

고난의 세월을 지나 상생과 희망을 노래하다

태배길은 태안 해변길 2코스인 소원길의 일부 구간이다. 총 길이 6.5km의 이 길은 순례길, 고난길, 복구길, 조화길, 상생길, 희망길의 6개 소코스로 이루어져 있다. 모두 태안 기름유출사고와 연관된 이름들이다. 그 이름대로 한때는 고통스러웠고, 복구작업을 위해 수많은 사람들이 걸었던 그 길이다. 이제는 자연과 인간이 조화를 이루며 상생과 희망을 노래하는 길로 거듭났다. _글 · 사진 양영훈_

중국의 시선 이태백을 홀린 태배의 절경

태배길은 소원면 의항2리 의항교회 앞에서 의항항과 태배전망대를 거쳐 의항해변에 이르는 소원길의 일부 구간과 완벽하게 겹친다. 태배길이라는 이름은 중국의 시선(詩仙) 이태백의 전설에서 비롯됐다. 그는 조선에 왔다가 이곳의 빼어난 풍광에 매료되어 오랫동안 머물다 돌

아갔다는 이야기가 전해온다. 그 뒤로 '태백'으로 불리다 언제부턴가 '태배'로 불리기 시작했다.

태배길의 6개 소코스는 길이가 각각 0.9~1.3km에 불과하다. 워낙 짧다보니 어디서 시작되고 끝나는지조차 정확하게 가늠하기도 어렵다. 4코스 조화길의 안태배해변에서 신너루해변 사이의 0.6km 구간을 제외하고는 대부분 차량통행이 가능할 정도로 노폭이 넓다. 애초에는 조붓한 산길이었으나 태안 기름유출사고 당시에 원활한 방제작업을 위해 비포장 찻길로 확장된 탓이다.

의항리는 태안군 소원면의 북쪽 끝에 자리한 마을이다. 개미 의(蟻), 목덜미 항(項) 자를 쓰는 이 마을의 우리말 이름은 '개목마을'이다. 가늘고 길쭉하게 뻗은 이 마을의 지형이 개미의 목처럼 생겼대서 원래는 '개미목'이라 불렸다. 구전돼 오면서 개미의 '미'가 사라져서 지금 같은 '개목마을'로 바뀌었다.

태배길이 개설된 의항2리는 제법 큰 마을이다. 큰말, 월촌, 적현 등의 3개 자연부락이 의항2리에 속한다. 각 마을마다 민가도 많은 편이다. '개목항'이라고도 불리는 의항항과 17명의 아이들이 재학 중인 소원초교 의항분교도 있다.

태배길의 1코스인 순례길은 의항분교 앞에서 시작된다. 길은 '십리포'로도 불리는 의항해변을 끼고 이어진다. 해변 북쪽에는 '청운대', '또랑섬'이라고도 하는 화영섬이 있다. 조선시대에 지금의 안흥항으로 향하던 중국 사신의 배가 풍랑을 만나 표류하다가 이곳에 닿았다고 한다. 그때부터 사신들을 환영했던 곳이어서 '환영섬'으로 부르다가

걷기 좋은 계절 **봄, 여름, 가을**　난이도 ★　동반자 **친구, 동료**

물때와 일몰 시간을 미리 알아둬라

태배길은 완벽한 원점회귀형의 짧은 도보길이다. 걷기를 즐기는 이들에게는 싱거운 길이다. 그래서 특별한 준비는 필요 없다. 다만 의항항 주변과 의항해변 이외에는 매점이 없으므로 생수는 미리 챙겨가야 한다. 특히 유념할 것은 물때와 일몰 시간을 미리 확인해 두는 일이다. 안태배해변과 신너루해변 사이의 바닷길은 썰물 때에만 걸을 수 있다. 시점과 종점은 의항분교 앞의 의항해변으로 삼는 것이 좋다. 차를 세워두기에도 좋고, 코스를 섭렵한 뒤에 아름다운 일몰과 저녁노을을 감상하기에 좋은 곳이다.

결국 '화영섬'이 됐다고 한다. 이 섬은 이제 좁고 긴 풀밭을 통해서 육지와 연결돼 있다. 별로 크지 않은 섬이지만 의항해변으로 밀려드는 파도와 바람을 막아주는 방파제 역할을 한다.

순례길은 의항분교에서 약 1km 떨어진 방제로의 입구에서 끝난다. 여기서 왼쪽 길은 구름포해변으로 가고, 오른쪽 오르막길로 들어서면 본격적인 방제로에 들어선다. 이 갈림길은 태배길의 2코스인 고난길의 시점이기도 하다. 차단기가 설치된 고난길의 시점에서 방제로를 타고 130m쯤 걸으면 이태백 상(像)과 시비가 세워진 포토존 앞에 도착한다. 시비에는 이런 오언절구가 새겨져 있다.

先生何日去(선생하일거: 선생은 어느 날에 다녀가셨는지)
後輩探景還(후배탐경환: 문하생이 절경을 찾아 돌아오니)
三月鵑花笑(삼월견화소: 삼월의 진달래를 보며 미소 짓는데)
春風滿雲山(춘풍만운산: 봄바람은 구름포에 가득하네)

포토존을 지나면 잠시 그늘진 숲길 구간에 들어선다. 아쉽게도 이 구간은 얼마 되지 않는다. 방제로의 일부 구간에는 시야가 훤한 개활지(開豁地)도 있다. 고난의 세월을 이기고 옛 모습을 오롯이 되찾은 갯바위와 아늑한 구름포해변이 한눈에 들어온다. 멀리 바다 위에는 서해 바닷길을 오가는 대형 화물선과 유조선이 이따금씩 모습을 드러낸다.

Story Telling

'칠뱅이'가 오랑캐를 물리친 사연

태배전망대의 북쪽 해역에는 일곱 개의 작은 섬들이 옹기종기 모여 있다. 대뱅이, 굴뚝뱅이, 거먹뱅이, 돌뱅이, 수리뱅이, 질마뱅이, 새뱅이라 불리는 칠뱅이(七防夷)가 그것이다. 뱅이는 오랑캐를 막는다는 뜻의 방이(防夷)에서 생겨난 사투리이다. 옛날에 중국 오랑캐가 수 척의 군함을 앞세우고 우리나라를 침략하자 태안 앞바다의 칠뱅이는 작전회의를 열었다. 회의 결과 대나무 섬 대뱅이는 대나무들을 마구 흔들어 군기가 펄럭이는 것처럼 하고, 굴뚝뱅이는 굴뚝에서 불꽃을 뿜어 군함이 진격하는 것처럼 보이도록 했다. 돌뱅이는 주먹만 한 돌을 적의 함대에 마구 날려 보냈고, 나머지 섬들은 크고 무섭게 보이는 전함으로 위장해서 결국 오랑캐 함대를 물리쳤다고 한다.

자갈과 모래가 뒤섞인 신너루해변은 늘 한적하다.

고난의 세월을 딛고 평온과 여유를 되찾다

구름포해변이 내려다보이는 개활지가 끝날 즈음에는 총 1.1km의 고난길도 끝난다. 뒤이어 태배전망대까지 0.9km쯤 되는 3코스 복구길이 시작된다. 이름 그대로 훼손된 자연을 복구하기 위해 만든 길이다. 지금도 길가 벼랑에는 어김없이 밧줄이 묶여 있다. 갯바위의 기름띠를 제거하기 위해 수많은 주민들과 자원봉사자들이 위험을 무릅쓰고 오르내렸던 바로 그 벼랑길이다.

복구길과 조화길이 교차되는 곳에 태배전망대가 있다. 옛 군부대의 초소 자리에 들어선 전망대다. 태배길에서는 바다 전망이 가장 탁월한 곳이다. 마치 대양을 항해하는 초호화여객선의 뱃머리에 서 있는 듯하다. 전망대에서는 이제 평온과 여유를 되찾은 태배길 주변의 바다와 해안이 상쾌하게 조망된다. 동쪽에는 하얀 백사장이 길쭉하게 뻗은 신두리해변과 해안사구가 바다 건너 또렷이 보인다. 북쪽 바다의 아득한 수평선 위에는 오랑캐를 물리쳤다는 전설의 바위섬 '칠뱅이'가 점점이 떠 있다.

태배전망대에서 시작된 조화길은 모래해변과 맑은 물빛이 인상적인 안태배해변을 지난다. 해변의 백사장이 끝날 즈음에는 데크 깔린 숲길로 접어든다. 썰물 때에는 데크

길 대신 물 빠진 해변길을 걸어도 된다. 풍광이 아름다운데다가 줄곧 바닷가로 이어지는 조화길에서는 발걸음조차 경쾌해진다. 길이 1.3km의 조화길은 신너루해변에서 5코스 상생길과 이어진다.

길이가 1.1km인 상생길의 절반쯤은 신너루해변을 따라가고, 나머지는 의항마을의 마을길로 이어진다. 마을길 주변에 논밭이 들어선 풍경은 농촌의 정취를 물씬 풍긴다. 논밭과 집들이 혼재된 마을길을 벗어나면 넓은 갯벌이 펼쳐진다. 갯벌 한복판에는 의항항의 선착장이 길게 뻗어 있다. 때마침 가을 꽃게잡이가 한창이라 포구로 돌아오는 고깃배마다 펄펄 뛰는 꽃게가 가득했다. 그야말로 만선이다. 포구로 돌아온 선원들도, 그들을 맞이하는 가족들도 모두 얼굴에서 환한 미소가 떠나질 않는다.

의항에서 출발지인 의항분교 앞까지는 태배길의 마지막 소코스인 희망길을 걷는다. 하지만 이 길은 차들이 지날 때마다 흙먼지가 날리고 햇볕을 가려줄 그늘조차 없어 삭막하다. 그래도 의항해변의 황홀한 해넘이와 저녁노을이 기다린다는 희망이 있어서 발걸음은 날아갈 듯 가뿐하다.

주변 볼거리

구름포해변 태안군 소원면에서 맨 북쪽에 위치한 해변이다. 곱고 단단한 모래해변이 1km쯤 뻗어 있고, 해변 양쪽에는 기암절벽이 우뚝하다. 늘 고즈넉하고 한적한 편이어서 여름철 성수기에도 가족이나 연인과 함께 한가로이 피서를 즐길 수 있다. 캠핑과 바다낚시를 즐기기에도 좋다. 반달처럼 둥글게 구부러진 해변의 지형으로 인해 옛날부터 '구름뫼(雲山)'라 불렸다. 또한 얼마 전까지도 '일리포'라 불리기도 했다.

태안군 소원면 의항리 · 041-670-2114

가는길

자가운전 서해안고속도로 서산IC 서산·태안 방면으로 좌회전 → 운산교차로에서 서산 방면으로 좌회전 → 서산 방면 32번 국도 → 서산시 예천 사거리에서 태안 방면으로 좌회전 → 송현 삼거리에서 백리포해수욕장·의항해수욕장 방면으로 우회전 → 의항리 입구 삼거리에서 구름포해수욕장·의항항 방면으로 좌회전 → 의항해변

대중교통
- 서울 → 태안 : 서울남부터미널(02-521-8550)에서 1일 22회(06:40-20:00) 운행, 2시간 20분 소요
- 대전 → 태안 : 대전복합터미널(1577-2259)에서 1일 15회(07:40-20:40) 운행, 2시간(고속), 3시간 10분(직행) 소요

※ 태안버스터미널(041-675-6672)에서 의항행 버스가 1일 7회(06:30-18:50) 운행, 의항해변까지 약 35분 소요

태배길 코스 (6.4km, 약 2시간 30분 소요)

의항분교 앞(삼거리) → (1km 23분) → 방제로 입구(차단기) → (1.1km 25분) → 방제로계단 → (0.9km 20분) → 태배전망대 → (0.7km 17분) → 안태배해변 → (0.6km 15분) → 신너루해변 → (1.1km 27분) → 의항항 → (1km 23분) → 의항분교 앞(삼거리)

맛집   항포구횟집의 회덮밥

숙소   의항 해돋이펜션

항포구횟집 의항항 근처에서는 거의 유일하게 상시 운영하는 자연산 생선회 전문점이다. 싱싱한 생선회를 두툼하게 썰어서 따로 접시에 담아 내놓는 회덮밥도 맛있다. • 태안군 소원면 송의로 767(소원면 의항리 294) 041-675-7134

의항원조횟집 생선회 • 태안군 소원면 송의로 738(소원면 의항리 314-5) • 041-674-0183

푸른수산횟집 생선회 • 태안군 소원면송의로 765-1(소원면 의항리 301) • 041-674-9096

해돋이펜션 태안군 소원면 송의로 823(소원면 의항리 83) • 017-422-9081

모래와포구펜션 태안군 소원면 개목길 25-8(소원면 의항리 213-2) 041-675-6778 • www.sandandport.com

솔밭민박 태안군 소원면 송의로 803-10 (소원면 의항리 253) • 041-675-7578

09 당진 바다사랑길

서해대교를 한눈에 바라보며 걷다

'바다사랑길'은 삽교호 함상공원에서 시작해 해안길을 따라 음섬포구까지 잇는 길이다. 차 한 대나 오토바이, 자전거가 다닐 수 있는 길이다. 바다로 난 길을 따라 약 7km를 걸으면 된다. 물이 차오르거나, 빠지거나 상관없이 서해를 원 없이 바라보며 걷는 길이다. 많은 갈매기 떼가 날갯짓하고 길고도 긴 서해대교가 눈앞으로 다가와 미소 짓는 곳. 갯벌을 붉게 물들이고 낙조가 시작되면 서해대교는 이내 불빛으로 일렁댄다.

글·사진 이신화

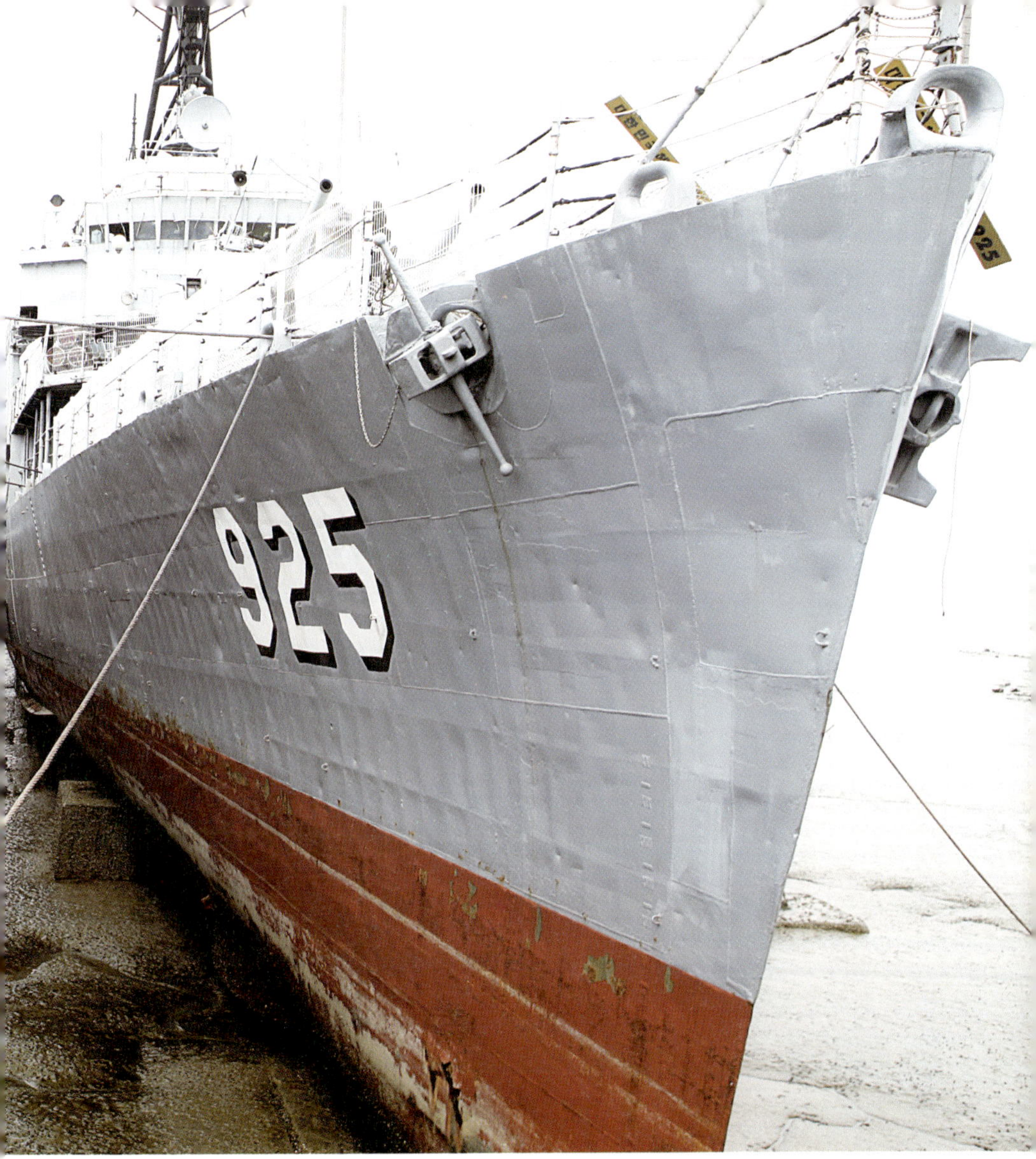

걷기 좋은 계절 **봄, 여름, 가을**   난이도 ★★★★★   동반자 **남녀노소**

여름철에는 양산 준비하기

바닷길은 길지 않아서 가볍게 걷기에 아주 좋은 곳이기는 하나 그늘을 가릴 수 있는 숲이 없다는 단점이 있다. 특히 땡볕이 내리쬐는 날에는 적합하지 않다. 그런 날 굳이 걷고 싶다면 양산을 준비해서 욕심 없이 원하는 구간만 선택해서 걷는 것도 방법이다. 걷는 동안 아무런 편의점도 만날 수 없으므로 물, 간식거리는 필수다. 소금 간 밴 바닷바람에 목이 타면 대책이 없어지게 될 것이다. 대신 길은 잘 만들어져 굳이 등산화가 아니어도 편한 신발이면 남녀노소 상관없이 걸을 수 있다.

삽교호 함상공원에서 나들이처럼 즐기기

바다사랑길 걷기 시작점은 바다를 정원 삼은 삽교호 함상공원이다. 각종 위락타운을 갖추고 있는 공원에서 유난히 눈길을 끄는 것은 두 척의 거대한 군함이다. 해군이 제공한 '상륙함'과 '구축함'이 물 빠진 바닷가에 정박해 있다.

함선 관람은 상륙함을 먼저 보고 구축함을 보는 코스로 이어진다. 상륙함은 1945년 5월, 미국에서 건조되어 미국해군에서 활동하다 1958년 한국에 상륙해 '화산함'으로 55년간 활동했다. 1999년 퇴역했고 2000년 9월 29일 이곳으로 오게 됐다. 총 길이 100m, 4천 톤 급의 군함이다. 이제는 해군과 해병대에 관한 4백 평 규모의 주제별 전시관으로 활용되고 있다. 배 밖에는 야외 함상 카페다. 아산만의 넓은 바다 풍경을 내려다보면서 한갓지게 커피 한잔을 마시면 좋을 곳이다.

구축함은 1944년 미국에서 건조되었다. 37년간 미해군 태평양 함대 사령부 예속 함정으로 작전 수행하다 1981년 8월 한국으로 상륙해 '전주함'으로 활동했다. 그 후 19년간 해군에서 활동하다 2000년 10월 28일 이곳에 정박했다. 총 길이 120m, 3천5백 톤 급으로 대공, 대함, 대잠 전투능력을 골고루 갖춘 함정으로 함포, 미사일, 어뢰, 폭뢰, 기관포 등이 무장된, 대 잠수함 작전 능력이 우수한 전함이었다. 1967년에는 월남전에도 참전했고 한국에서는 대간첩 소탕작전 등에 공을 세운 군함이다. 전역한 두 척의 배는 이제 그 위용을 벗어던지고 마치 퇴역 장군처럼 이곳에 멈춰 있는 것이다.

바다공원, 생활체육공원 등에 놀 거리가 즐비

함상공원을 충분히 보고 나면 '바다공원'도 둘러봐야 한다. 이곳은 지난 2009년 완공

Story Telling

고(故) 박정희 대통령의 마지막 공식행사

삽교호 방조제는 당진군 신평면 운정리와 아산시 인주면 문방리 사이의 바다 3360m를 막아 만든 것이다. 방조제를 사이에 두고 하구 쪽으로는 인공호수인데 삽교호라 부른다. 이 삽교호가 개발된 목적은 당진, 아산, 예산, 홍성의 4개 시군과 22개 면 지역을 전천후 농토(2만 4700ha)로 개발하기 위함이었다. 1975년부터 1983년까지의 긴 개발 계획을 갖고 있었다. 이 삽교호는 고 박정희 대통령을 떠오르게 한다. 시간이 많이 흘렀음에도 기억에 지워지지 않은 데는 이유가 있다. 1979년 10월 26일 삽교호 방조제 준공식이 열렸다. 그곳에 고 박정희 대통령이 참가했다. 각종 매체에 대대적으로 준공식 보도가 나간, 그날 저녁에 총격(10·26 사태)를 받았다. 삽교천 준공식이 고 박정희 대통령의 마지막 공식행사였던 것이다.

150m 길이의 전망 데크 길은 낙조를 볼 수 있는 조망지가 된다.

했다. 2만 9030㎡의 해안을 매립해 공원으로 조성했다. 이 공원의 특징은 친수호안블록, 친수계단 등 친수(親水)에 포인트를 맞춰 만들어졌다. 20여 가지의 친수 휴게시설을 갖추고 있다는 공원을 구획을 정해놓지 않고 산책해봄 직하다. 산책하는 동안 내내 눈길을 잡아끄는 것은 태양의 창, 모래시계, 풍요 등의 이름을 가진 조형물들이다. 이곳의 상징성을 가진, 나름 수준 있는 조형물이 공원을 한껏 돋보이게 한다. 더위를 피할 수 있는 파고라가 있고 각종 꽃과 식물이 심어져 있는 화단까지 가세해 눈을 즐겁게 한다. 목교도 건너보고 바닥분수에서 물을 맞아보기도 하고 누에벤치에 앉아 쉬면된다. 아이들은 X-게임장의 미끄럼 놀이를 무척 즐겨한다. 바로 옆 공연장에서는 관광객들과 한판 노래자랑이 펼쳐진다. 또 바다 안쪽으로 만들어진 전망 데크까지는 걸어 가봐야 할 것이다. 150m 길이의 전망 데크 끝에는 물의 신비라는 조형물이 반긴다. 이곳은 석양을 볼 수 있는 전망대 역할을 한다. 비록 바다가 아닌 야트막한 구릉으로 해가 지지만 갯벌을 붉게 물들이며 떨어지는 낙조는 아름답다.

1. 함상공원을 끼고 한 바퀴 돌아볼 수 있는 걷는 길이 있다.
2. 뜬 다리가 있는 자그마한 '깔판포구' 풍경이 서해대교와 조화롭다.
3. 서해를 바라보면서 걸을 수 있는 바다사랑길

맷돌을 닮아 맷돌포구일까? 이름만으로도 충분히 매력적인 곳

이제 삽교호를 벗어나 본격적으로 해안길을 걷는다. 길 찾기는 어렵지 않다. 전망 데크 바로 옆에 있는 주차장을 비껴나면 '바다사랑길'이라는 안내 팻말을 만나게 된다. 해안의 모양새에 따라 일직선이거나 혹은 자연스럽게 휘어진 길이 이어진다. 더위를 가릴 수 있는 나무는 없지만 염분 섞여 불어오는 바닷바람이 더위를 식혀준다. 길 안으로 들풀이 바람결에 제멋대로 몸을 맡긴다.

함상공원에서 맷돌포구(당진군 신평면 부수리)까지 2.3km 정도. 중간에 '당진 해양캠핑 공원'이 있는 것 말고는 딱히 볼거리는 없다. 그저 망망대해 서해와 서해대교를 벗 삼아 걸으면 된다. 맷돌포구는 아주 작다. 현재는 함상공원과 길이 연결되어 있지만 예전에는 따로 찾아가야만 하는 포구였다. 길이 연결되어 접근이 쉬워졌다고는 하나 예전과 변한 것은 없다. 여전히 횟집 두어 곳이 이 포구를 지켜가고 있다. 거대한 해수탕 건물이 있지만 현재는 영업을 하지 않아 유명무실한 상태다.
그나저나 왜 맷돌포구일까? 이곳에 떠 있는 배들은 물이 들어올 땐 뱃머리가 왼쪽으로 돌아가고 물이 빠질 땐 오른쪽으로 돌아간다고 한다. 배가 돌아가는 모습이 맷돌과 같다고 해서 '맷돌포'로 불린다. 잠시 머릿속에 맷돌을 그려보면서 포구 안쪽으로 걸어가면 낮고 기다랗게 뻗은 선착장이 이어진다. 길을 따라가면 배 몇 척이 떠 있고 낚시를 즐기는 사람들을 만난다. 가을철이면 망둥이 낚시객들이 많이 찾아든다.

해안공원 따라 '깔판포구' 부잔교 보고 휘어진 길 돌아서면 '음섬포구'

맷돌포구를 벗어나서도 해안길은 이어진다. 곳곳에 쉬어가라는 해안공원이 조성되어 있다. 야생화, 수목들 사이로 벤치를 놓아두었다. 잠시 놓치기 쉬운 위치에 석화정이라는 정자가 있다. 정자에 서면 내가 걸어왔던 길과 바다가 아스라이 조망된다.
이어진 길을 가면 지도에도 표기되어 있지 않은 작은 깔판포구에 닿는다. 눈길을 잡아끄는 100m 길이의 부잔교가 있다. '뜬 다리'라고 불리는 부잔교란 배에 화물을 싣고 내리거나 사람들이 쉽게 탈 수 있도록 물위에 띄워 만든 구조물. 이곳에 부잔교를 설치한 것은 당연히 배들의 출입을 물때와 상관없이 해주기 위함이다. 부잔교 끝에는 몇 척의 배들이 둥둥 떠 있다.
깔판포구를 비껴 휘어진 길을 돌아서면 매산 해안공원이다. 해안공원을 알리는 큰 돌 표지석과 벤치가 있고 현재 공사가 한창이다. 그 앞으로 넓은 회색빛 갯벌이 펼쳐진다. 이곳은 예전에 '음도'라고 부르던 섬이지만 지금은 육지마을이다. 서해대교가 만들어지기 전까지만 해도 이 갯벌은 살아 숨 쉬었다. 실한 바지락, 굴, 숭어, 갯고둥, 뻘게 등을 채취할 수 있었지만 현재는 방파제를 만드는 등 개발되면서 바다 생태계는 변했다. 그래도 아직도 사람들은 물이 빠지면 바다를 향해 달려간다. 바지락은 잘 잡히지 않지만 뻘게는 살아간다.
매산 해안공원에서 1.2km 떨어진 지점에 음섬포구 전망 데크가 있다. 긴 시멘트 도로가 방파제 형태로 포구까지 이어진다. 전망 데크 밑으로 올망졸망 몇 척의 배들이 매여 '포구'임을 알려주고 있다. 이것으로 바다사랑길은 끝이 난다. 남녀노소 누구에게나 어려울 것 없는, 참으로 아름답고 마음 차분하게 해주는 길. 그 앞 서해대교(7310m) 교량 위로 부산하게 움직이고 있는 저 차들은 뭐가 그리도 바쁠까?

주변 볼거리

필경사 필경사(충청남도기념물 제107호, 당진시 송악면 부곡리 251-12)는 소설가이자 영화인인 심훈의 문학 산실이었다. 심훈은 1932년 서울 생활을 청산하고 그의 아버지가 살고 있는 당진으로 내려와 이 집을 직접 설계해 필경사라 이름 지었다. 「필경사 잡기」라는 시의 제목에서 이름을 따왔다. 한국 농촌소설의 대표작 중 하나인 『상록수(1935)』, 『영원의 미소』, 『직녀성』 등이 필경사에서 집필되었다.

당진시내여행 당진시내에도 볼거리가 많다. 전국 10대 장터 안에 손꼽히던 당진장(5일, 10일)이 여전히 명맥을 이어가고 있다. 되도록 장날에 맞추면 더 즐거운 여행을 할 수 있을 듯하다. 또 산이라기보다는 마치 구릉 같은, 남산 건강공원에 오르면 당진시내를 한눈에 조망할 수 있다. 특히 봄에는 화려한 왕벚꽃이 만발하는 공원이다. 그 외에도 공원 뒤에 당진문화원이 있고 문화원 옆에는 의인, 역대 현감, 군수 등의 선덕비, 공적비, 기념비 등 비석문화재 21점이 있다. 근처에 당진향교(충청남도기념물 제140호)도 빼놓을 수 없는 여행지다.

음섬포구에 정박된 배들의 모습이 정겹다.

가는길

자가운전 서울 → 서해안고속도로 → 서해대교 → 송악IC → 38번 국도 삽교호 방면 → 삽교호 관광지(혹은 경부고속도로 천안IC → 천안 → 아산 → 38번 국도 아산호 방면 → 34번 국도 당진 방면 → 삽교호 관광지)

대중교통
- **서울 → 당진** 서울고속터미널(02-6282-0114)에서 1일 36회(06:00-21:55) 운행. 1시간 30분 소요. 동서울터미널(1688-5979)에서 1일 5회(09:20-19:20) 운행. 2시간 소요
- **대전 → 당진** 대전복합터미널(1577-2259)에서 1일 19회(07:00-21:10) 운행. 1시간 소요
  ※ 당진 구터미널(당진여객 041-355-3434)에서 31, 26, 26-1, 26-2번 버스 이용

당진 바다사랑길 코스 (7km, 왕복 2시간 30분 소요)

삽교호 관광지(삽교호 함상공원, 해양테마 과학관, 바다공원) → (3.2km 60분) → 맷돌포구 → (0.8km 20분) → 해안공원 → (1.8km 40분) → 매산공원 → (1.2km 30분) → 음섬포구전망대

삽교천 다양한 조개구이

🍴 맛집

우렁이박사 우렁이와 된장을 넣어 만든 쌈장 맛이 일품이다. 거기에 깔끔한 반찬이 잘 어울리는 집이다. • 당진시 신평면 서해로 7437(신평면 도성리 499) • 041-362-9554

삽교호전망대 생선회와 매운탕 • 당진시 신평면 삽교천3길 95-1(신평면 운정리 187-4) • 041-362-8701

맷돌포바다횟집 생선회와 붕장어(아나고) 조림 • 당진시 신평면 맷돌포길 65-1(신평면 부수리 225-8) • 041-363-8259

먹쇠민물장어 장어요리 • 당진시 신평면 매산해변길 193-10(신평면 매산리 95-68) • 041-362-1092

🏠 숙소

삽교호비치파크 당진시 신평면 삽교천2길 35 (신평면 운정리 198) • 041-363-2426

뉴월드파크 당진시 신평면 삽교천길 55 (신평면 운정리 319-1) • 041-363-3747

당진호텔 당진시 송악읍 반촌로 192 (송악읍 반촌리 802-3) • 041-356-5757

인피니티호텔 당진시 밤절로 132-91 (당진시 수청동 989) • 041-358-5253

10
당진 대난지도 둘레길

난초와 지초가 많이 자생한다는 당진시의 유일한 섬

당진시의 유일한 섬, 난지도(蘭芝島)는 당진군 석문반도와 서산시 대산반도 사이의 당진만 입구에 위치하고 있다. 난지도는 소난지도, 대난지도를 합쳐 부른다. 난지도 주변에는 대조도, 소조도, 우무도, 비경도, 멱여 섬, 공도, 육도 등 7개의 작은 섬들이 있다. 도비도 선착장에서도 눈짐작이 될 정도로 가까운 소난지도를 거치면 대난지도에 닿는다. 대난지도의 아트막한 산길을 따라 둘레길이 조성되어 있다.
글 · 사진 이신하

한국의 명품 10대 섬으로 선정된 난지섬

당진시의 최북단에 위치하고 있는 섬이 난지도(당진시 석문면 난지도리)다. 섬 이름은 난초와 지초가 많이 자생해서 붙여졌다고도 하고 또는 풍도와 난지도 사이의 물살이 거세 옛날 조운선이 다니기가 어려워 난지도(難知島)라 불리다 한자만 난지도(蘭芝島)로 바뀌었다는 설도 있다.

대난지도에 사람이 살기 시작한 것은 신석기시대라고 알려져 있다. 정확히 이 섬이 기록된 것은 중종 25년(1530)에 편찬된 인문지리서 『신증동국여지승람』에서다. 현재는 50여 가구가 사는 여의도 규모만 한 섬이다. 주민들은 이곳에서 바다를 막아 염전을 만들고 농경지도 조성했다. 현재 주민들 대부분이 농업에 종사하는데 쌀, 보리, 고구마, 콩 등이 주로 생산된다. 바다에서는 뱅어, 참조기, 갈치, 새우 등이 잡히고 웅개 앞바다에서는 간만의 차를 이용한 조개류 양식을 하고 있다. 대난지도는 행안부가 선정한 '한국 명품 10대 섬' 중 하나로 손꼽히고 있다.

동해안 바다를 닮은 고운 모래사장이 자랑인 대난지도 해수욕장

당진시 석문면에 있는 도비도 선착장에서 뱃길을 가르며 40여 분 달리면 대난지도에 도착한다. 대난지도에는 선착장이 두 군데가 있다. 원래의 선착장이 공사 중(완공은 미정)이라 당분간은 난지해수욕장 쪽에서 배가 정착한다. 선착장 앞, 난지해수욕장은 폭 500m, 길이 2.5km의 넓은 은빛 모래사장이 펼쳐진다. 해변 가까이에는 자그마한 쇠섬이 있고 멀리 대산화학단지가 보인다. 당진시의 유일한 해수욕장이며 당진 3경으로 꼽히는 섬 속의 해수욕장이다.

난지해수욕장은 서해에서 보기 드문 깨끗한 물과 하얀 모래사장을 자랑한다. 100m 이상 완만하게 연결되는 모래가 깔려 있다. 물때에 따라 물고기를 잡고 조개 체험을 할 수 있고 수심이 완만해 여름이면 바다 래프팅, 바나나보트 등의 해양레포츠 장소로

걷기 좋은 계절 봄, 여름, 가을, 겨울　　난이도 ★★★★　　동반자 단체, 산악 동호인, 여러 명의 친구

곳곳에 풀숲 우거져 단단한 등산채비 필요한 곳

난지도 둘레길(15km)이 조성되어 있다지만 실제로 등산을 하게 되면 난감한 상황에 접하게 된다. 섬을 찾는 사람들의 목적이 등산이 아닌지라 안내 팻말이 아직 덜 만들어져 있다. 거기에 찾는 사람이 많지 않아 원래 있던 길에 나무가 우거지거나 풀숲이 무성해서 잠시 길이 사라지기도 한다. 등산을 일상화한 사람이 선두 자리에 서서 안내를 해야 하는 구간이 있다는 것이다. 그래서 둘레길이 온전하게 정비되기 전까지는 팻말과 등산로가 선명한 곳만 선택해서 걷는 것이 좋다. 그리고 단단히 등산채비를 하고 떠나는 것이 좋다. 산길을 걷는 구간이 길지 않아 시간은 많이 소요되지 않는다.

도 인기가 높다. 인근 갯바위는 낚시꾼들 사이에서 낚시하기 좋은 곳으로 명성이 자자하다.

난지해수욕장 주변에는 소나무 숲이 2km나 펼쳐지고 있어 산책이나 캠핑하기에 좋다. 해수욕장은 6~8월까지만 운영되는데 화장실과 샤워시설이 깔끔하게 갖춰져 있어 불편함이 없다. 또 주변에 청소년 수련원, 펜션, 오토캠핑장 등이 있다.

섬 여행의 미덕은 서두르지 않음에 있다. 해수욕장의 놀이가 지겨워질 무렵 가볍게 대난지도에 만들어진 둘레길을 걸어보자.

100m 고지의 야산 따라 작은 봉우리들이 연이어지고

대난지도 둘레길은 나지막한 망치봉을 비롯하여 100m 고지의 야트막한 봉우리들을 연결한다.

걷기 시작점은 해수욕장과 인접해 있는 수련원 뒤쪽에 만들어진 등산로를 따라가면 된다. 난지공원을 거슬러 오르면 자그마한 정자가 있고 이곳부터 산 능선을 따라 산행이 시작된다. 초입의 산길은 초보자가 걸어도 될 정도로 어렵지 않다. 소나무와 활엽수가 빽빽해 그늘을 만들어줘 강한 햇볕을 피할 수 있다. 길 중간에는 쉬어가는 벤치가 놓여 있다.

공원 정자를 기점으로 300m 정도 오르면 망치봉에 다다른다. 망치봉에서는 난지분교로 내려가는 갈림길이 있지만 대난지도

Story Telling

소난지도 의병총

소난지도에는 의병총이 있다. 1905년 을사늑약 체결로 전국 의병들의 반발은 거셌다. 1907년, 당진지역의 최구현의 의병부대, 경기남부지역에서 싸웠던 홍일초 부대, 서산의병 김태순 부대, 홍주의병 차상길 부대원들이 합류해 소난지도로 왔다. 소난지도를 택한 이유는 전라도 일대에서 세곡을 싣고 한양으로 가는 세곡선들이 정박하기 때문이었다. 세곡을 탈취해 군량미로 쓸 수 있었고, 육지와 떨어져 있으니 비교적 안전하

다는 점도 들 수 있었다. 하지만 홍주경찰서에서 눈치를 채고 1908년 3월 15일 이곳을 기습 공격한다. 9시간의 피비린내 나는 총격전이 벌어졌다. 결국 실탄이 떨어진 150여 명 의병 전원은 이곳에서 몰살당했다. 그것을 추모하기 위해 1974년 6월, 봉분을 봉축했다. 1980년 6월에는 의병총비건립추진위원회가 결성됐고, 1982년 8월 5일 의병총비를 제막했다.

응개해변을 걸어 나오면 멋진 솔숲길이 이어진다.

둘레길은 앞으로 향해 나가야 한다.
망치봉을 지나쳐 곧장 앞으로 나아가면 약 100m 남짓한 월월봉~수살리봉~국수봉으로 이어진다. 하지만 봉우리 표기가 따로 없고 팻말조차 없어서 그저 가늠하는 것으로 만족해야 한다. 산행 길은 앞서 오던 길과 엇비슷한 풍치가 펼쳐진다. 소나무 숲과 참나무 숲이 우거진 길이지만 이 구간에서는 난점이 확연히 드러난다. 길 중간 중간에 잡풀이 자라 등산로를 가로 막기 때문이다. 하지만 큰 염려는 하지 않아도 된다. 왜냐하면 국수봉은 확연히 구분이 되기 때문이다. 예전 봉수대였다는 설을 증명이라도 해주려는 듯, 봉우리엔 돌들이 무더기로 쌓여 있다. 국수봉을 끝으로 내리막이 시작된다. 어렵지 않게 하산하면 응개 바닷가가 모습을 드러낸다.

응개 바닷가 앞으로 이어지는 솔숲길이 아름다워

바지락 양식장으로 이용되는 응개 바닷가는 검은 빛을 띤다. 모래사장이 있지만 넓지 않아 온통 회색빛 갯벌이 펼쳐진 바다로 보인다. 이 바다는 마을 사람들의 바지락 양식장이어서 일반인들의 출입을 금하고 있다. 물이 많이 빠지는 사리 때는 수평선이 보이지 않을 만큼 멀리 걸어 나가야 한다. 물 빠진 갯가를 따라가면 바다너머의 풍도(안산시 단원구 풍도동)가 눈앞으로 다가설 정도로 가까워진다.

응개 바닷가를 비껴나면 이어 아름다운 솔숲길이 이어진다. 찾는 이가 많지 않아 한적하게 걷기에 좋은 길이다. 솔숲을 지나 마을 방향으로 가면 넓은 습지가 펼쳐진다. 원래는 대하양식장으로 이용되었으나 지금은 습지식물들이 자라고 왜가리 떼가 먹이를 찾기 위해 몰려오는 곳이다. 바람결에 하늘대는 잡초의 모습이 대난지도를 빛낸다.

대하양식장을 벗어날 즈음에서 선착장에서 마을로 이어지는 대로를 만나게 된다. 포

1. 동네사람들의 바지락 양식장으로 이용되고 있는 응개 바닷가를 가로지른다.
2. 예전 대하양식장이었다는 곳에는 습지식물이 멋지게 자라나고 있다.
3. 예전 봉수대가 있었다고 전해오는 국수봉의 너덜길

장길을 따라 걸으면 대난지도의 민가들이 모습을 드러내기 시작한다. 마을을 통틀어 난지도리로 불리지만 예전에는 군말, 양짓말, 건넛말로 불렸다. 바다와 조금 떨어진 산기슭에 민가들이 둥지를 틀고 있어 바닷가 마을이라기보다는 산중 마을처럼 느껴진다. 마을에서 난지해수욕장 방면으로 걷다보면 길목에 삼봉초등학교 난지분교를 만나게 된다.

열린교육 모델이 된 삼봉초등학교 난지분교에서 난지정까지

삼봉초등학교 난지분교의 건물은 학교라기보다 마치 전원주택 같은 모습이다. 학교 안 교실도 개인 방처럼 아늑하다. 교실에는 최신 컴퓨터, 빔프로젝터, 스캐너, 프로젝션TV, 전자오르간 등 시설이 잘 갖추어져 있다.

삼봉초등학교 난지분교는 2000년에 학생 수가 2명으로 감소하면서 폐교 위기에 몰린 적이 있었다. 삼봉초등학교 난지분교로 발령받은 교사들이 육지 학교에 다니는 자녀들을 전학시켜 오는 등 '학교 지키기'에 나서 폐교를 막았다. 요즘엔 '아름다운 학교'라는 입소문을 타면서 매년 아이들이 한두 명씩 늘고 있고, 최신식 시설들도 기업체들로부터 기증받았다. 삼봉초등학교 난지분교는 눈물겨운 노력으로 지켜낸 학교다.

삼봉초등학교 난지분교를 보고 나와서 바로 앞에 '등산로' 팻말을 따라가면 난지정으로 가게 된다. 바드레산이라고 불리는 섬 끝에 난지정이 있다. 정자에 서면 해수욕장에 펼쳐지는 고운 모래 해변에 푸른 바다와 평원석을 닮은 쇠섬(철도)이 어우러져 한 폭의 그림이다. 난지정에서 가장 아름다운 순간은 해 질 녘이다. 또한 난지정에서 보는 당진 대산항의 야경도 유명하다.

난지정에서 충분히 휴식을 취하고 난지해수욕장으로 내려오면 선착장과 이어진다. 이렇게 하면 대난지도 둘레길 코스는 끝을 맺는다.

주변 볼거리

소난지도 도비도 선착장에서 10분이면 닿는 곳에 소난지도가 있다. 선착장인 갑진마을에는 1960년대 삼봉초 소난지 분교장이 있다. 점차로 사람 수가 줄어들면서 1992년 폐교됐다. 마을 끝 바닷가는 도둑어미라 불린다. 소난지도는 과거 조운경로에 들었을 때 조운선이 정박하던 곳이다. 지방에서 거둔 세곡을 경창(서울 마포)으로 수송하면서 잠시 쉬어 갔다. 이 세곡선을 털기 위해 도둑들이 살기도 해서 붙여진 지명이다.

왜목마을 왜목마을(당진군 석문면 교로리)은 서해안에서 바다 일출을 볼 수 있는 곳이다. 이유는 바로 이곳의 지리적 특성 때문. 지도상에서 당진군은 서해에서 반도처럼 북쪽으로 불쑥 솟아 나와 있다. 이 솟아나온 부분의 해안이 동쪽으로 향해 툭 튀어 나와 동해안과 같은 방향으로 되어 있기 때문에 일출을 볼 수 있다. 왜목마을의 명칭은 왜목마을 쪽을 바라보면 야트막한 산과 산 사이가 움푹 들어가 가늘게 이어진 땅 모양이 마치 '누워 있는 사람의 목처럼 잘록하게 생겼다' 하여 붙여진 이름이다.

장고항 봄철 실치로 유명한 장고항이다. 당진시 석문면 장고항리에 위치해 있다. 바닷가의 지형이 우리나라 전통 타악기인 장고를 닮았다 해서 장고항이라 불린다. 당진의 전형적인 어촌 마을이다. 3~4월에는 이곳 특산물인 실치회와 실치무침을 먹기 위해 많은 미식가들이 찾아온다. 마을 앞 갯벌에는 조개, 게, 굴, 낙지 등을 잡을 수 있다. 봄부터 가을까지 바다 낚시인들도 즐겨 찾는다. 또 장고항의 백미를 보려면 방파제 쪽으로 나가봐야 한다. 그곳에는 붓을 거꾸로 꽂아놓은 듯한 촛대바위가 있다. 바다 쪽의 기암을 노적봉이라 부르고 바닷가 쪽으로 내려서서 노적봉을 왼쪽으로 돌아가면 해식동굴이 있다.

가는길

자가운전 서해안고속도로 → 송악IC → 38번 국도 이용, 석문방조제 → 도비도 선착장, 난지도행 배 이용

대중교통

| 서울 → 당진 | 서울고속터미널(02-6282-0114)에서 1일 36회(06:00-21:55) 운행, 1시간 30분 소요, 동서울터미널(1688-5979)에서 1일 5회(09:20-19:20) 운행, 2시간 소요 |

| 대전 → 당진 | 대전복합터미널(1577-2259)에서 1일 19회(07:00-21:10) 운행, 1시간 소요 |

※ 당진 구터미널(당진여객, 041-355-3434)에서 교로리행 시내버스가 매시 30분 간격으로 운행, 30분 소요

※ 배편 : 07:40, 11:00, 13:00, 15:00, 17:00(성수기 배편시간이며 계절에 따라 시간이 달라진다. 청룡해운 041-356-6862~5)

난지도 둘레길 코스 (9.82km, 3시간 10분 소요)

난지해수욕장 → (0.32km 6분) → 공원 정자 → (0.3km 6분) → 망치봉 → (1.2km 20분) → 월월봉 → (0.9km 20분) → 수살리봉 → (1km 20분) → 국수봉 → (1.2km 26분) → 응개 바닷가 → (0.9km 20분) → 대하양식장 → (0.4km 8분) → 마을 → (0.6km 10분) → 삼봉초등학교(난지분교) → (2.5km 44분) → 난지정 → (0.5km 10분) → 난지해수욕장   *현재 미정비 상태라 거리의 약간의 차이가 있을 수 있다.

맛집

대성식당의 우럭젓국

대성식당 배를 갖고 있는 집이다. 당진의 별미로 꼽히는 우럭젓국을 먹을 수 있는 곳이다. 그 외 활어회 등을 판다. • 당진시 석문면 난지3길 9(석문면 난지도리 559) 041-352-2357

대난지도민박식당 백반과 자연산회 • 당진시 석문면 난지1길 257-36(석문면 난지도리 52) • 041-352-3077

숙소

꿈의펜션 당진시 석문면 통정1길 1-13 (석문면 난지도리 175-1) • 041-352-5979

로그비치펜션 당진시 석문면 난지1길 91-3 (석문면 난지도리 177-6) • 041-354-3940

펜션해변연가 당진시 석문면 난지1길 20-16 (석문면 난지도리 599-1) • 041-353-3894

11
보령 외연도 둘레길

천연기념물 당산 숲과 낙조가 아름다운 걷기 천국

외연도는 서해 한복판에 자리한 섬이다. 보령항에서 53km쯤 떨어져 있는데,
연기에 가린 듯 까마득하게 보인다고 해서 외연도라 불린다.
외연도는 걷기 여행자의 천국이다. 해안선 길이 8.7km에 불과하지만,
섬 구석구석 놀라운 절경을 품고 있다. 해안 데크 길을 따라 섬을 한 바퀴 돌면서
시나브로 펼쳐지는 장엄한 노을을 만나는 맛은 가히 일품이다.

글·사진 진우석

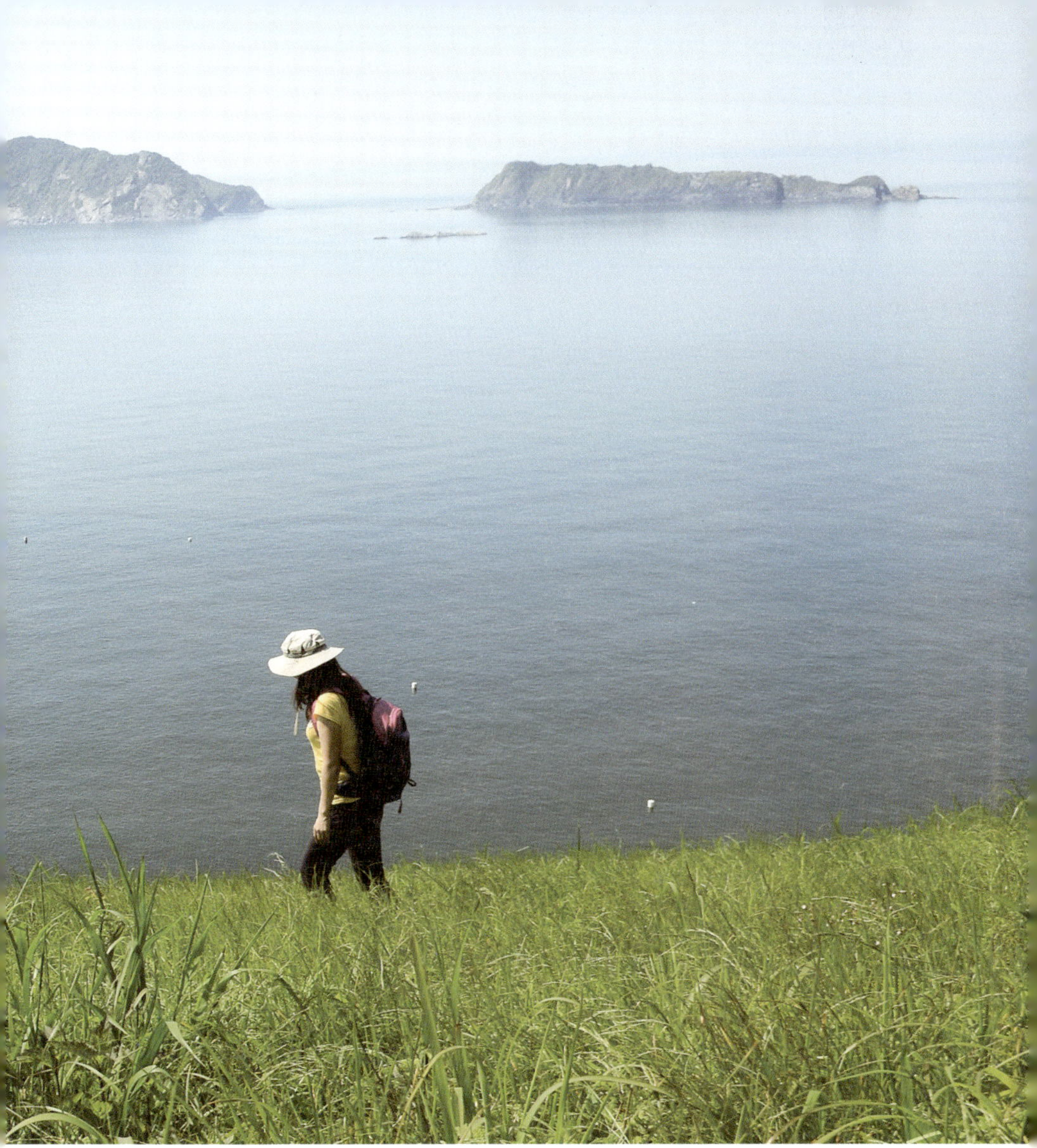

걷기 좋은 계절 **봄, 가을**   난이도 ★★★★   동반자 **가족, 친구, 연인**

육지에서 필요한 식량과 장비 잘 챙겨오자

외연도는 육지에서 먼 섬이라 여러모로 불편하다. 미리 육지에서 필요한 물건을 충분하게 준비하는 것이 좋다. 둘레길은 전체적으로 완만하지만 망재봉과 봉화산을 넘는다. 운동화보다는 트레킹화가 좋다. 숙소는 민박이 여럿 있지만 텐트를 치면 멋진 하룻밤을 보낼 수 있다. 캠핑사이트는 고라금, 약수터 옆, 노랑배가 좋다. 텐트를 미리 쳐놓고 섬을 둘러보면 짐 부담도 없다.

해안선 8.7km의 작고 예쁜 섬

외연도는 그동안 사람들 발길이 뜸한 오지였으나, 2007년 청산도·홍도·매물도 등과 함께 문화관광부에서 선정한 '가보고 싶은 섬'에 선정됐다. 덕분에 해안 명소인 고래조지·노랑배 등 숨은 절경이 드러났다. 또한 KBS 〈1박 2일〉에 방영되면서 널리 알려지게 됐다. 특히 해안 곳곳의 전망 데크에 텐트를 치면 그곳은 우리나라에서 가장 호젓한 캠핑사이트로 바뀌는 점도 매혹적이다.

외연도 둘레길 걷기는 항구에서 곧바로 시작된다. 항구는 망재봉(171m)과 봉화산(273m) 사이에 안겨 있고, 항구 중심에만 집들이 옹기종기 모여 있다. 마을은 4백여 명의 주민이 오순도순 살고 있다. 주민들은 편리함을 찾아 섬을 떠날 것도 같지만 수년째 인구 변화는 그다지 없다. 예전 항구는 예쁜 백사장이었다고 한다. 하지만 접안시설을 만들면서 대부분 파괴되어 아쉽다.

외연항 외연도어촌계민박 앞에 잘 나온 외연도 지도를 봤으면 섬을 시계 방향으로 한 바퀴 도는 게 좋다. 거리는 약 9km, 4시간 30분쯤 걸리며 1박 2일 여유롭게 섬 풍경을 즐기는 것이 좋다. 걷기의 첫 번째 목적지는 외연도 최고 절경인 고래조지이다.

마을길을 가로지르면 앞쪽으로 뾰족 솟은 망재봉 아래 서부두가 보인다. 서부두 일대는 거대한 플라스틱 통이 가득하고 젓갈 냄새가 코를 찌른다. 멸치와 까나리 젓갈이 익어가는 중이다. 서부두에서 고래조지로 가는 길은 두 가지다. 첫 번째는 오른쪽 둘레길을 따르는 길, 두 번째는 망재봉을 넘어가는 길. 둘레길이 쉽지만, 되돌아 나와야 하고 망재봉을 오를 수 없다. 따라서 망재봉을 넘어가는 길이 좋다.

Story Telling

당산에 스민 중국 전횡 장군의 절개

천연기념물로 지정된 당산 숲은 3천 평쯤 되는 공간에 거대한 후박나무, 동백나무, 식나무, 붉은가시나무 등의 상록수림과 팽나무, 상수리나무, 고로쇠나무, 찰피나무 등의 낙엽활엽수 등으로 빼곡하다. 당산의 사당에는 중국 전횡 장군이 모셔져 있다. 전횡 장군은 중국 제나라 왕의 아우로 나라가 망하자 군사 5백 명을 이끌고 배를 타고 동으로 밀려와 외연도에 정착했다. 이후 한 고조가 그를 부르자 한의 신하가 되기를 거부하고 자살하니 그 부하 5백 명도 모두 순사하기에 이른다. 주민들은 그 신명에 감동하여 사당을 세우고 제를 지냈다고 한다.

망재봉에서 본 마을의 평화로운 모습. 봉화산과 망재봉 사이에 아늑하게 자리 잡았다.

탐스러운 초지가 펼쳐진 절경, 고래조지

서부두 앞에서 망재봉 쪽을 바라보면 산의 몸통에 산길이 나 있는 것이 보인다. 그곳으로 들어서면 울창한 대숲이 반긴다. 대숲을 지나면서 본격적으로 산길에 올라붙는다. 길섶은 온통 노루귀 잎이 군락을 이룬다. 봄철에는 작고 예쁜 섬노루귀가 만발한다. 제법 가파른 경사를 15분쯤 오르면 망재봉 정상에 올라붙는다. 정상에서는 유일하게 동쪽으로 조망이 열리는데, 봉화산 아래 자리 잡은 마을은 동화 속 세상처럼 앙증맞고 예쁘다.

망재봉에서 길을 따라 고래조지로 내려가는 길은 이정표가 없고 길이 희미하지만 이어진 산길만 잘 따르면 문제없다. 산을 거의 내려올 무렵이면 갑자기 드넓은 초지와 바다가 펼쳐지면서 탄성이 터져 나온다. 앞쪽으로 무인도인 횡견도, 대청도, 중청도가 차례로 펼쳐지고 그 앞을 어선들이 미끄러지듯 나아간다. 고래조지는 초지 아래 해변 바위가 고래의 생식기처럼 생겼다 해서 붙은 이름이다. 바다에서 봐야 잘 보인다.

고라금에서 아기자기한 해안길을 따라 20분쯤 가면 고라금에 이른다. 고라금은 일몰 명소로 알려진 해변으로 너럭바위들이 널려 있다. 텐트 2동이 들어갈 만한 데크가 있기에 캠핑사이트로 그만이다. 고라금에서 작은 언덕을 넘으면 누적금이 나온다. 볏단을 쌓아 올린 형상의 바위가 보이는 손바닥만 한 해변이다. 누적금에서 다시 언덕을 넘으면 돌삭금을 지나 명금에 닿는다.

서해의 끝자락서 펼쳐지는 노랑배의 일몰

명금에는 변성암·화강암·퇴적암 등의 거대한 돌들이 흩어졌고, 작은 명금에는 주먹만 한 몽돌이 해안을 이룬다. 물빛 고운 작은 명금은 모래사장이 없는 외연도에서 해수욕하기 가장 좋은 장소이다. 손가락만 한 돌들은 유명한 보길도 예송리 조약돌이 부럽지 않을 정도로 앙증맞고 예쁘다.

작은 명금에서 계속 길을 따르면 노랑배와 봉화산 등산로가 갈림길을 만난다. 우선 노랑배에 들렀다가 그 뒤쪽으로 난 산길을 따라 봉화산을 오르는 것이 순서이다. 노

1. 봉화산 중턱에서 본 마을과 외연열도. 살짝 안개를 머금은 모습이 일품이다.
2. 봉화산 등산로 입구. 이곳에서 노랑배와 봉화산 산길이 갈린다. 3. 몽돌과 거친 바위가 어우러진 고라금 해변
4. 배 한 척이 고래조지 앞바다에서 물살을 가른다.

랑배 입구를 지나면 시원한 물 한잔 먹고 가라는 듯 약수터가 나타난다. 봉화산에서 솟아난 달고 시원한 약수를 들이켜면 피로가 씻은 듯 사라진다. 한동안 울창한 난대림 사이를 지나면 노랑배가 펼쳐진다. 해안의 바위가 노란빛을 띠어 노랑 뱃머리를 닮았다고 해서 붙여진 이름이다. 노랑배 앞의 전망대는 상투바위, 매바위, 청도 등이 멋지게 어울린다.

외연항부터 걸었다면 노랑배에 이르면 뉘엿뉘엿 내려가는 일몰을 만나게 된다. 노랑배는 외연도에서도 알아주는 일몰 명소이다. 시나브로 바다에서는 일몰 매직타임이 시작되고 있다. 해는 하늘과 바다를 붉게 물들이며 중청도와 횡간도 사이로 스르르 잠긴다. 외연도의 일몰은 언제 봐도 매력적이다.

노랑배에서 일몰을 봤으면 숙소로 돌아가야 한다. 숙소는 민박집을 이용하거나 야영을 한다. 노랑배 전망대 데크는 캠핑사이트로 훌륭하지만, 바람을 피할 수 없는 것이 흠이다. 미리 고라금에 텐트를 쳐놨다. 고라금은 지형적으로 바람을 막아주는 안온한 공간이다. 어선들이 은은한 빛을 밝히는 밤바다는 몹시도 황홀했다.

전횡 장군 전설 서린 당산 숲

다음날, 서둘러 아침밥을 지어 당산에 오른다. 당산은 주민들이 바다에 제를 지내는 신성한 공간이다. 그 신성은 울창한 숲과 전설에 나온다. 천연기념물로 지정된 숲은 상록수림과 낙엽수림이 가득하고, 그 한가운데 중국 전횡 장군을 모시는 사당이 서 있다.

당산을 지나 다시 노랑배로 이동한 뒤, 외연도 최고봉 봉화산에 오른다. 봉화산 정상으로 오르지 않고 둘레를 한 바퀴 도는 길도 있지만 길이 완성되지 않아 몹시 험하기에 추천하고 싶지 않다. 봉화산은 마을로 밀려오는 파도와 바람을 막아주고, 맑고 청정한 식수를 제공한다. 가파른 길을 20분쯤 오르면 꼭대기에 닿는다. 정상에는 옛 봉수대 터가 남아 있다.

적의 침입이나 그에 상응하는 일이 일어날 때 올리는 봉화는 지금은 식은 지 오래지만 견고한 돌들은 아직도 남아 있다. 정상에서 조금 내려오면 마을과 그 너머 여러 섬들이 어울린 기막힌 풍광이 나타난다. 외연도를 대표하는 풍경이라 해도 과언이 아니다. 그곳을 내려오면 급경사가 끝나면서 완만한 내리막을 따르면 노랑배 입구이다. 이제 여유롭게 마을로 돌아가면 된다. 마을 골목에는 아이들 그림처럼 순박하고 재밌는 그림들이 가득하다. 그 길을 따르면서 행복한 외연도 걷기를 마무리한다.

주변 볼거리

대천해변 서해안을 대표하는 해수욕장인 대천해변은 머드축제의 명성으로 국제적 관광명소로 자리매김을 하고 있다. 규모는 백사장의 길이가 3.5km, 폭 100m에 달한다. 사장 남쪽에 기암괴석이 잘 발달되어 있어 비경을 연출한다. 모래 질은 패각분으로 조개껍질이 오랜 세월을 지나는 동안 잘게 부서져 모래로 변모한 것이다. 규사로 된 백사장이 몸에 달라붙는 점에 비해 패각분은 부드러우면서 물에 잘 씻기는 장점을 갖고 있다.

성주산자연휴양림 보령이 자랑하는 자연휴양림으로 성주산과 만수산의 품에 자리해 울창한 숲이 장관이다. 휴양림 안의 화장골계곡은 4km에 이르며 충남 명수 11개소 중의 하나로 자연환경이 잘 보전된 청정지역이다. 휴양림 안에서 힐링, 등산, 트레킹, 캠핑 등을 즐길 수 있어 인기가 좋다.

무창포해변 1928년 서해안에서 최초로 개장된 해수욕장으로 백사장 길이 1.5km, 수심 1~2m이며 주변으로 송림이 울창해 해수욕과 산림욕을 함께 즐길 수가 있다. 매월 음력 보름날과 그믐날을 전후하여 2~3회 석대도까지 1.5km의 바닷길이 열린다. 그때는 많은 사람들이 찾아와 게, 조개 등을 잡으며 대자연의 신비로움을 만끽한다.

가는길

자가운전 서해안고속도로 대천IC → 대천항 · 대천해수욕장 방면 36번 국도 → 대천항여객터미널 → 외연도

대중교통

- 서울 → 보령(대천) 서울센트럴시티터미널에서 1일 20회(06:00-21:50) 운행, 2시간 10분 소요. 용산역에서 대천행 기차가 1일 18회(05:35-20:35) 운행, 약 2시간 30~45분 소요
- 대전 → 보령(대천) 대전서부터미널(042-584-1616)에서 1일 14회 무정차(06:32-19:30) 운행, 2시간 소요
- 대천항여객터미널 → 외연도 주말과 성수기(6~9월)에는 08:00, 14:00 1일 2회, 그밖에 평일에는 10:00 1회 다닌다. 2시간 소요. 신한해운 043-934-8772 • www.shinhanhewoon.com

외연도 둘레길 코스 (6km, 3시간 소요)

외연항 → (1.4km 40분) → 망재봉 → (0.4km 10분) → 고래조지 → (1.4km 40분) → 명금 → (0.6km 20분) → 노랑배 → (0.5km 30분) → 봉화산 → (1km 20분) → 약수터 → (0.7km 20분) → 외연항
*당산에 들르면 2km, 1시간이 추가된다.

맛집

추억식당(010-3472-7008), 외연도어촌계식당(041-931-5751)을 비롯해 모든 횟집에서 싱싱한 자연산 회를 맛볼 수 있다. 민박집에서 해산물과 나물이 푸짐한 백반을 1인 7천 원에 먹을 수 있다. 대천항 수산시장에서 다양한 활어회와 조개류를 저렴하게 먹을 수 있다. 부일수산(041-933-0870) 등.

외연도 횟집

숙소

오직 민박밖에 없다. 어촌계민박(041-931-5750), 대어민박(041-936-5006) 시설이 좋다. 2인 5만 원. 텐트를 가져가면 해안의 데크에서 황홀한 캠핑사이트를 만들 수 있다.

12 보령 삽시도 둘레길

바다가 감춘 숨은 보물찾기

삽시도는 만만해서 좋다. 전체 면적이 3.78㎢, 해안선 길이가 11km에 불과하다. 충남에 속한 원산도, 호도, 녹도, 외연도 등 여럿 섬 중에서 가장 인기가 좋다. 최근엔 '명품 섬 BEST 10' 사업의 일환으로 삽시도 둘레길이 만들어졌다. 이 길은 진너머 해수욕장에서 밤섬 해수욕장까지 해안선 구석구석 이어진다. 울창한 해송 숲을 걸으며 면삽지, 물망터, 황금곰솔 등 삽시도 비경을 찾아보는 재미가 쏠쏠하다.

글·사진 진우석

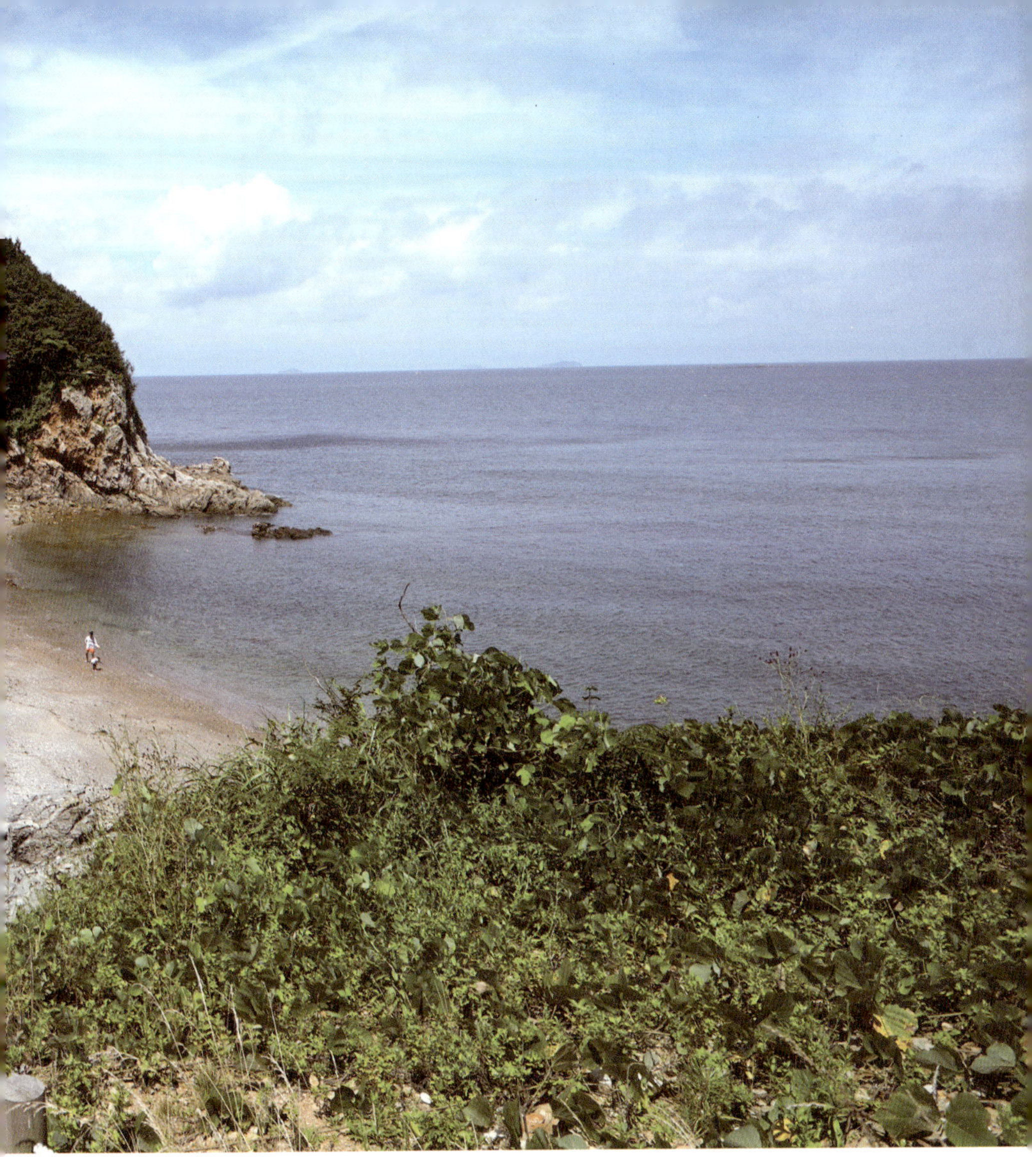

걷기 좋은 계절 **봄, 여름, 가을** 난이도 **★★** 동반자 **가족, 친구, 연인**

물때 맞춰야 물망터, 면삽지 등 볼 수 있어

삽시도 둘레길은 2km로 알려졌지만, 실제 GPS로 측정한 거리는 5km에 이른다. 해안을 구불구불 따르고, 황금곰솔, 면삽지, 물망터 등을 둘러보면서 오고가는 길이 늘어나기 때문이다. 따라서 방심하지 말고 간식과 식수를 잘 갖춰야 한다. 또한 배가 오가는 선착장까지 계산하면 거리는 더 늘어나게 된다. 물망터, 면삽지는 밀물 때에만 볼 수 있기 때문에 물때를 맞춰야 한다. 국립해양조사원 홈페이지(www.khoa.go.kr)에서 조석 정보를 확인할 수 있다.

넓은 구릉과 수려한 해안을 품은 섬

삽시도는 충남 보령시 오천면에 속하는 섬으로 이름은 생김새가 화살을 꽂은 활과 같다는 데에서 유래하였다. 그러나 '해동지도', '여지도' 등 조선시대의 지도에서는 '삽시도(挿時島)'로 표기한다. '조선지형도'에서부터 현재의 지명으로 표기되는 것을 보아, 일제강점기에 지명이 변경된 것으로 추정한다.

삽시도의 위치는 태안반도 안면도에서 남쪽으로 6km, 보령 대천항에서 서쪽으로 13.2km 떨어져 있다. 대천해변서 보면 바다에 바짝 엎드린 모습에서 가보고 싶은 호기심을 불러일으킨다. 삽시도는 큰산(붕구뎅이산, 113m)이 있는 섬의 서부를 제외하면, 대부분 낮은 구릉을 이룬다. 삽시도 둘레길은 경관이 수려한 서쪽 해안에 나 있고, 섬 전체로 확장할 예정이다.

대천여객터미널에서 여객선을 타면 40여 분만에 삽시도에 닿는다. 배 안에서 놓칠 수 없는 볼거리는 갈매기들의 묘기이다. 새우깡을 손에 들고 하늘로 뻗으면 갈매기가 날아와 귀신같이 새우깡만 물고 간다. 여객선의 뒤꽁무니를 졸졸 따르는 갈매기들이 안쓰럽지만 바다를 배경으로 펼쳐지는 놀라운 비행 실력에 탄성이 절로 난다. 또한 바다에서 육지를 바라보는 맛이 새롭다. 산과 도시가 어우러진 보령 시내가 멋지게 보이고, 보령의 명산인 성주산~양각산의 흐름이 시원하다. 왼쪽 멀리 정상 일대가 구름 속에 잠긴 우뚝한 봉우리가 서해의 등대로 불리는 오서산(790.7m)이다.

갈매기와 바다, 이름 모를 작은 섬들을 구경하다 보면 어느새 40분이 훌쩍 흘러가 삽시도에 닿는다. 웃말 술뚱선착장에 내리자 펜션에서 나온 차들이 손님을 싣고 사라진다. 삽시도는 선착장 가까운 웃말에 민가들과 초등학교, 보건소, 경찰초소 같은 공공기관 등이 몰려 있다.

> **Story Telling**
>
> #### 물망터는 해수관음보살의 터전, 신비한 샘물 솟아
>
> 금송사 진관스님에 의하면, 물망터는 삽시도에서 가장 성스러운 장소이다. 물망터는 해수관음보살이 계시는 곳으로 서해에서 가장 큰 터이고, 호법신장인 산왕대신과 용왕대신이 만나며, 풍수적으로 혈 자리에 해당한다. 형태는 여인의 자궁처럼 생겼고 신비한 물이 샘솟는다. 예전에 배를 타고 지나가던 한센병 환자들이 여기서 난파되어 근처에 움막을 짓고 살았는데, 이 물을 마시고 완치되었다고 전해진다. 진관스님의 주장은 과학적 근거가 없을 수도 있지만 그 안에는 삽시도를 새롭게 바라볼 수 있는 이야기가 담겨 있다.
>
>

삽시도로 가는 여객선에서 펼쳐지는 갈매기의 비행은 멋진 볼거리이다.

둘레길 베이스캠프로 좋은 진너머 해수욕장

술뚱선착장을 나와 진너머 해수욕장을 찾아간다. 진너머 해수욕장은 삽시도 여러 해수욕장 중에서 가장 풍광 좋고 숙소가 많아 베이스캠프로 좋다. 삽시도는 버스가 다니지 않아 걸어가야 한다. 마을 골목을 가로지르면 넓은 논이 펼쳐진다. 논길을 지나면 '태창비치펜션' 이정표가 보인다. 그 방향으로 50m쯤 들어가면, 울창한 솔밭 언덕에 태창비치펜션이 서 있다. 그 아래가 진너머 해수욕장이다. 펜션의 잔디밭에 텐트를 치고 우선 베이스캠프를 마련했다.

삽시도 둘레길은 진너머 해수욕장에서 밤섬 해수욕장까지로, 어느 곳을 들머리로 해도 무방하다. 일단 밤섬 해수욕장으로 이동해 진너머 해수욕장에서 마무리하는 것으로 코스를 짰다. 그러면 들머리는 밤섬 해수욕장 금송사가 된다. 밤섬 해수욕장은 '해류가 끝나는 곳'이라 하여 '수루미 해수욕장'으로도 불린다. 이곳은 1km에 이르는 넓은 백사장이 펼쳐지고 삽시도의 부속 섬인 불모도(佛母島)를 바라보고 있다.

금송사는 밤섬 해수욕장 해송 숲에 자리한 자그마한 절집으로 진관스님이 거처하고 있다. 차를 한잔 나누며, 삽시도의 문화와 신비로운 이야기를 들으면 더욱 좋다. 진관스님은 삽시도에 숨은 비경인 황금곰솔을 처음 세상에 알린 주인공이다.

해변에 자리한 황금곰솔의 신비로움

둘레길은 금송사 앞에서 큰산으로 올라붙는다. 입구에 삽시도 안내도와 간이화장실이 있다. 10분쯤 울창한 솔숲을 구불구불 오르면 능선 삼거리. 황금곰솔, 물망터, 금송사가 갈리는 지점이다. 먼저 황금곰솔을 둘러보는 것이 순서이다. 삼거리에서 작은 언덕을 두 개 넘으면 삽시도에서 가장 남쪽 해변을 만난다. 해변으로 내려가는 길에 목책이 둘러쳐 있는데, 그 안에 황금곰솔이 있다.

1. 상어바위 뒤로 넘어가는 진너머 해수욕장의 일몰은 삽시도 최고의 비경이다.
2. 면삽지에는 많은 해식동굴이 뚫려 있다. 동굴 안에서 바라보는 바다는 특별하다.
3. 금송사에서 오르면 만나는 능선 갈림길. 한 가족이 둘레길을 즐겁게 걷고 있다. 4. 맑은 소리를 내는 물망터 해변의 몽돌

황금곰솔은 높이 15m, 가지 넓이 10m, 둘레 25cm인 50~60년생이다. 황금곰솔 앞에서 나무를 못 봤다고 하는 사람들이 종종 있다. 이름은 황금곰솔이지만, 나무 전체가 황금색으로 빛나는 것이 아니기 때문이다. 잎에서 짙은 누런빛이 나는 정도이다. 그렇다고 너무 실망하지 말자. 우리나라에는 세 그루만 자생할 정도로 희귀한 소나무이다. 황금곰솔에서 다시 삼거리로 되돌아가 '물망터' 이정표를 따른다. 완만한 내리막을 이리저리 돌아가면 작은 해변을 만난다. 물망터는 갯바위에서 샘솟는 약수를 말하는데 해변 갯바위에 숨어 있다. 초행자가 찾기에 쉽지 않다. 진관스님에 의하면, 물망터는 삽시도에서 가장 성스러운 혈이라고 한다. 그래서 숨어 있다는 것, 썰물 때에만 모습을 드러내는 것도 신비롭다.

물망터 시원한 약수를 맛보고 다시 길을 나서면 호젓한 산길이 펼쳐진다. 산에는 소나무와 참나무가 주종이지만, 간혹 소사나무 군락이 펼쳐진다. 30분쯤 숲길을 걸으면 갈림길. 오르막길은 정상으로 가는 길이고, 면삽지는 왼쪽으로 가야 한다. 왼쪽 길로 접어들면 곧 면삽지로 내려가는 급경사 계단이 나온다. 조심조심 난간을 잡고 내려오면 조망이 시원하게 열리면서 면삽지가 나온다.

진너머 해수욕장의 감동적인 일몰로 마무리

면삽지는 물이 빠지면 나타나는 작은 섬이다. 삽시도와 면삽지를 이어주는 손바닥만 한 해변은 양편으로 바다를 접하고 있다. 이곳에 서면 시원한 바람이 분다. 북쪽으로 장고도가 보이고, 남쪽으로는 호도와 그 너머 외연도까지 잘 보인다. 면삽지에서 여러 개의 해식동굴이 뚫려 있다. 크기와 형태가 제각각이고, 어느 곳은 맑은 샘물이 고이기도 한다.

면삽지를 나오면 다시 큰산 산비탈로 이어진 숲길을 지난다. 고갯마루를 넘으면 진너머 해수욕장의 펜션들이 나타난다. 여기서 오른쪽으로 시야가 넓게 열리는데, 삽시도의 동쪽 바다가 보이고, 그 너머로 멀리 육지의 오서산과 성주산 등이 시원하게 펼쳐진다. 생각보다 육지가 가깝게 보인다.

삽시도 둘레길의 마지막 보물은 진너머 해수욕장이다. 여름철에는 둘레길을 걷고 진너머 해수욕장에 뛰어들면 더할 나위 없이 좋다. 해변의 상어바위 옆으로 시나브로 떨어지는 일몰은 삽시도 둘레길의 마지막 선물이다. 하늘과 바다를 붉게 물들이는 일몰 속에서 즐기는 해수욕은 잊지 못할 즐거움이다.

주변 볼거리

원산도 산이 높고 구릉이 많은 원산도는 충남에서는 안면도 다음으로 큰 섬이다. 대천항에서 약 11km 떨어졌고 여객선으로 30분쯤 걸린다. 원산도는 긴 해안선을 따라 해식애가 잘 발달했고, 서해안의 어느 곳에서도 찾아보기 드문 남향의 원산도 해수욕장과 오봉산 해수욕장이 있어 가족단위 피서지로 각광을 받고 있다.

보령댐 1998년 10월 웅천천에 세운 댐으로 아미산과 양각산의 허리까지 물이 들어차 주변 풍광이 빼어나다. 보령호를 감싼 도로를 따라 즐기는 드라이브가 멋지며, 보령댐 주변 아미산의 중대암, 양각산의 용암영당 등의 문화재를 함께 둘러볼 수 있다.

오천항 오천은 예전부터 보령 북부권의 삶과 생활의 중심지였다. 오천항은 만의 깊숙한 곳에 위치한 천혜의 항구이다. 방파제 없이 해안을 따라 길게 이어진 선착장에 어선들이 정박해 있다. 1일과 6일에 서는 오천장을 찾으면 각종 해산물과 만날 수 있다. 특히 키조개와 어른 주먹만 한 크기의 홍합이 유명하다.

가는길

자가운전 서해안고속도로 대천IC → 대해로를 따라 이동 → 대천항로 → 대천여객터미널

대중교통

| 서울 → 대천 | 센트럴시티터미널(02-6282-0114)에서 1일 20회(06:00-21:50) 운행, 2시간 30분 소요
용산역 1일 17회(05:35-20:35) 운행, 약 2시간 30분 소요 |

| 대전 → 대천 | 대전서부터미널(042-584-1616)에서 1일 14회(06:32-19:30) 무정차 운행, 2시간 소요 |

| 대천여객터미널 → 삽시도 | 신한해운(041-934-8772, www.shinhanhewoon.com)의 카페리호가 평일에는 하루 3회(07:30, 13:00, 16:00)에 다닌다. 주말과 계절에 따라 변동되므로 전화나 홈페이지를 통해 확인한다. 대천에서 삽시도까지는 약 40분 걸린다. 삽시도에서는 물때에 따라 윗말선착장과 밤섬선착장을 번갈아 이용하기 때문에 삽시도에서 승선할 경우에는 어느 선착장에 배가 도착하는지 미리 확인해야 한다.

> 삽시도 둘레길 (5km, 2시간 40분)

금송사(밤섬해변) → (1km 30분) → 황금곰솔 → (0.8km 30분) → 물망터 → (1.8km 60분) → 면삽지 → (1.4km 40분) → 진너머 해수욕장

한일식당의 해물칼국수

태창비치펜션

맛집

한일식당 웃말 술똥선착장 앞에 있는 식당으로 활어회와 해물칼국수를 잘한다. 주인아주머니의 인정이 넘치는 집이다. • 보령시 오천면 삽시도1길 20-3(삽시도리 50-2) • 041-935-3764

해돋는펜션식당 회와 해물탕 • 보령시 오천면 삽시도1길 25-6(삽시도리 25-2) • 041-935-1617

대천항수산시장 다양한 활어회와 조개류를 저렴하게 회를 먹을 수 있다. 싱싱한 해산물이 가득한 부일수산 (041-933-0870) 등 여러 집이 있다.

숙소

태창비치펜션 보령시 오천면 삽시도1길 83-23(삽시도리 79-10) 진너머 해수욕장 앞 010-7727-6925

펜션나라 보령시 오천면 삽시도1길 49-41 (삽시도리 70-6) 진너머 해수욕장 앞 041-931-5007 • cafe.daum.net/sapsipensionnara

민석이네캠핑장 보령시 오천면 삽시도1길 45-20(삽시도리 70-2) 거멀너머 해수욕장 앞 041-935-7140 • cafe.daum.net/tkqtleh

13
서산 아라메길 3-1구간

서해의 한려수도를 발아래 두고 걷는 삼길포 봉수대길

일상이 힘들고 지칠 때 바다를 바라보며 위로받고 싶다면 오솔길 따라
삼길포 봉수대에 오르라. 점을 찍어 놓은 듯한 섬 풍경을 바라보노라면 박하사탕을
입에 문 것처럼 가슴이 화해질 것이다. 바다를 염원한 미술조각품과 선상횟집은
아라메길을 더욱 풍성하게 해준다.

글·사진 이종원

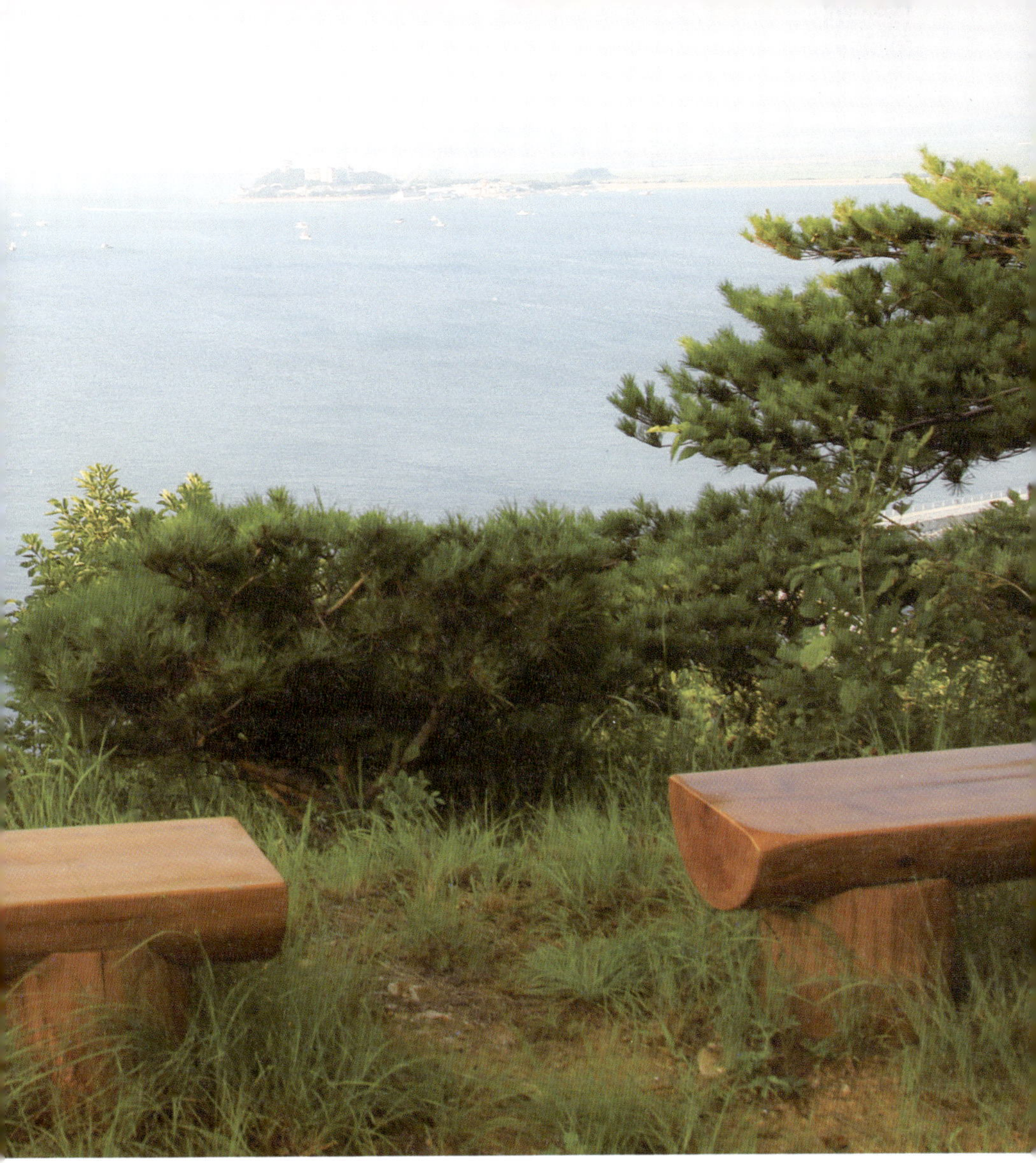

걷기 좋은 계절 **봄, 여름, 가을**   난이도 **★**   동반자 **가족, 어린이, 연인**

황금산에서 삼길포까지

3-1구간은 삼길포관광안내소를 시작해 삼길산 봉화대를 둘러보고 다시 삼길포로 하산하는 원점회귀형 코스로, 총 3km, 1시간이면 족하다. 4월 중순 삼길산 벚꽃은 절정을 이루며 10월에는 삼길포 우럭축제가 열린다. 황금산에서 삼길포까지 18km 거리인 아라메길 3구간은 산 3곳을 넘어야 하기에 강인한 체력을 요구한다. 황금산에서 해변을 따라 대진초등학교 분기점까지는 바다를 옆에 끼고 걷지만 그 이후 대죽마을과 화곡교차로까지는 산길이 이어진다. 코스가 길고 산에는 안내 리본이 없으며 갈림길이 많아 길을 잃을 위험이 있다. 황금산에서 대진초등학교까지 바닷길만 따로 걷는 것이 좋다.

바다와 꽃이 한데 어우러진 삼길포 벚꽃길

서해의 미항 삼길포항은 동양 최대의 대호방조제를 끼고 있으며 대난지도, 소난지도, 임해공단이 가까이 있어 뛰어난 항구 조건을 가지고 있다. 삼길산 아래 형성된 포구이기에 '삼길포'라는 명칭이 붙여졌다.

아라메길 3-1구간은 관광안내소 뒤쪽 삼길산 자락에 길이 놓여 있다. 입구에는 '서산 아라메길'이라 쓰인 장승이 서 있고 특이하게도 몸통에 삼길포 특산물인 우럭이 그려져 있다. 길은 차가 다닐 수 있는 포장길로 산자락을 크게 휘감아 걷도록 했다. 처음에는 경사가 있어 이마에 땀이 송골송골 맺히지만 이내 바다에서 불어오는 바람이 땀을 씻어준다. 400m쯤 올라가니 등산로 삼거리가 나온다. 여기서 계단을 따라 600m의 경사로를 거침없이 올라도 봉화대에 닿게 된다. 그러나 아라메길은 삼길산 옆구리를 휘감도록 했다. 전망 좋은 곳에는 어김없이 나무벤치가 있으니 가족과 오순도순 앉아 간식을 꺼내 먹으면 좋겠다. 다시 임도에 몸을 싣는다. 수령이 오래된 벚나무가 가로수를 이루고 있다. 4월에 이곳을 찾는다면 길은 꽃반지가 되어 삼길산을 수놓을 것이다.

일몰과 야경을 조망하는 아라메길 전망대

숲 기운을 만끽하며 타박타박 걷다보니 서산 아라메길 전망대가 나온다. 아라메 장승의 목에 망원경이 걸린 것이 특이한데, 그만큼 장쾌한 경치를 볼 수 있음을 말해준다. 정자에는 나무벤치가 2열로 조성되어 있어 이곳에 앉으면 마치 유람선에서 바다 풍경

> **Story Telling**
>
> #### 풍어의 신, 임경업 장군
>
>
>
> 아라메길 3코스 중의 한 곳인 황금산에는 임경업 장군의 영정을 모신 황금산사가 있다. 예로부터 황금산이 자리한 독곶리는 조기 어장으로 유명한데 독곶의 어부들은 황금산사에서 풍어를 기원하며 고사를 지냈다고 한다. 철저한 친명배청파(親明排淸派)였던 임경업 장군은 명나라에 구원병을 요청하러 갈 때 태안을 거쳐 갔기에 이곳과 인연을 맺게 되었다. 거친 바다에서 오묘한 신통력을 발휘해 바다 한가운데서 생수를 구했고, 가시나무로 조기를 잡아 군사들이 허기를 면하게 해주었다고 한다. 그로부터 임경업은 고기떼를 몰고 다니는 영웅신으로 추앙받고 있다. 현재 연평도에도 임 장군을 모신 충렬사가 있고 이곳 황금산에도 사당이 있으니 아무래도 임경업 장군의 힘을 빌려 서로 조기떼를 끌어오려고 했던 모양이다.

삼길산을 휘감아도는 아라메길

을 감상하는 기분이 든다. 쪽빛바다 위로 난지 열도가 점을 찍고 있으며, 바다 한가운데 대한민국 지도를 바꿔 놓은 대호방조제가 직선으로 뻗어 있으며 그 끝자락에는 당진화력발전소가 높은 굴뚝을 드러내고 있으니 가히 서해의 한려수도라 불러도 손색이 없을 정도로 시원스런 경치가 펼쳐진다. 오른쪽으로 고개를 돌리니 서산 석유화학단지가 아른거린다. 해 질 무렵 이곳에 서면 난지도로 떨어지는 일몰과 대산 석유화학단지에서 뿜어 나오는 공장 야경을 감상하게 된다. 전망대부터 봉수대 입구까지는 완만한 흙길이어서 걷기에 부담이 없다. 일렬로 선 벚나무 가로수는 하늘을 가리고 있어 얼굴이 탈 걱정을 하지 않아도 된다. 계속 직진하면 아라메길 3구간인 해월사가 나온다. 봉수대 입구에서 화사한 장승의 미소를 보고 계단을 오르면 삼길산 전망대격인 봉화대를 만나게 된다.

서해의 한려수도가 펼쳐지는 봉화대

봉화대는 해발 166m 삼길산 정상에 위치하고 있으며 그 옛날 해안을 통해 침투하는 적을 살펴 밤에는 횃불을, 낮에는 연기를 피워 외적 침입 등 위급한 상황을 다음 봉수대에 전달하는 역할을 했다. 세월에 눌려 허물어졌다가 최근에 다시 복원되었다. 동쪽으로는 당진으로 연결되는 대호방조제가 고속도로처럼 뻗어 있고 그 안쪽에는 바다처럼 넓은 호수와 뜸부기쌀로 유명한 대호간척지를 볼 수 있다.

봉수대를 한가운데 두고 나무 데크가 둘러쳐 있어 사방이 탁 트인 경치를 감상할 수 있다. 북쪽으로는 난지도를 중심으로 파란 바다와 승봉도, 이작도, 선갑도는 물론 멀리 덕적도까지 조망이 가능한데 크고 작은 섬들이 천혜의 자연과 어우러져 한려수도를 보는 듯한 착각에 빠진다. 서쪽으로는 대산 3사의 석유화학단지와 중국을 오가는 페리호가 정박하는 대산항이 자리하고 있다. 특히 북쪽 난지도 방향으로 빨간 우체통이 서 있다. 파란 바다와 뭉게구름과 절묘하게 어우러져 당장 종이와 연필을 꺼내 애인에게 편지를 쓰고 싶은 충동이 인다. 뒤쪽을 돌아보니 중첩된 산이 스크럼을 짠 것 같다. 그 산을 3개 넘으면 코끼리바위가 있는 황금산에 닿게 된다.

하산은 능선을 따라 삼길포교회 쪽으로 내려가면 된다. 바다를 가로지른 대호방조제와 호수와 들녘을 감상하면서 내려가는데 넉넉한 풍경 때문일까 마음이 푸근해진다. 정상에서 삼길포 펜션단지까지 1km, 30분이면 거뜬하다. 길은 임도가 아닌 오솔길로 아라메길 표식과 리본이 잘 되어 있어 길을 잃을 염려를 하지 않아도 된다. 처음에는 경사가 있는 돌계단 길이지만 능선을 지나면 울창한 숲길이 이어진다. 위험 구간에는 난간이 설치되어 있어 안전에도 신경을 썼다. 대신 돌길이 많고 경사가 있으니 유의해야 한다. 삼길포교회를 지나면 펜션단지가 나온다. 예쁜 집이 많아 갯내음을 만끽하며 하루 쉼표를 찍기에 알맞다.

값싸고 푸짐한 선상횟집과 한국의 나폴리 삼길포항

큰길에는 가로등이 서 있는데 기둥에는 서산 특산물인 육쪽 마늘 모양을 하고 있다. 바다 쪽으로 미술조각품을 전시하고 있어 항구의 운치를 더해준다. 일몰을 보기 위해 땅속에서 나오는 사람, 꿈틀거리는 물고기 조형물, 소라모형의 동상 등 작품은 바다를 향한 인간의 염원을 담고 있다. 아무래도 삼길포항의 가장 큰 매력은 선상횟집이다. 우럭, 노래미, 광어, 도다리, 간재미 등 싱싱한 회를 선상에서 맛볼 수 있다. 부표를 중심으로 양쪽으로 30여 척의 어선들이 빼곡히 들어서 있는데 손님이 오면 갓 잡은 활어를 즉석에서 썰어준다. 회를 뭉텅뭉텅 썰어 1회용 도시락에 넣어주기 때문에 양이 많고 가격이 저렴한 것이 특징이다.

포구 안쪽으로 들어가면 활처럼 휜 방파제가 나온다. 튼튼하고 곡선미가 아름다워 바다 산책 코스로 그만이다. 안전을 위해 난간을 설치했으며, 야간에는 조명까지 밝히고 있다. 방파제 끝에 서면 비경도, 난지도 일대가 한눈에 들어와 전망 포인트 역할도 하고 있다. 그 끝자락에 삼길포의 아이콘인 빨간 등대가 서 있다. 별, 육각형, 마름모 등

문양이 그려져 있고 상륜부는 성곽모양으로 꾸며 놓아 등대를 배경으로 사진 찍기에 좋다. 그 앞에 삼길포의 상징인 우럭 조형물이 서 있다. 꽃 왕관을 쓰고 있는데 우럭의 코를 만지면 아들을 낳는다는 속설 때문에 신혼부부들이 일부러 찾는 명소다.

시간적 여유가 있다면 삼길포해상관광유람선(041-663-7707)에 오르면 된다. 삼길포항을 출발해 비경도, 현대오일뱅크, 대난지도, 소난지도, 소조도, 대조도 등 점점이 찍어 놓은 섬들을 1시간쯤 유람하게 된다. 석유화학단지를 지나가기 때문에 서산의 발전상을 바다 위에서 감상하게 된다. 천연 가두리 낚시터인 좌대낚시는 대호방조제와 삼길포항 사이 내만에 위치하고 있다. 어항에서 전화를 하면 보트가 태우러 온다. 낚싯대와 미끼를 무료로 대여해주며 그늘 아래 의자에 앉아 편안히 낚시를 즐길 수 있어 어린이나 여성들에게 인기 있다. 바닷물과 민물이 만나는 수문 근처에 위치해 우럭이나 숭어의 손맛을 심심찮게 볼 수 있다.

1. 삼길포 봉화대와 난지열도 2. 동양최대의 대호방조제에서 선상횟집 3. 삼길포항 우럭등대

주변 볼거리

황금산 서산의 땅끝에 위치한 황금산은 해발 130m의 작은 산으로 정상에 오르면 임경업 장군을 모신 황금산사를 만날 수 있다. 바닷물을 마시고 있는 코끼리바위, 해식동굴인 굴금 등 해변을 거닐며 기암괴석을 감상하게 된다. 등산로 초입에 가리비와 해물칼국수를 잘하는 식당이 여럿 있다.

벌천포 해수욕장 서산의 유일한 해수욕장이며 바닥은 일반 모래가 아닌 곱돌배(자갈)로 이뤄져 몸에 좋은 지온효과를 보이기도 한다. 워낙 외떨어져 있고 그리 알려지지 않아 조용히 휴식을 취하기 그만이다. 물이 빠지면 갯벌체험을 할 수 있고, 해 질 무렵 태안반도를 넘어가는 해넘이를 감상할 수 있다.

웅도 간조 시에만 바닥이 드러나 섬에 들어갈 수 있는데 가로림만의 풍경을 감상하기에 그만이다. 전형적인 어촌마을로 척박한 환경 속에서 억척스런 섬사람을 만날 수 있는 곳이다. 바지락, 낙지 줍기 등 갯벌체험을 할 수 있다. 궁중에 진상했던 어리굴젓의 산지다.

가는길

자가운전 서해안고속도로 서산IC 또는 해미IC → 서산시 → 석림 사거리 대산 방면으로 77번 국도 → 삼길포항

대중교통

| 서울 → 서산 | 서울남부터미널(02-521-8550)에서 1일 34회(06:30-20:00) 운행, 1시간 50분 소요 |
| 대전 → 서산 | 대전복합터미널(1577-2259)에서 1일 31회(06:50-21:00) 운행, 1시간 40분 소요 |

※ 서산공용버스터미널(서령버스 041-669-0551)에서 삼길포까지 220, 223, 910번 버스 이용, 삼길포관광안내소 하차

아라메길 코스 3-1구간 (3km, 1시간 소요)

삼길포관광안내소 → (0.4km 10분) → 등산로 삼거리 → (0.9km 20분) → 봉수대 입구 → (0.2km 5분) → 봉수대 → (0.7km 10분) → 삼길포교회 입구 → (0.2km 5분) → 펜션단지 입구 → (0.6km 10분) → 삼길포관광안내소

아라메길 코스 3구간 (18km, 6시간 소요)

황금산 입구 → (6.1km 2시간 10분) → 대진초등학교 분기점 → (3.6km 1시간 10분) → 대죽1리 마을회관 → (2.7km 50분) → 화곡교차로 → (3.7km 1시간 10분) → 해월사 삼거리 → (1.9km 40분) → 삼길포관광안내소

맛집

대웅식당 서산 가로림만 갯벌에서 잡은 바지락과 새우 등 해산물을 듬뿍 넣어 국물 맛이 칼칼하며 두꺼운 면발이 쫄깃하다. • 서산시 대산읍 화곡리 38-2 (대산읍 삼길포2길 32-10) • 041-664-5431

해물칼국수

삼길포횟집 생선회 • 서산시 대산읍 화곡리 35-3 (대산읍 삼길포1로 34) • 041-669-9297

바다나라식당 생선회 • 서산시 대산읍 화곡리 1851-4 (대산읍 삼길포1로 161-7) • 041-669-4835

숙소

스카이텔 서산시 대산읍 화곡리 38-6 (대산읍 삼길포2길 9) • 041-663-7497

씨엔텔펜션 서산시 대산읍 화곡리 2-24 (대산읍 삼길포1로 57) • 041-681-9440

하늘바라기펜션 서산시 대산읍 화곡리 36-28 (대산읍 삼길포3길 15-8) • 010-6378-6052

산길, 호수길, 바닷길이 어우러진 아라메길 4구간

바다와 산의 순 우리말인 아라메, 이 이름에 가장 걸맞는 구간이 바로
아라메길 4구간이다. 리아스식 해안으로 둘러싸여 있어 어디가 바다인지 호수인지
구분이 가지 않을 정도로 잔잔한데 가로림만 바닷길은 물론 팔봉산 임도길,
솔감 호수길이 더해져 길의 종합선물세트라 할 수 있다.

글·사진 이종원

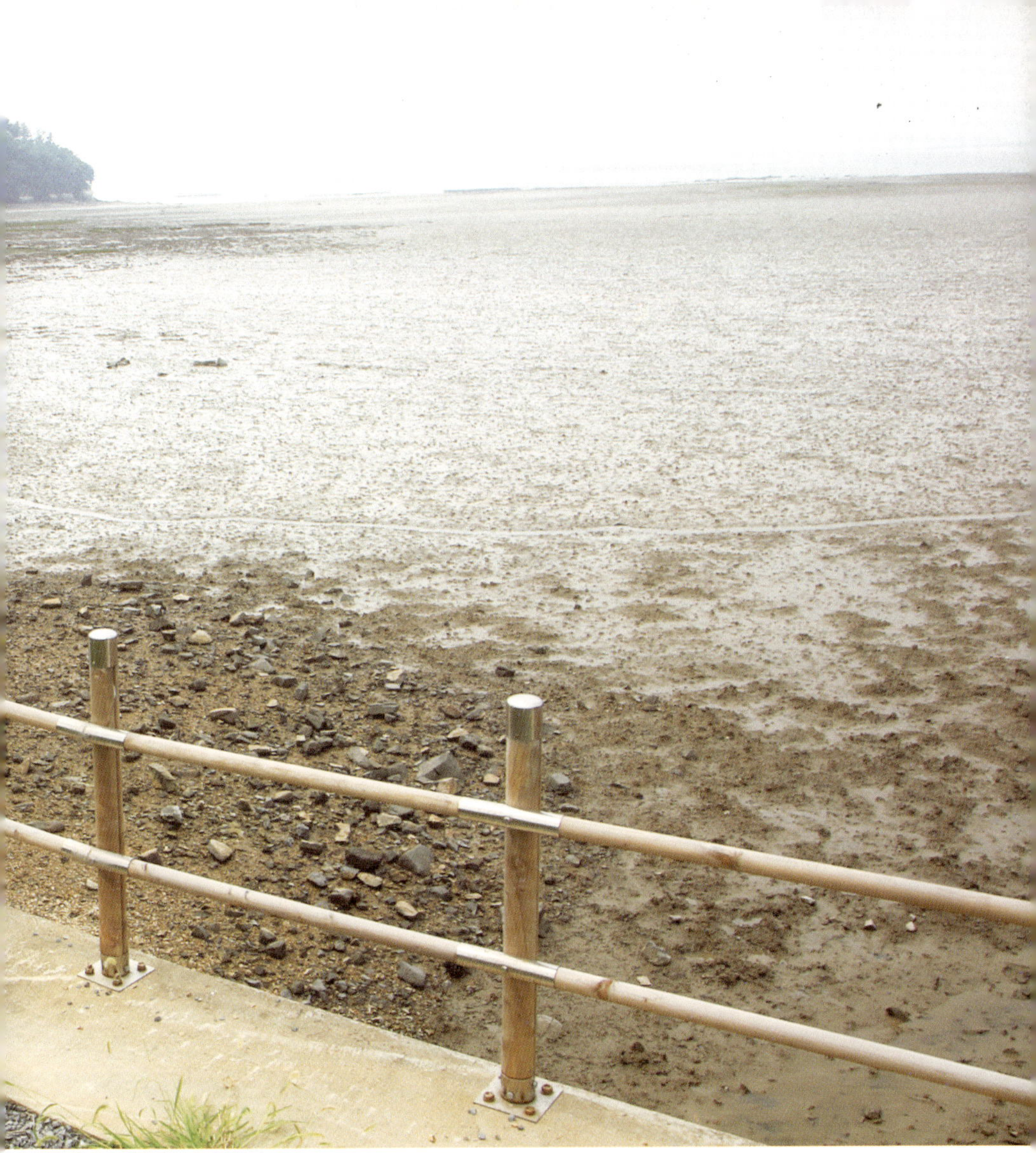

걷기 좋은 계절 **봄, 가을**   난이도 ★★   동반자 **가족, 어린이, 연인**

구간을 끊어서 걷는 것이 좋다

하루에 22km를 걷는 것은 무리다. 3개 구간별로 끊어서 걷는 것이 수월하다. 혼자 걷지 말고 2~3명이 동행하며 걸어야 한다. 특히 밀물 때는 절대 해안 쪽으로 걷지 말고 산길을 이용해야 한다. 17시 이후에는 탐방을 금하며 수시로 지인과 가족에게 연락을 취해 자신의 위치와 안전여부를 알려주는 것이 좋다. 구도항과 팔봉주차장에 식당이 몰려 있으니 점심은 이곳을 이용하는 것이 좋다.

팔봉산 임도길과 솔감저수지길

팔봉산 양길주차장은 넓고 교통편이 좋아 아라메길의 출발지로 삼는 것이 좋다. 주차장에서 바라본 팔봉산의 봉우리는 마치 가족을 책임지는 아버지의 자태라고나 할까. 팔봉산 산자락은 긴 팔이 되어 가로림만을 보듬어 주고 있다.

길의 시작은 팔봉산 등산로와 겹친다. 늘씬한 소나무가 빼곡해 아침햇살이 떨어지면 솔숲의 빗줄기는 한 폭의 그림을 연상케 한다. 삼거리에서 직진을 하면 팔봉산 등산로이며 우회전을 하면 어송리 임도길이다. 오랜 연륜의 왕벚꽃 가로수가 터널이 되어 하늘 한 점 볼 수 없다. 부드러운 곡선길인 데다 차 한 대 다닐 만큼 넓은 길이기에 연인의 손을 잡고 거닐기에 딱 알맞다. 700m 쯤 가면 삼거리가 나오며 우회전해 팔봉면사무소 방향으로 내려가면 들녘을 가로지르는 마을길과 합류한다.

들을 접하니 마음이 청신해진다. 무작정 앞만 보고 걷지 말고 가끔 뒤를 돌아보면 초록 논을 배경삼아 솟아 있는 근육질의 팔봉산의 자태를 볼 수 있다. 화살을 쏘았던 장소인 사장바위와 배춧잎을 절였다는 김장바위터를 지나면 넉넉한 물을 가둔 솔감저수지가 나타난다. 제방이 길게 이어져 호수는 수로를 닮았다. 햇볕에 황금빛으로 반짝이는 갈대가 볼만한데 하늘을 비상하는 백로까지 등장하니 마치 산수화를 대하는 기분이다. 호수 옆으로 놓인 1.4km 산책로는 고속도로만큼 시원스럽다. 규칙적으로 서 있는 전봇대를 보니 미술 시간의 원근감이 떠오른다.

바다와 가까워지니 갯내음이 풍겨온다. 제방 너머 바다는 산과 섬으로 둘러싸여 있어 잔잔한 호수를 대하는 것 같다. 팔각정자가 놓여 있으니 엉덩이를 붙이고 내만의 풍경

Story Telling

호리의 쌍섬 전설

호리항 맞은편에는 형제 섬인 쌍섬을 볼 수 있다. 거인인 마고할미가 손으로 흙과 산을 퍼와 호리반도를 만들고 나서 뭔가 허전해 호리의 흙을 살짝 긁어와 점을 찍듯 만든 것이 쌍섬이다. 섬 크기가 작은 형은 몸집이 큰 동생을 늘 시기하였다고 한다. 동생 섬 뒤에 작은 섬이 하나 있는데 이것은 동생이 싸놓은 똥이라는 말이 있다. 형은 동생이 똥 쌌다고 마고할미에게 일러바치려고 육지와 가깝게 자리했다는 것이다. 착한 형의

이야기도 있다. 동생을 보호하기 위해 형이 앞에 서 있고 동생이 싸놓은 똥을 마고할미가 못 보게 감춘 것도 형이었다고 한다. 매번 티격태격 싸워도 우애가 좋아 마고할미는 걱정을 하지 않았다고 한다.

벚나무 가로수가 일품인 어송리 임도

에 취해보는 것은 어떨까. 절벽을 만나자 큰길은 끊어지고 구도항까지는 해송이 빼곡한 오솔길을 걸어야 한다. 물론 물이 빠져 갯벌이 드러나면 해안을 따라 걸어도 된다.

구도항에서 호리까지 갯향을 맡으며 걷는 바닷길

한때 구도항은 정기여객선이 오갔던 항구로 인천까지 7시간이 걸렸다고 한다. 지금은 외딴 섬인 고파도 가는 배가 유일하다. 구도항 맞은편은 운동장처럼 넓은 갯벌이 숨어 있다. 그 풍요의 펄에는 낙지, 꽃게, 감태 등 바다양식이 가득하다. 구도항에서는 이 갯벌에서 살찌운 낙지를 넣고 박의 껍질을 숭덩숭덩 썰어 끓여낸 박속낙지탕을 맛볼 수 있다. 일부러 점심시간에 맞춰 구도항을 찾으면 식도락 여행을 겸하게 된다. 펜션을 지나자 길은 다시 해안 숲길에 바통을 넘겨준다. 구도항에서 호리까지 7km 해안선 구간은 아라메길 전체 구간 중에서 바다경치가 가장 빼어난 길로, 봄과 가을에는 관광객이 넘쳐난다. 뭉게구름을 지붕 삼아 해안길을 걷게 되는데 파도와 바람이 만들어낸 기암괴석은 아라메길의 귀한 선물이다. 해송의 향기가 코끝을 자극하고 짭조름한 펄 냄새도 질리지 않는다. 길은 어머니의 품안에 안긴 듯 편안했다. 물이 빠지면 건너편 태안 사람들의 얼굴을 볼 수 있을 정도로 가까워진다. 조금 걷다보면 구도성터가 나온다. 성벽이 허물어져 제 모습을 찾을 수 없지만 한때 삼남지방의 세곡을 저장했던 창고가 들어설 정도로 요충지다. 바다에 제방을 쌓을 때 성 돌을 빼다 썼다고 하니 그 역할 역시 백성을 위한 길이니 의미 있다 하겠다.

해안선을 따라가 도니 바닷물절임배추공장이 나온다. 잘 정제된 해수에 호리배추를 36시간 담아두고 천일염을 섞어 염도를 맞췄다고 한다. 아삭하면서도 단맛이 우러나 도시인들에게 인기 있다고 한다. 길은 다시 도로와 합류하더니 함적골로 빠진다. 입구는 협소하지만 계곡 안쪽은 다랭이밭이 길게 이어졌다. 한때 주막이 있었던 유막골, 산양의 머리를 닮았던 산양포는 해안 깊숙이 숨어 있는 명소다. 이곳에는 개, 노루, 산양 등 동물의 이름을 가진 지명이 많다. 그 이유는 범머리에 잠들어 있는 호랑이를 잡

1. 한적한 구도항과 풍요로운 갯벌 2. 방천주막 근처 해안길

아 두기 위해 맛있는 먹잇감이 필요했기 때문이다. 선녀들이 뭍으로 올라오기 전에 몸을 씻었다는 옻샘을 지나면 서쪽 땅끝인 주벅녀가 나온다. 전망대가 서면 가로림만의 넉넉한 바다가 품에 안긴다. 할머니의 슬픈 사연이 묻어 있는 할미섬, 중이 터를 잡고 살았다는 중산골을 지나면 400m의 제방이 나타난다. 농민들이 등짐을 져 돌과 흙을 날라 바다를 막고 논과 밭을 일구어낸 생존의 현장이다. 개목은 육지와 장구섬을 이어주는 모래톱으로 정자에 앉으면 리아스식 해안선이 조망된다.

개목을 지나면 제법 큰 규모의 펜션단지가 나온다. 길은 노루산을 중심으로 해안선을 따라 크게 휘감아 돌게 했다. 그 북쪽 끝자락에는 노루목이 서 있다. 모래톱을 사이에 두고 삐쭉 튀어나온 지형으로 새끼 노루의 머리처럼 보인다고 해서 이름 붙여졌다. 영살 제방을 지나면 바다를 향해 몸을 내밀고 있는 범바위가 보인다. 호랑이는 마을의 악귀를 물리치는 수호신이며 호리라는 지명 역시 범 '호(虎)' 자에서 따왔다고 한다. 범바위를 넘으면 팔봉갯벌체험장이 나타난다. 펄에는 바지락, 황발이, 칠게 등이 살고 있는데 이런 해산물을 채취해 즉석에서 요리해 먹을 수 있는 주방과 식당, 교육장, 농촌체험장 등 편의시설을 갖추고 있다. 호리1리 마을회관은 하루 6차례 버스가 운행하니 여정의 종착점으로 삼아도 된다.

거침없는 제방길, 호덕간사지

갯벌체험장에서 펜션단지를 지나 고개를 넘으면 호리항에 닿는다. 바다로 향해 길게 뻗어 있는 방파제와 아늑한 섬 풍경은 마음을 차분하게 해준다. 쌍섬을 지나 산자락을 넘으니 포장길과 제방길이 번갈아 나온다. 거의 평지인 데다가 탁 트인 풍경이 펼쳐져 자전거가 있다면 바람을 가르며 달릴 만한 길이다. 덕송리 고개를 넘으면 아늑한 시골풍경이 펼쳐진다. 다시 해변은 둑길로 이어졌다. 호리 가는 해안길이 야산을 넘나드는 숲길이라면 이 구간은 거침없는 제방길이어서 호탕한 기분이 든다. 팔봉초등학교를 지나면 거침없는 팔봉산의 암봉이 시야에 들어온다. 어머니 같은 바다를 봤으니 이제부터는 아버지 같은 팔봉산의 품으로 안기면 된다. 도농센터에는 특이하게도 감자조형물이 서 있다. 팔봉면은 서해의 갯바람을 맞고 자란 감자생산지다. 맛나고 담백하기로 소문났는데 6월이면 팔봉산 감자축제가 열린다. 조금 더 올라가면 출발지인 팔봉산 주차장이 나온다. 총 22km, 부지런히 걸으면 6시간이 걸린다.

주변 볼거리

팔봉산 해발 362m의 낮은 산이지만 울창한 송림과 바위 능선을 따라 안전하게 걸을 수 있는 암릉 구간이 있다. 2봉에는 통천문이 있고 그 사이를 지나 정상 3봉에 오르면 오밀조밀한 가로림만의 바다경치를 한눈에 감상하게 된다. 특히 노을 지는 저녁 풍경이 볼만하다.

안견기념관 지곡면 화천리는 산수화의 대가 안견 선생의 출생지로 선생의 예술혼을 기리기 위해 건립되었다. 세계적인 걸작품「몽유도원도」모사본 등 18점이 전시되어 있다. 기념관 아래는 독립 운동가이자 종교인인 황산 이종린 선생의 문학기념비가 있다.

서산동부시장 서산을 대표하는 재래시장으로 충남서북부 최대 규모를 자랑한다. 수산물, 채소, 포목 시장이 입주하고 있다. 특히 신선하고 다양한 농수산물을 저렴하게 구입할 수 있으며 시장 사람들의 삶을 느낄 수 있는 곳이다.

가는길

자가운전 서해안고속도로 서산IC 또는 해미IC → 서산시 → 대산 방면으로 77번 국도 → 일람 사거리 좌회전 → 팔봉산 양길주차장

대중교통

`서울 → 서산` 서울남부터미널(02-521-8550)에서 1일 34회(06:30-20:00) 운행, 1시간 50분 소요

`대전 → 서산` 대전복합터미널(1577-2259)에서 1일 31회(06:50-21:00) 운행, 1시간 40분 소요

※ 서산공용버스터미널(서령버스 041-669-0551)에서 팔봉산 양길리까지 704번 버스 이용

아라메길 4구간 코스 (22km, 6시간 50분 소요)

팔봉산 양길리 주차장 → (2.5km 40분) → 팔봉면사무소 → (1.5km 25분) → 솔감저수지 → (2.5km 40분) → 구도항 → (3km 1시간) → 주벅전망대 → (4.5km 1시간 25분) → 팔봉갯벌체험장 → (3km 1시간) → 호덕간사지 → (3km 1시간) → 방천다리 → (2km 40분) → 팔봉산 양길리 주차장

향토 꽃게장

맛집

향토 서산의 대표향토음식 3가지인 꽃게장, 우럭젓국, 게국지를 맛볼 수 있는 서산의 대표식당이다. 반찬으로 감태, 잡채 젓갈 등 서산의 바다음식이 상에 올라온다. 푸짐하면서도 정갈한 맛에다 깔끔한 분위기가 자랑이다. • 서산시 동문동 295-17(서산시 율지18로 18) • 041-668-0040

팔봉산장수촌 토종닭과 냉면 • 서산시 팔봉면 양길리 822(팔봉면 팔봉산로 108) • 041-665-3579

황해횟집 낙지 샤브샤브 • 서산시 팔봉면 호리 622-1(팔봉면 팔봉1로 752-2) • 041-662-6069

숙소

나폴리펜션 서산시 팔봉면 호리 29-78 (팔봉면 호리1길 21-2 • 041-669-5953

천송펜션 서산시 팔봉면 어송리 42-6 (팔봉면 정자동길 161-38) • 041-664-3536

하이얀모텔 서산시 지곡면 화천리 152-10 (지곡면 화천1로 216-19) • 041-667-5553

02
역사와 문화를 느끼며 걷는 길

백제큰길 부여 구간 • 백제큰길 공주 구간 • 공주 고마나루 명승길
당진 내포문화숲길(백제부흥군길) • 당진 버그내 순례길 • 부여 사비길
홍성 홍주성 천년여행길 • 예산 내포문화숲길(원효 깨달음의 길) • 예산 느린꼬부랑길
서산 아라메길 1-1구간 • 서산 아라메길 2구간

15
백제큰길 부여 구간

사비백제시대의 맥을 찾는 길

백제가 역사 속으로 사라진 지 1353년이 지났다.
사비시대는 660년 나당 연합군에 의해 멸망하기 전까지 크게 번성했고
화려한 문화를 꽃피웠던 시대였다. 지금의 부여는 백제 유적이 있는 지역 중
가장 많은 사람들이 찾는 고장이다. 그곳에 백제길이 만들어졌다.
공주와 부여를 잇는 길이다. 백제길 부여 구간은 패자로 기록된 역사에서 잊혀져 있던
사비백제를 다시 기억하고 만나는 길이다.   글 · 사진 유정열

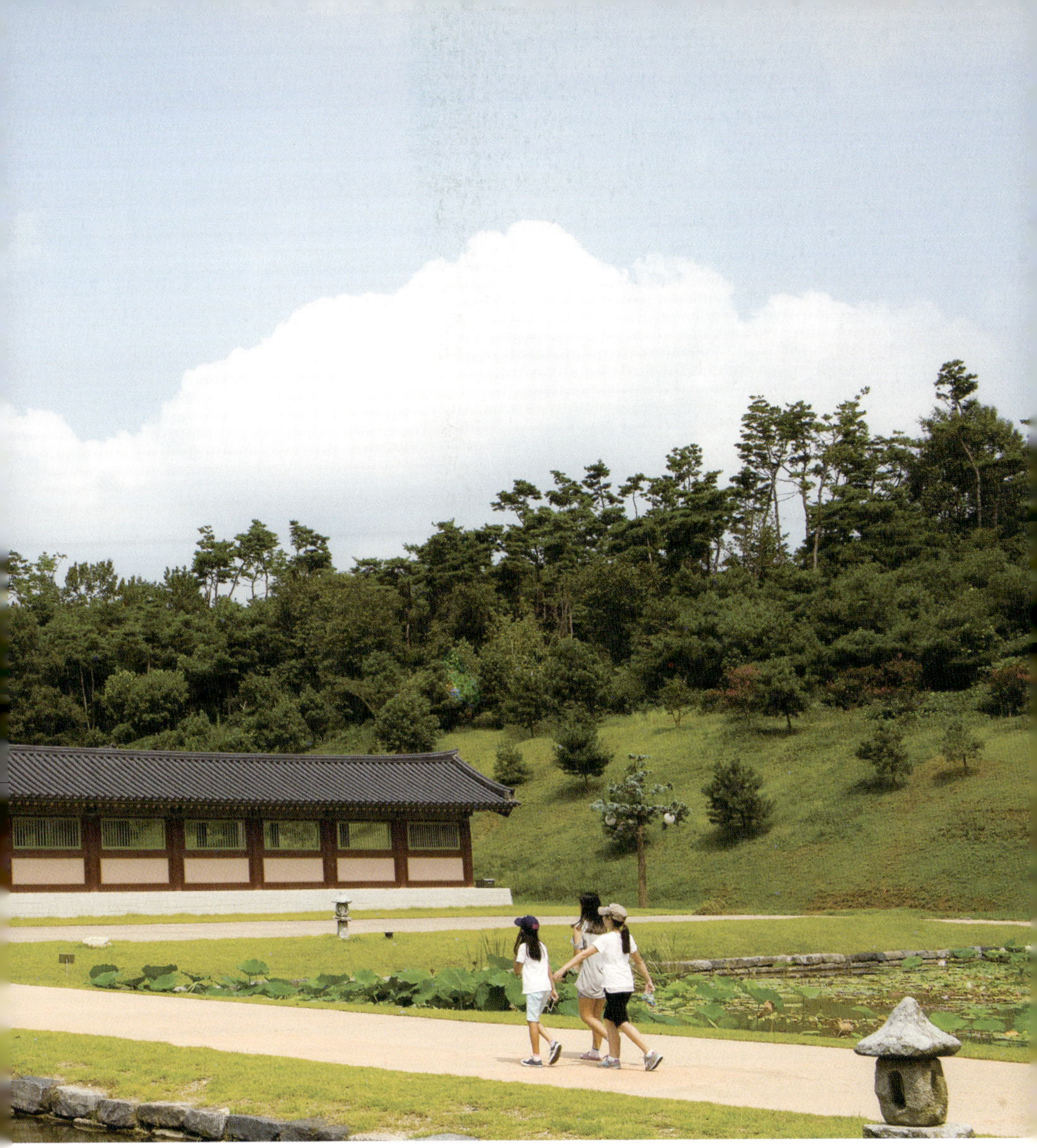

걷기 좋은 계절 **봄, 여름, 가을**　난이도 **★ ★ ★**　동반자 **가족, 어린이, 연인**

챙이 넓은 모자와 편한 신발 준비하기

여름철 백마강변을 걷는 것은 조금 힘들다. 머리와 몸의 열기를 식혀줄 그늘이 없기 때문이다. 따라서 챙이 넓은 모자를 반드시 착용하고 물은 충분히 준비해 두는 것이 좋겠다. 자전거를 이용해 둘러보려면 정림사지 박물관 주차장에 있는 무인 자전거 대여소를 이용하면 된다. 주민번호와 휴대폰 번호만 입력하면 대여할 수 있다.

사비백제를 만나다

부여의 옛 이름은 사비다. 흔히 사비부여라 부른다. 백제 26대 왕인 성왕은 웅진(공주)에서 부여로 천도를 하며 새로운 백제시대를 꿈꿨다. 성왕의 사비시대는 국가와 문화 발전에 크게 힘쓴 시기다. 사비백제의 문화 중 가장 돋보이는 것은 능산리 절터에서 발견한 금동대향로일 것이다. 금동대향로에 새겨진 장식을 보면 백제인들의 이상향이 담겨 있다. 완벽한 조형성과 세밀한 세공기술은 당시 백제인의 높은 예술세계를 가늠케 한다. 31대 의자왕에 이르러 멸망하기 전까지 백제는 고구려, 신라와 함께 삼국의 한 축이었다. 금동대향로만으로도 백제가 동아시아의 문화 중심이었음을 알 수 있다.

백제길은 백제의 두 고도였던 공주와 부여를 연결한 길이다. 두 고도를 잇는 것은 금강이다. 전라북도 장수군 신무산에서 발원한 금강은 충청남북도를 지나 군산에서 서해로 흘러드는 강이다. 우리나라 6대 하천 중 하나다. 금강은 하류지역인 부여에 이르러 백마강이란 이름으로 불리게 된다.

백제길은 금강을 따라 만들어진 길이다. 공주 고마나루와 부여 낙화암까지 30km 남짓한 금강변에는 자전거길도 조성되어 있다. 백제길 부여 구간은 백제문화단지에서 출발해 백마강변을 걷고 부소산성을 돌아보는 코스다. 이 부여 구간을 걷고 난 후 자전거로 공주까지 금강변길이나 40번 국도 옆 오솔길을 타고 공주로 이동해도 된다. 부여 구간을 걷고 부여시외버스터미널에서 버스를 이용해 공주로 간 다음 공주 구간을 걸어도 무방하다. 부여시외버스터미널에서 공주시외버스터미널로 가는 버스는 10~20분 간격으로 수시로 있다.

백제문화단지에서 출발한 발길은 백제문 삼거리 가기 전 작은 삼거리에서 우회전해 걸어간다. 롯데부여스카이힐 부여CC로 들어가는 길이다. 작은 다리를 건너 보도블록이 깔린 길옆으로 코스모스가 화사하게 펴 있다. 보도블록 길 끝에 이르면 삼거리가 나온다. 오른쪽은 왕흥사지로 가는 길이고 왼쪽은 백마강변으로 향한다. 걷기는 백마강변으로 향해야 한다. 작은 호암교를 건너면 자전거길이 이어진다.

걷기는 자전거길을 따라 쭉 걸어도 되고 오른편 갈대밭 안쪽에 있는 강변산책로를 따라가도 된다. 산책로는 백마강을 사이에 두고 양쪽에 조성되어 있다. 산책로를 연결하는 길은 백마강교다.

강변을 따라 끝에 이르면 부소산으로 오르는 등산로가 있다. 한 20여 분, 소나무가 우거진 길을 따라 산성에 오르면 사자루가 먼저 반긴다. 사자루를 비롯한 낙화암, 고란사 등을 둘러보고 구드래나루터에 도착하면 걷기 여정은 모두 끝난다.

정양문을 지나면 웅장한 사비성이 보인다.

융성했던 백제 맛보기, 백제문화단지

백제문화단지는 부여군 합정리에 위치해 있다. 1994년부터 2010년까지 총 17년간 조성되었다. 백제역사문화관 옆 정양문을 지나면 너른 광장이 나오고 그 중심에 사비궁이 들어서 있다. 사비궁은 삼국시대의 왕궁들 중 국내 최초로 재현한 것이다.

사비궁 중심에는 천정전과 동쪽에 문사전, 서쪽에 무덕전이 긴 회랑으로 둘러싸여 있다. 국가행사나 왕실의 주요행사, 외국사신을 맞았던 천정전은 무척이나 웅장하다. 동쪽의 동궁전에는 문사전과 연양전 등이 들어서 있고, 서궁전에는 무덕전과 인덕전이 들어서 있다. 동쪽은 문관이, 서쪽은 무관들이 집무를 보았다.

사비궁 오른편에는 백제 성왕의 명복을 빌기 위해 만든 능사가 들어서 있다. 능산리에서 발견된 유적을 통해 원형과 같은 크기로 지어졌다. 능사의 대표 건물은 백제시대의 목탑을 최초로 재현한 '능사 5층목탑'이다. 자그마치 36m 크기로 올려다보면 목이 아플 지경이다.

능사 뒤편에는 사비시대 귀족들의 고분이 있는 고분공원이 있다. 사비궁 왼편에는 백제인들의 생활상을 재현한 마을이 있다. 마을에는 계백 장군 댁과 건축가 아비지의 집 등 기술자들의 집들이 들어서 있다. 그 뒤로 백제 한성 시기의 도읍지를 재현한 위례성이 있다.

백제문화단지는 규모가 커서 다 돌아보려면 꼬박 반나절을 걸어야 한다. 백제문화단지 주변에는 한국전통문화학교, 롯데부여리조트 등 다양한 시설이 들어서 있다.

달밤에 물새 우는 백마강

백마강은 부여군 규암면 호암리 천정대에서 세도면 반조원리까지 흐르는 약 16km의 강이다. 일반적으로 금강이라 부르지만 부여에서만큼은 백마강이다. 사람들에게는 가수 배호가 부른 「꿈꾸는 백마강」이란 노래로 유명한 강이다. 또 백제와 마지막 역사를 함께한 강이기도 하다. 663년 백제와 일본의 연합군은 신라와 당의 연합군에 맞서 격렬하게 싸웠다.

백마강이 잘 보이는 곳은 낙화암이다. 낙화암은 삼천궁녀가 낙화암에서 몸을 던진 곳이지만 세월이 흐른 지금의 백마강에는 유람선만이 강물을 따라 유유히 흐른다.

"백마강 달밤에 물새가 울어 잊어버린 옛날이 애달프구나" 유람선에서는 「꿈꾸는 백마강」의 노래가 흘러나온다. 관광객들은 노래를 따라 부르며 백마강의 운치를 가슴에 담는다. 백마강변은 4대강 개발로 천변이 비현실적으로 보일 만큼 깔끔하게 정리돼 있다. 백마강 공주 방향으로 백제보가 무심히 강위에 떠 있다.

Story Telling

당나라 소정방과 백마강

당나라의 소정방이 백제를 공격하려 강과 육지에 대군을 이끌고 백마강 어귀에 진을 치고 있었다. 그러나 앞을 분간하기 어려운 안개 때문에 강을 건널 수가 없었다. 시간이 흐를수록 소정방은 애탔고 공격은 늦어질 수밖에 없었다. 해결책을 찾고자 백방으로 수소문했던 소정방에게 뜻밖의 소식이 전해진다. 의자왕의 선왕인 무왕이 용으로 변해 백마강에서 방해를 한다는 것이었다. 소정방은 용을 잡기 위해 무왕이 좋아했다는 백마

의 머리를 미끼로 써서 용을 낚았다. 용을 낚자 자욱하던 안개가 걷히고 당나라 군사들은 강을 건너 백제를 함락시킬 수 있었다. 그때부터 강을 백마의 머리로 용을 낚은 곳이라 하여 백마강으로 불렀다고 한다. 용을 낚았던 바위는 조룡대로 부르며 조룡대 위에는 낚인 용이 끌려 올라오지 않으려고 애쓴 발톱 자국이 남아 있다고 한다.

백마강변 길은 자전거 타기에 좋은 길이다.

부소산성에서 사비의 마지막을 보다

부소산성은 평소에는 궁궐의 후원으로, 전쟁이 일어나면 최후의 방어선이었다. 백제의 왕족들은 울창한 숲이 있는 산성길을 산책하며 불어오는 바람을 즐겼을 것이다. 지금도 부여 사람들에게는 아침저녁 할 것 없이 산책을 즐기는 곳이다. 부소산성이 있는 부소산은 백제시대 때 '솔뫼'라고 불렸다고 한다. 부소산에 소나무가 많은 것이 이유다.

부소산성은 538년 백제 성왕 때 왕궁을 수호하기 위하여 쌓았다. 공주에서 부여로 수도를 옮기던 시기였지만 그 이전부터 산성은 존재했다. 백제 24대 동성왕 때는 테뫼식 산성으로 축석되었다. 성왕 이후 무왕 6년에 규모를 확장했을 것으로 추정하고 있다.

부소산성에는 눈여겨볼 유적들이 산재해 있다. 먼저 군창지를 둘러보자. 군창지는 식량을 비축해 두었던 창고터이다. 부소산성의 중심부에 있다. 1915년 군창지터에서 불에 탄 곡식이 발견되어 세상에 알려지게 되었다.

1. 구드래 제방길의 노을 2. 낙화암에 서면 백마강이 잘 보인다. 3. 산책하기 좋은 부소산성 길과 반월루

부소산 서쪽 백마강변으로 향하면 낙화암이 있다. 낙화암에는 백제 의자왕 때 나당 연합군이 강과 육지로 쳐들어오자 궁녀들이 굴욕을 면하지 못할 것을 알고 치마를 뒤집어쓴 채 백마강에 몸을 던졌다는 이야기가 전해진다. 삼천궁녀라는 의미는 그만큼 많다는 표현일 뿐 실제 3천 명을 가리키지는 않는다. 『삼국유사』에 따르면 낙화암은 원래 타사암이었으나 궁녀들을 꽃에 비유해 낙화암이라고 고쳐 불렀다고 한다. 낙화암 위에 있는 정자는 백화정이고 죽은 궁녀들을 기리기 위해서 1929년에 세운 것이다. 낙화암에서 약 200m를 내려가면 고려시대에 창건된 고란사가 있다. 고란사는 고란초와 법당 뒤편에 있는 약수가 유명한 절이다. 고란사 약수는 한 바가지를 마시면 3년은 젊어진다는 전설이 내려온다.

부소산성에는 백제시대 유적도 있지만 조선시대의 유적을 만나는 재미도 있다. 백제는 멸망했지만 역사의 흐름이 유적지에 덧입혀지기 때문이다. 대표적인 건물로 사자루와 영일루가 있다.

구드래나루터에서 노을을

부소산 서쪽의 구드래조각공원을 지나면 구드래나루터가 있다. 구드래나루터는 백제의 수도로 들어가는 해상 관문이었다. 구드래란 말은 '큰 나라'라는 뜻을 가지고 있다. 『일본서기』에서도 백제를 '구다라'라고 표현했는데 '구다라' 역시 '큰 나라' 즉 '대왕국(大王國)'이라는 뜻이다.

백제 사비시대가 국제무역이 활발하게 이루어진 점을 미뤄 볼 때 구드래나루터는 당시 국제항의 역할을 했을 것이다. 지금의 구드래나루터는 과거 번성했던 백제의 흔적을 찾아보기 힘들다. 구드래나루터에 백마강을 유람하는 유람선의 선착장만이 이곳이 나루터였음을 말해주고 있다.

구드래나루터 일대는 1985년에 국민관광단지로 조성되었다. 나루터에서 백마강변을 따라 길게 제방길이 놓여 있다. 제방길 너머로 백마강이 유유히 흐른다. 제방길 옆은 구드래조각공원이다. 조각공원에는 부여 출신 조각가의 작품 30점과 1999년에 열린 국제 현대조각 심포지엄에 참가한 국내외 조각가의 작품 29점 등 총 59점이 들어서 있다. 조각공원 안에는 '백마강 달밤 노래비'도 세워져 있다.

주변 볼거리

국립부여박물관 국립부여박물관은 1970년 부소산에 개관했다가 금성산으로 자리를 옮겨 다시 문을 열었다. 청동기 부여시대 유물을 전시한 제1전시실과 사비시대의 유물이 전시된 제2전시실, 백제 불상을 모아 놓은 제3전시실, 박만식 교수가 30년간 수집한 백제 토기를 기증한 기증실과 야외전시실 등을 갖추고 있다. 약 1천 점의 유물이 전시된 국립부여박물관에는 특별한 유물이 전시되어 있다. 1993년 10월에 논바닥에서 출토한 백제 금동대향로다. 백제 예술의 높은 수준을 알 수 있는 유물로 국보 제287호로 지정된 보물이다. • 부여군 부여읍 금성로 5(부여읍 동남리 산 16-1) • 041-833-8563 • buyeo.museum.go.kr/home.do

삼충사 삼충사는 부소산성 입구에 자리하고 있다. 삼충사는 백제 말 3대 충신으로 불리는 성충, 흥수, 계백을 기리는 사당이다. 1957년 건립되었다. 사당에는 세 명의 영정과 위패가 모셔져 있으며 매년 10월 백제문화제 때 제를 올린다. 성충과 흥수는 향락에 빠져 정사를 돌보지 못하고, 국력을 소진했던 의자왕에게 충언을 한 충신이며 계백은 잘 알려진 대로 백제의 마지막 결사대 5천을 이끌고 황산벌 전투에서 신라군을 맞아 싸웠던 장군이다.

정림사지 정림사지는 사비백제의 중심 사찰이었지만 현재는 당시의 화려한 모습을 찾아 볼 수 없다. 정림사지 내에는 석탑의 시조라고 불리는 국보 제9호 '5층석탑'과 보물 제108호 '석조불좌상'만이 남아 있다. 정림사지는 일본 고대 사찰의 효시를 이룬 것으로 평가받는다. 정림사지 옆에 있는 정림사지박물관은 백제시대 중 가장 화려했던 사비 시기의 유물과 정림사지 발굴 당시에 출토된 유물을 만날 수 있다.
정림사지박물관 부여군 부여읍 의열로 43(부여읍 동남리 254) • 041-835-5502 • www.jeongnimsaji.or.kr

가는길

자가운전 서해안고속도로 당진IC → 당진고속도로 서공주JC → 공주 → 서천고속도로 부여IC → 롯데부여리조트 → 백제역사문화관

대중교통

`서울 → 부여` 서울남부터미널(02-521-8550)에서 1일 19회(06:30-19:20) 운행, 직행 2시간 소요

`대전 → 부여` 대전서부시외버스터미널(042-584-1616)에서 1일 30회(06:20-16:15) 운행, 1시간 30분 소요

※ 부여시장에서 403번 농어촌버스 이용 한국전통문화대학교에서 하차, 백제문화단지까지 도보 150m

※ 부여시외버스터미널 www.buyeoterminal.com

백제길 부여 코스 (10.55km, 3시간 20분 소요)

백제문화단지 → (1.4km 25분) → 호암교 → (1.2km 20분) → 백마강변길 → (1.6km 30분) → 백마강교 → (1km 20분) → 백마강변길 → (1.3km 25분) → 부소산성 정상 → (2.1km 40분) → 부소산성 입구 → (1.1km 20분) → 구드래나루터 → (0.85km 20분) → 구드래조각공원

맛집

백제향 향긋한 연꽃의 향기가 가득한 연잎밥 전문점이다. 연근을 이용한 음식과 다양한 반찬이 곁들여지는 연잎밥 정식이 인기 있다. • 부여군 부여읍 사비로 30번길 17(부여읍 동남리 653-1) • 041-837-0110

장원막국수 메밀막국수 • 부여군 부여읍 나루터로 62번길 20(부여읍 구교리 8-1) • 041-835-6561

구드래돌쌈밥 불고기돌쌈밥 • 부여군 부여읍 나루터로 30(부여읍 구아리 96-3) • 041-836-0463

숙소

아리랑모텔 부여군 부여읍 정림로 55-13 (부여읍 구아리 295) • 041-832-5656

롯데부여리조트 부여군 규암면 백제문로 400 (규암면 합정리 578) • 041-939-1000
www.lottebuyeoresort.com

백제관광호텔 부여군 부여읍 북포로 108 (부여읍 쌍북리 433) • 041-835-0870
백제관광호텔.kr

16
백제큰길 공주 구간

찬란한 백제문화를 찾아가는 비단강길 여행

1400여 년 전 대제국 백제의 고도로 시간여행을 떠나기 위해 백제큰길을 걷는다. 지금도 유유히 흐르는 금강을 따라 꽃피운 백제문화의 흔적들이 발길 닿을 때마다 옛 이야기 속으로 이방인을 초대한다. 백제 문주왕(475년) 때 서울 한성에서 웅진(공주의 옛 이름)으로 천도한 후 약 64년간 백제의 정치문화 중심지였던 공주는 도시 전체가 살아 있는 '백제 박물관'이다.

글·사진 유철상

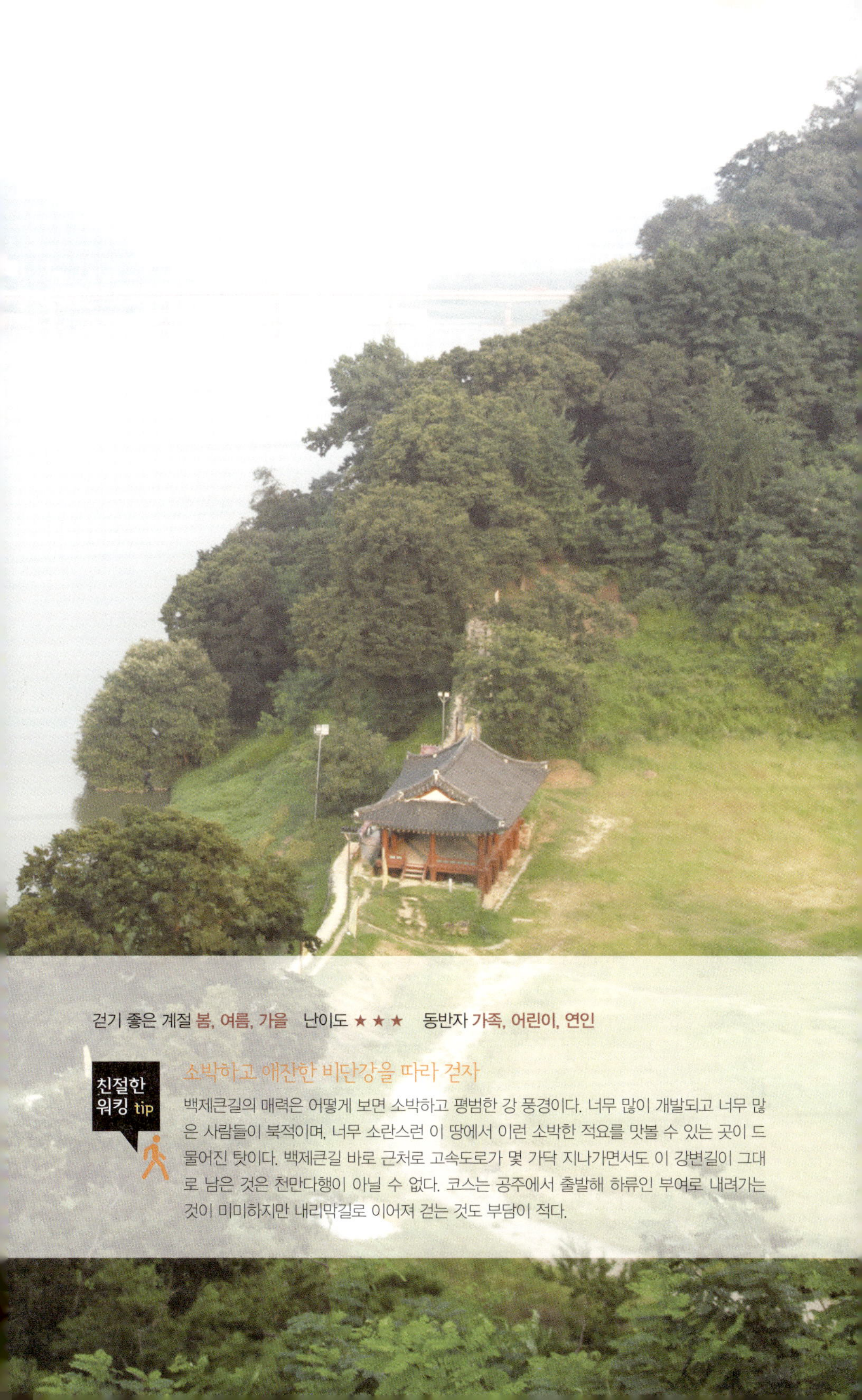

걷기 좋은 계절 봄, 여름, 가을 난이도 ★★★ 동반자 가족, 어린이, 연인

친절한 워킹 tip

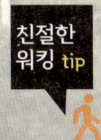

소박하고 애잔한 비단강을 따라 걷자

백제큰길의 매력은 어떻게 보면 소박하고 평범한 강 풍경이다. 너무 많이 개발되고 너무 많은 사람들이 북적이며, 너무 소란스런 이 땅에서 이런 소박한 적요를 맛볼 수 있는 곳이 드물어진 탓이다. 백제큰길 바로 근처로 고속도로가 몇 가닥 지나가면서도 이 강변길이 그대로 남은 것은 천만다행이 아닐 수 없다. 코스는 공주에서 출발해 하류인 부여로 내려가는 것이 미미하지만 내리막길로 이어져 걷는 것도 부담이 적다.

비단강으로 이어진 공주와 부여를 잇는 백제 부흥길

금강을 따라 전개됐던 웅진과 사비 시대의 화려한 백제문화가 공주에 살아 숨 쉬고 있다. 공주의 무령왕릉과 공산성을 둘러보며 백제문화의 매력에 푹 빠져본다. 금강은 발원부터 바다에 이르기까지 약 400km의 긴 여정을 가진다. 소백산맥 깊은 산골 '뜬봉샘'에서 샘솟는 물이 금강의 시작. 골짜기 따라 흘러내려, 대전을 거치고 충북을 지나 충남과 전북 사이의 경계를 형성, 마침내 바다와 만난다. 금강은 흐르는 곳에 따라 이름도 가지각색. 부여군에서는 '백마강'으로, 웅진군에서는 '곰강'으로, 지류와 합쳐져 넓은 강이 되면 호수 같은 강이라고 해서 '호강'으로 불리기도 한다. 백제의 두 고도를 연결하는 역사의 길이면서 소박하고 나른한 강변 서정이 넘치는 '낭만가도'이기도 하다. 공주 고마나루에서 부여 낙화암까지 30km 남짓한 이 유장한 강변길은 결코 빠른 속도를 반기지 않는다. 길은 내내 평탄하고 강가에는 자전거도로까지 나 있으며 작은 강 마을들을 보노라면 백마강 80리 길이 멀기도 하다.

공주로 후퇴했다가 다시 부여까지 남하한다. 부여에서 전열을 가다듬지만 끝내 쇠락의 길을 걷다가 나당 연합군에 의해 7백 년 사직은 종말을 고하고 만다. 공주 곰나루에서 부여 낙화

> **Story Telling**

웅진시대를 꽃피운 무령왕릉 발굴 사건

웅진시대의 찬란한 문화를 꽃피웠던 주역이 바로 무령왕이다. 무령왕릉의 발견은 우리나라 고고학 발굴사의 획기적 사건이었다. 우연한 발굴부터 졸속 발굴까지 한 편의 드라마를 연상시키며 무령왕릉은 1,500여 년의 긴 잠에서 깨어났다. 무령왕릉이 발견된 것은 1971년 7월이다. 폭우가 내리던 어느 날 일제강점기에 도굴되었던 6호분 내부로 물이 스며들자 도랑을 파다가 삽 끝에 걸린 것이 대발견의 시작이었다. 대한민국 역사상 위대한 발굴이자 국내 고고학자의 최초 발굴이었지만, 오랜 세월 잠들어 있던 무령왕과 왕비가 받은 세상의 빛은 따사로운 햇빛이 아닌 눈부신 플래시 세례였다. 밤새 유물만 수습해 결국 졸속 발굴이라는 불명예를 안았지만, 1,500여 년 전 백제의 혼이 담긴 수많은 유물을 국립공주박물관에서 차분히 감상할 수 있어 그나마 다행이다.

금강이 보이는 백제큰길

암까지 이어지는 금강 강변길은 위기에 몰린 백제의 다급했던 후퇴로이면서 사연 많은 전설의 길이기도 하다. 그런 점에서 공주와 부여를 잇는 가도는 백제의 좌절과 희망이 교차하는, 가장 백제다운 길이라고 할 수 있다. 높지도 낮지도 않은 산들 사이로 좁지도 넓지도 않은 강물이 한없이 평화롭게 흐르고, 때때로 나타나는 작은 모래톱은 무한히 서정적이다. 길은 평탄하고, 강물은 유유하게 흐르는, 이번 코스의 전형적인 풍경이 펼쳐진다. 하얀성 모텔에서 8.5km 가면 그제야 탄천면 대학리에서 작은 마을을 만날 수 있다. 부여군으로 들어서서 높이 50m의 작은 고개를 넘으면 오른쪽으로 장강서원의 격조 있는 한옥이 보이면서 백제큰길은 끝난다. 하얀성 모텔에서 장강서원까지 15km이다. 백제큰길이 아니고 다른 길로 부여를 가는 방법도 있다. 바로 40번 국도 주변 오솔길을 이용하면 된다. 40번 국도는 요란한 볼거리와 와자한 분위기에 익숙한 관광객의 마음과 눈으로 간다면 심심할 듯하다. 하지만 작은 마을길을 걷고 중간 중간 야산이 이어지는 시골 정취를 맛볼 수 있다.

01
02

백제문화의 진수, 국립공주박물관

국립공주박물관과 송산리고분군은 백제큰길 공주 코스에서 빼놓을 수 없는 곳이다. 공주를 대표하는 무령왕의 유적들을 만나볼 수 있는 곳이기 때문이다. 그렇다면 이렇게 무령왕릉에서 출토된 보물들을 어디에서 만나볼 수 있을까? 바로 국립공주박물관이다. 박물관이라고 하면 학생들이나 가는 곳으로 생각할지 모르지만, 백제의 숨결을 느낄 수 있는 대표적 관광지로서의 공주박물관은 꼭 한번 들러 볼 만하다. 이곳에서는 무령왕릉에서 출토된 108종 2906점을 비롯하여 충남지역에서 출토된 국보 19점, 보물 3점 등 문화재 10000여 점을 보관, 관리하고 있으며, 무덤을 지키는 수호신인 석수와 묘지석, 왕과 왕비의 목관재를 비롯하여 관장식 부속구, 금제관식, 팔찌, 귀걸이 등 장신구와 백제와 중국남조 사이의 교류를 살필 수 있는 청동거울과 중국도자기 등 출토 유물들 역시 무령왕 시기 백제문화의 국제적 성격과 화려함을 잘 보여주고 있다. 정원에는 공주 일원에서 출토된 많은 석조 유물이 전시되어 있다.

백제 왕릉 송산리고분군

공주에서 역사시대를 찾는다는 것은 곧 백제시대를 돌아본다는 의미다. 백제중흥의 역사가 공주에 고스란히 담겨 있기 때문이다. 그중에서도 백제문화의 무령왕릉과 고분군은 그 결정판이라 할 수 있다. '송산리고분군'인 이곳에는 왕과 왕비의 무덤이 총 7기가 있다. 이 중 하나가 무령왕릉의 무덤. 무령왕릉과 고분군 5, 6호분은 문화재보호를 위해 영구폐쇄 된 상태라 내부를 볼 수 없다. 하지만 고분군 모형관이 기대해도 좋을 만큼 잘 만들어져 아쉬움을 떨칠 수 있다. 모형관은 기존 고분을 1:1 크기로 동일하게 만들어 내부 모형과 함께 출토유물모형까지 고스란히 전시해 두고 있다. 특히 6호분에서는 네 개의 벽화가 그려져 있어 눈길을 끈다. 청룡과 백호, 주작, 현무의 사신도가 굴식 벽돌무덤 내부에 그려져 있다. 무령왕릉과 공산성 국립공주박물관과 연계해 여행코스를 잡는다면 보다 효과적인 여행이 될 수 있다.

국립공주박물관에서 언덕 지나 500m 직진 · 041-830-2521

동학혁명군의 기상,
우금치 전적지(동학혁명군전적지)

우금치 전적지는 공주시 금학동, 공주에서 부여로 넘어가는 길목인 견준산 기슭 우금치 일대로 제2차 동학농민전쟁의 최후 격전지이다. 이곳에는 1973년 동학혁명군 위령탑 건립위원회에서 동학혁명군 전적비를 세워 당시를 기리고 있다. 전봉준이 지휘하던 농민군은 1894년 9월 재봉기 이후, 논산에 머물며 공주를 첫 번째 주요 공격 목표로 설정하는 작전을 세웠다. 당시의 공주는 충청도 감영이 소재하는 중부 지역의 거점으로서 전략상 공주를 확보하는 것은 향후 전쟁의 승패를 가름하는 중요한 관건이 되었다. 또 우금치는 공주의 치소에서 부여 방면으로 넘어가는 높은 고개이며, 일단 우금치를 장악하면 공주 점령의 기선을 잡을 수 있는 중요한 곳이다. 약 3만을 헤아린 농민군은 일본군 200명을 포함한 약 2500명의 관군과 1894년 10월 23일부터 이인, 효포, 웅치에서의 싸움에 이어 11월 8일 드디어 우금치에서 결전을 벌이게 되었다.

구석기시대의 생활상을 만나다
석장리박물관

옛사람들의 숨결이 그대로 깃든 문화유적, 박물관, 사찰, 휴양시설, 문화축제 등 다양한 관광 매력이 조화롭게 어우러진 공주에서 고대 백제문화에 충분히 빠져보았다면, 내친김에 구석기시대까지 거슬러 올라가 본다. 금강변에 자리한 석장리박물관은 한국 최초의 선사시대 박물관으로, 단군시대보다 훨씬 앞서는 구석기시대부터 한반도에 사람이 살아왔다는 사실을 일깨워준 중요한 유적들이 있다. 금강변의 석장리에서 발굴된 선사시대의 유물과 유적을 전시한 박물관이다. 전시실은 자연, 인류, 생활, 문화 등의 테마로 꾸며져 있으며 야외에는 선사시대의 움집들이 복원돼 있다.

공주시내에서 공주대교를 건넌 후 강북교차로를 타고 장암리, 대출마을 방면으로 우측 방향 직진 · 041-840-8924 · www.sjnmuseum.go.kr

4대강 사업의 상징, 공주보

국립공주박물관 앞으로 백제큰길이 바로 이어진다. 백제큰길 아래편 둔치에서 공주보까지 이어지는 공원이 펼쳐진다. 고마나루 유원지 입구부터 산책로, 자전거도로, 체육시설 등이 이어지고, 공주시민들의 야유회와 주말 나들이 장소로 인기가 많다. 또한 공주보까지 이어지는 둔치는 잔디공원으로 이어져 있어 산책코스로 특히 인기가 높다.

주변 볼거리

석장리박물관 공주시 금강변의 석장리에서 발굴된 선사시대의 유물과 유적을 전시한 박물관이다. 전시실은 자연, 인류, 생활, 문화 등의 테마로 꾸며져 있으며 야외에는 선사시대의 움집들이 복원돼 있다.

공주 송산리고분군 1~5호분은 굴식 돌방무덤(횡혈식 석실분)이며 6호분은 벽화가 그려져 있어 '송산리벽화고분'이라고 불린다. 청룡, 백호, 주작, 현무의 사신도와 해, 달, 구름 등을 이 벽화에서 찾아볼 수 있다. 모두 둘러보려면 총 30분에서 40분 정도가 걸린다.

고마나루 공주라는 이름이 유래했다는 전설의 무대다. 암곰이 나무꾼을 납치해 부부처럼 살다가 자식까지 낳았으나, 나무꾼이 도망가는 바람에 강물에 몸을 던져 죽었다는 전설이다. 나루터는 사라졌지만 숲속에는 제단이 있고 사당에는 곰 모양의 석조상도 모셔져 있다. 강변 백사장이 퍽 아름답고 공주를 상징하는 웅비탑도 있다.

가는길

자가운전 공주천안간고속도로 → 공주IC → 공주교차로에서 공주 방면 우회전 → 백제큰다리 건너 우측 정지산터널 → 좌회전하면 국립공주박물관

대중교통

서울 → 공주 서울고속터미널(02-6282-0114)에서 1일 34회(06:05~23:05) 운행, 1시간 50분 소요

대전 → 공주 대전복합터미널(1577-2259)에서 1일 22회(07:00~21:00) 운행, 1시간 소요

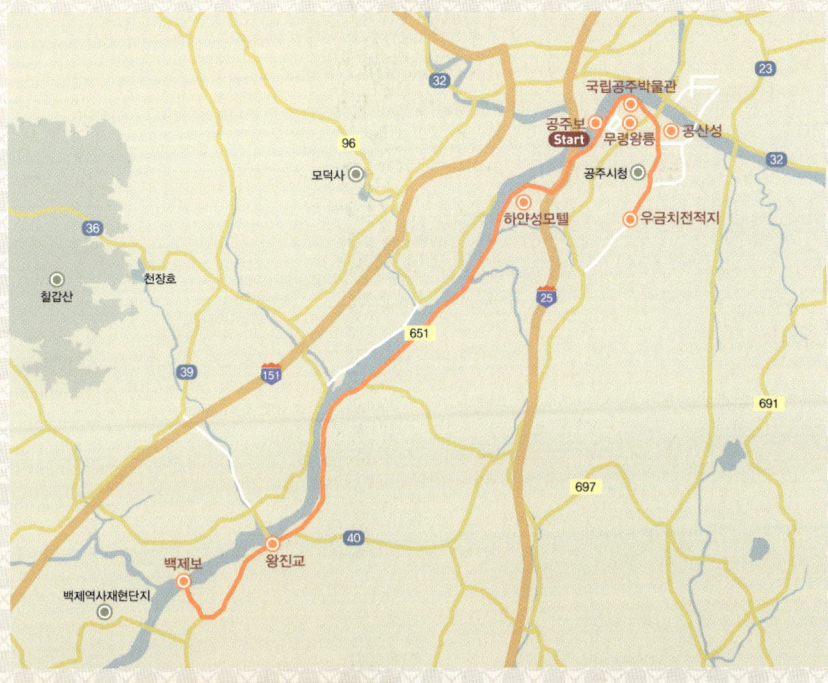

백제큰길 코스 (42km, 9시간 10분 소요)

공주보 → (1.2km 20분) → 국립공주박물관 → (0.5km 10분) → 무령왕릉 → (5.2km 40분) → 우금치전적지 → (24.6km 6시간) → 신기령휴게소(40번 국도) → (4.9km 1시간) → 왕진교 → (2km 20분) → 백제큰길(자전거 도로 연결됨) → (3.6km 40분) → 백제보

맛집

예가 돼지석갈비는 돌판에 갈비가 올라오는데 기름기가 적고 담백해 단골손님이 많이 찾을 정도로 인기가 많은 공주 별미집이다. 밑반찬도 잡채, 샐러드, 버섯탕수육 등이 푸짐하게 나온다.
공주시 금벽로 535 · 041-854-7900
새이학가든 국밥 · 공주시 금강공원길 15-2 · 041-855-7080
고마나루돌쌈밥 쌈밥 · 공주시 백미고을길 5-9 · 041-857-9999

숙소

금강호텔 공주시 전막2길 16-11
041-852-1071
앙상블모텔 공주시 전막1길 6-35
041-854-8822
카리브모텔 공주시 전막2길 12
041-854-1222

17 공주 고마나루 명승길

백제의 고도 공주의 상징을 거닐다

한성백제가 무너지고 백제의 문주왕이 새롭게 도읍을 정한 곳이 웅진, 지금의 공주다. 공주에서 다시 부여로 도읍을 옮길 때까지 60여 년 동안 백제가 전성기를 누린 곳이다. 공주에는 고마나루, 송산리고분군, 공산성 등 백제의 역사를 차근차근 둘러보며 걸을 수 있는 고마나루 명승길이 있다. 고마나루와 공산성을 시작으로 뚜벅이처럼 천천히 걸으며 백제문화 도보여행을 즐겨 본다.

글 · 사진 유철상

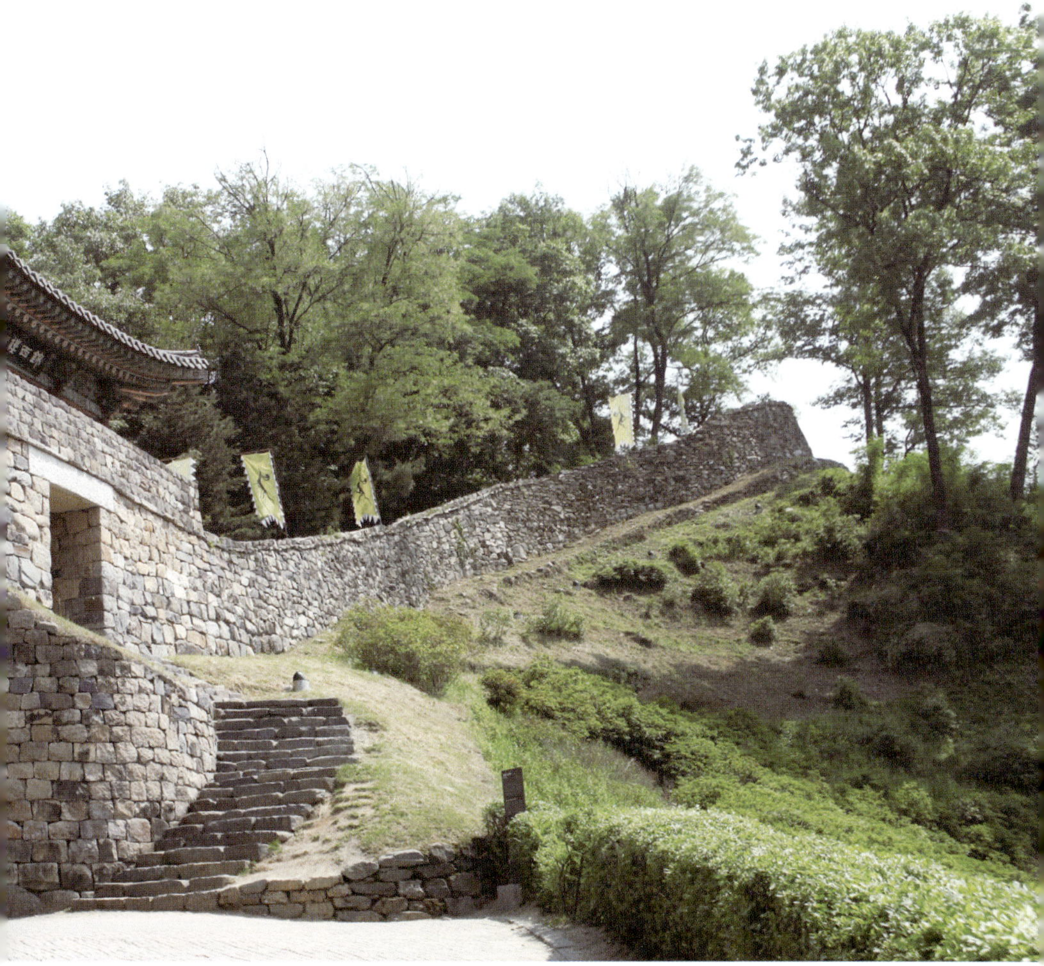

걷기 좋은 계절 **봄, 여름, 가을** 난이도 ★★ 동반자 **가족, 어린이, 연인**

고마나루 명승길 걷기

고마나루에서 시작하여 고마나루로 되돌아오는 총 22.6km의 고마나루 명승길은 이동시간이 6시간 30분 정도 걸린다. 공산성을 걷고 연미산 전망대를 오르내리는 시간 외에는 평지를 걷지만 도보여행의 초심자는 구간을 조정해서 걷는 것이 좋다. 정안천생태공원이 6km 정도여서 이 구간은 생략하고 걷는 것도 좋다. 도보여행의 경험이 많은 여행자라면 8시간 일정의 하루 코스로 적당하다. 화장실과 음료수는 걷는 길 중간에 많이 있어 불편함이 없다.

공주 역사의 시작, 슬픈 전설을 간직한 고마나루

금강에서 공주의 진원지를 찾아보니 고마나루라는 곳이다. 고마나루는 곰녀의 전설이 깃든 곳이다. 곰 전설도 아니고 '곰녀'의 전설이라고 불리는 것부터가 심상치 않다. 그 전설이 곰사당 비석에 새겨져 있다.

공주보가 설치된 곳 근처가 고마나루 솔밭이다. 공원과 함께 조성됐으며, 임시 주차장이 마련돼 있다. 주차장에서 금강 상류 방향으로 소나무 숲이 멋들어지게 자리해 쉽게 찾을 수 있다. 산책로를 따라 행복한 표정의 곰 석조물이 군데군데 자리했다. 그리고 이어지는 솔밭, 말 그대로 솔방울이 지천으로 깔렸다. 강가에 수백 그루의 소나무가 일정한 간격으로 자태를 뽐내고 있으니 분위기도 매력적이다.

고마나루 유원지에서 하류 쪽으로 약 200m 내려가면 넓은 공원이다. 시원한 강바람이 불어온다. 시야가 탁 트이면서 건너편으로 유하게 흐르는 산자락이 이제야 눈에 들어온다. 이 같은 지형 덕분에 다사다난한 일들이 여기서 일어났다. 대표적으로 백제 문주왕이 웅진 천도 시 수상 교통의 중심이 바로 이곳 고마나루였으며, 나당 연합군의 장군 소정방이 백제를 공격하기 위해 금강을 거슬러 올라와 주둔했던 곳이 또 이곳이다.

고마나루는 금강이 휘감아 흐르고 연미산과 함께 고운 모래사장이 있어 아름다운 경관을 자랑하는 명승 제21호로 지정되었다. 하지만 지금은 공주보가 들어서 모래사장이 유실되면서 풍경이 예전만 못하다. 그래도 아름다운 소나무 숲이 있어 위안이 된다. 붉은 기운을 철갑처럼 두른 아름드리 소나무들이 제멋대로 꿈틀거린다.

백제문화의 진수를 만나게 되는 박물관과 왕릉 걷기

고마나루를 나오면 공주한옥마을, 국립공주박물관, 무령왕이 잠들어 있는 송산리고분군을 차례로 만난다. 공주한옥마을은 소나무와 삼나무 집성재를 사용해 만든 전통한옥으로 구들방체험이 인기가 좋다. 한옥마을은 다양한 숙박 공간뿐 아니라 백제 유물로 소품 만들기, 백제책 엮기 등 다양한 전통문화를 즐길 수 있는 공간과 전통한정식, 공주국밥, 밤음식 등을 맛볼 수 있는 음식점까지 갖추고 있다. 공주에서 하루를 머물며 여유롭게 즐길 수 있는 최적의 공간이다. 한옥체험을 할 수 있는 홈스테이 프로그램도 인기가 좋다.

박물관을 거쳐 정지산 유적까지 이어진 박물관길과 무령왕릉길, 고마나루길, 공산성길 등 고마나루 명승길과는 별도로 공주한옥마을을 중심으로 이어진 둘레길도 걸어볼 만하다. 특히 국립공주박물관 뒷길을 거쳐 만나는 정지산 유적은 백제시대 국가 차원에서 거행된 제사 유적으로 추정된다. 공산성이나 송산리고분군 등 공주의 주요한 유적에 가려졌지만 꼭 한번 찾아볼 만하다. 정지산 터널 위에 자리 잡은 정지산 유적

공산성

에 오르면 공주 구시가지와 함께 백제큰다리, 금강철교와 어우러진 공산성의 웅장한 모습이 한눈에 들어온다.

국립공주박물관과 송산리고분군, 웅진시대 백제를 꽃피우다

계속 걸어오다 휴식을 취할 수 있는 곳이 공주박물관이다. 박물관 중간에 있는 의자와 화장실을 이용하며 잠시 휴식을 취하는 것도 좋다. 국립공주박물관은 웅진시대의 공주를 둘러보기 전에 가장 먼저 찾아야 할 곳이다. 박물관은 무령왕릉실과 충남의 고대문화실, 옥외전시장으로 구성되어 있다. 무령왕릉실에는 무령왕릉에서 발굴된 4천6백여 점의 유물 가운데 석수와 묘지석, 왕과 왕비의 금제관장식과 귀걸이, 뒤꽂이, 팔찌 등 다양한 진품 유물이 전시되어 있다. 유물들을 그냥 훑어보지 말고 유물에 새겨진 화려한 문양도 찬찬히 들여다보자. 옥외전시장도 백제시대의 석탑과 불상에 대한 예술미를 느낄 수 있는 불교문화재가 많으니 찬찬히 눈도장을 찍어보자.

공주박물관 뒷길로 접어들면 송산리고분군으로 이어진다. 송산리고분군은 모두 7기의 무덤이 옹기종기 모여 있다. 7기의 무덤 가운데 무령왕과 왕비가 잠들어 있는 무령왕릉도 함께 만날 수 있다. 고분군 입구에서 앞쪽에 있는 2기의 고분 사이로 보이는 봉분이 바로 무령왕릉이다. 일제강점기 가루베 지온이라는 일본인이 무령왕릉 앞의 6호분을 발굴했다. 다행히 그는 뒤편의 봉분을 왕릉으로 생각하지 않았다. 그의 오판이 무령왕릉의 도굴과 약탈을 막은 셈이니 천만다행이다.

송산리고분군은 먼저 모형전시관부터 둘러봐야 한다. 송산리고분군의 내부를 실제로 볼 수 없기 때문이다. 무령왕릉 역시 내부를 개방해오다가 고분 보호를 위해 지난 1997년에 영구 비공개 결정이 내려졌다. 모형관 내부에는 무령왕릉뿐 아니라 사신도 벽화가 발견된 6호분의 내부 모형이 전시되어 있다. 모형관을 둘러봤다면 고분군도 한 바퀴 돌아보자. 완만한 오르막에 아래쪽 3기, 위쪽 4기가 옹기종기 모여 있다. 고분군 끝자락에 있는 전망대에 서면 공산성이 한눈에 바라다보이고, 봉긋봉긋 솟아 있는 고분 너머로 채죽산과 금강이 내려다보인다.

송산리고분군을 나오면 황새바위성지, 제민천, 산성시장을 거쳐 공산성에 이른다. 공산성부터 시내를 걷는 코스는 백제에서 조선까지 켜켜이 쌓인 역사를 만날 수 있는 곳이다.

세월의 더께를 밟으며 여유로운 금강 산책

공주에 들어서면서 제일 먼저 만나는 곳이 공산성이다. 백제가 475년에 한산성에서 이곳으로 도읍을 옮겨 삼근왕, 동성왕, 무령왕을 거쳐 성왕 16년(538년)에 다시 부여로 도읍을 옮길 때까지 5대 64년간 왕도를 지킨 백제의 대표적인 고대 성곽인 공산성은 해발 110m의 능선에 위치하는 천연의 요새로서 동서로 약 800m, 남북으로 약 400m 정도의 장방형을 이루고 있다. 오랜 세월 역사의 더께가 내려앉아 있으면서도, 정겹고 수려한 자연을 그대로 간직하고 있는 공산성에서는 금강을 바라보면서 한가롭게 산책을 즐겨보자. 성벽 위로 나 있는 산책로를 따라 걷노라면, 그 옛날 백제인들이 누렸을 풍요로움과 유유자적함이 그대로 전해져 온다.

공산성을 돌아보는 방법은 금서루를 시작해 진남루, 광복루, 만하루, 공북루를 거쳐 다시 금서루로 되돌아오는 완주 코스가 있고, 금서루를 시작해 쌍수정과 추정왕궁지, 만하루, 공북루를 거쳐 금서루로 되돌아오는 코스도 있다. 대부분 후자를 많이 이용한다. 판관, 관찰사, 목사 등 조선시대 공주를 거쳐 간 관리들의 선정비를 지나면 공산성의 정문격인 금서루다. 시계 반대 방향으로 짧은 오르막을 오르면 추정왕궁지와 쌍수정을 만날 수 있는데, 경사가 완만한 성벽길이 S자로 휘어져 제법 그림 좋은 풍경이 된다.

쌍수정은 조선 인조가 이괄의 난을 피해 내려와 머물렀던 곳으로, 난이 진압되자 기뻐하며 쌍수정을 호위하듯 서 있던 두 그루 큰 나무에 통훈대부의 벼슬을 내렸다고 한다. 봄에는 벚꽃과 신록이 화사하고, 가을에는 단풍이 아름다운 곳이다. 쌍수정 앞 넓은 공간은 백제의 추정왕궁지로 건물터와 연못 등의 흔적이 남아 있다.

공산성 내에는 쌍수정 앞 연못처럼 또 하나의 연못이 있다. 금강변과 맞닿아 있는 만하루에 있는 연지가 바로 그것. 계단식으로 독특하게 조성된 이 연지는 만하루와 제법 잘 어울린다. 광복루나 공북루로 가는 오르막 정상에서 바라보면 한 폭의 그림 같은 풍경이 된다. 만하루에서 공북루를 거쳐 전망대에 올라서면 유유히 흐르는 금강과 공주 신시가지가 한눈에 내려다보인다. 전망대에서 금서루까지는 가파른 내리막 계단길이지만 공산성에서 마지막으로 펼쳐지는 전망 포인트다. 공산성 위로 올라가면 백제 전통복장을 입고 사진촬영을 할 수 있는 포토존이 있고, 활쏘기 체험장, 전통문양 체험장 등이 운영되고 있다.

고마나루 명승길은 고마나루에서 출발해 송산리고분군, 공산성, 연미산을 거쳐 고마나루로 되돌아오는 길이지만 전 구간을 다 걷지 않아도 좋다. 공산성 주차장에 주차를 하고 공산성부터 산성시장, 제민천, 황새바위, 송산리고분군, 공주박물관, 한옥마을, 공주보, 연미산자연미술공원, 정안천, 금강교로 역순으로 걸어도 좋다.

Story Telling

공주의 지명이 유래 된 고마나루

공주의 금강변에는 곰나루가 있다. 공주의 옛 지명인 웅진이 바로 여기서 나왔다. 지금은 고마나루로 불리는데 '고마'는 '곰'의 옛말이며, 공주라는 지명의 유래도 여기서 출발한다. 곰나루에는 곰과 인간에 얽힌 전설이 내려온다. 곰나루 건너편에 있는 연미산에 암곰 한 마리가 살고 있었는데, 곰나루에서 물고기를 잡던 어부를 납치해 함께 살면서 새끼까지 낳았다. 어느 날 어부가 강을 건너 도망치자 버림받은 암곰은 슬픈 나  머지 새끼들과 함께 물에 빠져 죽었다. 그 후부터 금강에서 사람이 죽는 등 불상사가 계속되었다. 사람들은 암곰의 원한을 풀어주기 위해 곰사당을 짓고 제사를 지냈다고 한다. 한낱 전설 같은 이야기이지만 실제로 1975년 곰나루 부근에서 돌로 만든 곰상이 발견되었다. 곰나루의 송림 사이에 자리한 웅신단에서 해마다 제사를 지내고 있다. 발굴된 곰상은 현재 국립공주박물관에서 볼 수 있다. 마치 귀를 접고 아양을 떠는 듯 귀여운 모습이다. 웅신단 뒤편으로 울창한 소나무 숲이 일품이다. 곰나루의 전설을 간직한 조형물들이 숲 곳곳에 조성되어 있다.

주변 볼거리

공주한옥마을 공주박물관 입구에 위치한 공주한옥마을은 영춘관, 도화관, 금강관 등 식당촌과 편의점이 내부에 들어서 있고 숙박동은 총 37객실이 운영 중이다. 한옥 안에 욕실과 현대식 화장실이 조성되어 있다. 주말에 이용하려면 한 달 전에 예약하는 것이 확실하게 이용할 수 있는 방법이다. 가격은 일반실 12만 원, 학생 단체는 10만 원이다. 한 객실 당 10명이 이용 가능. 공주시 홈페이지에서 명예시민을 신청하면 10%가 할인된다. **공주시 웅진동 337 공주박물관 입구 · 041-840-2763**

공주시티투어 도보여행을 즐기다가 더위에 지쳐 힘이 든다면 시티투어를 이용하자. 공주시는 시티투어 제도가 잘 돼 있으므로 이를 이용해도 좋다. 공주시티투어는 2013년 3월 23일부터 11월 24일까지 매주 일요일 및 둘째, 넷째 토요일에 운영된다. 출발장소는 무령왕릉 주차장이고 오전 10시에 출발한다. 무령왕릉, 국립공주박물관, 공산성, 치즈만들기 체험, 공주보 등 주요 유적을 둘러보는 다양한 코스가 준비되어 있다. 이용요금은 어른 6천 원, 청소년 5천 원, 어린이 3천 원이다. 모든 예약은 홈페이지에서 가능하다. • tour.gongju.go.kr

송산리고분군 송산리고분군은 공산성에서 작은 언덕 너머에 위치한다. 백제 25대 무령왕과 왕비가 모셔진 송산리고분군은 공주가 웅진백제기의 중요한 수도였음을 실감하게 해주는 귀중한 유적지이다. 송산 남쪽 자락 경사면 동북쪽에 4기, 서쪽에 4기의 고분과 무령왕릉이 자리하고 있는데 보존을 위해 왕릉 출입이 금지되어 있다. 아쉽게도 일반인은 내부를 구경할 수 없다. 1~5호분은 굴식 돌방무덤(횡혈식 석실분)이며 6호분은 벽화가 그려져 있어 '송산리 벽화고분'이라고 불린다. 청룡, 백호, 주작, 현무의 사신도와 해, 달, 구름 등을 이 벽화에서 찾아볼 수 있다. 모두 둘러보려면 총 30분에서 40분 정도가 걸린다.

가는길

자가운전 공주천안간고속도로 → 공주IC → 공주교차로에서 공주 방면 우회전 → 백제큰다리 건너 우측 정지산 터널 → 고마나루 → 공산성

대중교통
서울 → 공주 서울고속터미널(02-6282-0114)에서 1일 34회(06:05~23:05) 운행, 1시간 50분 소요
대전 → 공주 대전복합터미널(1577-2259)에서 1일 22회(07:00~21:00) 운행, 1시간 소요

고마나루 명승길 코스 (22.62km, 5시간 20분 소요)

고마나루 → (0.37km 5분) → 한옥마을 → (0.32km 5분) → 국립공주박물관 → (0.47km 5분) → 송산리고분군(무령왕릉) → (1.34km 20분) → 황새바위성지 → (1.13km 20분) → 제민천(공사중) → (0.37km 5분) → 산성시장 → (1.14km 20분) → 공산성(성벽길) → (3km 40분) → 공산성 입구 → (0.24km 5분) → 웅진탑공원 → 금강철교 → (0.75km 5분) → 정안천하구 → (6km 1시간 20분) (정안천생태공원 왕복) → 정안천보행교 → (2.4km 30분) → 연미산 입구 → (1.5km 30분) (연미산전망대 왕복) → 연미산 입구 → (2.07km 30분) → 공주보 → (1.52km 20분) → 고마나루(고마나루 명승길 종점)

맛집

고마나루돌쌈밥 고마나루쌈밥은 각종 유기농 쌈야채를 곁들인 돌솥 쌈밥정식을 맛볼 수 있는 집이다. 공주시내에 돌쌈밥을 내놓는 집이 여럿 되는데 이곳이 돌쌈밥을 최초로 개발한 곳이다. 된장찌개, 조기구이, 각종 나물과 직접 기른 유기농 야채가 한상 푸짐하게 나온다. 주말에는 줄을 서서 먹을 만큼 인기다. 쌈밥정식 1만 2천 원 • 공주시 백미고을길 5-9 • 041-857-9999

예가 돼지석갈비 • 공주시 금벽로 535 • 041-854-7900

새이학가든 국밥 • 공주시 금강공원길 15-2 • 041-855-7080

숙소

금강호텔 공주시 전막2길 16-11
041-852-1071

앙상블모텔 공주시 전막1길 6-35
041-854-8822

카리브모텔 공주시 전막2길 12
041-854-1222

18

당진 내포문화숲길(백제부흥군길)

산길, 밭길, 둑길 따라 걷다보면 모든 상념 사라진다

'내포'는 원래 충남 서북부 가야산 주변을 통칭하는 주변지역으로 서산, 당진, 홍성, 예산군을 일컫는다. 당해 시군구에서는 내포문화숲길(총 224km)을 조성 중에 있다. 그중 당진시(총 56km)에는 백제부흥군길 코스가 잘 만들어져 있다. 가는 길목에는 길 잃지 말라고 이정표가 꼼꼼하게 만들어져 있다. 구절산에서 시작되어 합덕제까지 이어지는 코스에는 산길, 밭길, 논길, 둑길이 조화롭게 길게 이어진다. 특히 봄철이면 벚꽃, 매화꽃이 빛을 낸다. 글·사진 이신화

걷기 좋은 계절 **봄, 여름, 가을, 겨울**　　난이도 **★★★**　　동반자 **남녀노소**

친절한 워킹 tip

구간별로 나누어 걸어보는 것도 방법

백제부흥군길(13.32km)은 코스 전체를 한 번에 돌아보는 것보다는 구획을 정해 따로따로 찾는 것도 방법이다. 안내 팻말이 잘 나 있고 차량 이동이 없는 길을 골라 만들어졌지만 때로는 몹시 지루한 구간들이 있다. 중간 중간 편의시설이 전혀 없어 음료, 간식거리는 충분히 준비해야 한다. 거기에 걷는 구간이 길어서 기능성 옷이나 편한 신발은 필히 갖춰야 한다. 또 둔군봉에서 하산해 석우리에서 걷게 되는 지점에서 잠시 길이 사라진다는 것을 유의해야 한다. 석우리 마을회관을 기준삼아 찾으면 된다.

구절양장처럼 휘어진 구절산

걷기 시작점은 성북리 버스가 서는 지점이 유용하다. 지방도 615번 도로를 따라 조금 올라가면 황토낚시터를 만나게 된다. 유료낚시터인데 맑은 물을 자랑한다. 입질이 잘 되는 곳으로 알려져 많은 강태공들이 찾아든다. 야트막한 산자락의 산 그림자가 드리우고 에둘러 심어 놓은 나무가 저수지 물속에 잠기는 시간이면 한갓지게 낚싯대를 드리우고 싶어지는 곳이다. 낚시터를 지나 100여m 오르면 구절산을 안내하는 팻말이 우측을 가리키고 있다. 약간의 오름이지만 차량 운행이 가능할 정도로 길이 넓다. 길은 시멘트와 비포장 길이 뒤섞여 이어진다. 지역 주민들이 쉬러 오는 육각정(0.5km)을 지나면 체력단련실과 숨 고르고 가라고 만들어진 정자, 벤치가 나타난다. 길 양옆으로 벚나무 가로수가 봄이면 환하게 꽃을 피우고 여름에는 그늘을 만들어준다. 때때로 옆이 환하게 트여 아랫마을과 산하를 한눈에 조망하게 만들어준다. 특히 아스라이 휘어진 길을 만나면 문득 수채화에 담고 싶은 생각이 절로 들게 한다. 육각정을 기점으로 0.5km를 더 걸었을 때 아미산(349m)과 몽산(290m)으로 가는 삼거리에서 팻말을 만나게 된다. 이곳에서 구절산(당진군 순성면 봉소리 1196) 정상(0.36km)으로 오르면 된다.

만대영화지지의 명당터로 손꼽히는 구절산 정상

구절산은 순성면 백석리, 봉소리, 성북리에 걸쳐 있는데 산세가 아홉 마디를 이루고 있다고 해서 이름이 붙었다. 또 '봉황이 깃들여 있는 산'이라 해서 봉소산이라고도 불

Story Telling

견훤의 전설이 있는 합덕제와 성동산성

합덕군에 있는 합덕제는 후백제 견훤이 쌓았다는 전설이 흐른다. 원래 쌉사리 방죽이라는 백미제(白米堤)가 있었는데 견훤이 왕건과의 전투 당시 군마용 우물을 파기 시작한 데서 유래되고 있다. 견훤이 천안에 배치하고 있던 왕건과 싸우기 위해 1만 2천의 군대를 주둔하였고 이들에 의해 저수지가 만들어졌다고 한다. 이 합덕제는 조선시대 합덕평야에 농업용수를 조달하는 중요한 역할을 해냈다. 또 성동리에는 성동산성이라 불리는 테뫼식 토성도 견훤이 축조했다는 전설이 흐른다. 산성은 둘레 473m, 높이 2~5m 내외다.

그 외 둔군봉과 인접해 있는 소소리밭(64-27)에서는 청동기 유물이 발견(1990년)되었다. 출토 유물로는 세형동검(1점), 동제검파두식(1점), 동꺽창(1점), 세문경(2점), 쇠도끼(1점), 쇠끌(2점), 유리대롱옥(2점), 돌화살촉(1점), 숫돌(1점), 흑색토기(1점) 등이다. 유적의 정확한 출토상황과 유구시설은 확인되지 않았다. 단지 유물의 성격으로 보아 얕은 구릉에 단독으로 조성된 토광돌덧널무덤 내에 나무널(목관)을 안치한 무덤일 것으로 추정하고 있다.

한여름 넓은 합덕지에는 홍련, 백련이 만발해 진한 연향을 풍겨낸다.

린다. 예부터 봉황이 있고 청룡이 아홉 구비로 돌아치는 형세를 띠고 있어 보령 오서산과 함께 만대영화지지(萬代榮華之地, 만대에 걸쳐 부귀영화를 누릴 자리)의 명당이 있다고 전해오고 있다. 그래서일까? 여느 산과 달리 정상에 오르면 철탑과 함께 묘지 한 기를 만나게 된다. 마을에는 이 묘지에 대한 기묘한 전설이 흐르고 있다. 보편적으로 다른 산에서는 볼 수 없는 희귀한 일이 벌어진 산이다. 산기슭에는 창건연대를 알 수 없는 구절사지가 있다. 또 미륵당, 당산 등 주민들이 찾아와 기원하던 흔적들을 엿볼 수 있는 것들도 남아 있다. 하산길은 봉소리로 이어진다.

순성면 매실마을 길 지나 만나는 광천리 유물산포지

이제부터는 산길을 벗어나 들길로 접어드는 지점이다. 여느 농촌에서 볼 수 있는 흔한 전답이 정겹게 펼쳐진다. 햇살을 가릴 수 있는 나무가 없음이 아쉬운 일이지만 눈에 띄는 것이 있다. 바로 매실 가로수길이다. 이곳 순성면은 '매실마을'

로 통한다. 그도 그럴 것이 지난 2001년 수해 등의 사유로 복원된 남원천 유휴지에 매실나무를 심기 시작해 현재 20km에 약 10만 주의 매실나무를 가꾸고 있다. 해마다 왕매실축제를 연다.

팻말을 따라 무념무상 걷다가 '광천리 유물산포지'라는 안내 팻말을 만나게 된다. 안내 팻말에는 '이 지역은 동쪽으로 흐르는 남원천에 의해 형성된 곡간평야(谷間平野)가 잘 발달되어 있는 곳이다. 보 건너 마을 북쪽 구릉과 황골마을의 남서쪽 구릉에 원삼국시대의 유물이 발견되는 유물산포지로서 원삼국시대의 타날문토기편과 연질토기편이 다수 발견되고 있다. 이곳에서 토기편이 발견되는 것으로 볼 때 구릉이 폭넓게 형성되어 있고 주변에는 상당한 곡간평야가 자리하고 있어 취락지가 형성되기에 매우 용이한 입지였음을 알 수 있다'라고 쓰여 있다. 오래전의 번성은 긴 세월이 흐르는 동안 팻말 하나로 남았다.

둥글어서 둔군봉인가? 동학의병이 주둔하던 유서 깊은 곳

이어 호젓한 마을길을 따라 오르면 둔군봉(137m) 등산로다. 둔군봉은 당진군의 동남부 합덕읍 도곡리와 소소리 경계에 있다. 고종 31년(1894) 동학농민운동 때 관군이 이곳에 주둔하였다고 하여 붙여진 이름이라고 전해온다. 또 이 산에는 도곡리사지(묵성마을)가 있다. 사지는 어떠한 기록도 남아 있지 않은데다 현재 묘역과 밭으로 경작되고 있는 등 원형이 파괴되어 불적을 찾아보기 어렵다. 하지만 사지에서는 토기, 자기편은 물론 어골문, 삼자리문의 기와편이 많이 발견되어 건물의 존재가 확인되고 있다. 아쉽지만 초석이나 기단석 등은 발굴되지 않았다. 단지 지역 주민의 말에 따르면 '성산사'라는 큰 절이 있었다고만 전해온다.

어쨌든 둔군봉은 걷기에 아주 좋은 산이다. 야트막하지만 숲이 울창해 한여름에도 그늘을 만들어준다. 부흥길에서는 계속 내림길로 향하기 때문에 힘겨울 것도 없다. 산정부분에는 정자와 철봉이 만들어져 있다. 야트막하지만 길 표시를 잘 보고 석우리로 내려와야 코스에서 비껴나지 않는다. 석우리에 이르면 석우천변길을 따라 걷게 되는데 이곳에서는 길을 잘 살펴야 한다. 팻말을 따라가지만 정작 길이 없어진다. 이럴 때는 석우리 마을회관을 찾아가는 것이 좋다.

농로, 석우천 길 따라 연꽃 만발한 합덕제까지 걷고 또 걷고

석우리부터는 석우천 하천 옆 방죽길을 따라 걷게 된다. 차량통행이 금지된 농로라 호젓하게 걷게 되는 코스다. 하지만 일직선으로 길고 밋밋하게 이어져 지루함을 감안해야 한다. 거기에 한여름에는 더위를 피할 수 있는 방법이 없다. 걷는 것보다 자전거를 타는 것도 좋은 방법이다. 천변길을 따라 걷고 또 걷고 나면 백제부흥군길의 마지막

1. 풀이 우거진 둑방길 옆으로 길게 남원천이 이어진다.
2. 합덕제 수리박물관 야외전시장에서는 다양한 수리체험을 할 수 있다.
3. 둔군봉 정상에서 석우리로 내려오는 나무 계단길

종착점에서 합덕제에 이른다. 합덕평야에 농업용수를 조달하던 저수지로 조선시대 3대 저수지로 손꼽혔다. 합덕제의 제방이 만들어진 정확한 연대는 알 수 없으나, 통일신라 후기 후백제를 세운 견훤이 축조한 것으로 전해오고 있다. 한여름에는 연꽃이 만발해 '연지(蓮池)'라고도 불렸다. 그 드넓던 저수지는 방죽만 남기고 이제 농경지로 변했다. 그래도 한여름에는 홍련, 백련이 진한 꽃향을 품어내면서 바람결에 일렁댄다. 연향에 취해 걷다보면 합덕수리민속박물관(2005년 10월 26일 개관, 합덕읍 합덕리 327, 041-350-4931)이다. 전시관 내부에는 2개의 전시실로 나뉘어져 있고 야외에는 다양한 수리체험장이 있다. 이곳을 찾은 가족 동반 나들이객들은 마냥 즐거워한다.

주변 볼거리

아미산 당진의 최고봉으로 손꼽히는 아미산(349.5m)은 '미인의 눈썹처럼 아름답다'고 해서 붙여진 이름이다. 아미산 1봉에서 3봉까지 오르는 길은 아기자기하게 잘 꾸며 놓았다. 계단, 흙길, 돌길, 오르막길, 내리막길이 이어지는 등산로에는 쉼터, 각종 체육시설, 유명 시인의 시를 적은 안내판 등이 있다. 아미산 정상에 서면 '아미정'이라는 정자가 있다. 아미정에서 북동쪽으로는 서해대교, 동쪽과 남쪽으로는 낮은 산릉들, 서쪽으로는 다불산, 북쪽으로는 서해바다를 조망할 수 있다.

몽산과 산성 조선시대 면천군의 진산이었던 몽산(299m)은 면천면 성상리, 송학리와 순성면 성북리, 백석리에 걸쳐 있다. 산정 밑(119m)으로 산성(충청남도기념물 제162호)이 쌓여 있다. 성 내부의 경사면을 적절히 깎아 흙으로 축조한 산정식 산성으로 길이 약 400m가 된다. 성벽 높이는 외벽 4~5m, 내벽 1~1.5m이고, 성벽 기저부는 약 5m, 상단부는 1~2m이다. 축조한 시기는 정확히 알 수 없으나 마한 또는 백제시대에 축성된 것으로 추정하고 있다.

황토낚시터

가는길

자가운전 서울 → 서해안고속도로 → 서해대교 → 당진IC → 32번 국도 이용, 당진시내 → 원당교차로에서 당진시청 방면으로 좌회전 → 당진시청 지나 순성방면으로 난 615번 지방도로 좌회전 → 성북리에서 구질로 따라 우회전하면 낚시터

대중교통

| 서울 → 당진 | 서울고속터미널(02-6282-0114)에서 1일 36회(06:00~21:55) 운행, 1시간 30분 소요
동서울터미널(1688-5979)에서 1일 5회(09:20~19:20) 운행, 2시간 소요 |
| 대전 → 당진 | 대전복합터미널(1577-2259)에서 1일 19회(07:00~21:10) 운행, 1시간 소요 |

※ 당진 구터미널(당진여객, 041-355-3434)에서 51, 52, 54, 55번 버스 이용

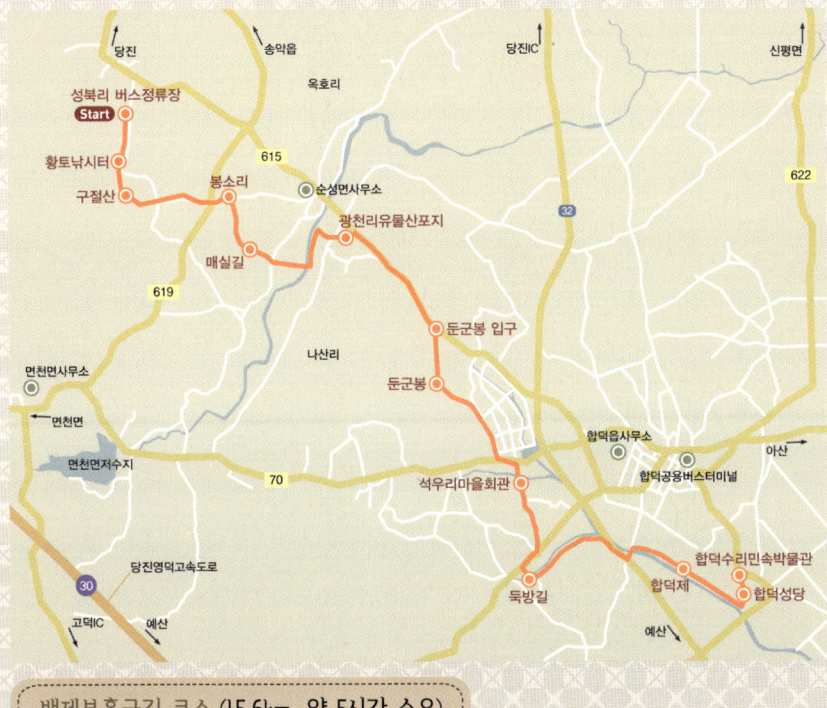

백제부흥군길 코스 (15.6km, 약 5시간 소요)

구절산 등산로 입구(성북리 버스정류장) → (1.2km 20분) → 구절산 → (1.3km 20분) → 봉소리 → (2km 40분) → 매실길 → (1.8km 35분) → 광천리유물산포지 → (1.8km 35분) → 둔군봉 입구 → (1.2km 25분) → 둔군봉 정상 → (2km 50분) → 석우리마을회관 → (1.1km 20분) → 둑방길 → (2.2km 40분) → 합덕제 → (1km 20분) → 합덕수리민속박물관

맛집

연륜 깊은 김가면옥의 콩국수는 국물 맛이 진해 고소하다.

김가면옥 칼국수, 콩국수 두 가지 메뉴를 하는 곳으로 국물이 진하고 맛이 좋다. • 당진시 면천면 성상리 812-3 • 041-356-3019
부연정 어죽과 매운탕 • 당진시 순성면 성북리 201-3 • 041-352-9494
구절가든 옻닭 • 당진시 순성면 봉소리 1078-2 • 041-353-5187
면천송어촌 추어탕 • 당진시 면천면 성상리 • 041-356-3122
솔밭가든 박속낙지탕 • 당진시 순성면 옥호리 313-1 • 041-353-5400

숙소

영파크 당진시 면천면 성상리 125
041-356-3144
폭풍의언덕 당진시 면천면 성상리 397-2
041-355-0588
경일파크 당진시 면천면 성상리 332-7
041-356-3050

19 당진 버그내 순례길

역사 깃든 천주교 성지 따라 순례에 나서다

아산만 일대의 '내포' 지방은 많은 포구를 이루고 있다. 배들이 순조롭게 드나들며 새로운 문물을 전해주기에 적당한 입지였다. 그래서 서학 혹은 천주교 문화와 신앙을 일찍부터 접했다. 우리나라에 천주교가 도입되기 시작한 초기부터 전파가 시작된 곳이 내포 땅이다. 그 연유로 1791년 신해박해부터 1868년 무진박해 때까지 수많은 순교자가 생겼다. 현재 내포에는 순교자의 출생지, 거주지, 교우촌, 공소, 순례지 등이 많다. 이에 따라 당진시에서는 솔뫼성지에서 시작되는 버그내 순례길을 만들었다. 글·사진 이신화

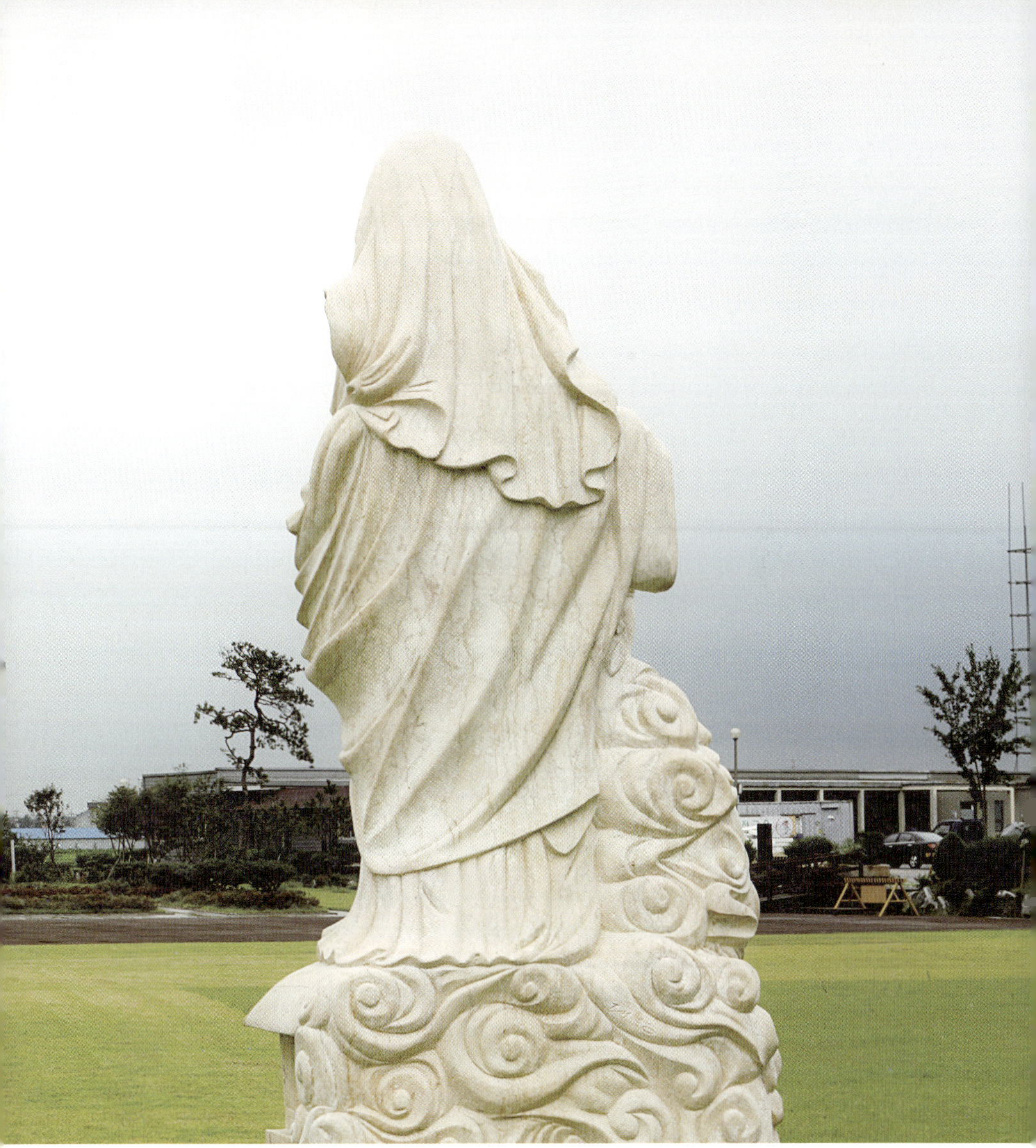

걷기 좋은 계절 **봄, 가을, 겨울**   난이도 ★★★★★   동반자 **남녀노소**

거리가 길고, 안내 팻말 정비가 아직 안 되어 있어

버그내 순례길은 솔뫼성지에서 주도하는 성지 순례길과는 다르다. 단지 순례만이 목적이 아니라 장터도 보고 합덕제나 수리박물관 등도 돌아보며 연계하게 되는 코스다. 구획이 다소 길고 농로, 마을길은 안내 팻말 없이는 찾아가기 어렵다. 그리고 편의시설이 없어 도시락 및 음료, 간식, 도보 순례할 수 있는 복장 및 운동화, 모자, 우천 시 우의 등은 필수로 준비해야 한다. 순례자가 아니더라도 구획을 나눠 걸을 수 있는 코스가 아니므로 만반의 준비를 하는 것이 좋다.

내포지역 한가운데 소나무 숲에 자리 잡고 있는 솔뫼성지

버그내 순례길은 솔뫼성지(충남지정문화재 제146호, 당진시 우강면 송산리 114, 041-362-5021, www.solmoe.or.kr)부터 시작된다. 솔뫼성지는 1946년 김대건 가(家)의 후손들이 김대건의 순교 100주년을 맞아, 이를 기념하기 위해 만들었다. 성지에 들어서면 김대건 신부가 살았던 옛집이 복원되어 있다. 잘 살았음을 보여주는 조선시대 양반 가옥이다. 이 집은 김대건 신부의 증조부 김진후(1814년 순교), 종조부 김한현(1816년 순교), 부친 김제준(1839년 순교) 그리고 김대건 신부까지 4대가 32년간 살아왔던 집이다.

생가 뒤, 언덕 위에는 김대건 신부의 동상이 있다. 3백여 년의 연륜을 지닌 30여 그루의 소나무 숲이 에둘러 싸고 있는 자리다. 이 소나무 숲은 김 신부가 태어나기 이전부터 솔뫼의 역사를 지켜보았을 것이다. 소나무 숲 사이로 난 길을 따라 내려가면 기념관이자 성당인 건물이 있다. 전시관에는 충청도 지방의 가톨릭 역사를 비롯해 김대건 신부의 유품과 유골을 전시해놓고 있다.

합덕의 재래 5일장, 버그내 장터

솔뫼성지를 보고 나면 버그내 순례길은 합덕읍내로 이어진다. 국도변 옆에 새로 만들어진 인도를 따라 걷게 된다. 합덕 터미널을 끼고 마을 안쪽으로 가면 합덕 장터와 연

> **Story Telling**
>
> #### 흥선대원군과 천주교
>
> 흥선대원군이 천주교를 박해했던 사실은 다 아는 일이다. 보수적인 대원군의 기본 성격도 있었겠지만 남연군(흥선대원군의 양부)묘 도굴 사건이 그를 더 부추겼다. 남연군묘 도굴사건의 주모자는 에른스트 오페르트(Ernst Jacob Oppert)지만 그를 도운 사람 중에는 페랭(합덕성당의 7대 주임) 신부가 있었다. 오페르트는 1851년부터 중국 상해에서 사업을 하고 있었다. 그러다 고종 3년(1866), 당시 쇄국 중이던 조선과 통상하기
>
>
>
> 위해 영국인 모리슨과 함께 두 차례에 걸쳐 해미의 조금진에 정박했다. 조선과 입국 교섭을 벌였으나 실패하고 돌아갔다. 그러나 뜻을 굽히지 않고 그해 4월, 프랑스인 신부 페랭, 미국 상인 젠킨스와 함께 홍주의 행담도에 정박했다. 그리고 천주교 탄압에 보복한다면서 구만포에 상륙했다. 덕산군청을 습격해 무기를 탈취하고 남연군의 능묘를 파헤치려 했지만 묘가 예상 외로 단단해 실패로 돌아가게 된다. 또 경기도 영종진에 이르러서는 대원군에게 올리는 글을 제시하면서 영종진을 습격하다가 실패하고 돌아가 버렸다. 이 사건으로 대원군의 통상수교거부정책은 더욱 강화되었고, 천주교 탄압도 더욱 심해졌다.

모진 천주교 박해를 받았던 신리성지는 현 가톨릭 신자들의 성역이다.

결된다. 합덕장은 '버그내 장터'라고 불린다. 버그내라는 이름은 바로 합덕장에서 비롯됐다. 드넓은 평야를 끼고 있는 내포지역에서는 큰 냇물이 두 개 있었다. 덕산과 합덕방죽의 상류를 흐르고 있는 천이었다. 덕산쪽 냇물이 컸기에 한내(큰내)라 했고 합덕쪽은 작아서 버금내라 했다. 그 버금내가 말하기 좋게 버그내가 된 것이다. 그래서 덕산장을 한내장, 합덕장은 버그내장이라고 불렸다.

오래전 합덕장(1961년 개장)은 당진장, 신평장, 들무장 등 5일장 중에서도 규모가 가장 컸다. 그러나 세월은 흐르고 흘러 많은 것을 바뀌게 한다. 5일장이 겨우 명맥만 유지하는 상황에 이르게 되자 최근 들어 당진시에서는 재래장터 살리기에 주력하고 있다. 예전의 우시장의 명맥을 되살려내고 있으며 우시장의 명맥을 잇기 위해 한우특화단지(2010년 9월 오픈)도 조성했다.

100여 년 이상의 천주교 역사를 반영하는 유서 깊은 합덕성당

정겨운 장터 길을 벗어나 읍내를 비껴 논길을 따라가면 방죽길을 만나게 된다. 이 길은 백제부흥군길과 함께한다. 합덕제가 모습을 드러내면 중간을 가로질러 합덕수리민속박물관을 둘러보고 찾아가는 곳은 합덕성당(충남기념물 제145호. 당진시 합덕읍 합덕리 275, 041-363-1061)이다. 합덕성당 건물은 한눈에 매료될 정도로 아름답다. 합덕성당의 7대 주임 페랭 신부가 설계를 담당했다. 붉은 벽돌과 쌍으로 된 종탑이 잘 어우러진 고딕식 건축양식(1929년에 신축)이다. 성당의 3개의 출입구와 창들은 오색창연한 무지개 모양이다. 특히 이 성당은 100여 년 이상의 천주교 역사를 반영하고 있다. 교회가 박해를 받을 때에는 순교의 장소가 되기도 한 한국 천주교의 발상지적 역할을 담당했던 역사적 현장이다. 성당 내에는 한국전쟁 때 납치돼 생사를 알 수 없는 페랭의 유해 없는 묘소가 있다. 또 성당 옆에는 유스호스텔이 있다.

성동리 연제중수비와 원시보, 원시장이 마을에 남은 우물터

합덕성당을 끼고 옆으로 난 좁은 골목과 논길을 빠져나오면 다시 합덕제를 만나게 된

1. 솔뫼성지에 조성되어 있는 김대건 신부의 생가는 4대째 이어왔다.
2. 조선시대 합덕제의 중요성을 알게 해주는 연제중수비가 성동리 밭 언덕에 있다.
3. 손자선 생가에서는 다블뤼 안토니오 주교도 오랫동안 살았다.

다. 이어 연지교를 건너면 그 앞으로 난 비포장 길이 일직선으로 나 있다. 합덕읍 성동리로 들어가는 마을 입구에서 8기의 합덕 방죽과 관련된 비석을 만나게 된다. '연제중수비(蓮堤重修碑)'라고 쓰여 있는 비석은 밭 언덕바지에 무심하게 서 있다. 조선시대 합덕제가 농업에 중요한 역할을 했다는 것을 보여주는 중수비다. 2기는 화강석재로 만들어진 옥개형 이수에 장방형의 대좌를 갖추었고 나머지는 반원형의 석비다. 그중 최고는 영조 43년(1767)에 세운 연제중수비다. 그 외 정조 24년(1800), 순조 24년(1822) 때 중수한 것 등이 있다.

연제중수비에서 농로와 마을을 잇는 좁은 길을 따라가면 순교자 원시보(야고보, 1730~1799)와 사촌 동생 원시장(베드로)이 태어난 마을(옛 지명은 충청도 홍주 응정리)이 있다. 현재는 그들이 마셨다는 우물터(합덕읍 성동리)만 남아 있다. 유명무실화되었지만 원시보와 원시장이 물을 마신 의미가 깃든 곳이다. 원시보는 이 마을의 양인 집안 출신으로 그가 60세 즈음인 1788~1789년경 사촌 동생 원시장과 함께 천주교 교리를 듣고 입교해 복음활동에 전념했다. 신해박해(1791) 때 사촌 원시장이 체포되어 갖가지 혹형을 받은 뒤 순교하게 된다. 원시보도 1798년 덕산 관아에 체포되어 문초와 형벌을 받으면서 두 다리가 부러졌고, 1799년 청주감영으로 이송되어 순교했다. 당시 그의 나이는 70세였다.

무명 순교자 묘와 신리성지

원시보와 원시장의 우물터를 비껴 무명 순교자의 묘역(합덕읍 대전리 120-8)으로 이어진다. 순교자 묘역을 표시한 손 글씨 안내 팻말을 따라 조금 안쪽으로 들어가면 무명 순교자의 묘역을 만나게 된다. 32기의 목이 없는 무명 순교자 묘(1972년 발굴)와 14기의 손씨 가족 묘(1985년 발굴)다. 목이 없는 32구의 시신은 6개의 봉분에 합장되어 모셔져 있다.

이제 버그내 순례길의 종착지인 신리성지(합덕읍 신리 151, 041-363-1359, www.sinri.or.kr)가 눈앞에 있다. 평평하고 넓은 신리성지에는 초가집(신리 99)과 기념성당, 야외성당, 십자가의 길, 휴게실로 나뉘어져 있다. 초가집은 1815년에 지어진 손자선(토마스)의 생가를 그대로 복원해놓은 것. 생가 앞에는 조선교구 제5대 교구장 주교였던 다블뤼 안토니오(A. Daveluy, 安敦伊, 1818~1866) 동상이 있다. 안토니오 주교는 프랑스인으로 마카오에서 만난 김대건 신부와 함께 1845년 상해를 출발해 강경 부근 황산포에 상륙해 이곳에서 21년간 머물면서 선교를 펼치다 병인박해(1866년, 대원군이 가톨릭교도를 대량 학살한 사건) 때 충남 보령 오천의 갈매못에서 참수 당했다. 그는 이곳에서 『조선 주요 순교자 약전』과 『조선 순교사 비망기』를 비롯해 초기의 한글 교리서를 저술하고 이를 목판으로 간행했다.

주변 볼거리

면천읍성 다양한 문화재가 남아 있는 면천읍은 '고읍'의 면모가 많이 남아 있다. 특히 조선 초기에 쌓은 면천읍성(충남기념물 제91호, 면천면 성상리)이 복원 중에 있다. 자연석을 다듬어 잘 축조한 성벽이 한눈에도 예사롭지 않다. 약 1200m의 성벽 대부분 무너졌으나 서쪽과 남쪽 성벽은 비교적 잘 남아 있고 동문이 있다.

영탑사 영탑사(면천면 성하리)는 신라 말 도선국사가 창건한 천년고찰이다. 경내에는 금동삼존불상(보물 제409호), 약사여래상(충남유형문화재 제111호), 7층석탑(충남문화재자료 제216호) 등 문화재가 흩어져 있다. 또 유리광전 안에는 조선시대의 것으로 추정되는 소형 범종이 있다. 현재 남아 있는 당우로는 법당을 비롯 유리광전, 산신각, 요사채 등이 있다.

면천읍 전체가 문화유적지의 보고라 할 수 있다.

가는길

자가운전 서해안고속도로 → 당진IC → 32번 국도 예산 · 합덕 방면 → 합덕터미널에서 우측으로 난 길 따라 3km → 솔뫼성지/경부고속도로 → 남천안TG → 천안 → 신례원 → 당진 · 합덕

대중교통
서울 → 합덕 서울남부터미널(02-521-8550)에서 합덕터미널까지 1일 8회(06:38-19:00) 운행, 1시간 40분 소요.
동서울터미널(1688-5979)에서 합덕터미널까지 1일 1회(18:10) 운행, 1시간 50분 소요
※ 합덕공용버스터미널(041-363-0262)에서 72번 버스 이용해 솔뫼성지 앞에서 하차

버그내 순례길 코스 (13.3km, 4시간 소요)

솔뫼성지 → (1.4km 20분) → 합덕터미널 → (4.4km 80분) → 합덕성당 → (1.8km 35분) → 합덕제중수비 → (1.7km 35분) → 원시장, 원시보 형제의 우물터 → (1.6km 30분) → 무명 순교자의 묘 → (2.4km 40분) → 신리성지

맛집

전대가감자탕 해물뼈찜, 감자탕이 주 메뉴인데 특히 해물과 뼈가 어우러진 해물뼈찜은 아주 맛이 좋다.
당진시 합덕읍 중동길 35–1(합덕읍 운산리 273–17)
041-362-3505
광야식당 백반 • 당진시 합덕읍 당진3거리길 4(합덕읍 운산리 280–2) • 041-363-1990
합덕한우마을 한우구이 • 당진시 합덕읍 합덕시장로 120–3(합덕읍 운산리 255–96) • 041-363-6757

전가네 해물찜

숙소

솔뫼피정의집 당진시 우강면 솔뫼로 132 (우강면 송산리 114) • 041-362-5021
금호파크 당진시 우강면 당진3거리길 38 (우강면 송산리 411–1) • 041-363-1192

20
부여 사비길

1400년 전 백제로 떠나는 시간여행

백제시대부터 지금까지 한 번도 그 이름이 바뀌지 않았다는 부여(扶餘). 백제역사상 부여시대(538~660년) 123년은 백제문화의 최전성기를 구가하던 때로, 일본고대문화 형성기에 가장 큰 영향을 주기도 했다. 한편으로는 백제 패망의 아픔도 고스란히 간직한 곳이 부여다. 낙화암에서 한 송이 꽃잎처럼 분분히 흩어져간 백제 여인들과 황산벌에서 백제의 마지막을 함께 한 오천결사대 영령들의 숨결 또한 부여의 오늘에 오랜 이야기를 더한다. 글·사진 이승태

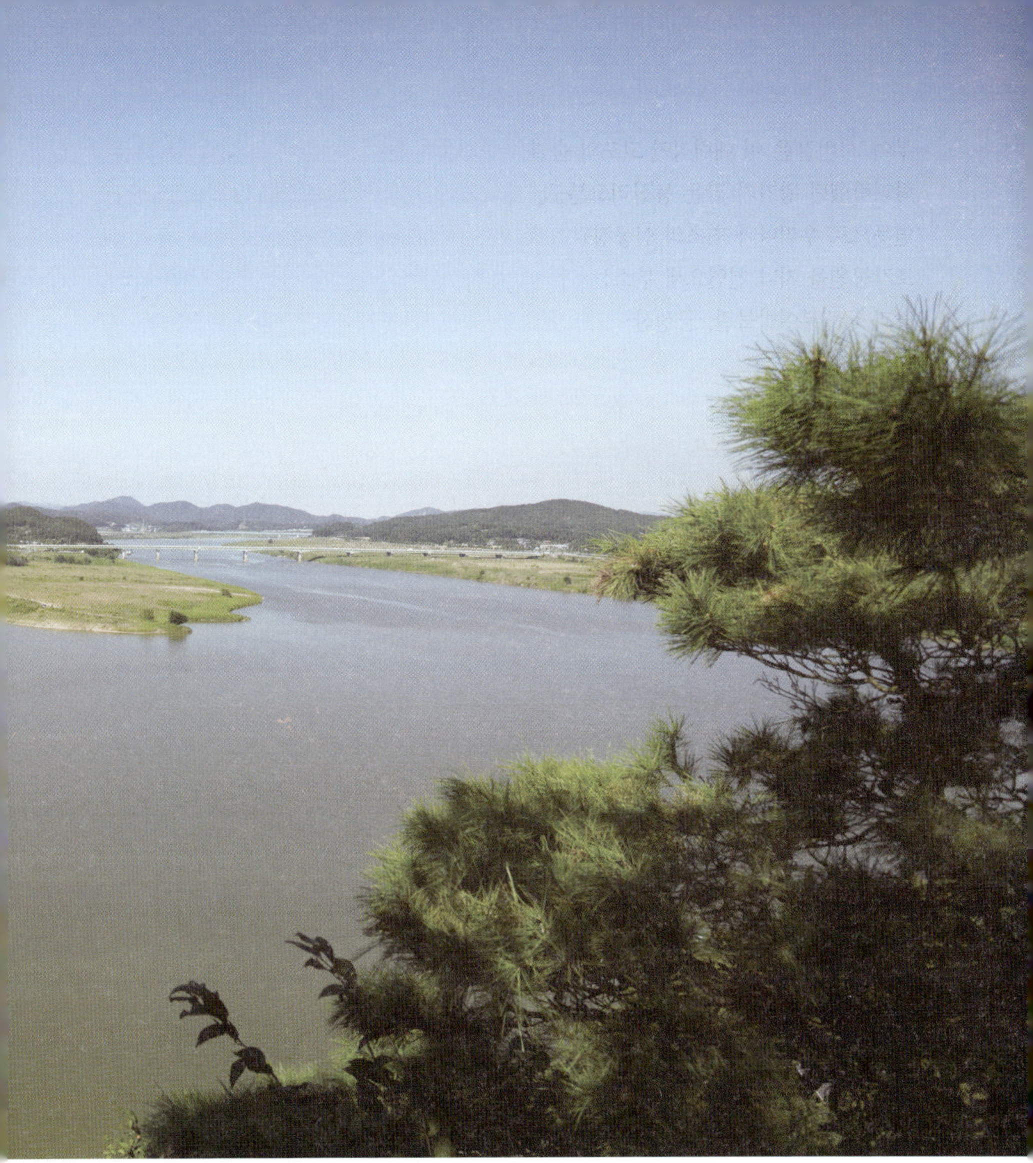

걷기 좋은 계절 봄, 여름, 가을, 겨울   난이도 ★★   동반자 가족, 연인 또는 홀로

사비길 걷기, 충분히 여유롭게 일정을 짜라

부여 '사비길'이 거리상으로는 채 15km가 되지 않지만 실제 걸어보면 하루가 부족하다. 단순히 걷기만 할 수 있는 곳이 아니기 때문이다. 걷는 내내 1400년 고도의 숨결로 가득한 유적들이 즐비해 걸음은 자꾸만 느려진다. 사실, 사비길에서 만나는 많은 유적지 중 한 곳만 제대로 둘러보려 해도 반나절로 부족할 지경이다. 사비길 걷기에 나섰다면 하루 온종일을 투자하는 게 현명하다. 또 가능하면 해 뜨기 전에 걷기를 시작하는 게 좋다. 여차하면 날이 저물어 중간에 마무리해야 하기 때문이다.

부여 '사비길'은 이 매력적인 고도의 숨결을 고스란히 느낄 수 있는 길이다. 백제를 쥐락펴락했던 왕가가 잠든 능산리고분군부터 고도 사비를 보호하던 나성, 백제의 별궁 연못으로 우리나라 최초의 인공정원인 궁남지며, 시인 신동엽 생가와 문학관, 구드래 조각공원을 지나 천연요새 부소산성까지. 그리고 부여 최고의 유적인 정림사터 5층석탑과 국립부여박물관, 금성산…. 숨 돌릴 틈 없이 들이닥치는 명소들로 길멀미가 날 지경이다.

왕포천 들길, '청정 부여'를 만나는 길

여행 안내책자엔 교통 편의 때문인지 부여시외버스터미널에서 시작할 것을 권하지만 유홍준 선생이 말한 것처럼 부여답사는 능산리고분군에서 첫발을 내딛는 것도 좋다. '그래야 우리는 왕도에 들어가는 기분을 갖게 되며, 거기에서 나성의 등줄기를 어깨너머로 바라보며 부여로 들어갈 때 곧 부여 입성(入城), 백제행을 실감케 된다'고 유홍준 선생은 말했다. 또 복잡한 시외버스터미널보다 왕릉원의 너른 주차장도 한몫을 한다. 능산리고분군은 끝내주게 잘 가꾼 공원이다. 자유롭게 자리 잡은 7기의 고분들이 만들어내는 유려한 곡선미는 백제인의 품성을 보는 듯하고, 입구에서 고분까지 들고나는 솔숲길은 행복하기까지 하다. 고분군에서 나성을 따라 산으로 오르거나 왕포천 들길을 따라 궁남지로 갈 수 있다.

> **Story Telling**
>
> #### 부소산성
>
> 백제왕궁의 후원이었던 부소산성은 백제의 수도 사비의 진산으로, 동서남북 모든 방향을 살필 수 있는 중요한 위치에 있다. 그래서 유사시에 방어의 중심을 이루도록 산성으로 축조했다. 부여의 남쪽과 북쪽, 서쪽을 활처럼 휘감고 흐르는 백마강을 낀 천연의 요새인 부소산 정상에 테뫼식 산성을 쌓은 후 주변을 포곡식으로 쌓은 복합 산성으로, 둘레 2.5km에 74만㎡쯤의 면적이다. 산성이 완성된 것은 538년에 수도를 사비로 옮기던 무렵으로 보이나 그보다 앞서 500년경에 이미 그 선왕인 동성왕이 산봉우리에 산성을 쌓은 것으로 여겨진다. 현재 부소산성 내에는 고란사와 서복사지, 군창지, 낙화암, 사자루, 삼충사, 영일루, 백화정이 있고, 삼천궁녀의 충절을 기리기 위해 세운 삼천사가 있다.
> 산성 내에는 산책로가 잘 정비되어 있다. 전체적으로 완만하고, 성 내에 있는 유적들을 두루 거치며 이어진다. 특히 옛 백제 왕자들의 산책로인 '태자(太子)골 숲길'은 길이 좋고 숲이 울창해 부여 시민들이 즐겨 찾는 곳이다.

부여 나성 옆에 새로 들어선 절집 가탑사. 신축법당이지만 제대로 짓고 단청을 해서 아름다움을 뽐내고 있다.

왕포천 들길은 고도 부여의 또 다른 아름다움을 만끽할 수 있는 곳. 너른 들판엔 온갖 곡식이 익어가고, 밭에는 콩이며 고추가 밝은 햇살 아래 붉고 푸르다. 개울마다 백로와 흰뺨검둥오리, 물떼새 등이 흔하며 청정한 부여가 길러낸 깨끗한 농산물은 '굿뜨래(GOODTRAE)'라는 브랜드로 전 세계로 수출되고 있다.

신동엽 문학관도 꼭 들러야

오천결사대 충혼탑을 지나며 나라 안에서도 손꼽히는 아름다운 정원 '궁남지'가 시작된다. 여름날엔 궁남지 전체를 가득 메우며 연꽃이 피어나 장관을 연출한다. 수십여 종의 연꽃은 각기 개화시기가 달라 7~9월 어느 때 찾아도 연꽃을 감상할 수 있다.

궁남지를 벗어나면 본격적인 시가지 구간. 부여군청과 계백장군 동상이 선 군청로터리를 지나 시외버스터미널로 이어진

신동엽 문학관 신동엽 흉상

PART 2 | 역사와 문화를 느끼며 걷는 길   173

다. 터미널 가기 전에 왼쪽으로 시인 신동엽 생가가 나온다. 시처럼 짧고 열정적이었던 시인의 삶을 살펴볼 수 있는 문학관 건물은 건축가 승효상의 작품이고, 앞마당의 조형물과 시인의 흉상도 으뜸가는 작가들이 만들어 이를 감상하는 즐거움도 크다.

터미널을 지나면 또 다른 로터리에 성왕 동상이 서 있다. 이곳 동쪽의 동문로터리엔 백제 금동대향로 조형물이 세워져 있어 부여가 백제 최고의 도읍지였음을 말해주고 있다.

아침부터 부지런히 걸었다면 이쯤에서 시장기를 느낄 때다. 가까이에 '굿뜨래 음식특화거리'가 있다. 연잎밥과 돌쌈밥, 한정식, 분식 등 부여가 자랑하는 명품요리들을 내놓는 34곳의 맛집들이 모여 있다. 찾아가기 좋게 입구에 안내판도 있으니 취향대로 택하면 된다.

1. 궁남지의 연지 부분. 하도 넓어 연의 바다 같다. 2. 시인 신동엽 생가
3. 백화정과 낙화암 천년송. 바로 아래가 낙화암이다.

금성산 봉화대는 부여의 남산타워

음식특화거리를 지난 구드래조각공원에서 부소산성으로 길이 꺾인다. 널찍한 숲길이 부소산 오르막을 따라 이어진다. 아름드리 소나무와 벚나무, 참나무, 단풍나무 등이 어우러진 부소산은 해가 들지 않을 만큼 숲이 좋아 많은 이들이 산책삼아 찾는 명소다. 삼천궁녀의 이야기가 전설처럼 전해지는 낙화암과 고란약초와 약수로 유명한 고란사, 그리고 말없이 유유히 흐르는 백마강….

이후 사비길은 한적한 태자골 숲길과 멋들어진 영일루, 삼충사를 지나 부소산문을 빠져나온다. 관광안내소 앞에서 오른쪽으로 꺾은 삼거리에서 왼쪽으로 도심을 지나면 부여답사의 하이라이트인 정림사터 5층석탑이 보인다. 긴 담장 너머로 탑신 상층만 보이던 탑은 곧 그 단아하고 기품 있는 백제예술의 정수를 남김없이 드러내며 정림사지박물관 쪽으로 발길을 이끈다. '검소하지만 누추하지 않다는 백제미학의 상징과도 같은 유물로 찬양받는 이 탑을 보는 것만으로도 사비길의 즐거움은 다른 어떤 길과도 비교할 수 없을 것 같다.

길은 석탑에서 멀지 않은 부여국립박물관으로 이어진다. 박물관 뒤쪽의 금성산은 부여 삼산의 하나로, 조왕사 위 봉화대는 부여 최고의 전망대로 통한다. 특히 야경을 보러 부러 찾는 이들이 많다. 부여 시가지와 주택가에 위치해 접근성이 좋은 금성산 산림공원(계백공원)은 산책코스로 인기여서 고개마다 무노정과 통수대 등 정자가 있고 운동기구와 벤치 등 편의시설도 잘 갖춰져 있다. 통수대에 올라 바라보는 백마강과 어우러진 부여 들판이 장관이다.

통수대를 지나 호젓한 산길 능선을 따른다. 완주와 진안의 경계에 솟은 주화산(565m)에서 갈려 부소산성의 부소산(105m)까지 이어진 산줄기 금남정맥이 이 능선을 지난다. 능선이 끝난 지점에서 SK가스충전소가 있는 성곡리고개를 건너고, 이어 청마산 끝자락의 능선인 나성을 따라 능산리고분군으로 내려선다.

주변 볼거리

고란사 부소산성 안, 낙화암 아래에 백마강을 마당삼고 자리 잡았다. 백제시대에 건립된 고찰이라 전하나 이를 뒷받침할 만한 자료는 없다. 일설에는 백제 멸망과 함께 낙화암에서 목숨을 끊은 궁녀들의 원혼을 달래기 위해 고려 초기에 건립되었다는 설도 있다. 고란사에는 법당 뒤 기암괴석 사이에서 자라고 있는 고란초와 약수에 얽힌 유명한 전설이 전해오고 있다. 고란약수를 한 잔 마시면 삼 년씩 젊어진다고 하며, 약수를 마시고 갓난아이가 된 할아버지의 이야기도 전해지고 있다.

신동엽 생가와 문학관 부여가 낳은 민족시인 신동엽은 1960년대 한국 현대시를 대표하는 시인으로, 40년이라는 짧은 생을 살면서 80여 편의 주옥같은 시와 시극, 그리고 산문을 남겼다. 신동엽 문학관은 그의 생애와 문학성을 조사·연구하고, 그를 사랑하는 전 국민들의 창작활동과 정서함양을 위한 공간을 제공키 위해 그의 생가 바로 뒤에 2013년 설립되었다. 문학관 내에는 시인이 평소 사용하던 유품과, 지인과 왕래했던 엽서, 자필원고, 시집, 산문, 사진, 관련도서 등이 전시되어 있다. 문학관 건물은 건축가 승효상 씨가 설계했으며, 앞마당에 시인의 시구를 이용한 깃발형태의 조형물은 설치미술가 임옥상 씨의 작품이다. 그리고 문학관을 들어서면 만나는 시인의 흉상은 조각가 심정수 씨가 제작했다. **부여군 부여읍 신동엽길 12(동남리 501-21) · 041-830-2723**

백제왕릉원 능산리고분군과 능산리사지를 포함하고 있다. 나성의 동쪽 바깥에 위치하는 능산리고분군은 사비시대(538~660)의 백제 왕가의 묘역이다. 현재 정비된 7기를 중심으로 동·서쪽에도 각기 고분이 있다. 능산리사지는 백제를 대표하는 유물인 백제 금동대향로가 발굴되었던 곳이다.
나성과 능산리고분군 사이 계곡에 있는 능산리사지는 이곳에 안장된 역대 왕들의 명복을 기원하기 위해 세워진 절이었다.

가는길

자가운전
1. 서해안고속국도 당진분기점 → 당진상주고속국도 서공주분기점 → 서천공주간고속국도 이용, 부여IC → 29번 국도 이용, 부여
2. 경부고속국도 천안분기점 → 천안논산고속국도 이용, 공주분기점 → 당진상주고속국도 서공주분기점 → 서천공주간고속국도 이용, 부여IC → 29번 국도 이용, 부여

대중교통

| 서울 → 부여 | 서울남부터미널(02-521-8550)에서 1일 19회(06:30-18:30) 출발, 2시간 소요. |
| 대전 → 부여 | 대전서부시외버스터미널(042-584-1616)에서 06:20-21:20까지 약 20분 간격으로 운행, 1시간 30분 소요. |

※ 부여시외버스터미널(041-835-3535)에서 사비길이 시작되고 끝난다.

부여 사비길 (14km, 약 4시간 10분 소요)

부여시외버스터미널 → (1.2km 17분) → 구드래조각공원 → (3.4km 1시간 10분) → 부소산성 → (0.7km 13분) → 정림사터 → (0.7km 10분) → 부여국립박물관 → (3.8km 1시간 20분) → 능산리고분군 → (2.7km 40분) → 서동공원·궁남지 → (1km 13분) → 신동엽 문학관 → (0.5km 8분) → 부여시외버스터미널

구드래돌쌈밥의 주물럭돌쌈밥 상차림

맛집

구드래돌쌈밥 우리나라 최초로 돌쌈밥을 개발한 곳이다. 돌쌈밥은 돌솥밥과 쌈밥을 합친 말로 농장에서 직접 기른 무공해 야채가 제공된다. 부여를 대표하는 맛집으로 소문이 자자하다. • 부여군 부여읍 나루터로 31(구아리 96-2) • 041-836-9259

바다야해물찜 해물찜, 낙지덮밥 • 부여군 부여읍 나루터로 23(구아리 86-4) • 041-837-8982

나루터 장어구이, 매운탕 • 부여군 부여읍 나루터로 37(구아리 99) • 041-835-3155

숙소

롯데부여리조트 부여군 규암면 백제문로 400(합정리 578) • 041-939-1000
www.lottebuyeoresort.com

부여기와마을 부여군 부여읍 월함로 277 (정동리 1027-1) • 041-834-8253

미라보모텔 부여군 부여읍 정림로 47-28(구아리 294-1) • 041-835-9988

21
홍성 홍주성 천년여행길

옛 성곽과 장터, 과거와 현재의 흥겨운 어우러짐

충남 홍성군은 옛 홍주군과 결성군이 합쳐져 이루어진 군이다.
홍성의 '홍'자와 결성의 '성'자를 따서 홍성이 됐다. 이는 일제가 항일운동의 중심 지역인
'홍주' 지명을 격하시키기 위함이었다고 전해진다. 홍주성 천년여행길은 홍성의
흥겨운 오일장과 홍주성 일대 유적을 돌아보는 풍속과 역사가 어우러진
신명 나는 길이다. 글·사진 진우석

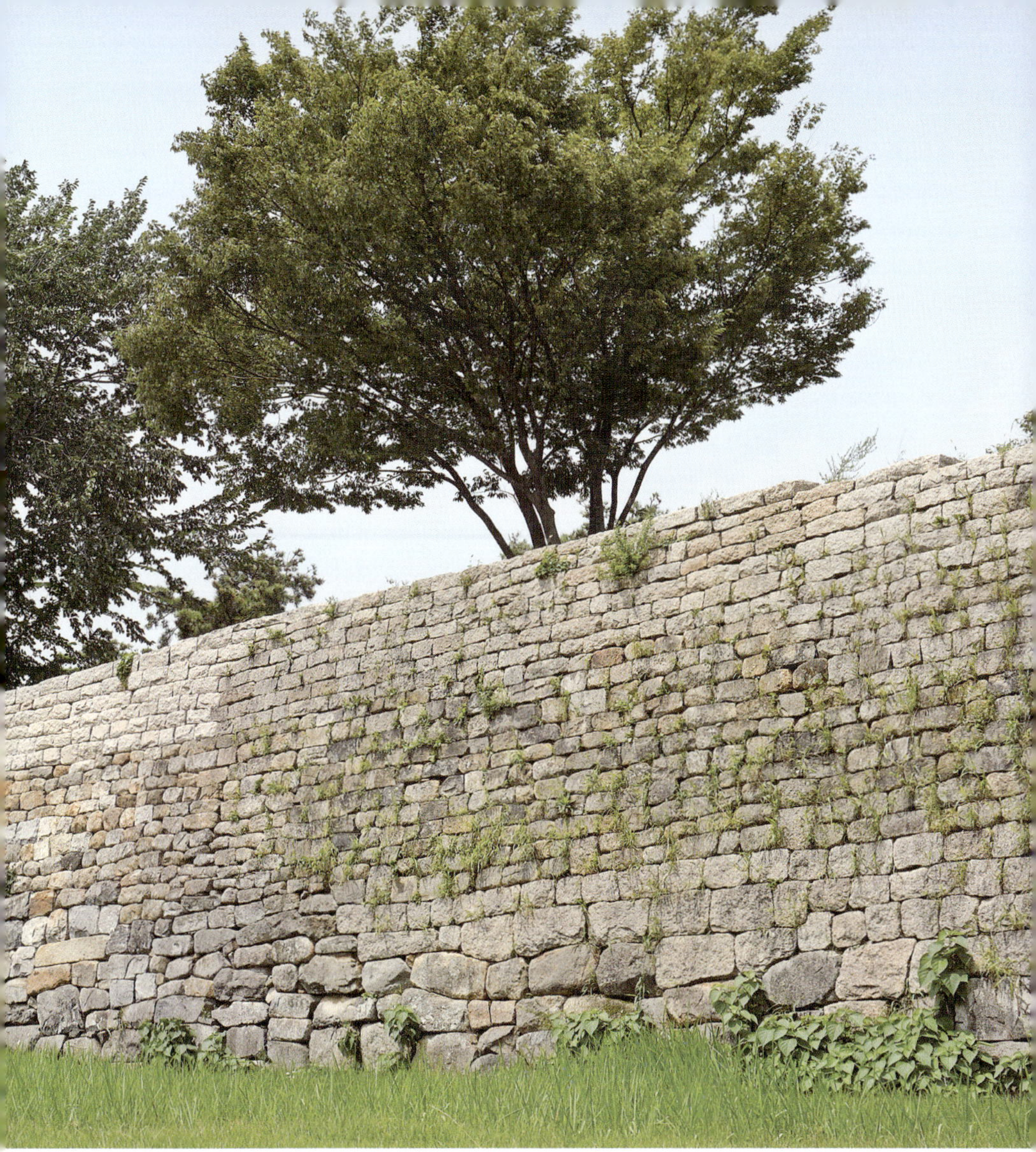

걷기 좋은 계절 **봄, 가을**   난이도 **★ ★**   동반자 **가족, 연인, 친구**

1·6일 홍성 장날에 맞추는 것이 포인트

홍주성 천년여행길은 크게 홍성전통시장, 매봉재 숲길, 홍주성 유적으로 나눌 수 있다. 시간이 부족하면 매봉재 숲길 구간은 빼도 무방하다. 주로 도로를 많이 걷기에 등산화보다는 트레킹화나 운동화가 더 좋다. 도심 지역이라 가게, 화장실 등 편의시설은 부족함이 없다. 안내판이 부족하므로 이정표를 잘 보고 길을 물어가면서 잘 찾아야 한다. 홍성장은 1·6일장이다. 장날이 아니면 시장이 썰렁하므로 꼭 날을 맞춰야 한다.

충청도에서 가장 살기 좋은 내포

조선 후기 인문지리학자 이중환은 『택리지』에서 '충청도는 내포를 제일 좋은 곳으로 친다'고 했다. 내포란 지금의 예산·서산·홍성·당진 지방과 태안·아산 일부 지역을 통칭하는 말이다. 예로부터 내포는 갯벌과 넓은 평야, 나지막한 산으로 이루어져 풍요롭다. 바다로 열린 지형은 새로운 문물의 수용 창구 역할을 했다. 충청도의 풍요와 넉넉함을 대변하는 내포의 중심이 홍성(옛 홍주)이다. 홍성은 천년 전부터 홍주목으로 지정되어 위로 평택부터 아래로 서천에 이르기까지 광활한 면적을 관장했다. 그 역사적 흔적이 상징적으로 남아 있는 것이 홍주성이다.

홍주성 천년여행길의 출발점은 홍성역이다. 홍성역은 장항선 철도 중 유일하게 한옥 양식으로 지어졌다. 단아한 맞배지붕의 모습은 수덕사 대웅전에서 따왔다. 홍성역을 나오면 '홍주성 천년여행길' 종합안내판이 나오고, 그 앞에 '홍성역①'이라 써진 입간판 이정표가 서 있다. 앞으로 이정표에 나온 번호와 다음 행선지 알림을 보면서 찾아가면 된다.

홍성역에서 시내로 가는 길은 외길이다. 길을 건너 사거리까지 내려오면 고암공원을 만난다. 공원 오른쪽으로 보이는 롯데마트 건물 안에 홍성버스터미널이 있다. 고암공원을 지나 500m쯤 도로를 따르면 거대한 동상이 길을 막는다. 바로 김좌진 장군이다.

홍성 출신 위인을 대표하는 김좌진 장군

홍성 출신인 김좌진 장군은 북로군정서 총사령관으로 1920년 청산리 전투에서 일본군 3천3백 명을 섬멸하여 우리나라 항일독립운동사의 큰 획을 그었다. 만주 벌판을 누비던 복장 그대로 손가락으로 저 멀리 가리키는 모습이 위풍당당하다. 김좌진 장군 동상에서 길을 건너면 홍성전통시장 입구이다. 과거 홍주성에는 드물게 성안에 장터

Story Telling

한국사의 축소판 홍주성

홍주성은 신라 말, 고려 초기에 처음 성을 쌓았고, 현재의 모습은 1870년의 홍주목사 한응필이 대대적으로 수축한 모습을 간직하고 있다. 홍주성은 흔히 한국사의 축소판으로 불린다. 왕건과 견훤이 후삼국 쟁패의 운명을 건 운주성 전투가 있었고, 임진왜란, 이몽학의 난, 천주교 박해, 홍주의병, 동학농민운동 등 역동의 한국사의 무대가 되었기 때문이다. 홍주성은 동학농민운동과 홍주성 전투  등을 거치며 일제에 의해 홍주관아 건물이 철거되고 일본식 건물이 지어지면서 관아 건물과 성벽 등이 크게 훼손되었다. 지금은 조양문, 홍주아문, 안회당(동헌), 여하정 등이 남아 있다.

홍주성의 상징인 조양문. 현판은 대원군의 글씨로 알려졌다.

가 형성되었는데 홍성전통시장의 효시라고 할 수 있다. 일제강점기와 근대에 이르러 도심의 발전과 상권의 이동에 따라 지금의 장터로 이전되어 160여 년 전통이 이어지고 있다. 시장에서는 우선 '문전성시'에 들르는 것이 순서이다. 문전성시는 전통시장을 지역 문화공간이자 일상의 관광지로 활성화하기 위한 문화체육관광부의 정책 사업이다. 홍성시장의 '문전성시'는 문화연구소 '길'이 '문전성시'란 이름의 카페를 운영한다. 특히 이곳에서는 시장상인 체험프로그램을 운영하는데, 여행자에게 여비를 보태줘 큰 호응을 얻고 있다. 카페에서 홍주성 천년여행길 지도와 코스 안내를 받을 수 있다.

카페를 나오면 시장 천정 아케이드에 매달린 보부상 인형이 이채롭다. 시장 골목을 지나면 대장간이 나온다. 가게 앞 좌판에는 낫, 칼, 가위, 곡괭이 등 쇠로 만든 농기구들이 가득하다. 이곳은 3대째 가업을 잇는 대장간으로 아버지와 아들이 도란도란 이야기 나누며 작업하는 모습이 보기 좋다. 대장간을 지나면 갑자기 뻥~ 소리에 어안이 벙벙하다. 나이 지긋한 아저씨와 아주머니가 뻥튀기를 지키고 있다. 이곳을 지나면 미소 짓는 대교리 석불을 만난다. 미래에 중생을 구제하는 미륵불로 직사각형의 석조에 선으로만 새겼다. 투박한 맛이 장터와 잘 어울린다.

1. 홍성 출신 위인을 대표하는 김좌진 장군의 기개 넘치는 동상 2. 홍주성 전투에서 희생된 수백 의병들의 유해를 모신 홍주의사총 3. 장터 대장간은 3대가 내려오는 집으로 전통방법 그대로 만든다.

160년 전통의 흥겨운 홍성장터

석불에 인사를 올리고 '그린24시편의점'에서 좌회전, 다리를 건너면 홍주의사총 영역으로 들어선다. 의사총은 구한말 홍성군 지역에서 있었던 의병활동 가운데 홍주성 전투에서 희생된 수백 의병들의 유해를 모신 묘소이다.

잠시 묵념을 올리고 의사총을 나서면 매봉재를 오르게 된다. 매봉재 구간은 그리 힘들지는 않지만, 시간이 없다면 생략해도 좋겠다. 의사총 주차장에서 우회전, 대교2리 마을회관을 지나면 매봉재에 오른다. 호젓한 숲길은 매봉재 정상 앞에서 왼쪽으로 방향을 틀어 내려온다. 하산 끝 지점에 1408년 건립한 홍성향교가 있다. 문이 닫혀 내부는 볼 수 없어 아쉽다.

향교에서 내려오면 홍성고등학교 정문 앞이고, 길을 건너면 이제 홍주성 일대 유적을 볼 차례다. 광경교 앞에서 천변길을 따르면 대교공원으로 들어선다. 이곳은 홍주성의 자연 해자(垓字)인 월계천변에 조성된 도심공원이다. 백월교를 지나면 홍주성 북문터

앞이고, 분위기 좋은 성벽길이 한동안 이어진다. 성벽 앞에는 최영 장군, 매죽헌 성삼문, 만해 한용운 동상이 서 있다. 놀랍게도 이들이 모두 홍성 출신이다.

홍주성을 따라 구릉을 넘으면 남문이 나온다. 남문을 통해 성 안으로 들어서면 홍주성 역사관이다. 역사관 옥상에서 시내를 한번 조망하고 내부를 둘러본다. 역사관을 나오면 여하정과 안회당(동헌) 앞이다. 여하정은 거대한 버드나무와 작은 연못을 거느린 아름다운 공간이다. 정자 위에 서면 저절로 호탕한 기운이 솟는다. 앞쪽 큰 배롱나무를 둔 건물이 안회당이다. 홍주목의 동헌으로 22간 규모로 1870년 홍주목사 안응필이 세웠다.

홍주성 따라 걷는 시간여행

안회당 앞을 지나면 신청사격인 홍성군청이 나온다. 군청 앞에는 거대한 느티나무 두 그루가 늠름하다. 1358년 고려 공민왕 때 심은 것으로 전해지며 역대 목민관들이 홍주에 부임하면 나무 아래에서 백성들의 평안과 안녕을 위해 제를 지냈다. 군청 정문 옆에 홍주아문이 있다.

홍주아문은 홍주성에 속한 아문으로 조양문의 문루를 설치할 때 함께 세운 것이다. 안회당과 함께 유일하게 남아 있는 조선시대 목조건물이다. 우리나라 아문 중에서 가장 크고 독특한 모습을 하고 있다. 홍주아문을 지나 시내로 들어서면 조양문을 만난다. 조양문은 홍주성의 동문이며 홍성군의 관문이다. 일제강점기 때 홍주성 서문과 북문이 파괴되어 없어지고, 조양문 또한 파괴하려 하였으나 군민들의 결사적인 반대로 화를 면했다고 한다.

홍성의 번화가인 명동거리를 지나면 다시 시장이 코앞이다. 먼저 주민들이 젓가락바위라 부르는 동문동 당간지주를 구경하고, 뽕뽕다리를 건너면 시장으로 들어선다. 공사장에서 쓰는 아나방을 연결해 만든 다리는 흔들흔들하며 걷는 맛이 짜릿하다. 시장 주차장 벽면에는 옛 홍성 사람들의 풍속을 엿볼 수 있는 벽화가 반긴다. 어물전 시장 골목으로 들어서면 생각보다 다양한 수산물에 깜짝 놀라게 된다. 홍성은 서쪽이 바다를 접한 까닭에 풍부한 수산물이 거래된다.

어물전이 끝나는 지점의 오른쪽은 소머리국밥을 파는 가게들이 즐비하고, 왼쪽은 바지락칼국수집이 도열해 있다. 취향에 따라 어디를 선택해도 홍성의 맛을 느낄 수 있다. 맛있어 보이는 호떡을 사들고 걷다보면 어느덧 문전성시 카페를 만나고 시장 걷기가 끝난다. 문전성시 카페에서 목을 축이고 느긋하게 홍성역을 따라 걸으면 천년 시간여행이 마무리된다.

주변 볼거리

만해 한용운 생가 독립 운동가이자 승려이며 시인인 한용운 선생(1879~1944)은 김좌진 장군과 더불어 홍성이 배출한 대표적인 위인이다. 생가인 아담한 초가는 낮은 야산을 등진 양지 쪽에 자리 잡고 있다. 앞면 3칸, 옆면 2칸 규모로 양옆으로 1칸을 달아내어 광과 헛간으로 사용하고 울타리는 싸리나무로 둘렀다. 생가 위 야산 산책로가 잘 가꾸어져 있다.

용봉산 용봉산은 서해의 작은 금강산으로 통한다. 산세가 운무 사이를 휘도는 용의 형상과 달빛을 감아올리는 봉황의 머리를 닮았다 하여 용봉산이라 부른다. 산 전체가 암봉으로 병풍바위, 장군바위 등 전설을 간직한 기암들이 많다. 백제시대의 고찰인 용봉사와 고려시대의 불상인 보물 제355호 마애석불 등 다양한 문화유산이 남아 있다.

궁리포구 광활하게 펼쳐진 천수만을 앞에 둔 작은 포구이다. 넓은 갯벌이 펼쳐져 갯벌체험이 인기가 좋으며, 일몰과 일출을 동시에 볼 수 있다. 천수만을 끼고도는 임해관광도로의 경치가 일품이고 드라이브 코스도 좋다. 대하, 새조개, 붕장어 등이 많이 잡힌다.

수덕사 대웅전을 본떠 만든 홍성역은 웅장한 맞배지붕 형식이다.

가는길

자가운전 서해안고속도로 홍성IC → 갈산교차로에서 홍성 방면 우측 → 내포로 29번 국도 → 홍성역 또는 당진상주고속도로 예산수덕사IC → 21번 국도 → 홍성역

대중교통

서울 → 홍성 용산역에서 1일 18회(05:35~20:35) 운행, 약 2시간 소요.
동서울터미널에서 1일 6회(08:20~19:30) 운행, 약 2시간 30분 소요.

대전 → 홍성 대전복합버스터미널(1577-2259)에서 직행버스가 1일 11회(06:40~19:55) 운행. 1시간 40분 소요.

홍주성 천년여행길 (8.5km, 4시간 소요)

홍성역(버스터미널) → (1km 20분) → 김좌진 장군상 → (0.1km 5분) → 시장 입구(문전성시) → (0.5km 10분) → 대교석불입상 → (0.5km 10분) → 홍주의사총 → (1km 30분) → 매봉재 → (2km 60분) → 홍주성 남문 → (0.3km 10분) → 여하정 → (0.1km 5분) → 홍성군청 → (0.5km 20분) → 당간지주 → (0.5km 20분) → 홍성전통시장 어물전 → (2km 50분) → 홍성역(버스터미널)

장터의 별미인 소머리국밥

맛집

뚱땡이아줌마 홍성전통시장 내의 소머리국밥 골목의 첫 번째 집이다. 걸쭉한 국물이 일품이고, 푸짐한 고기 인심이 좋아 단골손님이 많다. • 홍성군 홍성읍 의사로 47번길 15(대교리 395–2) • 041-634-0317

충무집 바지락칼국수 • 홍성군 홍성읍 의사로 48번길 35(대교리 400) • 041-632-1443

밀두리 한우상차림 • 홍성군 홍성읍 의사로43번길 10(대교리 397–2) • 041-632-3623

숙소

문전성시게스트하우스 홍성군 홍성읍 의사로 49번길 17–5(대교리 391–7) • 070-8844-6245

홍성온천관광호텔 홍성군 홍성읍 내포로 42 (오관리 399–20) • 041-633-7777
www.hongsungspa.com

카네기모텔 홍성군 홍성읍 조양로205번길 38 (고암리 958) • 041-631-7750

22
예산 내포문화숲길(원효 깨달음의 길)

길을 걸으며 마음을 비우고,
길을 걸으며 깨달음을 얻는다

내포문화숲길 중에서 예산군에 펼쳐진 길이다. 덕산면 광천리에서 시작해서 덕산면 상가리의 대문동으로 이어지는 20.5km의 구간이다. 덕숭총림인 수덕사와 100곳이 넘는 절터가 남아 있는 한국 불교의 성지 가야산을 넘는 길이다. 원효봉과 원효암터가 남아 있고, 원효에 대한 여러 기록들도 전해지고 있어 원효가 가야산에서 깨달음을 얻은 것으로 보인다. 또한 들길과 산길이 어울려 있는 길이라서 누구라도 사색을 하며 걷기 좋은 길이다. 글·사진 구동관

걷기 좋은 계절 **봄, 여름, 가을, 겨울**　　난이도 **★ ★ ★**　　동반자 **가족(성인), 친구, 동호회원**

친절한
워킹 tip

하루 일정으로 걷는다면 이른 아침에 출발해야 한다

원효의 깨달음길 중에 예산군에 걸쳐 있는 구간은 20.5km에 이른다. 체력에 자신 있다면 이른 아침에 출발하여 하루에 걸을 수 있는 거리지만, 나눠서 걷거나 일부 구간만을 걷는 방법도 좋다. 이틀 동안 걷는다면 광천저수지에서 원효암 입구까지 10km와 원효암 입구부터 대문동까지 10.5km로 나눠 걸으면 된다. 또한 원효암 입구부터 옥병계까지 5.6km는 산길을 걷는 구간이니 물과 간식을 미리 준비해야 한다.

7백 년 세월을 넘긴 수덕사 대웅전의 배흘림기둥

'원효 깨달음길'은 원효대사의 흔적을 따르는 길이며, 더하여 백제와 통일신라, 고려시대까지 이어지는 불교유적들과 만나는 길이다. 예산의 광천저수지에서 시작하여 수덕사 주변과 가야산 자락을 지나 대문동까지 이어진다. 길이 시작되는 광천저수지에서 수덕사까지는 논과 밭을 지나는 시골길이다. 논길을 걸으며 주변을 둘러보니 가까이 수덕사를 품고 있는 덕숭산이 보이고, 멀리 가야산과 홍성의 용봉산까지 한눈에 들어온다.

광천저수지에서 느린 걸음으로 걸어도 한 시간이면 수덕사에 도착한다. 수덕사는 우리나라 8대총림 중의 한 곳인 덕숭총림이다. 총림이란 선원, 강원, 율원 및 염불원을 모두 갖춘 종합 수행도량이다. 수덕사가 처음 세워진 기록은 분명하지 않지만, 백제 위덕왕(554~597) 시절에 세운 것으로 추정하고 있다. 다만, 대웅전의 건립 기록은 고려 충렬왕 34년(1308)으로 확실하게 남아 있어, 수덕사 대웅전이 건립 시기를 알 수 있는 가장 오래된 목조건물인 셈이다. 7백 년 세월을 넘긴 대웅전의 배흘림기둥에 기대서면 긴 세월의 이야기가 들려 올 것 같다.

Story Telling

원효가 깨달음을 얻은 가야산

해골물을 마시고 도를 깨우쳤다는 원효의 이야기는 여러 지역의 스토리텔링에 등장하고, 깨달음을 구하기 위해 의상대사와 함께 당나라로 향하던 길을 찾는 노력도 계속되고 있다. 그중 충남 예산에서 만나는 원효의 발자취는 다른 지역의 흔적들에 비해 더욱 특별하다. 가야산 자락에 원효봉, 원효암터와 의상암터가 남아 있고, 기록으로도 원효의 발자취를 확인할 수 있기 때문이다.

충남도청이 이전한 홍성과 예산의 경계지역을 내포신도시로 부르고 있는데, '내포'는 가야산 자락에 접한 마을들을 부르는 이름이다. 그 이름이 처음 등장한 것이 원효의 『원효결서』인데, '오성지간(烏聖之間·오서산과 성주산 일대)은 산 모습과 물 기운이 가장 뛰어나 나라 땅의 내장부와 같다 하여 내포라 한다'고 기록했다.

또한, 충남 서산시 운산면 용현리에 있는 보원사지의 법인국사보승탑비 비문에도 원효와 의상에 관한 기록이 남아 있다. '향성산(가야산) 안에 절터가 있는데 옛날 원효보살과 의상대덕이 함께 머무르며 쉬던 곳이 있다'는 내용이다. 가야산 자락에 있는 원효암터와 의상암터와 비문의 기록이 일치하는 내용이다. 전설과 기록, 지명에 남아 있는 이름들을 보더라도 원효가 가야산 자락에 머물며 깨달음을 얻은 것으로 보인다.

원효암터, 의상암터 등 100곳이 넘는 절터가 남아 있는 가야산은 불교의 성지이다.

농촌마을의 속살을 걷다

수덕사를 돌아 나오면 '깨달음길'은 수덕고개로 이어진다. 수덕고개는 여섯 그루의 느티나무 고목이 있는 곳이라 육괴정으로도 불리는 곳이다. 그 느티나무는 원효대사가 땀을 식히며 꽂아둔 나뭇가지가 자란 것이라고 전해진다. 육괴정에서 둔리와 시량리를 거쳐 원효암 입구까지 이어지는 길은 시골 정취가 가득한 길이다. 그 길에는 1km 남짓 용봉저수지 둘레를 걷는 길이 있고, 마을을 통과하여 지나는 길도 있다.

용봉저수지는 수련, 어리연, 마름, 부들 등 다양한 수생식물들이 자라고 있어 걷는 길에 자주 눈길을 주게 된다. 또한, 붕어와 잉어 등이 풍부하여 낚시터로도 인기가 있는 곳인데, 낚시꾼들 사이에는 가루실저수지로 더 많이 알려져 있다. 마을을 통과하는 길에 가루실 연꽃마을과 가야수랏간을 지난다. 가루실 연꽃마을은 딸기수확, 어죽, 손두부체험 등이 가능한 체험마을이며, 가야수랏간은 버섯을 재배하는 농가에서 운영하는 농가맛집이다. 농가맛집은 항상 문을 여는 곳이 아니고, 예약을 한 손님만을 대상으로 딱 그만큼의 음식만을 준비하는 곳이다. 농가에서 재배하는 버섯이 음식의 주재료이고, 버섯이 아닌 다른 재료들도 직접 재배하거나 이웃의 농산물을 이용한다.

1. 가야구곡의 제2곡인 옥병계 표지석 2. 상가리 미륵불은 남연군묘가 조성된 뒤에 뒤로 돌아섰다는 전설이 전해온다.
3. 용봉저수지에는 수련, 어리연, 마름, 부들 등 다양한 수생식물들이 자라고 있다.

나라의 내장부 내포와 그 상징인 가야산

원효암 입구는 내포의 상징인 가야산으로 오르는 길목이다. 내포라는 이름은 원효대사의 『원효결서(元曉訣書)』에서 유래한다. '산의 모습과 물의 기운이 가장 뛰어나 나라 땅의 내장부(內腸部)와 같다 하여 내포(內浦)라 한다'고 기록하였다. 이중환의 『택리지』에도 가야산을 둘러싸고 있고 10개의 마을을 내포로 소개하며 '충청도에서는 내포가 가장 좋은 곳'이라고 하였다. 가야산의 가야(伽倻)는 석가모니가 깨달음을 얻었던 부다가야에서 유래한 것으로, 깨달음의 장소라는 뜻을 지닌 이름이다.

'깨달음길'의 어느 구간이라도 사색하며 걷기에 좋은 길이지만, 깨달음의 장소라는 이름까지 가진 가야산 자락은 사색의 마음이 더욱 깊어질 곳이다. 그런 마음이 선인들에게도 마찬가지였을까. 산으로 오르는 길의 곳곳에는 크고 작은 절터들이 남아 있다. 가야산 조사 자료에 의하면 현재까지 확인된 절터만도 100개가 넘는다. 그중에 원효암터와 의상암터가 남아 있다. 두 터의 거리도 600m 남짓이며, 각각의 터는 바위를 등지고 전망이 좋은 산자락에 자리를 잡았다. 주변에는 금술샘과 은술샘 등 식수까지 갖추고 있어 수도하기에는 최적의 조건을 갖췄다. 원효가 해골물을 마시고 큰 깨우침을 얻었다고 전해지고 있는데, 그 깨우침의 기반이 되는 수행들은 가야산에서 이루어진 것이다.

원효암에서 계너미로 이어지는 길은 편안한 능선길이고, 계너미에서 옥병계로 이어지는 길은 산에서 내려오는 하산길이다. 원효암 입구에서 원효암까지 오르는 오르막길에서 가빠진 숨소리도 능선길과 하산길에서는 다시 편안해진다.

가야산에서 흘러내린 물들이 구곡을 이루다

가야산 자락을 내려오면 아담한 옥계저수지를 만나게 된다. 가야산 골골에서 흘러내린 물이 모인 곳이다. 조선시대 성리학자인 병계 윤봉구 선생은 10리쯤 되는 그 물길에서 풍경이 아름다운 아홉 곳을 가야구곡이라 이름 붙이고 각각의 구비마다 시를 지어 노래하였다. '깨달음길'의 구간에는 제2곡 옥병계에서 제5곡 영화담까지 물길을 따라 길을 걷게 된다. 그중 제2곡 옥병계(玉屛溪)와 제4곡 석문담(石門潭)은 그 흔적이 또렷이 남아 있지만, 제3곡 습운천(濕雲泉)과 제5곡 영화담(暎花潭)은 하천을 정비하면서 흔적이 감춰져 아쉽다.

가야구곡의 흔적들을 벗어나면 상가리 미륵불을 지나 대문동으로 향하는 길이다. 상가리 미륵불은 천하명당으로 소문난 남연군묘에서 멀지 않다. 고려시대 조성한 석불로 형태로 볼 때 관세음보살을 표현한 것으로 보인다. 원래는 가야사의 금탑을 향하고 있었는데, 대원군이 가야사를 불태우고 금탑을 헐어 남연군묘를 이장하자 고개를 북쪽으로 돌렸다는 전설도 전해온다.

상가리 미륵불을 지나 대문동으로 향하는 길. 길의 종점이 가까워진다. 하지만 종점이라고 길이 끝나는 것은 아니다. 예산 구간의 끝이, 서산의 길로 이어진다. 길은 늘 그렇게 이어져 있다. 원효의 발자취를 이어가는 길도 수백 년의 세월을 넘어 지금 이곳에서 이어지고 있듯이.

주변 볼거리

덕산온천 게르마늄 온천수로 근육통, 관절염, 신경통, 피부미용 등에 효험이 있는 것으로 알려져 있다. 『동국여지승람』, 『세종실록지리지』, 율곡의 『충보』 등에 소개되는 등 6백 년 역사를 자랑하는 보양온천이다. 많을 때는 2백 곳이 넘는 온천장들이 있었고, 현재에도 종합 워터파크인 리솜스파캐슬을 비롯하여 가야관광호텔, 세심천온천호텔 등 많은 온천 시설들이 자리 잡고 있다. 예산관광안내소 옆에 있는 온천수 족욕장은 무료로 이용할 수 있어 인기가 많다.

충의사 매헌 윤봉길 의사가 태어나고 자란 곳이다. 19세 때(1926) 야학회를 만들어 문맹퇴치운동에 힘썼고, 20세 때(1927)에는 독서회를 조직하고 『농민독본』을 집필하는 등 농촌계몽운동을 펼쳤다. 1930년 중국으로 망명한 윤봉길 의사는 1932년 4월 29일 상해 홍구공원에서 전승축하 식장을 폭파하는 거사 후에 그해 12월 25세로 순국하였다. 충의사에는 윤봉길 의사의 영정을 모신 사당이 있는 본관과 어록탑 등이 있는 기념관 구역으로 나뉘어 있다.
예산군 덕산면 덕산온천로 183-5(시량리 119-1) • 041-337-4108

예당저수지 충남의 곡창지대인 예산과 당진에 물을 대기 위해 만든 저수지라서 예당저수지라는 이름이 붙여졌다. 둘레가 40km에 이르는 거대한 규모이며, 민물 낚시터로 전국적인 명성을 얻고 있는 곳이기도 하다. 예당호의 하류 산자락에 조각공원과 야외공연장, 야영장 등이 조성되어 있고, 호수의 풍경을 보기 좋은 정자들도 세워져 있다. 특히, 저수지 둘레에 조성된 산책로는 예당호의 맑은 물과 솔숲을 통과하는 시원한 바람을 느낄 수 있는 길이다.

가는길

자가운전 당진대전고속도로 고덕IC → 덕산 방면 622번 지방도 → 읍내교차로에서 서산 방면 → 시량교차로에서 수덕사 방면 40번 국도 → 외나 사거리에서 해미IC(서산) 방면으로 우회전 → 아라첼리 이정표를 따라 좌회전 → 광천저수지 도착(덕산면 광천리)

대중교통
▸ 서울 → 덕산(리솜스파캐슬) 서울강남센트럴시티(02-6282-0600)에서 1일 5회(07:10-20:30) 운행. 남부터미널(02-521-8550)에서 1일 3회(07:00-15:00) 운행. 2시간 소요
▸ 대전 → 내포신도시(충남도청) 대전복합터미널(1577-2259)에서 1일 11회(06:40-19:55) 운행. 1시간 30분 소요. 서부터미널(1666-3360)에서 1일 15회(07:59-19:15) 운행. 1시간 30분 소요
※덕산(리솜스파캐슬)에서 광천리까지는 1일 2회(09:40, 15:00) 운행하는 시내버스 이용, 내포신도시에서는 시내버스로 덕산으로 나온 뒤 광천리로 이동해야 한다.

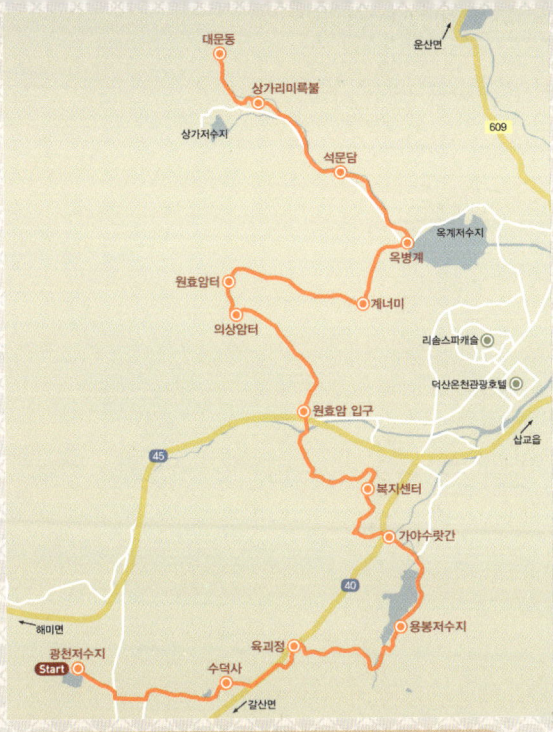

원효 깨달음길 코스 (20.4km, 6시간 40분 소요)

광천저수지 → (2.4km 50분) → 수덕사 → (1.1km 20분) → 육괴정 → (2.1km 40분) → 용봉저수지 → (1.3km 20분) → 가야수랏간 → (1.2km 20분) → 복지센터 → (1.8km 40분) → 원효암 입구 → (2km 50분) → 의상암터 → (0.6km 10분) → 원효암터 → (1.9km 40분) → 계너미 → (1.1km 20분) → 옥병계 → (1.3km 20분) → 석문담 → (1.6km 30분) → 상가리미륵불 → (2km 40분) → 대문동

수덕식당 산채정식

리솜스파캐슬

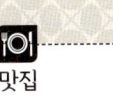
맛집

가야수랏간 버섯을 재배하는 농가에서 운영하는 버섯 음식 전문 '농가맛집'이다. 예약이 꼭 필요한 불편함이 있지만, 음식이 정갈하고 맛있다. • 예산군 덕산면 가루실길 20(둔리 133-6) • 041-337-3790

수덕식당 산채정식 • 예산군 덕산면 수덕사안길 33-5(사천리 25-40) • 041-337-6019

엘가인아라첼리 빙수 및 커피 • 예산군 덕산면 광천홍암길 72(광천리 997-3) • 041-337-0789

숙소

리솜스파캐슬 예산군 덕산면 온천단지3로 45-7(사동리 362) • 041-330-8000
www.resom.co.kr

세심천온천호텔 예산군 삽교읍 수암산로 210(신리 435) • 041-338-9000
www.sesimcheon.co.kr

봉수산자연휴양림 예산군 대흥면 임존성길 153(상중리 산11-1) • 041-339-8936
www.bongsoosan.com

23

예산 느린꼬부랑길

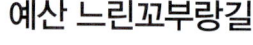

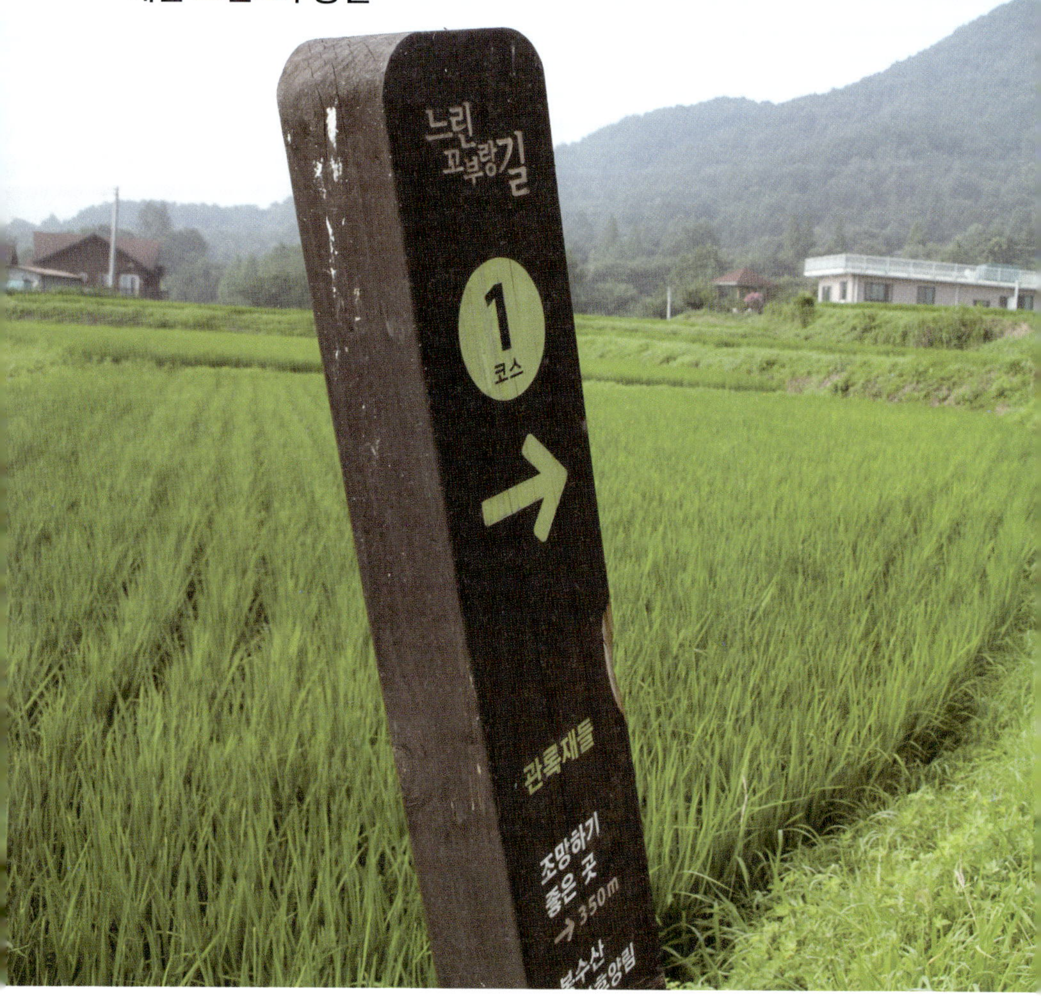

느린 걸음으로 삶의 지혜를 배운다

숨 가쁘게 달려가는 세상에 지친 사람들이, 느림의 가치를 생각하게 되었다.
1999년 이탈리아에서 시작된 슬로시티 운동은 느림을 보존하는 작업이다.
충남 유일의 슬로시티인 예산의 대흥지역은 바다처럼 넓은 예당호를 중심으로 주변의 자연환경이 빼어나고, 삼국시대부터 고려, 조선시대에 이르는 다양한 전통문화가 살아 숨 쉬는 곳이다. 그 주변에 조성된 느린꼬부랑길은 삶의 지혜를 배우기 좋은 길이다.

글 · 사진 구동관

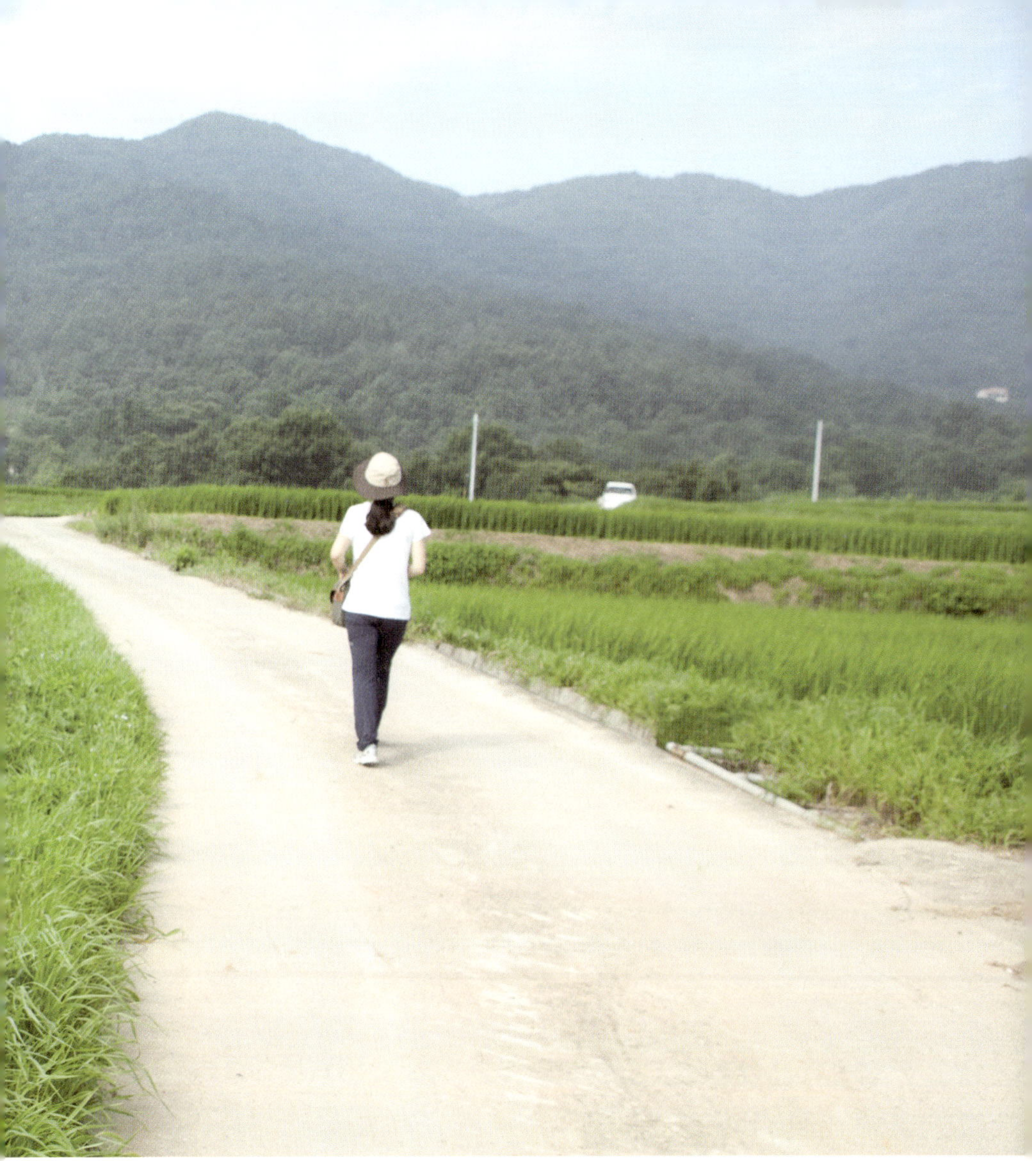

걷기 좋은 계절 **봄, 여름, 가을** 난이도 ★★★ 동반자 **가족, 어린이, 연인**

친절한 워킹 tip

각각의 코스도 좋지만, 이어서 걸어도 좋다

느린꼬부랑길은 3개의 코스로 나뉘어 있지만, 각 코스의 일부분이 중첩되어 있다. 그런 이유로 각 코스의 외곽만을 연결하여 3코스를 한꺼번에 걸을 수 있다. 1코스에서 시작하여 애기폭포까지 걸은 뒤 2코스와 3코스로 연결하면 되는데, 2코스와 3코스의 연결은 대흥향교에서 이루어진다. 각각의 코스가 길지 않기 때문에 3개 코스를 이어서 걸어도 3시간 30분(10.8km)이면 충분하다.

예당호, 바다와 같은 호수에서 세월을 낚는다

예산과 당진의 논에 물을 공급하기 위해 조성한 저수지라서 예산과 당진의 앞글자를 따서 예당이라는 이름이 붙여졌다. 그 물은 흘러가서 주변의 농부들에게 농사 지을 물을 공급하는 고마운 물줄기가 되고, 물이 가두어진 상태에서는 전국의 '꾼'들이 몰리는 손맛 좋은 낚시터가 된다. 낚시는 물고기를 낚는 것이 아니고 세월을 낚는 일이라 했던가. 호수 안쪽에 설치된 좌대와 호수 가장자리의 버드나무 주변에서 휴일마다 강태공들이 넘쳐난다. 상념을 드리우고 여유를 건져 올린다.

여유의 시간이 낚시꾼에게만 허락된 것은 아니다. 주변을 돌아보며 호수의 풍경과 호수의 소리에 귀 기울이는 것만으로도 여유롭고 행복하다. 물고기들이 솟아오르고, 자맥질을 하는 소리를 들을 만큼 호수에 가까이 다가선다면 '풍덩, 풍덩…' 들리는 소리는 힐링의 음악이 된다. 예당호의 풍경을 보기 좋은 곳은 조각공원과 야외공연장 등이 마련되어 있는 예당관광지다. 특히 소나무 숲길에 만든 1.5km의 산책로는 예당관광지의 자랑이다. 예당호의 맑은 물과, 솔숲을 통과하는 시원한 바람을 느끼며 걸을 수 있다. 산책로를 걸을 때 살짝살짝 비추는 호수의 풍경은 수묵화가 되고, 솔향 가득한 숲길을 걷는 여행자는 그림 속의 신선이 된다.

슬로시티, 느림이 행복하다

예산 슬로시티의 핵심지역인 대흥면에는 산길과 들길이 자연스럽게 펼쳐져 있다. 그 길들을 엮어 만든 길이 '느린꼬부랑길'이다. 역사의 숨결을 느끼기 좋은 옛이야기길(5.1km), 자연의 지혜에 귀 기울이게 되는 느림길(4.6km) 등 2개 코스는 완공이 되었

Story Telling

설화가 아닌 실화 '의좋은 형제 이야기'

형은 새살림을 꾸린 아우를 위해 동생의 낟가리에 볏단을 가져다 놓았는데, 다음날 논에 나가보니 볏단이 줄지 않았다. 지난밤에 동생도 식구가 많은 형을 위해 형의 낟가리에 볏단을 가져다 놓았기 때문이었다. 형과 동생이 서로의 처지를 이해하고 서로를 도와주기 위해 깊은 밤에 몰래 볏가리를 옮기다가 만나게 되는 의좋은 형제의 이야기는 초등학교 교과서에도 실렸던 이야기다. 한동안 설화로만 여겨졌던 그 이야기는 1978년 대흥면 상중리에서 효제비가 발견되어, 고려시대의 실화였음이 밝혀졌다.

효자이며, 형제애가 뛰어났던 이성만·이순 형제의 효제비(충남 유형문화재 제102호)는 조선 연산군 3년(1497년)에 건립되어 가방교 옆에 있었으나 수몰의 위험이 있어 대흥동헌 앞으로 옮겨졌다.

벽화와 마을의 풍경이 하나가 되어 있다.

다. 느린 걸음으로 걸으며 삶과 자연, 역사의 자취를 마주하기 좋은 길이다. 사랑의 소중함을 되새기는 사랑길(3.3km)은 일부 구간이 완성되어 있지만, 길 전체의 연결은 미완성이다.

느린꼬부랑길 3개의 코스는 출발지와 종점이 모두 같다. 어느 길을 선택하든 슬로시티 방문자센터를 출발하여 다시 되돌아오는 원점회귀형 코스다. 방문자센터 주변으로 볼거리도 많다. 대흥면사무소 앞에 있는 '의좋은 형제상'은 두 형제가 볏단을 메고 마주보고 서 있는 조각상이다. 형제애가 뛰어났던 이성만·이순 형제의 조각상인데, 설화로만 전해지던 의좋은 형제 이야기가 효제비(충남 유형문화재 제102호)가 발견되어 실화로 밝혀졌다. 대흥면사무소 옆의 솟을대문은 대흥동헌(충남 유형문화재 제174호)으로 들어서는 문이다. 예산군에 남아 있는 유일한 관아 건물로 조선 태종 7년인 1407년에 창건된 곳이다. 또한, 방문자센터 주변에서는 매월 두 번째 토요일마다 의좋은 형제 장터가 열린다. 동네사람들이 직접 지은 농산물만을 판매하는 토종 장터이다. 흙 물감 만들기, 숲 체험, 슬로시티 마을탐사 등의 프로그램이 함께 운영되기도 한다.

1. 제2코스 느림길 중에 보부상이 걸어서 넘던 길 2. 느림길의 중간에서 바라본 예당저수지 풍경
3. 길의 시작과 종점이 되는 슬로시티 방문자센터

제1코스, 옛이야기길

옛이야기길은 방문자센터에서 시작하여 봉수산 중턱까지 오른 뒤 임도를 따라 내려오는 5.1km의 길이다. 백제의 마지막 부흥운동이 있었던 임존성을 품에 안고 있는 봉수산과 관아 건물인 대흥동헌 등을 포함하고 있어 옛이야기를 생각하며 역사의 숨결을 느끼기 좋은 길이다.

코스의 시작은 마을을 지나는 길인데, 아기자기한 집들 사이에 나 있는 시골길이 정겨운 길이다. 집 앞의 작은 화단에서 잠시 발길이 멈춰진다. 동요 「꽃밭에서」의 노랫말처럼 매어놓은 새끼줄 따라 나팔꽃도 아름답게 꽃을 피우고 있다. 마을을 지나면 푸른 논과 밭이 펼쳐진 들판과 만나게 되는데, 마을을 벗어나기 전에 잠시 배맨나무에 들러보자. 지금은 배가 올라올 만한 큰 물길의 흔적을 찾을 수 없지만, 옛날에는 강의 물길이 그곳까지 이어졌다는 곳이다. 그 나무에는 백제의 마지막 저항운동을 제압하기 위해 왔던 당나라의 소정방이 배를 매어 두었다고 전해진다.

다시 옛이야기길로 되돌아오면 구불거리는 다랭이논을 지나는 관록재들로 이어진다. 푸른 들판의 풍경을 마음에 담기 위해 잠시 숨을 고르다가 뒤를 돌아본다. 논과 밭의 뒤쪽으로 예당저수지가 펼쳐져 있다. 길은 들판을 지나 임존성을 품은 봉수산으로 이어진다. 임존성은 백제 부흥운동 최후의 보루였다.

봉수산자연휴양림까지는 가파르지 않은 오르막길이 이어지고, 휴양림을 지나면 임도를 따라 이어지는 숲속 산책길이다. 내려오는 길은 대흥면사무소까지 이어지는 '벚꽃길'이다. 1코스의 종점에 가까워지면 대흥동헌과 의좋은 형제로 유명한 이성만 형제의 효제비가 기다리고 있다.

제2코스 느림길과 3코스 사랑길

느림길 4.6km는 자연의 지혜로움에 귀 기울이며 느리게 사는 삶의 의미를 만날 수 있는 길이다. 방문자센터를 출발하여 이성만 형제의 효제비와 대흥동헌을 지나고, 봉수산에서 흘러 내려오는 작은 계곡을 따라 올라가며 본격적인 걷기가 시작된다. 산중턱에서 방향을 바꿔 교촌리로 향하면 숲속의 오솔길인 사색의 길과 예산과 홍성을 오가던 옛 상인들이 짐을 지고 걷던 보부상길로 이어진다. 물소리 좋은 계곡도 있고 풍경이 좋은 숲길이 이어져 걸음이 자꾸 늦어지는 길이다. 하긴, 길의 이름조차도 느림의 길이니 곳곳마다 쉬어간들 어떨까. 쉬엄쉬엄 걸어도 대흥향교가 그리 먼 길이 아니다. 조선 태종 5년(1405)에 세워진 대흥향교는 공자와 여러 성현에 제사를 지낸 곳이며, 교육의 기능도 함께 갖춘 곳이었다. 향교 앞쪽의 은행나무는 6백 살이 넘은 나무다. 은행나무 줄기의 중앙분지 위에 느티나무가 뿌리를 내려 함께 자라고 있다. 상생하며 함께 살아가는 나무들이 신비롭다. 향교에서 교촌리 마을의 너른 들판 풍경을 보며 언덕바지 길을 넘어오면 방문자센터로 되돌아가게 된다.

사랑길 3.3km는 바쁜 일상 속에 잊고 지냈던 사랑의 소중함을 되새겨보는 길이다. 봉수산 자락에서 이어진 마을 풍경이며 구불거리는 논길, 예당저수지를 조망하기 좋은 길들이 이어진다. 사랑길의 곳곳에서 논과 밭 사이로 난 길들을 만나게 되는데, 논밭의 사잇길이라도 넓은 길과 좁은 길들의 느낌은 사뭇 달라 재미있다. 대흥면 소재지를 벗어나 대흥향교까지 이어지는 길처럼 넓은 길에서는 푸른 들판의 모습만이 눈에 들어오지만, 향교를 지나 교촌리 마을 깊숙이 들어서는 논둑길에서는 풀벌레며 개구리의 움직임까지 전해져 자연과 더욱 친해지는 느낌이다. 그 길의 곳곳에는 소에게 물을 먹이던 소샘과 같은 작은 둠벙이 남아 있어 더 반갑다. 다만, 3코스의 길은 아직 완전히 개통된 상태가 아니라서 아쉬움이 크다. 예당저수지가 보이는 언덕길에서 되돌아 나와야 하는데, 완전히 개통이 되면 가장 인기 있는 길이 될 코스다.

주변 볼거리

봉수산휴양림 백제부흥군의 마지막 격전지였던 임존성을 품고 있는 봉수산에 예산군에서 운영하는 자연휴양림이 자리를 잡았다. 12채의 숲속의 집과 휴양관 등 20여 채의 숙소가 마련되어 있는데, 대부분의 숙소에서 예당저수지의 풍경이 한눈에 들어온다. 예약은 인터넷을 통해서 이용을 원하는 날의 전달 1일부터 가능하다.
예산군 대흥면 임존성길153(상중리 산11-1) · 041-339-8936
www.bongsoosan.com

의좋은 형제 공원 설화 같은 실화 '의좋은 형제'의 옛 이야기를 테마로 꾸민 아기자기한 공원이다. 이성만·이순 형제의 집들이 재현되어 있고, 대흥 관아도 축소해 놓았다. 무대와 광장을 비롯하여 연못과 물레방아, 그네와 널뛰기 체험 시설도 자리를 잡고 있다. 공원 주변에서 한 달에 한 번씩 열리는 '의좋은 형제 장터'도 여행객에게 인기다. 4월부터 11월까지 매월 둘째 주 토요일에 열리는 장날에는 지역 주민들이 생산한 농산물과 공예품 등을 구입할 수 있다.

예당저수지 생태공원 의좋은 형제 공원 맞은편, 예당저수지 상류에 조성된 생태공원이다. 창포, 가시연, 노랑어리연, 수련, 어리연 등 연꽃재배지를 꾸미고, 그 위쪽에 나무데크로 수중 산책로와 조류 관찰대를 만들었다. 야간 조명까지 갖춰 낮뿐 아니라 밤에도 산책을 즐길 수 있게 꾸몄다. 산책로를 걸으면 넓은 예당저수지의 모습과 좌대에서 낚시를 드리우고 있는 여유로운 풍경이 한눈에 들어온다. 생태공원 입구에는 예당 내수면 어업계(041-333-0545)가 운영하는 '우리 물고기 생태체험관'이 자리 잡고 있다. '맨손 물고기잡기 체험관'과 '우리 물고기 생태 전시관' 등이 마련되어 있다.

가는길

자가운전 당진대전고속도로 예산·수덕사IC → 홍성 방면 21번 국도 → 응봉 사거리에서 예당저수지 방면 619번 지방도 → 교촌 삼거리에서 대흥면 방면 616번 지방도 →
대흥면 도착(예산수덕사 IC에서 대흥면까지 10km, 15분 소요)

대중교통
서울 → 예산 서울남부터미널(02-521-8550)에서 1일 16회(07:20-19:05) 운행, 2시간 10분 소요,
용산역(1544-7788)에서 예산역으로 1일 17회(05:40-20:20) 운행, 1시간 50분 소요
대전 → 예산 대전복합터미널(1577-2259)에서 1일 22회(07:00-19:00) 운행, 1시간 50분 소요,
서부터미널(1666-3360)에서 1일 36회(06:15-19:03) 운행, 2시간 소요
※예산종합터미널에서 대흥면까지는 1일 15회(0825-2050) 운행하는 예산교통(041-332-7494) 시내버스 이용(30분 소요)

느린꼬부랑길 코스 (13km, 4시간 25분 소요)

1코스 옛이야기길
(5.1km, 1시간 40분 소요)
방문자센터 → (1km 20분) → 관록재들
→ (1.8km 35분) → 봉수산자연휴양림
→ (1.4km 25분) → 애기폭포 →
(0.8km 17분) → 대흥동헌 →
(0.1km 3분) → 방문자센터

2코스 느림길
(4.6km, 1시간 30분 소요)
방문자센터 → (0.1km 3분) →
대흥동헌 → (0.9km 20분) →
애기폭포 → (2.4km 42분) →
대흥향교 → (1km 20분) → 이한직 가옥
→ (0.2km 5분) → 방문자센터

3코스 사랑길
(3.3km, 1시간 15분 소요)
방문자센터 → (0.2km 5분) → 이한직
가옥 → (0.7km 15분) → 대흥향교 →
(0.4km 10분) → 교촌2리 마을회관 →
(0.6km 15분) → 삼신당터 → (1km 20분)
→ 망태할아버지 석상 → (0.4km 10분)
→ 방문자센터
*현재 삼신당터~망태할아버지 석상의 일부
구간 미완성

맛집

산마루가든 어죽과 매운탕이 맛있는 집이다. 특히 예당 저수지에서 잡은 민물고기를 푹 고아 국수와 쌀을 넣어 끓여 낸 어죽은 보양식으로도 인기가 많다. • 예산군 대흥면 예당금모로 406(노동리 140-6) • 041-334-9235

대흥식당 어죽과 매운탕 • 예산군 대흥면 예당금모로 403(노동리 140-2) • 041-335-6034

광시한우마을 한우 • 예산군 광시면 광시리와 하장대리 주변(50여 개 업소 영업 중)

숙소

봉수산자연휴양림 예산군 대흥면 임존성길 153 (상중리 산11-1) • 041-339-8936 • www.bongsoosan.com
봉수산펜션 예산군 대흥면 임존성길 168(상중리 469) 041-332-1919 • www.bongsusanpension.com
라모스모텔 예산군 대흥면 예당로 900-7 (동서리 202-2) • 041-332-8801

산마루가든의 어죽

광시한우

24
서산 아라메길 1-1구간

백제의 미소를 품으며 걷는 천년 숲길

가야산은 부여에서 당나라로 향하는 길목에 자리하고 있다.
부처의 미소를 통해 위안을 삼았고 부처님의 보호 아래 안심하고 배를 탔을 것이다.
아라메길 1구간은 천년의 미소를 품은 마애삼존불상과 한때 백 개의 암자를 거느린
보원사 그리고 가야산 천년 숲길 등 백제인의 심장소리를 느끼며 걷는 길이다.

글 · 사진 이종원

걷기 좋은 계절 **봄, 여름, 가을**   난이도 **★**   동반자 **가족, 어린이**

친절한 워킹 tip

바닥이 미끄러우니 등산화를 신는 것이 좋다

용현계곡 입구부터 솔바람길을 걸으면 총 9km 원점회귀형 코스로 총 3시간여가 소요된다. 산은 높지 않지만 바닥이 미끄러워 등산화를 신는 것이 좋다. 산속이라 편의시설이 없으니 간식과 음료를 따로 미리 준비하는 것이 좋다. 1구간은 무려 18km, 유기방 가옥을 시작으로 고풍저수지를 지나 보원사, 개심사를 지나 가야산 능선을 따라 해미읍성까지 이어진다. 체력이 달린다면 보원사부터 시작하는 것이 알차다.

무사안녕을 기원하는 강댕이 미륵불

용현계곡을 따라 거슬러 올라가면 강댕이 미륵불이 반긴다. 원래는 고풍저수지 안쪽에 있던 것으로 수몰되자 이곳으로 옮겨왔다. 본래 물가 가장자리에 있어 중국으로 뱃길을 떠나는 사람들의 무사안녕을 기원했다고 한다. 머리에 보관을 쓰고 오른팔을 가슴에 붙이고 왼팔은 구부려 배 위에 댄 것은 이곳 내포지방 불상의 특징이다.

미륵불 앞에 자리한 아라메길 관광안내소에 들러 지도를 챙기고 미리 코스를 살펴보는 것도 괜찮다. 안내소 옆에는 이생진 시인의 아라메길 찬송시비가 서 있다. '세월이 닳지 않은 마애삼존불의 얼굴에 너의 미소가 활짝 피었다'는 시구를 접하니 절로 입가에 미소가 번진다. 다리를 건너면 하늘 한 점 볼 수 없는 숲길이 이어진다. 그 끝자락에 쥐바위가 계곡을 감시하듯 서 있는데 이는 풍수지리상 계곡 건너편에 백 년 굶은 고양이바위가 쥐바위를 노려보고 있기 때문이란다. 계곡을 따라 깊은 속내로 들어가니 도장바위, 즉 인바위가 나온다. 바위 아래 도장이 숨겨져 있고 이 도장을 꺼내는 사람은 하늘의 아들인 천자로 등극할 수 있다는 전설이 묻어 있다. 인바위 뒤쪽에 도장을 지키는 사자바위가 서 있어 못된 자가 인바위를 깨뜨리려 하면 사자가 으르렁거린다고 한다.

백제 천년의 미소, 마애삼존불상

함박미소를 머금고 있는 장승에 사랑스런 눈길을 주고 삼불교 위에 서서 벼랑에 새겨진 마애삼존불 위치를 살펴본다. 불이문을 지나니 마애삼존불상의 은은한 미소가 보

> **Story Telling**
>
> ### 백 개의 암자가 한꺼번에 사라진 가야산
>
> 예로부터 가야산 자락에 암자가 백 개가 들어서는 순간 모든 사찰이 순식간에 땅으로 꺼질 거라는 예언이 내려오고 있었다. 용현계곡에 사는 소작농은 집 한 채를 갖는 것이 소원이었다. 그러나 마을 주변에 암자가 늘어나 집 지을 땅을 찾기 어렵자, 산 능선에 올라 외딴 곳에 집터를 찾았다. 터는 있었지만 집을 지을 돈이 없었는데 노승이 꿈에 나타나 밭을 파보라는 계시를 한다. 다음날 밭을 파보니 금은보화가 가득했다. 농부
> 는 시선을 피해 한밤중에 금은보화를 나르다가 그만 개울에 빠뜨리고 말았다. 다음날 계곡을 찾았지만 금은보화는 물에 쓸려가 버렸다. 이때 용현계곡을 지나던 스님이 우연히 이 금은보화를 발견하고 암자를 지을 결심을 한다. 암자를 지을 터를 찾다가 농부의 집터를 발견하고 그곳에 암자를 세웠는데 그 암자가 바로 백 번째인 백암사였다. 마지막 기와를 올리는 순간 보원사를 비롯한 모든 암자가 땅으로 꺼져 버렸다. 오늘날 용현계곡에 폐사지가 많은 이유가 바로 여기에 있다고 한다.

백제의 미소 마애삼존불상

인다. 빛이 비치는 방향에 따라 웃는 모습이 다른데 그런 연유 때문인지 불자들 사이에선 자신의 생각을 얘기해주는 불상으로 통한다. 큼직한 손바닥에는 손금이 새겨져 있고 수인은 승리의 'V'자 포즈를 취한 것처럼 당당하다. 치렁치렁 늘어져 있는 옷 주름은 온화한 백제인의 자비를 엿보는 것 같다. 좌측의 보살은 아이처럼 작고 가느다란 눈을 지녔으며 우측의 보살은 오른쪽 다리를 무릎에 얹어 깊이 생각하는 반가상의 모습이다. 기교를 부렸건만 전혀 표 나지 않는 자연미가 이 불상의 매력이겠다. 불상은 부여에서 당나라로 향하는 길목에 자리 잡고 있다. 험난한 파도를 이기며 당나라로 가야만 하는 백제인들은 이 미소를 통해 위안을 얻었고 부처의 가호 아래 안심하고 배를 탔을 것이다.

천년의 미소를 마음속에 각인하고 다시 계곡을 따라가니 방선암을 만난다. 높이 4m의 마당 바위로 조선시대 해미현에 거주했던 선비들이 화창한 봄날 노송과 명경수가 흐르는 이곳에 둘러 앉아 시회를 열었다고 한다. 용현계곡이야말로 세상사 풍진을 잊고 풍류와 철학을 나눈 신선의 장소다.

폐사지의 맛, 보원사지

계곡에서 불어오는 바람소리와 청아한 물소리에 취하다보면 넉넉한 품세의 보원사지를 만난다. 황량한 들판에 탑이 외롭게 서 있고, 석물까지 나뒹구는 모습을 보니 폐사지의 쓸쓸함이 전해온다. 좁은 협곡에 비하면 절터는 생각보다 넓었다. 화엄십찰의 하나로 손꼽혔고 부근에 백 개의 암자를 거닐었다고 하니 절의 역사는 가야산의 속내만큼이나 깊었다.

먼저 보원사 당간지주(보물 제103호)가 절의 문패처럼 서 있다. 늘씬한 몸매에다 띠 문양까지 새겨 있어 하늘로 치솟은 기분이다. 하나의 돌을 쪼아 만든 석조(보물 제102호)는 대중목욕탕의 욕조만큼이나 커 보원사의 사세를 말해주고 있다. 서울의 국립중앙박물관에는 잘생긴 보원사지 철불이 있는데 앉은 크기만 257cm나 넘는 거불이다. 그걸 모신 금당은 얼마나 컸을까. 팔각원당형인 법인국사부도(보물 제105호)는 세밀한 조각이 볼만하다. 하대석 각 면마다 안상이 새겨졌고 그 안쪽에 사자가 히죽 웃으

1. 보원사지 당간지주 2. 도장이 숨겨져 있는 인바위 3. 강댕이 미륵불

며 웅크리고 앉아 있다. 그 위쪽에 용이 석물을 휘감고 있으며 몸돌에는 사천왕상이 부도를 지키고 있다. 백제 미술의 영향을 받은 고려 석조예술의 진수라 할 수 있겠다. 보원사 5층석탑(보물 제104호)은 9m가 넘는 거탑으로 하층기단에는 12마리의 사자가 탑을 호위하고 있으며, 상층기단 각 면마다 팔부신중이 새겨져 있는데 한때 만화영화에 등장했던 아수라상도 볼 수 있다.

상왕산 능선을 더듬어가는 아라메길

보원사지 뒤편 장승 옆으로 아라메길이 이어진다. 처음엔 완만한 계단길이다. 진한 솔향이 코끝을 자극하고 형형색색의 야생화가 갈 길 바쁜 나그네의 발목을 잡는다. 1km쯤 오르면 발품을 쉴 수 있는 쉼터가 나온다. 땀을 훔치고 간식을 꺼내며 오손도손 먹기에 알맞은 장소다. 이곳부터 전망대까지는 능선길이자 길이 널찍해 연인과 손을 잡고 거닐면 좋겠다. 개심사 삼거리 입구에는 등을 대고 쉴 수 있는 평상은 물론 나무 벤치까지 조성되어 있는데 특히 버섯조형물은 아이들이 좋아할 것 같다. 오솔길 따라 400m쯤 내려가면 산소 같은 절집인 개심사에 닿게 된다. 개심사 삼거리에서 10여분 쯤 능선을 따라 걸으면 육각정자가 나온다. 난간이 낮아 마치 한옥 정자에 선 기분이다. 상왕산과 가야산을 잇는 산세를 감상할 수 있으며 초록 초원을 품은 서산 한우 목장이 아른거린다.

능선을 계속 따라가면 일락산과 연결되지만 아라메길은 용현자연휴양림으로 하산하도록 했다. 중첩된 가야산 산세가 절묘하다. 'U'자형, 'S'자형 등 길은 완만하면서도 지루하지 않을뿐더러 등산객도 거의 없어 호젓한 산행을 즐기기에 제격이다. 완만한 곡선 길을 따라 1km쯤 내려오면 임도 삼거리를 만난다. 여기서 오른쪽으로 빠지면 예산군 덕산의 남연군묘로 연결되며 왼쪽 계곡을 따라 하산하면 용현자연휴양림이 나온다. 사람의 손때를 덜 타서 그런지 물은 수정처럼 맑고 깨끗하며 곳곳에 폭포와 소를 볼 수 있다. 이렇게 물소리, 새소리에 취해 걷다보면 그림 같은 집을 품은 용현자연휴양림을 만나게 된다. 계곡을 따라 1km 거리의 자연탐방로가 조성되어 있으며 물놀이장, 취사장, 야영장이 있어 가족 여행지로 추천할 만한 곳이다.

다시 휴양림 매표소를 지나면 백제의 미소길과 합류하게 된다. 계곡 옆 박석길을 따라 마애삼존불상의 미소를 지으며 사부작사부작 거닐면 된다. 고란사를 지나면 다시 보원사지를 만나게 되고 다시 1.7km 용현계곡을 따라 걸으면 출발지인 용현계곡 주차장이 나온다.

주변 볼거리

개심사 '마음을 여는 절'이란 뜻으로 충남 4대 사찰 중의 하나로 다포양식의 정수로 뽑히는 대웅전과 보물로 지정된 목조아미타여래좌상 등 귀중한 문화유산이 가득한 절이다. 개심사에서 가장 오래된 건물인 심검당의 굽은 기둥과 범종각 그리고 그림 같은 정원이 잘 어우러진다. 봄에는 5가지 색깔의 왕벚꽃 20여 그루와 형형색색의 자생화를 볼 수 있다.

유기방 가옥 운산면 여미리의 유기방 가옥은 1900년 조성된 전통가옥으로 탱자나무, 철쭉, 백일홍 등 전통조경이 볼만하다. 야산을 뒤로 한 채 'U'자형 토담을 두르고 있으며 안채는 'ㅡ'자형으로 부엌, 방, 대청마루, 건넛방으로 구성되어 있다. 뒷마당에는 석축 위로 장독대를 놓았는데 장독마다 박석을 깔아 놓은 것이 이채롭다. 전형적인 전통양반가옥의 배치를 따르고 있으며 조선후기 주택사의 학술적 가치가 높은 건물이다. KBS 드라마 〈직장의 신〉에 등장해 유명세를 탔다.

여미 갤러리 여미방앗간을 개조한 갤러리 겸 카페다. 야외에는 방앗간의 철거물로 만든 작품이 전시되고 있으며 판화, 조각, 그림 등 다양한 미술작품을 감상할 수 있다. 미술 관련 책을 비치해 북카페 역할을 겸하고 있다. 야외에는 테이블이 조성되어 있어 미술작품을 감상하며 진한 커피를 음미하면 좋을 장소다.
041-667-7344

가는길

자가운전	서해안고속도로 서산IC → 숙용벌교차로에서 덕산 방면 좌회전 → 용현계곡 입구

대중교통

| 서울 → 서산 | 서울남부터미널(02-521-8550)에서 1일 34회(06:30-20:00) 운행, 1시간 50분 소요 |
| 대전 → 서산 | 대전복합터미널(1577-2259)에서 1일 31회(06:50-21:00) 운행, 1시간 40분 소요 |

※ 서산공용버스터미널(041-665-4808)에서 용현계곡까지 480, 481, 480, 483번 버스 이용, 용현계곡 입구 하차

아라메길 솔바람길 코스

1-1구간 (9km, 3시간 소요)
용현리 주차장(강댕이 미륵불) → (0.2km 5분) → 쥐바위/인바위 → (0.1km 2분) → 마애여래삼존불상 → (0.1km 2분) → 방선암 → (1.5km 30분) → 보원사지터 → (1.2km 25분) → 임도 삼거리 → (0.8km 20분) → 개심사 입구 → (0.3km 6분) → 전망대 → (1.1km 20분) → 전망대 입구 삼거리 → (2.2km 40분) → 용현자연휴양림 매표소 → (0.5km 10분) → 보원사지 → (1km 20분) → 용현리 주차장

1구간 (18km, 6시간 소요)
유기방 가옥 → (0.3km 5분) → 선정묘 → (0.5km 10분) → 유상묵 가옥 → (3.9km 85분) → 미평교 → (0.8km 13분) → 고풍저수지 → (1.3km 22분) → 용현계곡 입구 → (0.6km 10분) → 마애삼존불상 → (1.5km 30분) → 보원사지 → (2.5km 50분) → 개심사 → (2km 40분) → 입도접경지 → (1.2km 20분) → 분기점 공터 → (0.3km 5분) → 정자 → (2.8km 65분) → 해미읍성 북문 → (0.3km 5분) → 해미읍성 주차장

맛집

반도회관 30년 전통의 충청도 정통 한정식집으로 계절별 횟감, 튀김, 조개, 소라, 생선구이, 어리굴젓 등 서해의 해산물을 한자리에서 맛볼 수 있다. 저렴한 점심특선이 있으니 단체여행객이 찾으면 좋다. • 서산시 동문동 139-4(서산시 율지19길 78) • 041-665-2262

예원가든 청국장 • 서산시 운산면 용현리 40-1(운산면 마애삼존불길 115-2) • 041-669-2496

원경가든 닭백숙 • 서산시 운산면 용현리 13(운산면 마애삼존불길) • 041-669-0005

숙소

쉴만한물가펜션 서산시 운산면 용현리 163 (운산면 마애삼존불길) • 070-8253-2495

백제의미소 서산시 운산면 고풍리 166 041-663-0890

레인보우모텔 서산시 읍내동 102-75 (서산시 읍내6로 12-1) • 041-665-3232

25
서산 아라메길 2구간

신앙을 지키기 위한 순교자길

서산은 중국과 가까워 일찍이 서학을 받아들였고, 혈연으로 거미줄처럼 엮여 있어 한 일가가 신앙촌을 형성하기 쉬웠을 것이다. 서산 아라메길 2구간은 순교성지~감옥~압송로를 거닐면서 내포 땅의 천주교 신자들이 신앙을 위해 목숨을 바쳤던 현장을 되짚어 가는 과정이다.

글 · 사진 이종원

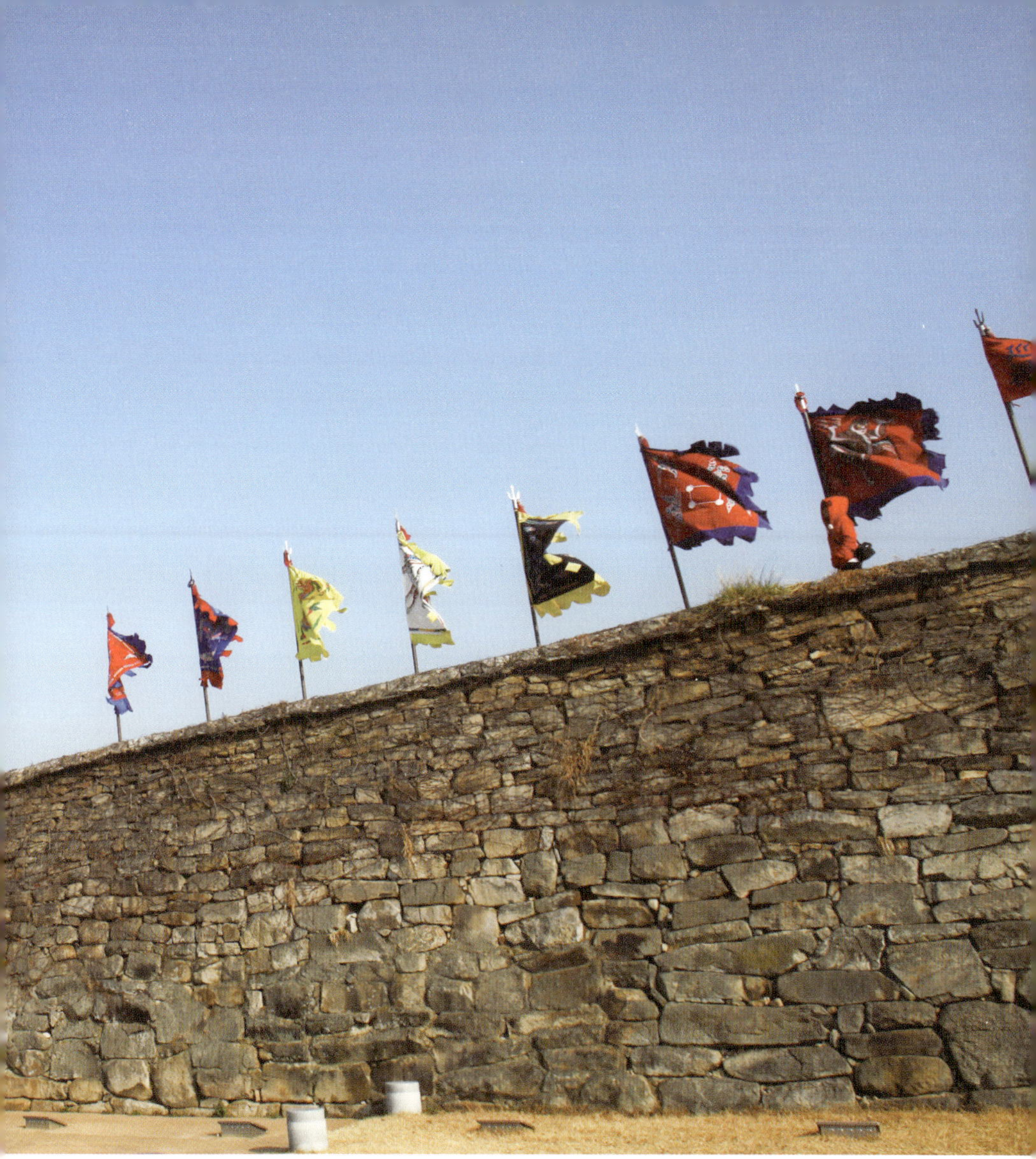

걷기 좋은 계절 봄, 여름, 가을　난이도 ★　동반자 가족, 어린이, 연인

친절한 워킹 tip

3시 이전에 고개를 넘어라

서산의 해미에서 예산 대치2리까지 총 11km, 3시간이 소요된다. 한티고개는 임도를 따라 오르기 때문에 등산화를 신는 것이 좋으며, 3시 이전에 가야 안전하게 하산할 수 있다. 혼자서 오르는 것은 위험하며 3인 이상 동행하는 것이 좋다. 대치리부터 해미순교성지까지 역순으로 걸어도 된다. 한티고개를 넘으면 거의 내리막길이기에 수월할 뿐 아니라 순교자 삶의 순서대로 거닐게 된다. 5일, 10일은 해미장이 열리니 토속장터 구경을 일정에 넣어도 된다.

산 채로 순교의 구덩이 속으로, 여수골

난 내포 땅을 좋아한다. 이곳 사람들은 순진하면서도 고집스러울 정도로 우직하기 때문이다. 윤봉길 의사도 그렇고, 만해 한용운 선생도 말할 것도 없고, 김좌진 장군 역시 말보다는 행동을 먼저 보여주신 분이다. 신앙도 마찬가지였다. 순교자 중 유독 내포 사람이 많았다. 해미감영에서만 무려 3천 명의 신자들이 죽음을 택했으니 이 순례길을 통해 자신의 신앙과 믿음을 되돌아보는 기회로 삼아야겠다.

아라메길 2구간의 시작은 해미순교성지부터다. 1866년부터 1872년 사이 천주교 박해 때 1천 명의 무명 신자가 생매장당한 순교지여서 살벌할 줄 알았지만 너무나도 조용하고 평온했다. 종교가 없더라도 이곳에 오면 마음이 숙연해지며 옷깃을 여미게 되니 용서와 화해의 장으로 여기면 된다.

수십 년 간의 피비린내 나는 박해에도 신앙의 열정은 사그라질 줄 몰랐다. 오히려 천주교 교세는 활화산처럼 타올랐다. 형리는 일일이 매질해 죽이다가 나중에 구제역에 걸린 소처럼 구덩이(진둠벙)로 밀어 산 채로 죽였다. 훗날 진둠벙에 머리를 처박고 죽은 신자, 꼿꼿하게 선 채로 죽은 유골을 발굴하면서 이곳이 생매장터임을 알게 되었다. 마당에는 높이 16m의 해미순교탑이 서 있는데 그 아래에는 진둠벙에서 수습한 유해를 모신 합동무덤이 자리하고 있다. 둥근 묘 형태의 '해미순교성지기념관'에는 당시 처참했던 순교의 장면을 엿볼 수 있다.

성지를 나와 개울 옆 둑길을 걸었다. 4월이면 개천가에는 수령이 오래된 벚꽃나무가 팝콘처럼 꽃을 피운다. 개울을 건너면 길은 논두렁 사이로 이어져 넉넉한 품세의 평원을 바라보게 된다. 고즈넉한 농촌 마을을 지나 우회전하면 역사의 도시답게 전통 담

Story Telling

배교의 유혹을 이겨낸 순교자릿돌

순교자릿돌은 해미읍성 옆 서문을 나와 개울을 건너는 돌다리였다. 이 다리 위에 십자고상과 묵주를 깔아놓고 '이걸 밟고 지나가면 술과 음식을 베풀어주고 바로 풀어준다'라고 배교를 강요했다. 그러나 대다수의 천주교도들은 성물을 피해 걷거나 절을 올렸다고 한다. 성물을 밟지 않은 천주교도를 돌에 누이고 큰 돌로 머리를 짓이겼다. 어찌나 많은 사람들이 죽었는지 핏물이 개울 따라 수십 리까지 이어졌다고 한다. 딱딱하고 무심한 돌이지만 순교자의 죽음을 애도한 것일까. 돌을 유심히 살펴보면 핏물이 스며들었는지 붉은 빛을 띠고 있다. 서문 밖 자릿돌은 모조석이고 원본은 해미순교성지에 가면 볼 수 있다.

해미순교성지기념관과 대성전

장이 나온다. 해미중학교 담벼락으로 기와를 머리에 이고 있는 모습이 고즈넉하다. 은행나무 가로수를 따라가니 해미면사무소가 나온다. 읍성의 누각을 형상화 한 건물로 장중하면서도 기품이 넘친다. 큰길에서 다시 좌회전하면 서문 밖 순교성지가 나온다. 10여m 높이의 순교현양비와 순교자릿돌이 놓여 있다.

소담스런 성벽 위를 거닐며, 해미읍성

읍성의 소박한 자태를 감상하며 성벽을 따라 거닐었다. 투박한 돌덩이가 모여 부드러운 곡선의 성채를 만든 것이 마냥 신기하다. 해미읍성은 고창읍성과 더불어 우리나라 성곽 중에서 가장 보존상태가 뛰어난 성으로 알려져 있다. 성을 크게 휘감아 돌면 남문이자 정문인 진남문이 반긴다. 무지개 모양의 홍예문을 가졌고 푸른 덩굴이 성벽을 감싸고 있었다. 해미는 내포지방의 여러 고을 중 유일하게 진영을 갖춘 군사 요충지였다. 이순신 장군도 이곳에서 군관으로 근무했으며 다산 정약용과 정약전이 유배 때 머물렀고 『동의보감』의 허준이 살았다는 이야기도 전해지니 유명 인사들의 숨결이 서린 곳이라 하겠다.

동헌을 향해 걷다보면 우측에 '호야나무'를 볼 수 있다. 이 나무 가지에 천주교도들을 매달고 매질은 물론 화살을 쏘아 죽였다고 한다. 호야나무 살결에는 하얀 원이 그려져 있는데 당시 철사 줄을 묶은 자국이다. 원래 가지가 길게 뻗어 있었는데 1940년대 태풍으로 부러졌다고 하니 나무 스스로도 자신의 행위에 견딜 수 없었나 보다. 청허정 뒤편은 솔숲이 일품이다. 솔향기에 취해 나만의 사색을 즐겨보면 어떨까. 돌아 나올 때는 성벽 위를 거니는 것이 좋다. 성 전체를 바라보며 초가집으로 북적거렸던 당시의 모습을 상상해보자. 성 안에는 전통주막을 복원해 놓았다. 툇마루에 걸터앉아 소머리국밥으로 배를 채우거나 두부와 묵을 안주삼아 막걸리 한잔 걸치는 호사를 누려볼 만하다.

1. 한티고갯마루의 투박한 십자가 2. 해미들녘에 물을 공급하는 산수저수지
3. 해미순교성지기념관과 대성전 4. 4월 유채꽃이 가득 핀 해미읍성

땅에서 솟아난 부처를 모신 송덕암

해미읍성 주차장에서 로터리를 지나면 차 한 대 간신히 지나갈 만한 농로가 나온다. 초록 들녘이 눈을 편안하게 해준다. 완만한 곡선을 그린 가야산이 파도처럼 출렁이고 있었다. 고속도로를 관통하는 굴다리를 지나 농로를 가로지르면 산수리마을회관에 닿게 된다. 정자에 앉아 목을 축이고 나서 조금 걷다보면 해미들녘에 물을 공급하는 산수저수지를 만나게 된다. 호수에 비친 산 그림자가 일품인데 에둘러 돌아가기에 여유와 낭만이 묻어 있어 좋다. 호수길이 끝나면 항공관련학과로 유명한 한서대학교 입구가 나온다. 다시 큰길을 따라가니 길가에 송덕암이 손짓한다. 조선 인조 때 임승지란 사람이 이곳을 지날 때 말이 움직이지 않자 말에서 내려 주변을 살피니 숲속 암반에 석불이 솟아 있었다. 그 불상을 향해 절을 하고 다시 말에 올라타니 그제야 말이 움직였다고 한다. 그는 이곳을 신비한 땅이라 여겨 불사를 했다고 한다. 작은 절집이어서 마음을 내맡기기에 그만이다.

천국의 문, 한티고개

송덕암부터 대로가 아닌 마을 오솔길이다. 풍수지리상 대곡1리의 한티마을은 가야산의 품 안에 안긴 형상이어서 안쪽으로 들어갈수록 마음이 편해진다. 대곡1리 마을회관부터 한티재까지 오르막길이 이어져 이곳부터 등산 준비를 하는 것이 좋다. 밭을 지나 폐차장 뒤편으로 길이 놓였는데 한티고개까지는 임도 1km를 걸어야 한다. 처음에는 울퉁불퉁한 자갈길이지만 조금 걸으면 푹신한 잡초길이 나온다. 이 길은 예산, 당진 등 내포 땅에 있는 천주교도들을 해미읍성으로 끌고 가는 압송로였다. 생의 마지막 순례길로 그들은 거룩한 성가를 부르며 기쁜 마음으로 고개를 넘었다고 한다. 순교자의 고난을 상징하는 십자가의 길이 조성되어 있으니 천주교 신자라면 묵상을 하며 걸으면 소중한 시간이 되겠다.

컴컴한 숲이 갑자기 환해지더니 고갯마루가 나왔다. 팔각정에 서니 예산의 거침없는 풍경이 펼쳐졌다. 한쪽에는 투박한 나무십자가가 서 있으며 미사를 거행할 수 있도록 제단까지 만들어 놓았다. 마치 박해시절 산속으로 들어간 천주교 신자들이 몰래 미사를 드렸던 분위기다.

고개를 넘으면 길은 예산군 덕산면과 연결된다. 10분쯤 내려가면 외딴집이 하나 나온다. 뒤쪽으로 승용차 서너 대쯤 주차할 수 있는 주차장이 있다. 이곳에서 포장길을 따라 1km쯤 내려가면 덕산의 대치2리 마을과 연결된다. 계곡장여관 앞에서 시내버스를 타고 출발지인 해미로 돌아갈 수 있으며 길 건너에서 버스를 타면 덕산이나 예산까지 갈 수 있다.

주변 볼거리

정순왕후 생가 영조의 계비 정순왕후가 출생한 곳으로 왕비가 되기 전까지 살았던 'ㅁ'자 목조건물이다. 자연과 어우러진 조경이 일품인데 고택 앞을 지키는 느티나무와 보호수로 지정된 사철나무가 볼만하다. 독립자금을 모금하고 중국에 망명해 순국한 독립운동가 김용환의 생가이기도 하다.

김기현 가옥 19세기 중반에 건립된 전통가옥으로 'ㄷ'자형 안채와 'ㄱ'자형 사랑채와 창고로 구성되어 있으며 사랑채는 계암당이라는 편액이 걸려 있고 그 앞에 차양이 설치되어 있는 것이 특징이다. 조선후기 전통건축양식의 흔적을 볼 수 있다.

간월암 간조 시에는 육지와 연결되고 만조 시에는 섬이 되는 신비로운 암자로 조선 초 무학대사가 창건하였다고 전해진다. 만조 시 뗏목을 타고 건너간다. 세계적인 철새 도래지인 천수만에 위치해 있으며 겨울철 하루 최대 60여만 마리의 철새 및 가창오리 떼의 군무를 볼 수 있다.

가는길

자가운전 서해안고속도로 해미IC → 장암교차로에서 서산 방면 좌회전 →
성지1로에서 우회전 → 해미순교성지

대중교통
- 서울 → 서산   서울남부터미널(02-521-8550)에서 1일 34회(06:30-20:00) 운행, 1시간 50분 소요
- 대전 → 서산   대전복합터미널(1577-2259)에서 1일 31회(06:50-21:00) 운행, 1시간 40분 소요
※ 서산공용버스터미널(서령버스 041-669-0551)에서 해미까지 510, 531, 950번 버스 이용

아라메길 2구간 코스 (11km, 4시간 소요)

해미순교성지 → (1km 20분) → 성지1로 입구 → (0.6km 15분) → 해미읍성 서문 → (0.4km 10분) → 해미읍성 남문 → (0.4km 10분) → 해미파출소 → (1.3km 30분) → 산수리 마을회관 → (2.7km 55분) → 한서대 입구 → (1km 20분) → 송덕암 교차로 → (0.7km 15분) → 대곡1리 마을회관 → (0.6km 15분) → 현대폐차장 → (1km 20분) → 한티고개 → (1.3km 30분) → 대치2리 입구

맛집

시장순대 뚝배기에 순대와 내장이 가득 들어 있는 순대국밥은 맛이 개운하고 돼지의 잡냄새가 없는 것이 특징이다. 순한 맛은 부담이 없고, 매운맛은 속풀이로 제격이다. 탱탱한 새우젓과 잘 어울린다. 국밥과 함께 나온 머리 고기는 부드럽고 담백해 입맛을 돋운다. • 서산시 해미면 읍내리172-5(해미면 남문로) • 041-688-4370
반도회관 한정식 • 서산시 동문동 139-4(서산시 율지19길 78) • 041-665-2262
읍성뚝배기 설렁탕과 소머리국밥 • 서산시 해미면 읍내리 327-1(해미면 남문2로 136) • 041-688-2101

숙소

모텔첼로 서산시 해미면 읍내리 249
041-688-8488
모텔테마 서산시 해미면 읍내리 312-3
(해미면 남문 5로 30-14) • 041-688-1801
거북장여관 서산시 해미면 읍내리 251-6
041-688-2149

03

경관이 아름다운 길

천안 태조산 솔바람길 • 아산 봉곡사 솔바람길 • 논산 계백혼이 살아 숨 쉬는 솔바람길
계룡 사계 솔바람길 • 금산 금강 솔바람길 • 부여 성흥산 솔바람길
청양 칠갑산 솔바람길 1구간 • 청양 칠갑산 솔바람길 2구간 • 홍성 거북이마을 솔바람길
예산 온천과 함께하는 솔바람길 • 공주 마곡사 솔바람길 • 서천 천년 솔바람길

26 천안 태조산 솔바람길

후삼국 통일의 기틀을 다진 산, 태조산 솔바람길

천안의 진산 태조산은 천안을 부드럽게 감싸 안은 어머니 산이다.
그 속내는 어머니의 사랑만큼이나 깊었다. 태조 왕건이 후삼국 통일의 기틀을 다진
명산이자 천안 일대가 한눈에 잡히는 조망대 역할을 하고 있다.
솔바람길은 새색시를 닮은 청송사, 야생화가 아름다운 성불사 그리고
국내 최대 좌불상을 품고 있는 각원사 등 명찰 순례를 겸하고 있다.
글·사진 이종원

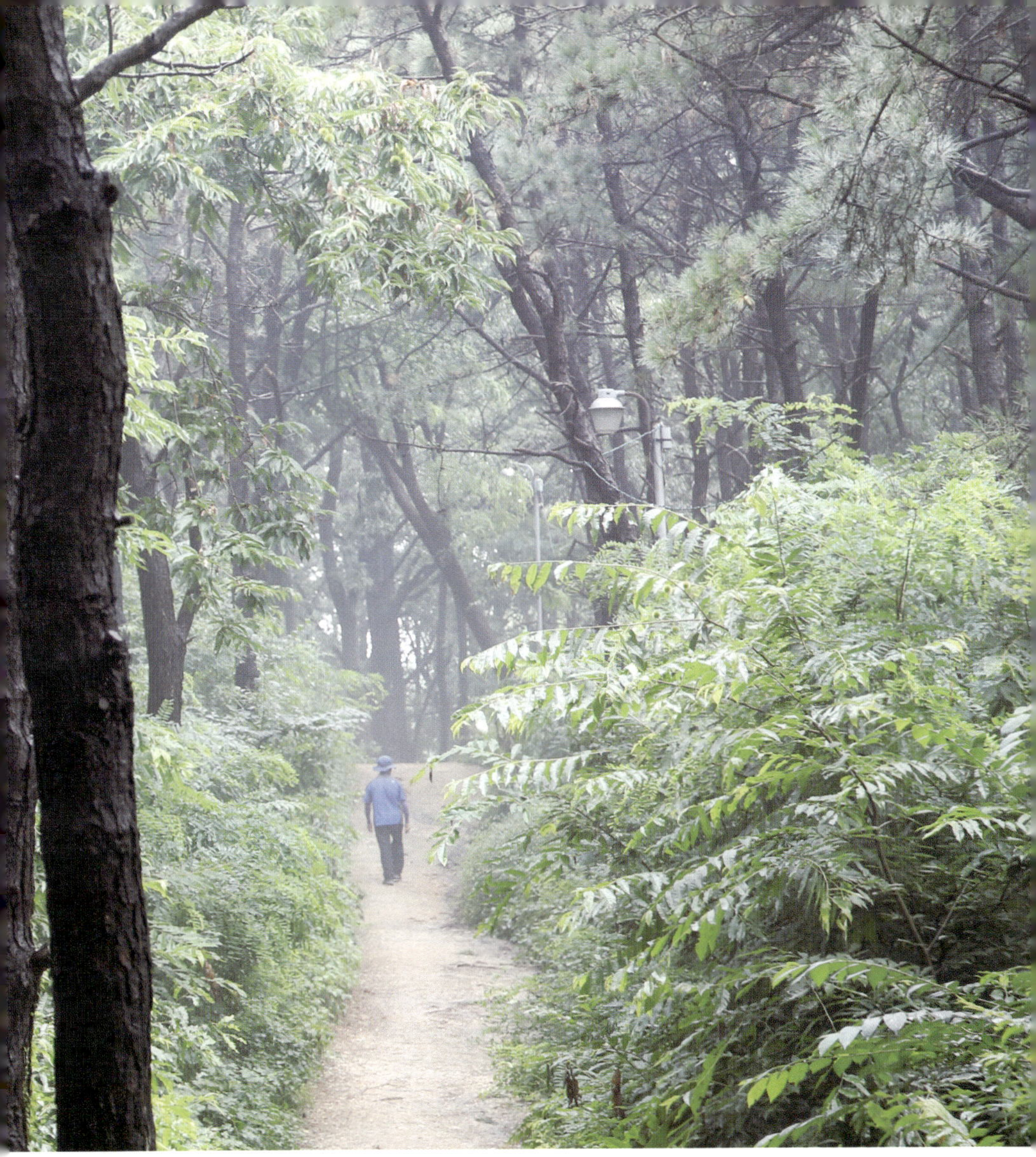

걷기 좋은 계절 **봄, 여름, 가을, 겨울** 난이도 ★ 동반자 **가족, 어린이, 연인**

산행 중에는 물이 없으니 약수를 담아가자

산이 완만하고 숲길이 좋아 등산화를 신지 않고 트레킹화를 신어도 괜찮다. 산행 중 물이 없으니 성불사에서 약수를 담아가면 된다. 운치 있는 숲과 나무벤치가 잘 조성되어 있어 책 한 권 준비하면 유익한 시간이 될 것 같다. 차량을 청송사에 주차했다면 각원사에서 24번 버스를 타고 천안로 사거리 정류장에서 하차해 청송사까지 천안대로를 따라가서 육교 아래 굴다리에서 좌회전하면 청송사에 닿는다. 버스정류장에서 1.1km, 도보 15분 소요된다.

태조산과 청송사

후삼국 통일을 꿈꾸던 태조 왕건은 천안을 지나다가 태조산에 오르게 되었다. 주변 지형을 살펴보니 과연 그 지세가 '오룡쟁주(五龍爭珠)' 즉 다섯 마리 용이 여의주를 얻으려고 서로 다투고 있는 형세였다. 천안을 얻으면 천하를 다스릴 수 있다고 여겼고, 이곳에 관부를 설치하면 후백제가 스스로 항복해 올 것이라고 믿었다. 이에 왕건은 천안도독부를 설치하고, 이곳을 후삼국 통일의 전진기지로 삼았으니 태조산이야말로 후삼국 통일의 기틀을 다진 산이라 하겠다. 태조가 이곳을 올랐다는 것을 말해주듯 오늘날에도 태조봉(太祖峰), 마점산(馬點山), 장대산(將臺山), 유왕골(留王골) 등 왕과 군사에 관련된 지명이 많이 남아 있다.

천안 솔바람길은 작은 절집 청송사부터 시작된다. 30여 대의 주차 공간과 간이 화장실이 있으니 산행의 들머리로 삼기에 그만이다. 먼저 목판으로 된 산행지도를 보면서 전체 코스와 구간 거리를 미리 살펴보는 것이 좋다. 입구에는 노송이 잔뜩 허리를 굽히고 있으며 선홍빛 백일홍이 붉은 꽃잎을 떨어뜨리고 있었다. 솔숲에 둘러싸인 청송사는 수줍은 새색시를 닮았다. 일주문이나 사천왕문 등 호사스런 문도 없으며 그저 작은 법당 하나로 만족하고 있었다. 비구니 스님은 손에 염주를 쥐고 법당 앞을 오가고 있었다. 구도를 향한 열정은 붉은 백일홍보다 진했다.

솔향기 가득한 제1솔바람길

흙길은 부엽토가 깔려 있어 카펫 위를 거니는 것처럼 푹신하다. 싱그러운 솔향이 코끝을 자극하니 청초한 기분이 밀려든다. 초입에는 운동기구가 놓여 있어 서서히 몸을 풀면서 걷도록 했다. 발자국에 눌려 만든 황톳길은 봅슬레이 길처럼 움푹 패여 있어 호수에서 안개가 스멀스멀 올라온다면 그야말로 선경이 연출된다. 단풍나무가 많아 가을에 찾으면 총천연색 풍경에 눈이 호사를 누릴 것 같다.

천안을 소개하는 안내판에는 천안의 역사와 천안 출신 인물들을 소개하고 있다. 임란 때 공을 세운 김시민 장군, 조선의 실학자 홍대용, 정치인 조병옥 박사, 독립투사 이동

성불사 대웅전

동양 최대의 아미타불좌상

녕. 유관순 열사가 천안 출신인데 말보다는 행동이 앞선 분들이 많은 것 같다. 길가에는 노랑, 빨강 야생화가 경쟁하듯 피어 있고 고목의 밑동에는 초록 이끼가 선명해 마음을 싱그럽게 해준다. 침목으로 만든 계단길과 황토 경사길이 번갈아 등장한다. 솔향에 취해 걷다보면 제법 널찍한 공간을 가진 해맞이 광장이 반긴다. 중첩된 산은 산수화 족자를 펼친 것처럼 절경인데 왕기가 서려 있는 산세를 감상하면서 호연지기를 배우는 것이 태조산 트레킹의 매력이겠다. 체력이 좋다면 능선 타고 봉우리를 오르내려도 좋고 여의치 않으면 산허리를 휘감아 돌아도 길은 한 몸이 된다. 그렇게 새소리, 바람소리에 취하며 길에 몸을 맡기다보면 어느덧 동화 속에서나 볼 수 있는 구름다리가 손짓한다.

성불사와 각원사를 품은 제2솔바람길

길이 62m, 폭 1.5m의 파란 현수교는 두 산을 연결하고 있다. 만약 이 다리가 없었다면 산 아래로 내려갔다가 다시 올라와야 한다. 통통 발을 튕기며 현수교를 건너본다. 아래를 바라보니 숲 사이를 가로지른 길이 쫙 뻗어 있다. 다리를 건너면 널찍한 쉼터가 나온다. 나무벤치가 여럿 있어 등을 대고 바리바리 싸온 간식을 먹으면 딱 좋겠다. 다시 계단길을 따라 오르면 성불사 삼거리가 나온다. 예쁘장한 오솔길을 따라 10여 분쯤 내려가면 비스듬한 경사면에 둥지를 튼 성불사가 보인다. 대웅전 아래쪽 석축에는 금낭화, 옥잠화, 비비추, 나리꽃 등 야생화가 릴레이 하듯 꽃을 피운다. 좀 더 올라가니 천안 시내를 묵묵히 내려다보고 있는 느티나무가 나온다. 8백 년 동안 천안을 지킨 수호신처럼 다부지다. 작지만 기품이 있는 대웅전을 둘러보고 백학이 바위에 새겨 놓았다는 16나한상을 감상해본다. 새의 부리로 쪼아서인지 나한상은 투박하다. 대웅전 옆 약수터에서 감로수로 목을 축이니 마음속 번뇌가 씻겨 나가는 것 같다. 다시 솔바람길을 걸으려면 삼거리 등산로까지 되돌아가야 한다. 소나무 숲길을 따라 10분쯤 오르면 솔향기길 최고의 전망대인 대머리바위가 나온다. 서쪽으로 아산신도시, 북일고, 상명대, 백석대학 등 천안시의 전경이 파노라마처럼 펼쳐진다. 특히 해 질 무렵이면 샹들리에 같은 야경을 볼 수 있다. 다시 길에 몸을 맡기고 타박타박 걷다 보니 쉼터가 나온다. 발 지압로가 있으니 산행의 피로를 풀고 가자. 삼거리에서 우회전해서 능선을 따라 1.5km쯤 걸으면 태조산 정상에 닿는다. 그러나 솔바람길은 좌회전해 왕이 머물렀다는 유왕골을 지나 각원사로 내려가도록 했다. 각원사로 하산하는 길은 두 가지다. 오솔길 코스는 거리가 짧지만 경사가 급하고 길이 협소하다. 유왕골 고갯길은 완만하고 길이 넓어 하산하기 수월하니 이 길을 권한다.

Story Telling

성불사 암각화 이야기

왕위에 오른 고려 태조 왕건은 도선국사로부터 삼국통일의 위업을 달성하기 위해서 전국의 3천8백 개의 비보사찰을 건립해야 한다는 권고를 받는다. 이어 도선국사가 성불사를 찾으니 과연 백학 한 쌍이 날아와 천연 암벽에 부리로 쪼아 불상을 조성하고 있었던 것이다. 그러나 안타깝게도 백학은 불상을 완성하지 못하고 날아가 버렸다. 도선국사는 백학의 뒤를 이어 미완성 불상을 완성하고 이곳에 사찰을 건립했다. 불상을 완성하지 못해 처음엔 절 이름이 '성불사(成不寺)'였으나 훗날 중창불사를 하면서 '성불사(成佛寺)'로 바뀌었다. 북쪽에 새겨진 입불상이 주불이며 서쪽 암벽에는 삼존불과 16나한상이 새겨져 있다. 마애불로 새긴 16나한상은 보기 드문 예인데 마주하고 있는 모습, 수도하는 모습 등 자연스럽고 생동감 넘치는 자세가 이 불상의 특징이다. 대웅전에는 따로 불상을 모시지 않고 뒤쪽에 유리창을 조성해 암각 불상을 친견하도록 했다.

1. 천안 시내를 조망할 수 있는 대머리 바위 전망대 2. 각원사 대웅전 3. 솔바람길 구름다리

동양 최대의 아미타불좌상

유왕골 고갯길은 목천의 화전민들이 생계유지를 위해 숯을 구워 천안으로 넘어가는 지름길이다. 중간쯤 가면 투박한 돌탑이 보인다. 숯장수들이 이곳에 서서 무사안일을 기원했을 것이다. 계곡은 조용하고 한적해 사색하기에 그만이다. 청아한 물소리와 솔숲을 스쳐가는 바람소리가 귓가에 머문다. 차츰 길이 넓어지더니 늘씬한 소나무 군락이 하늘을 향하고 있다. 솔향에 취해 비틀거리며 언덕을 오르니 거대한 청동좌불상이 산처럼 서 있었다. 앉은키가 15m, 귀의 길이만 1.75m, 곱슬머리 한 가닥이 사람의 머리보다 크다. 무게는 60톤으로 아미타불좌상으로는 동양 최대의 크기란다. 태조산을 배경으로 서 있는 대웅전은 정면 7칸, 측면 4칸, 34개의 주춧돌에 100여만 재의 목재가 투입된 목조 건물로 국내에서 가장 큰 법당이다. 지붕 용마루 양쪽 끝에는 경주 황룡사의 치미를 달고 있는 것이 특징이다.

주변 볼거리

천안향교 천안향교는 태조 때 처음 지었으나 임란 때 불타 없어진 것을 선조 때 다시 지었다. 제사 공간인 대성전과, 교육기능을 수행했던 명륜당, 기숙사인 동재, 서재를 볼 수 있다. 중국과 우리나라 성현의 위패를 모시고 있다. 일제강점기 리얼리즘 작가로 꼽히는 민촌 이기영이 젊은 시절을 보낸 곳으로 그의 대표작 『고향』의 무대이기도 하다.

우정박물관 1984년 우정총국의 설치로 시작된 체신 업무의 역사를 볼 수 있는 박물관이다. 집배원 복장의 변천, 편지에 관련된 아름다운 이야기, 우체통의 변천 과정 등 흥미진진한 자료가 가득하다. 야외에는 애환과 사랑을 싣고 다녔던 우편열차가 전시되어 있는데 내부는 전시관으로 꾸며졌다.

천안삼거리공원 과거 보러 가는 선비와 나그네들 그리고 삼남의 사람들이 모이던 곳으로, 옛 삼남대로의 분기점이며 만남과 어울림의 현장이다. 갖가지 전설과 민요를 낳기도 했는데 그 대표적인 것이 천안흥타령이다. 능수버들 가로수가 조성되어 있으며 조선 중기 목조건물인 영남루와 흥타령비 등 옛 삼거리의 자취를 되새겨 볼 수 있다. 매년 10월이면 천안흥타령춤축제가 열린다.

가는길

자가운전 경부고속도로 천안IC → 천안로 사거리 → 천안대로 1.2km U턴 → 향교 1길 우회전 → 청송사

대중교통
- 서울 → 천안 : 서울고속버스터미널(02-6282-0114)에서 1일 81회(06:00-23:40) 운행, 1시간 소요
- 대전 → 천안 : 대전복합터미널(1577-2259)에서 1일 22회(06:30-21:30) 운행, 1시간 소요

※ 천안종합버스터미널에서 도보 1km, 극동아파트에서 육교를 건너 경부고속도로 굴다리를 지나면 청송사에 갈 수 있다. 하산시 각원사에서 24번 버스를 타면 천안종합버스터미널에 갈 수 있다.

태조산 솔바람길 코스 (6.73km, 2시간 소요)

청송사 → (0.6km 10분) → 향교이야기마당 → (0.7km 10분) → 해맞이 광장 → (0.9km 15분) → 구름다리 → (0.69km 10분) → 성불사 삼거리 → (0.32km 5분) → 성불사 → (0.32km 5분) → 삼거리 → (0.6km 10분) → 대머리바위 → (0.3km 10분) → 솔바람휴식처 → (0.8km 15분) → 각원사 진입로 → (0.6km 10분) → 유왕골고개 → (0.9km 20분) → 각원사

맛집
소나무향기 산채비빔밥

소나무향기 각원사 버스정류장 앞에 자리한 산채정식 전문식당으로 조미료를 사용하지 않고 100% 국내산 산채를 사용해 나물의 향기가 짙다. 곤드레밥, 청국장, 전 이외에 산채 요리 10가지를 맛볼 수 있다. • 천안시 동남구 안서동 151(동남구 각원사길 178) • 041-523-2202
녹원 한정식 • 천안시 동남구 유량동 354-3(동남구 유량로 140) • 041-555-3531
박순자아우내순대 순대 • 천안시 병천면 병천리 113(아우내 순대길) • 041-564-1242

숙소
천안상록리조트 천안시 동남구 수신면 장산리 669-1(동남구 수신면 수신로 576)
041-560-9114 • www.sangnokresort.co.kr
아비숑호텔 천안시 동남구 봉명동 54-79 (동남구 양지10길 6) • 041-578-8283
쉘부르호텔 천안시 성정동 1412(서북구 봉정로 277) 041-561-3838

27
아산 봉곡사 솔바람길

새 소리, 바람 소리 벗 삼아 걷는 반나절의 행복

사세(寺勢)로 볼 때는 봉곡사는 그저 그런 절이다.
요사채 하나와 대웅전과 삼성각, 그리고 법당 자리에 들어선 고방이 건물의 전부다.
그러나 절을 둘러싼 솔숲과 함께 보면 봉곡사는 아주 특별해진다.
절집과 그곳을 지킨 오래된 나무는 떼려야 뗄 수 없는 연을 맺고 있지만
봉곡사는 시선을 끄는 몇 그루의 나무가 아니라 거대한 솔숲과 통째 연을 맺었다.
그 숲을 따라 솔바람길이 지난다. 글·사진 이승태

봉곡사는 솔숲이 일주문이다

절인데 일주문이 없다. 사천왕문이나 인왕문도 물론 없다. 절 입구의 주차장에서 절 마당까지 600m쯤 되는 긴 진입로엔 여기가 절입네 하는 아무런 시설이 없다. 그저 높이 자라 그늘을 드리운 붉은 둥치의 솔숲만 울창하다. 경북 청도의 운문사나 경남 양산 통도사의 들머리 솔숲 같은 평지가 아니라 완만한 경사의 오르막이고, 그마저도 굽이져 그 끝을 보여주지 않는다. 그래 걷는 재미가 여간한 게 아니다.

짧지도 길지도 않은 솔숲길이지만 하도 예뻐서 자꾸만 발길이 멈춘다. 무작정 걷지만 말고 돌이라도 하나 올리고 쉬었다 가라는 듯, 100m 간 곳에 돌탑이 나온다. 아름쯤 되는 굵기의 소나무마다 아래쪽엔 'V'자 홈이 파져 있다. 일제강점기에 송진을 채취한 흔적이란다. 그 모진 상처를 가지고도 이리도 아름답게 자라주었으니 무작정 반갑고 고마운 숲이다.

충청도에서는 꽤 유명한 절이어서 평일에도 찾는 이가 많다. 새 소리, 바람 소리 벗 삼아 바쁠 것 없이 여유로운 걸음들…. 솔향 가득 머금은 바람이 봉곡사 오르는 내내 살랑거린다.

꽤나 게으름을 피우며 걸어도 봉곡사는 금세 닿는다. 봉곡사 경내에 들어서기 전 길이 꺾이는 곳에 탑이 보인다. '만공탑'이다. 근대의 승려로 일제강점기 때 일제의 불교 정책에 정면으로 반대하며 우리나라 불교를 지키려 한 일화로 유명한 만공스님을 기리기 위해 세운 탑이다. 이론과 사변을 버리고 무심의 태도로 화두를 구하는 간화선(看話禪)을 강조한 만공스님은 1895년 어느 날, 이곳 봉곡사에서 새벽 범종 소리를 듣고 큰 깨달음을 얻었다. 탑 전면에 음각된 글씨 '世界一花'는 만공스님의 친필이라고 한다.

걷기 좋은 계절 **봄, 여름, 가을**　난이도 ★　동반자 **가족, 어린이, 연인, 홀로**

워킹용 스틱은 걷기의 필수

봉곡사 솔바람길은 길이 좋아도 너무 좋다. 그렇다고 걷기의 필수장비인 스틱을 빼고 가는 우를 범해서는 안 된다. 걷는 것은 신체의 무게를 무릎과 발목이 고스란히 견디며 이어지는 행위여서 다리 쪽의 피로도가 급상승하기 마련. 그러나 스틱을 사용하면 무릎과 발목에 가해지는 충격의 30% 이상을 스틱으로 분산시켜준다. 땅을 짚는 점이 네 곳이니 그만큼 안정감을 준다. 또 걷는 속도가 향상되며, 우거진 수풀지대를 지날 때도 요긴하다. 뱀 같은 반갑지 않은 동물과 마주쳤을 때 스틱은 큰 위력을 발휘한다. 다리를 다쳤을 경우 부목 대신 사용할 수 있으며, 갑작스레 불어난 계류를 건널 때도 큰 도움이 된다. 스틱을 준비할 때는 반드시 두 개 세트로 구입하도록 한다. 양손에 잡아야 제대로 성능을 발휘하기 때문이다.

신라시대에 창건됐다는 봉곡사는 천년이 훨씬 더 된 까마득한 역사에 비해 건물 수가 매우 단출하다. 마당 왼쪽 언덕에 있는 삼성각과 마당을 통째 안고 들어선 대웅전과 향각전, 그리고 요사채가 전부. 지장전이나 약사전 같은 법당은 물론 종무소나 사천왕문조차 없다. 그러나 그래서 말끔한 느낌이다. 절 뒤쪽 산자락엔 대숲이 둘렸고, 그 뒤로는 잘 자란 소나무들로 빼곡하다. 삼성각 앞 화단에서 내려다보는 봉곡사는 깨끗이 다림질한 선비의 도포자락을 보는 듯 깔끔하고 반듯하다. 만공의 가르침이 저러했을 것 같다.

누구라도 함께 걷고 싶은 길

본격적인 솔바람길을 걸으려면 봉곡사를 나와서 다시 내려서야 한다. 봉곡사 바로 아래의 사방댐(유곡리사방댐)에서부터 반대편 오돌개마을 사방댐까지 2km의 임도를 따라 조성된 길이다. 사방댐을 벗어나자 곧 조용하고 한적한 길이 나타난다. 차 한 대가 넉넉히 지날 수 있는 넓이의 임도는 바퀴가 지난 곳 외에 풀이 자라 시골 농로처럼 무척이나 정겹다. 절로 콧노래가 흘러나온다.

Story Telling

다산의 자취가 남은 절집, 봉곡사

다정한 솔숲길 걸어올라 만나는 예쁜 절집 봉곡사. 그야말로 솔바람에 씻기고 씻긴 듯 말간 얼굴의 절집이다. 진입로의 솔숲이 워낙 좋은 절집. 그 길을 걷노라니 새 소리, 바람 소리가 울창한 솔숲 사이로 비쳐 든 햇살과 어우러져 어지간한 독경소리보다 맘을 편하게 한다. 이 아름답고 기분 좋은 솔숲 진입로가 봉곡사의 일주문이고 사천왕문인 셈이다.

절 마당에 들어서자마자 바로 왼쪽에 삼성각 오르는 길과 샘이 보인다. 오름길을 오르느라 가빠진 숨을 예서 물 한 모금 마시며 쉬라는 배려로 느껴져 여간 고마운 게 아니다. 몇 채 되지 않는 가람은 휑하기보다는 정갈한 느낌을 강하게 풍긴다. 잔디를 깐 마당에서 높지 않은 반듯한 석축 두 단을 쌓아 지은 대웅전과 향각전이 나란한데, 화려한 금단청을 한 대웅전과 아무런 장식이 없는 향각전이 절묘한 조화를 이루며 균형을 이루고 있다.

봉곡사는 금정찰방이라는 벼슬을 하던 다산 정약용이 성호 이익을 기리는 강학회를 열고자 찾은 곳으로, 그때가 1795년이다. 성호의 종손자인 목재 이삼환이 예산에 살고 있는 것을 알고 이익의 사상과 문집을 정리하는 강학회를 열자고 제안했던 것이다. 그때 쓴 글이 『서암강학기(西巖講學記)』로, 당시 봉곡사 일대의 풍광이 자주 언급되어 나타난다. 다산은 목재를 비롯한 여러 벗들과 열흘쯤을 봉곡사에 머물며 학문을 강하고 도를 논했으며, 저녁이 되면 산등성이에 올라 산책하며 주변을 조망했다고 한다.

1. 거북이쉼터. 거북이 모양으로 조각한 의자가 재미있다.
2. 냉풍체험장의 바람구멍. 손을 갖다 대면 시원한 기운이 느껴진다.

워낙 완만해 숨 찰 곳 없는 길이 이어진다. 사방댐의 해발 높이가 170m쯤이고 임도의 가장 높은 곳이라야 270m가 안 되고, 크게 스무 곳쯤의 모퉁이를 만난다. 길모퉁이는 급히 꺾이지 않고 부드러운 곡선이어서 어디서라도 진행할 방향이 저만치 가늠되어 맘이 편하다.

사방댐을 출발해 1.3km 간 곳에서 첫 쉼터를 만난다. 비뚤한 기둥에 너와지붕을 얹은 넓은 정자가 쉬어가기에 딱 좋다. 정자 옆에 소나무로 깎아 거북이 다섯 마리가 먼저 자리를 차지하고 있다. 자세히 보니 거북이 모양을 한 의자다. 솜씨가 빼어난 장인이 만들었나 보다. 참 예쁘다.

거북이쉼터에서 얼마 안 간 곳에 '냉풍체험장' 이정표가 보인다. 왼쪽으로 140m 들어선 아카시숲 사이에 조성되어 있다. 땅바닥에 뚫린 몇 곳의 구멍이 있는데, 신기하게도 손을 대니 냉기가 느껴진다.

두 번째 쉼터를 지나면서부터 길은 거의 내리막이다. 그래도 워낙 완만해 별다른 변화가 느껴지지는 않는다. 임도 가장자리로는 부러 심은 노랑코스모스와 벌개미취, 패랭이꽃 같은 꽃들이 펴서 길이 환하다. 길 주변은 출발할 때의 소나무에서 참나무 종류로 어느새 주종이 바뀌어 있다. 아무렴 어떤가! 봉곡사 솔바람길은 그 누구와도 걷고 싶은 길이다.

사방댐 위의 뽕나무밭을 만나면 솔바람길도 거의 막바지다. 사방댐 아래엔 오디와 뽕잎을 이용해 상차림을 하는 '오돌개마을 농가맛집'이 있다. '오돌개'는 오디의 충청도 방언으로, 뽕잎가루를 이용한 만두와 오디로 드레싱한 샐러드며, 소불고기 뽕잎쌈 등 여기서만 맛볼 수 있는 건강하고 맛있는 메뉴들로 가득하다. 단, 예약제로 운영된다. 농가맛집에서 날머리인 오형제고개는 쉬엄쉬엄 걸어서 10분 거리다.

주변 볼거리

아산 외암마을 충청 지역의 전통적인 살림집 모습을 고스란히 간직한 전통 마을이다. 원래 여러 성씨가 모여 살다가 조선 명종 때 예안이씨 이사종(李嗣宗)이 세 딸만 둔 진한평(陳漢平)의 맏사위가 되어 이곳으로 이주하면서 그의 후손들이 번창하게 되었고, 그 후손 중에 인재가 배출되자 차츰 예안이씨를 중심으로 하는 마을을 이루게 되었다. 정월 보름을 전후해 느티나무제와 장승제를 지내고, 매년 10월에는 전통문화와 농경문화, 민속놀이 등을 체험할 수 있는 '짚풀문화제'가 열린다.

봉곡사 조계종 절집인 봉곡사(鳳谷寺)는 남쪽에 있는 공주 마곡사의 말사다. 신라시대 도선이 석가암이라는 이름으로 창건했다 하니 천년이 훌쩍 넘는 세월을 지나온 고찰. 지금은 대웅전과 향각전, 삼성각, 요사채가 남아 있으며, 대웅전과 그 옆의 고방(庫房)이 충남문화재자료로 지정되어 있다. 즉 이렇다 할 내세울 게 없는 절집이다. 그러나 봉곡사의 매력은 고색창연한 가람이나 천년을 견딘 돌조각에 있지 않다. 주차장에서 봉곡사까지 이어진 600m쯤의 솔숲 진입로야말로 여느 큰 절집과 비교해도 그 즐거움이 덜하지 않다.

맹씨행단 아산시 배방면 중리에 있는 맹씨행단(孟氏杏壇 · 사적 제109호)은 조선 초기 청백리로 유명한 고불 맹사성(1360~1438)의 집안이 살던 곳이다. 경내엔 고려 말 두문동(杜門洞) 72현인 맹유, 맹희도, 맹사성의 위패를 모신 세덕사와 세종 때 황희, 맹사성, 권진 3정승이 아홉 그루의 느티나무를 심었다는 구괴정, 맹사성이 심었다고 전해지는 600여 년 된 은행나무도 있다. 입구 안내판 아래의 재미있는 안내문이 눈길을 끈다. 사람들이 '아산 맹씨행단'으로 인해 '아산'을 맹씨 관향으로 잘못 알고 '아산맹씨'로 오해하는데, '맹씨행단'은 문화재명으로 실제는 '신창맹씨'니 착오 없기 바란다는 내용이다.

가는길

자가운전 1. 경부고속국도 천안IC → 1번 국도 이용 천안 삼거리 → 21번 국도 이용 아산시 읍내동 사거리 → 39번 국도 이용 → 사기소마을 입구에서 봉곡사 방면 우회전 → 봉곡사 주차장
2. 서해안고속국도 서평택IC → 아산만방조제에서 39번 국도 이용 → 아산시 송악면 사기소마을 입구에서 봉곡사 방면 우회전 → 봉곡사 주차장

대중교통
`서울→아산` 서울고속터미널(02-6282-0114)에서 1일 24회(06:05-21:30) 운행, 1시간 30분 소요
`대전→아산` 대전동부터미널(042-620-0620)에서 07:05-19:55까지 30분 간격으로 운행, 1시간 30분 소요
※ 아산경찰서나 온양온천역 앞에서 봉곡사까지 132번, 134번 버스 이용

봉곡사 솔바람길 코스 (4.46 km, 1시간 55분 소요)

봉곡사 주차장 → (0.5km 15분) → 봉곡사 → (0.05km 2분) → 유곡리 사방댐 → (1.3km 30분) → 거북이쉼터 → (0.26km 10분) → 냉풍체험장 → (0.6km 15분) → 정자쉼터 → (1.1km 25분) → 오돌개마을 사방댐 → (0.17km 6분) → 오돌개농가맛집 → (0.48km 12분) → 오형제고개

한우드소 기본 상차림

온양관광호텔

맛집

한우드소 아산시 염치읍의 염치한우촌에 소고기 구이 전문점이다. 한우직판장과 식당이 분리되어 있으며, 직판장에서 고기의 부위와 마블링 등을 직접 보고 원하는 양 만큼 고른 후 식당으로 가서 테이블에 앉으면 세팅을 해 준다. 한우드소에서는 철저하게 품질관리 된 1+등급의 거세한우만 쓰는 게 특징. • 041-547-8484 • www.hanudso.com

도담불고기 소불고기와 제육두루치기 쌈 정식 • 아산시 배방읍 장재리 주민센터 옆 에듀시티 2층 • 041-545-2008

숙소

온양관광호텔 아산시 온천대로 1459
041-545-2141 • www.onyanghotel.co.kr
CF모텔 아산시 배방읍 모산로 150-8
041-549-0904
힐탑모텔 아산시 음봉면 아산온천로 157번길 7-30 • 041-541-5161

28
논산 계백혼이 살아 숨 쉬는 솔바람길

충효정신을 그리며 걷는 서원 순례길

논산의 솔바람길은 풍성하다. 기호지방의 유생들의 흔적을 더듬어가는 서원답사길이자 나라를 위해 목숨 바친 5천결사대의 숨결이 있는 길 그리고 탑정호수를 발아래 두고 걷는 길이기에 풍성한 식탁을 마주하는 기분이다. 자연 그대로의 길 위를 사부작사부작 거닐며 자문자답해보면 어떨까.

글·사진 이종원

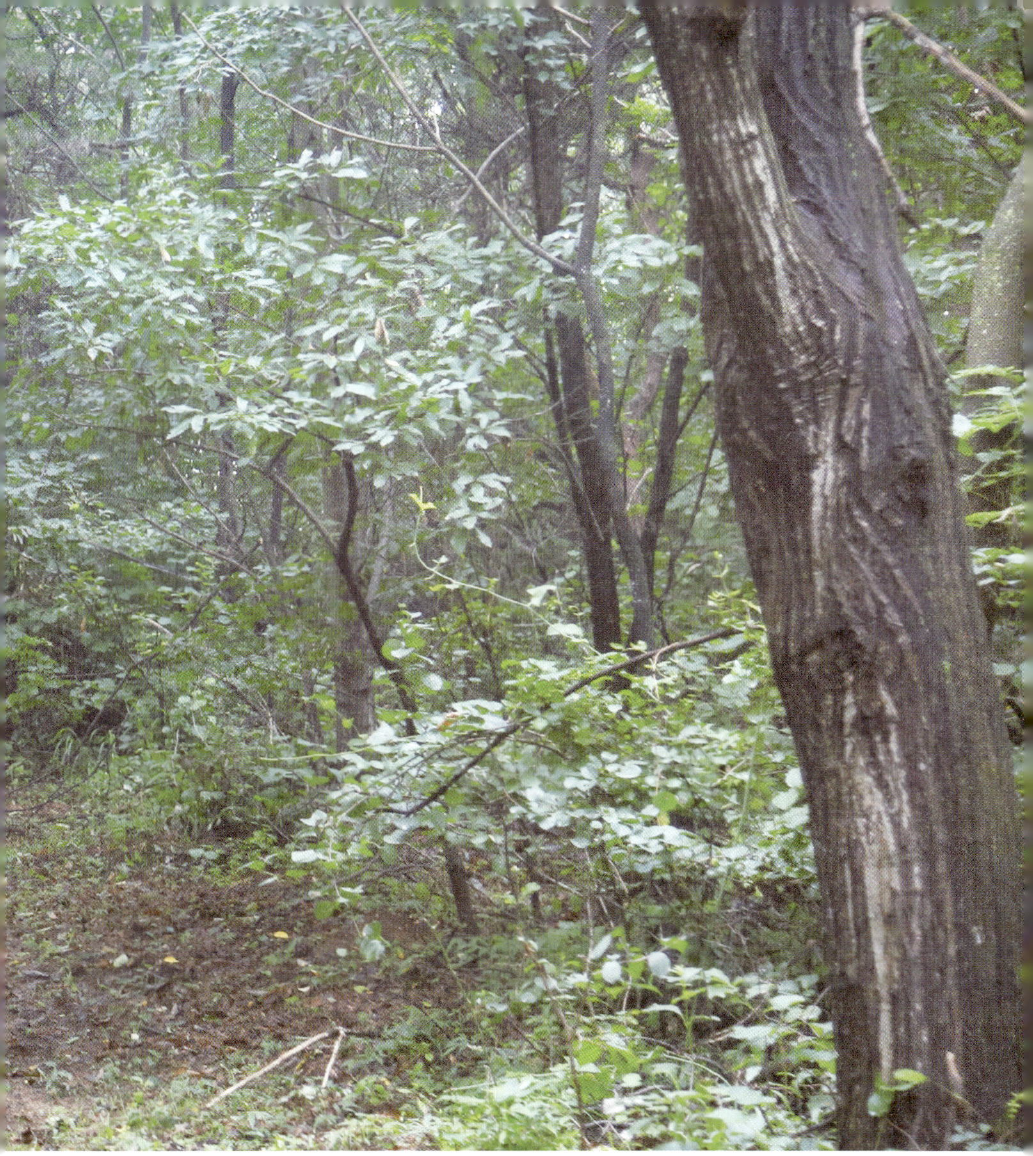

걷기 좋은 계절 **봄, 여름, 가을, 겨울**　난이도 ★　동반자 **가족, 어린이, 단체 답사객**

3인 이상 동행하는 것이 안전하다

산이 힘하지 않기 때문에 트레킹화를 신어도 될 것 같다. 걷는 사람이 거의 없기 때문에 되도록 3인 이상 동행하는 것이 안전하며 생수와 간식을 미리 챙겨가는 것이 좋다. 서원의 건축양식, 배향된 인물 등을 사전에 공부하고 가면 유익한 답사가 될 것 같다. 동선을 따라 서원이 있는 것이 아니라 마치 장갑처럼 아래쪽 서원을 둘러보고 다시 올라와야 하는 어려움이 있으며 사계 김장생 선생 묘는 솔바람길 코스에 넣는 것보다 휴정서원까지 다 둘러보고 따로 찾는 것이 동선에 맞다.

기호지방 최고의 서원인 돈암서원

돈암서원부터 길이 시작된다. 동서고금의 역사를 통해 5백 년이나 이어온 왕조는 그리 많지 않는데 아무래도 그 원동력을 유교정신에서 찾아야겠다. 논산의 솔바람길은 탑정호수 주변 서원 순례를 통해 초야에 묻힌 선비들의 충효정신을 온몸으로 느끼는 길이다.

돈암서원은 기호사림의 종장인 사계 김장생 선생이 타계하고 3년 후에 세운 사액서원이다. 대원군의 서원철폐령에도 살아남은 전국의 47개 서원 중 하나로 호서지역은 물론 기호지방 전체에서 존숭 받았던 서원이다. 서원의 공간은 논산의 들녘만큼이나 넉넉하며 기존의 유교 건물과는 달리 자유로운 편이다. 서원은 앞으로 연산천이 흐르고 왼쪽에 계룡산, 오른쪽으로는 대둔산이 위치한 명당에 자리했다. 전학후묘 방식으로 아무래도 후학을 위한 교육적 측면을 강조한 서원이다. 들어가면 덕이 생긴다는 입덕문에서는 주춧돌을 유심히 살펴봐야 한다. 3쌍의 주춧돌이 있는데 첫 번째는 사각형, 두 번째는 팔각형, 세 번째는 원형이다. 아무리 모난 사람이라도 인격을 닦고 수양하면 원만한 성격을 가질 수 있음을 말해주고 있다. 특히 서원의 교육기관인 응도당이 볼만한데 강당이 사당과 직각으로 배치한 것이 특이하다. 거기다 넓은 대청마루, 튼튼한 대들보가 서원의 힘을 말해주고 있다. 기둥 위 이음새를 살펴보면 봉황, 용, 코끼리가 조각되어 있으니 숨은 그림 찾듯 눈을 크게 떠보라. 정면에 아담하게 버티고 있는 양성당은 사계 선생이 생전에 학문을 연구했던 강당으로 양쪽에 동재, 서재를 품고 있다. 사당에는 김장생, 김집, 송준길, 송시열 등 네 분의 위패를 모시고 있다.

Story Telling

우복 정경세 선생과 세 선비

경상도 상주의 유학자 우복 정경세 선생이 사계 김장생 선생을 찾아와서 선생의 문하에서 사윗감을 얻겠다고 했다. 사계 선생은 자기 수하에 세 사람이 공부하고 있으니 마음에 드는 사람을 선택하라고 했다. 우복은 공부방으로 찾아가 "이리 오너라"를 외치니 첫 번째 선비는 마당까지 내려와 정중히 인사를 하고 방으로 안내를 했다. 방으로 들어가니 글을 읽고 있던 두 번째 선비는 방문객을 힐끗 쳐다보더니 글을 읽는 것이었다. 세 번째 선비는 의관도 제대로 갖추지 않고 아랫목에 옆으로 팔베개를 하고 누워 있는데 기골이 장대한 데다 손님이 들어와도 일어나지 않고 눈만 껌뻑이고 있었던 것이다. 우복 선생은 첫 번째 선비는 몸가짐이 나무랄 데 없지만 가벼운 느낌이 들고, 두 번째 선비는 인물이 준수하고 진중한 성격을 가진 것 같고, 세 번째 선비는 기골이 장대하지만 평지풍파를 일으킬 것 같아 자기 딸이 고생을 할 것 같았다. 그래서 사위로 선택한 사람이 바로 두 번째 선비. 그분이 바로 동춘당 송준길 선생이다. 첫 번째 예의 바른 선비는 초려 이유태 선생이며, 세 번째 눈만 멀뚱한 선비는 우암 송시열 선생이란다.

입덕문에서 바라본 돈암서원 전경

배롱나무 꽃향기를 맡으며 사색하는 충곡서원

서원을 나와 담벼락을 따라 뒷산을 오르면 본격적인 논산 솔바람길이 시작된다. 경사가 완만하고 길이 아기자기해 마치 초등학생 소풍길 같다. 오르막이 끝나면 탁 트인 공간이 펼쳐지고 풍요로운 논이 품에 안긴다. 나무벤치에 앉아 송골송골 맺힌 땀을 닦고 나서 푹신한 황톳길에 몸을 싣는다. 빼곡한 소나무 숲에서 나온 기운이 온몸을 감싼다. 전망 좋은 곳에는 어김없이 벤치가 놓여 있으니 갤러리의 풍경화를 감상하듯 전원 풍경을 보면서 쉼표를 찍으면 된다. 콧노래를 부르며 숲길을 걸으면 삼거리 이정표를 만나게 된다. 우측으로 꺾어 1.2km쯤 내려가면 충곡서원을 만날 수 있다. 건물은 아담하지만 현판은 힘이 넘쳐 있다. '충곡(忠谷)'이란 글자가 유난히 눈에 띄는 이유는 이곳이 나라를 위해 목숨을 바친 충절 인물을 모신 사당이기 때문이다. 창건 시 계백 장군을 주향으로 모셨고 이개, 하위지, 유성원, 유응부, 성삼문, 박팽년 등 사육신만 배향했으나 지금은 그 수가 늘어 18위를 모시고 있다. 조선시대 유교 건물임에도 백제 장군 계백을 모신 것이 특이한데 아무래도 장군의 묘가 가까이 있으며 나라를 위해 목숨을 바친 우국충절정신을 기리기 위함이 아닐까 싶다. 거기다 『구운몽』의 저자

서포 김만중까지 모신 것을 눈여겨봐야 한다. 소설 『사씨남정기』를 쓴 김만중은 숙종이 장희빈을 물리치고 인현왕후를 복위케 하는데 기여했기 때문이다. 홍살문을 지나면 팽나무, 은행나무, 향나무 등 노거수를 볼 수 있는데 특히 마당을 온통 붉게 물들인 배롱나무가 볼만하다. 껍질이 없어 겉과 속이 다르지 않아 표리부동하지 않는 나무이기에 선비들에게 몸가짐을 돌보는 수신목 역할을 했다.

비운의 백제 역사가 깃든 계백 장군묘

다시 솔바람길을 이어 걸으려면 삼거리로 되돌아가야 한다. 이제부터는 늘씬하게 뻗은 솔숲 사이를 걷게 된다. 낙엽이 수북하게 쌓여 다져진 길이라 카펫 위를 거니는 것처럼 푹신하다. 걷다가 힘이 들면 나무벤치에 앉아 녹음을 감상하면 피로가 저절로 풀린다. 그렇게 오르막 내리막을 반복하며 걷다보니 저 멀리 탑정호가 아른거린다. 호수를 멋지게 감상할 수 있도록 팔각정까지 조성해놓았다. 다시 아래쪽으로 내려가니 사거리가 나온다. 왼쪽으로 꺾어지면 사계 선생의 묘가 있는 고정리마을이 나오고 오른쪽으로 꺾어지면 계백 장군묘와 백제군사박물관을 둘러볼 수 있다. 차량출입차단기를 넘어가니 초록잔디밭에 흔들의자와 나무벤치가 서 있고 그 뒤편으로는 배롱나무가 핑크빛 꽃을 피우고 있다. 박석길을 따라 솔숲길을 따라가니 계백 장군묘가 나온다. 백제의 유민들이 전쟁터에서 장군의 시신을 몰래 거둬 가매장했다고 하는데, 주변에 충장산(忠藏山), 수락산(首落山)이 있으며 묘소 일대 지명이 가장골(假葬골)이고 묘소 주변에 철재 무기가 나온 것으로 보아 계백 장군묘로 추정하고 있다. 묘는 소박하고 비석만 쓸쓸하게 서 있다. 그나마 수령이 오래된 소나무가 묘를 감싸 안으며 장군의 넋을 위로하고 있다. 비운의 역사가 스며있어서 그런지 마음이 숙연해지고 발걸음이 조심스럽다. 묘 아래에는 계백 장군의 구국정신을 기리는 충장사가 있어 옷매무시를 갖추고 참배를 했다. 충장사에서 계단을 오르면 말에 올라 칼을 휘두르고 있는 계백 장군의 동상과 5천결사대의 장렬한 죽음을 묘사한 부조를 만나게 된다.

백제군사박물관에는 백제의 전쟁사와 환두대도, 도끼, 화살 등 백제의 무기를 살펴볼 수 있다. 전투상황 모형을 통해 삼국시대 전투체험을 할 수 있어 아이들이 좋아한다. 영상관에서는 황산벌 최후전투와 백제 관련 영화를 4D로 감상할 수 있다. 군사박물관 뒤쪽 산책로를 오르면 탑정호를 멋지게 내려다볼 수 있는 황산루가 서 있고 그 뒤편에 황산벌전적지 전망장소가 놓여 있다. 계백 장군의 포효 소리와 결사대의 함성 소리가 귀에 들리는 듯하다. 결사대의 넋을 기리며 묵념을 하고 또 다시 길을 걷는다.

솔향기길의 종착지 휴정서원

볼에 솔바람이 스치니 기분이 상쾌하다. 터널 위를 지나가면 삼거리를 만나게 되는데

1. 5천결사대와 계백 장군 동상 2. 탑정호수를 내려다보며 걷는 솔바람길
3. 배롱나무가 활짝 핀 충곡서원 4. 솔바람길의 종착지인 휴정서원

이곳에서 300m쯤 직진하면 고정산 정상이 나온다. 하산길이 없으니 다시 삼거리로 돌아 나와야 한다. 삼거리에서 휴정서원까지는 600m. 황톳길을 따라 하산하면 김국광, 김겸광 형제가 3년간 시묘살이를 했던 영사암이 나온다. 아무도 살지 않는 집이지만 튼실하게 보인다. 3단의 기단은 반듯하며 둥근 기둥의 원목이 육중한 지붕을 받치고 있다. 처마의 반전이 날렵하며 스키장의 보드처럼 둥글게 패인 문지방은 그 곡선미가 절묘하다. 일렁이는 바람소리에 쏴쏴 소리로 화답하는 대숲을 지나면 마을이 나온다. 이곳에서 좌측으로 100m쯤 더 가면 솔향기길의 종착지인 휴정서원을 만나게 된다. 휴정서원은 숙종 때 유무, 유문원 등 학문에 매진한 학자의 덕행을 추모하기 위해 세워진 서원이다. 내삼문에 들어서면 사당이 있고 사당 양쪽에 일렬로 서 있는 비석을 볼 수 있으며 사당 양쪽에 사당을 지키는 향나무가 있다. 고정산 자락 아래 자리한 김장생 선생 묘역은 노거수로 둘러싸여 있으며 사당과 재실인 염수재와 광산김씨 종가의 비가 모여 있다.

주변 볼거리

탑정호수변생태공원 논산팔경 중의 하나인 탑정호수변에 만들어진 공원으로 나무데크 길을 따라 탑정호의 청정함을 느낄 수 있는 곳이다. 특히 5월 말부터 6월까지 샤스타데이지 꽃 수만 그루가 꽃물결을 이루며 7월이면 연꽃이 바통을 잇는다. 수생식물원, 자연학습원, 분수, 팔각정 등 편의시설을 갖추고 있다.

명재고택 조선 숙종 때 소론의 거두 명재 윤증의 고택으로 담보다 낮은 굴뚝은 가난한 사람에 대한 배려이며 내외벽은 아녀자를 보호하기 위한 건축기법이다. 안채와 곳간채 등을 나란히 두지 않은 곳은 통풍을 위해서다. 고택 구석구석 숨어 있는 과학적 원리와 선조의 지혜를 발견하는 재미가 쏠쏠하다. 대쪽 같은 선비의 고택답게 배롱나무와 향나무가 멋스럽다.

관촉사 은진미륵으로 불리는 석조미륵보살 입상을 볼 수 있다. 높이만 18m로 우리나라에서 가장 큰 미륵불이며 동양에서도 최대를 자랑한다. 눈이 옆으로 찢어졌고 관모는 졸업식 모자를 연상케 하는데 얼굴은 토속적으로 생겨 장난기 가득하다. 힘이 좋아 보이는 석등과 5층석탑을 볼 수 있다.

가는길

자가운전 서해안고속도로 서논산IC → 논산교차로에서 대전·논산 방면으로 우회전 → 4번 국도 → 임3길에서 우회전 → 돈암서원

대중교통

| 서울 → 논산 | 서울센트럴시티터미널(02-6282-0114)에서 1일 24회(06:30~22:45) 운행, 2시간 10분 소요 |
| 대전 → 서산 | 대전복합터미널(1577-2259)에서 1일 15회(07:20~19:55) 운행, 1시간 20분 소요 |

※ 논산시외버스터미널에서 연산, 양촌행 301, 303, 304, 318번 버스 이용 돈암서원 앞 하차

논산 솔바람길 코스 (6.2km, 2시간 소요)

돈암서원 → (1km 20분) → 삼거리 이정표 우회전 → (1.2km 25분) → 충곡서원 → (1.2km 25분) → 삼거리 이정표 우회전 → (1.2km 25분) → 계백 장군 묘역/백제군사박물관 이정표 → (1.6km 25분) → 휴정서원

맛집

신풍매운탕 신풍매운탕의 별미인 붕어찜과 메기매운탕은 얼큰하면서도 비린내가 나지 않으며 호숫가에 자리해 주변 풍경이 일품이다. 직접 재배한 식재료를 사용해 반찬도 맛깔스럽다. • 논산시 부적면 원탑정2길 81-1(부적면 신풍리 154) • 041-732-7754

은진손칼국수 칼국수 • 논산시 은진면 연서리 388-1(은진면 매죽헌로 52-12) • 041-741-0612

황산옥 우어회 • 논산시 강경읍 황산리 81-16(강경읍 금백로 34) • 041-745-4836

숙소

딸기모텔 논산시 부적면 외성리 475-5 (부적면 예학로 253-8) • 041-734-2729

조선호텔 논산시 취암동 1044-1 (관촉로 285번길 9) • 041-733-1012

에버그린관광호텔 논산시 연무읍 황화정리 976 (연무읍 황화로 369) • 041-742-3344

29
계룡 사계 솔바람길

선비를 따라 느긋하게 산책하는 길

사계 솔바람길은 선비의 길이다. 사계 김장생 선생의 고택인 은농재를 품은 왕대산을 걷는 길이기 때문이다. 이 길을 걸으며 사계 선생의 삶과 예학의 정신을 돌아보고 소나무가 만들어내는 아늑함도 느껴보자. 조붓한 오솔길로 딱 한 사람 걷기 좋은 솔바람길. 선비의 정신을 따라 느긋하게 걷기 좋은 솔바람길은 오늘의 근심을 털어내고 내일의 힘을 얻어갈 수 있는 소중한 길이다. 글·사진 유정열

예학의 대가 사계의 숨결이 묻어 있는 은농재

계룡시의 이름은 계룡산에서 따왔다. 계룡산은 산의 모양이 닭의 벼슬을 쓴 용의 모습과 닮았다 해서 붙여진 이름이다. 계룡시는 용의 정기가 깃든 도시인 셈이다. 조선을 건국한 태조 이성계가 도읍지로 꼽은 명당이기도 하다. 태조는 서울에 도읍을 정하기 전, 계룡산 남쪽 신도안면 일대를 도읍지로 정하고 터를 닦았다. 터는 지금도 남아 있다. 계룡산에서 동남쪽으로 향하면 두마면 왕대산이 있다. 왕대산에는 사계 김장생 선생이 살았던 고택과 사랑채인 은농재가 자리하고 있다. 김장생 선생은 조선 중기 때의 문신으로, 스무 살 때 스승 율곡 이이의 수제자가 되어 훗날 예학의 거봉으로 우뚝 선 인물이다. 김장생 선생은 송시열과 송준길, 이유태, 윤선거, 유계 등 대가를 포함한 총 285명의 후학을 배출했다. 평생을 유학자로 살았던 그는 둘째 아들 김집과 함께 조선 유학의 18현(賢)으로 문묘에 배향되었다.

김장생 선생은 기호학파의 거두다. 기호는 경기도와 충청도 일대의 지방을 중심으로 율곡 이이의 성리학을 추종하는 학파다. 김장생 선생의 예학은 양대 전란으로 혼란스러운 국가의 기강을 바로 잡고 사회 폐단으로부터 질서 유지를 위한 것이었다.

은농재는 김장생 선생과 정부인 순천김씨가 말년에 기거하던 곳이다. 김장생 선생이 55세 되던 1602년에 지었는데, 은농재란 이름은 '은둔하여 농사를 짓는 집'이란 뜻이 담겨 있다. 은농재는 은둔의 공간이다. 그는 벼슬을 버리고 고향에 내려와 은농재에서 학문을 연구하고 제자를 양성했다. 입구가 있는 대문채를 지나면 은농재가 있고 행랑채와 안채가 뒤에 있다. 그리고 안채 뒤로 장독대가 있고 옆으로 김장생 선생의 영당이 있다. 영당은 김장생 선생이 돌아가셨을 때 출상하기 전에 시신을 모셔둔 곳이다. 현재 영당 안에는 풍성하고 흰 수염이 가득한 사계 김장생 선생의 영정이 모셔져 있다. 영당 앞에는 후학을 가르치던 성례당이 있다.

걷기 좋은 계절 봄, 여름, 가을   난이도 ★   동반자 가족, 어린이, 연인

물과 시집 한 권 챙겨두기

계룡역에서 은농재까지는 도보로 약 1.2km다. 계룡 e편한세상 아파트를 경유해 두계터널을 지나 두마면사무소까지 걸어서 가도 된다. 사계 솔바람길은 코스가 짧다. 산책 수준이다. 물과 간단하게 읽을 수 있는 시집 한 권 챙겨두는 것도 좋겠다. 왕대산 정상의 정자나 쉼터 바위에서 쉬어가며 시집을 읽는 시간도 산책의 즐거움이기 때문이다.

사계 선생의 발길 따라 왕대산 산책

사계 솔바람길은 은농재에서 출발한다. 조선 양반가의 겸손함이 담겨 있는 은농재에서 나와 왕대산업단지 방향으로 약 200m 걸어가면 왕대산 등산로 입구에 닿는다. 등산로 입구에서 조금 걸어가면 조붓한 숲길이 나온다. 소나무 사이로 햇살이 푸르게 칠해 놓은 산길을 걷는다. 경사가 급하지 않아 걷기 적당하다. 천천히 오르면 삐죽이 튀어 나온 풀잎들이 바지에 스쳐 사각거린다. 길 중간 중간에 벤치가 있어 잠시 숲의 향기를 맡아도 좋다. 길을 따라 15분 정도 오르면 모원재와 왕대산 가는 갈림길이 나온다. 모원재로 가는 길은 사람들의 왕래가 없는지 길 위에 잡풀이 무성하다. 모원재는 김국광의 재실이 있는 곳이다. 김국광은 세종 23년에 벼슬길에 올랐고 세조의 즉위를 도와 신임을 얻어 병조판서를 거쳐 우의정에 이르렀다. 또한 경국대전 편찬에 참여한 인물이다.

갈림길에서 왕대산 정상을 향해 10여 분 더 걸어가면 정상이 나타난다. 정상에는 쉬어가는 정자가 있고 사계 김장생 선생의 일대기와 허씨 부인의 설화를 적어 놓은 10여 개의 안내판이 설치되어 있다. 정자에 음성 안내장치가 있어 음악과 함께 김장생 선생의 삶에 대한 설명이 이어진다. 김장생 선생은 성품이 너그럽고 문장과 글이 뛰어난 덕행군자로 알려졌다. 선생은 예의 실천으로 자신을 다스리는 것, 성품이 올바를 것과 강한 도덕성을 강조했다. 4백 년 전의 가르침이 오늘을 사는 우리에게까지 전해진다.

Story Telling

광산김씨의 번성, 허씨 부인 이야기

대사헌 허응에게 예쁜 딸이 하나 있었다. 그녀 나이 17세 때 충청도관찰사 김약채의 아들 김문과 결혼했다. 신혼 초에 남편의 급사로 청상과부가 되었다. 그녀의 배에는 아이가 자라고 있었다. 친정에서는 딸을 재혼시키려 했지만 그녀는 몸종 하나를 데리고 집을 빠져나와 시댁으로 향했다. '죽더라도 김씨 가문에 가서 죽겠다'는 것이었다.
어느 날 산속에서 길을 잃어 기진맥진한 그녀에게 호랑이가 나타나 시댁이 있는 연산까지 길을 안내했다. 그녀를 인도한 호랑이는 시댁 가까이 와서 크게 한 번 울고 사라졌다. 그녀가 시댁의 문을 두드렸으나 시아버지인 김약채는 어린 며느리의 고생을 생각해 받아들이지 않았다. 어린 며느리는 이에 굴하지 않고 집 앞에 앉아 받아주길 간청했다. 그날 밤 많은 눈이 내렸는데 그녀가 앉아 있는 자리에는 눈이 쌓이지 않았다. 이를 본 김약채는 보통 일이 아니라 생각하여 며느리를 받아들였다. 그녀는 광산김씨 집안을 명문가의 반열에 올린 허씨 부인이다. 평생을 수절하며 살아간 허씨 부인에게 세조는 정문(旌門)을 세우고 정경부인의 호칭을 내렸다.

1. 소박한 대문채에서 본 은농재
2. 사계 고택의 안채 3. 정상에서 하산하는 길에 있는 쉼터 바위

쉼터 바위에서 바람을 맞으며 사색을

정상에서 하산하는 길에는 쉼터 바위가 있다. 쉼터 바위 앞에 있는 설명판에는 사계 김장생 선생이 제자들과 학문 수영을 위해 사색하며 담소를 나누는 곳이라고 쓰여 있다. 길가에는 한 사람씩 앉기 좋은 돌이 모여 있다. 이곳에 앉아 솔솔 불어오는 바람을 맞으며 숲의 향기를 느껴본다. 과거 바위에 모여 앉아 사색을 즐겼을 김장생 선생과 제자들의 모습을 상상하는 것은 어렵지 않다. 한바탕 휴식을 취한 후에는 쉼터 바위를 사이에 두고 난 길을 따라 발걸음 가볍게 걸어간다.

쉼터 바위에서 하산하는 길은 비교적 넓다. 구불구불 이어진 길을 지나 내려오면 두계사에 이르고 도로변에서 우회전하면 은농재로 원점 회귀하게 된다.

은농재 앞 도로 건너편에는 '김광수시혜불망비'와 '김덕정려각'이 있다. 도로 옆에 뜬금없이 서 있는 불망비 옆 '김덕정려각'은 계룡의 효자 김덕을 기리는 효자비다. 김덕은 9살에 3년간의 지극한 간호에도 불구하고 어머니가 돌아가시자 예를 다해 장례를 치러

주위를 놀라게 한 계룡의 효자였다고 전해진다.

사계 솔바람길은 힘들이지 않고 걷는 길이다. 지역 사람들은 가볍게 운동 삼아 걷는다. 뒷산에 가듯이 천천히 걸으면 되는 길이다. 세상에 조금만 더 관심을 기울이면 그동안 눈여겨 두지 않았던 세계가 보이는 것처럼 사계 솔바람길은 작은 것에 관심을 두게 하는 그런 길이다. 도시에서 즐기는 느슨한 산책이다.

주변 볼거리

신원재 사계 김장생 선생의 9번째 아들인 김비의 재실이다. 김비는 명필가로 이름을 떨쳤던 인물이다. 신원재는 사계 선생의 둘째아들 김집과 그 형제들이 1632년 건립해 김장생 선생의 저서 등을 정리, 집필하였던 곳이다. 김집이 죽은 후 김비가 사계 선생과 김집의 전서를 정리하고 집필했다. 건물은 조선 중기의 전통 한식 목조 기와집이다. 충남문화재자료 제379호로 지정되어 있으며 계룡시 두마면 왕대리에 위치해 있다.

모원재와 김국광묘역 모원재는 광산김씨 김국광 선생의 재실이다. 김국광은 세종 23년, 벼슬길에 올랐고 세조의 즉위를 도왔다. 세조의 명으로 최항, 한계희, 노사신 등과 함께 『경국대전』 편찬에 착수하여 성종 때 반포하는 공을 남겼고, 병조판서를 거쳐 성종 때 좌의정에 이르렀다. 이시애의 난을 평정하고 건주위정벌에도 공을 세워 군공 3등에 책록되었다. 인조 때에 지은 모원재는 정면 4칸의 팔작지붕 건물이다. 한옥 재실로는 비교적 잘 보전되어 있다. 모원재 뒤편에는 좌의정 김국광의 묘역과 신도비각이 있다. 충남문화재자료 제308호로 지정되어 있으며 신원재에서 걸어서 5분 거리에 위치해 있다.

🚗 가는길

자가운전 호남고속도로 → 계룡IC → 왕대 사거리 우회전 후 직진 → 약 800m 지점에서 좌회전 → 두마면사무소 건너편 은농재에 주차

대중교통

| 서울 → 계룡 | 서울 용산역(02-6282-0114)에서 1일 22회(06:05-23:05) 운행, 2시간 10분 소요
서울 남부터미널(02-521-8550)에서 계룡시 신도안면까지 1일 14회 운행(07:00-20:00) 2시간 10분 소요

※ 계룡보건소 또는 신도안면에서 202번 버스 승차 후 두마면사무소 앞 하차. 은농재까지 도보 300m

사계 솔바람길 코스 (3km, 1시간 20분 소요)

은농재 → (0.2km 8분) →
왕대산 입구 → (0.7km 15분) →
모원재 갈림길 → (0.3km 10분) →
왕대산 정상 → (0.4km 12분) →
쉼터 바위 → (0.8km 20분) →
두계터널 → (0.6km 15분) →
은농재

시루콩나물밥

 맛집

시루콩나물밥 담백하고 구수한 콩나물밥 전문식당이다. 아삭한 콩나물밥에 양념간장을 쓱쓱 비벼 먹는 맛이 좋다. 곁들이는 음식으로 한방수육이 있다. • 계룡시 두마면 왕대로 92(두마면 왕대리 81-2) • 042-841-0039

토담 오리주물럭 • 계룡시 엄사면 번영11길 25(엄사리 396) • 042-841-0330

콩밭 들깨버섯순두부 • 계룡시 새터산길 12(금암동 6-9) 042-841-6776

 숙소

샤모니모텔 계룡시 금암로 118-11 (금암동 13-4) • 042-841-0450

호텔리어파크 계룡시 엄사면 번영1길 6-5 (엄사면 엄사리 177-3) • 042-841-0782

캔버스모텔 계룡시 엄사면 번영1길 6-11 (엄사면 엄사리 177-1) • 042-841-5861

30
금산 금강 솔바람길

투박한 산길을 걷는 재미가 있다

금산의 봉황산은 웬만한 지도에는 나오지도 않는 작은 산이다.
봉황산 줄기와 이어져 있는 소시봉(해발 309m) 정도만 외부에 알려져 있을 뿐이다.
게다가 일부 지역은 개인 소유의 땅이라 그동안 출입이 자유롭지 못했다.
등산로 역시 곳곳에 산재한 묘에 벌초를 하러 가기 위한 오솔길 정도만 희미하게 나 있었다.
이처럼 사람들의 발길이 뜸한 곳에 금강 솔바람길이 조성되어 있다. 세부적으로는
봉황술래길, 고향술래길, 솔바람길 모두 3코스로 구분되어 있다. 글·사진 송일봉

흙냄새와 풀냄새에도 관심을

그 이름만 들어도 시원한 금강 솔바람길은 금강생태과학체험장에서 출발해 다시 원점으로 돌아오는 원점회귀형 코스다. 금강생태과학체험장 입구에 세워져 있는 금강 솔바람길 안내판을 살펴본 후 오른쪽 길로 3~4분만 걸어가면 봉황산으로 올라가는 나무계단이 나타난다. 개인 소유의 땅을 피해 진입로를 내다보니 조금은 어색한 지점에 계단이 놓여 있다. 그래도 이 계단이 있어 비교적 수월하게 산으로 올라갈 수 있다. 이 나무계단은 지난 9월 초에 설치되었다.

나무계단이 끝나는 지점부터는 곧바로 오르막 능선길이 이어진다. 첫 번째 목적지인 전망대까지는 약 10분 정도가 소요된다. 전망대로 향하는 길에서는 두꺼비바위, 수달바위 등을 만날 수 있다. 유유히 흐르는 금강이 한눈에 들어오는 전망대에는 고래바위가 있다.

전망대에서 봉황대(봉황산)까지 이어지는 길은 금강 솔바람길 최고의 구간이다. 울창한 숲길과 나무데크 등이 설치되어 있어 호젓한 산행을 즐길 수 있다. 숲 사이로 간간이 금강 물줄기도 눈에 들어온다. 갈림길에는 발바닥 모양의 친절한 이정표가 세워져 있어 길을 잃을 염려도 없다. 산길을 걸으며 자연이 뿜어내는 흙냄새와 풀냄새에도 관심을 가져보자. 어느 순간 자신도 모르게 행복감이 밀려오는 것을 느낄 수 있을 것이다. 봉황대는 마치 봉황이 동녘을 향해 힘차게 날갯짓을 하고 있는 형상이라고 해서 이름이 붙여졌다. 봉황대와 관련된 스토리텔링을 소개한 안내판이 설치되어 있으므로 쉽게 찾을 수 있다. 임진왜란 당시에는 이 일대에 저곡산성이 있었다고 하나 아쉽게도 지금은 그 흔적을 찾아볼 수 없다.

능선길에서 만나는 물봉선화와 참취꽃

봉황대에서 잠시 숨고르기를 한 후 30분쯤 걸으면 240봉을 지나 기러기봉에 이르게 된다. 이 구간은 약간의 오르막과 내리막이 있으나 대체적으로 평탄한 능선길이다. 울창한 숲길이라 시야가 그리 좋지는 않지만 가끔 왼쪽으로 나타나는 금산의 명산들을

걷기 좋은 계절 **봄, 가을**   난이도 ★ ★ ★   동반자 **친구, 연인**

휴대용 캠핑 매트를 준비하자

금강 솔바람길은 아직까지는 일반 등산객들에게 많이 알려지지 않았다. 간단한 안내판과 이정표, 진입 계단 정도만 설치되어 있다. 중간에 쉴 만한 벤치도 없으므로 휴대용 캠핑 매트(1인용 바닥깔개)를 가져가면 휴식할 때 요긴하게 사용할 수 있다. 충분한 양의 마실 물도 준비해야 한다.

바라보며 걷는 재미가 꽤 쏠쏠하다. 240봉에서는 성주산, 양각산과 함께 날씨가 좋은 날에는 무주 적상산과 덕유산도 조망할 수 있다.

기러기봉은 금강 솔바람길의 제1코스인 봉황술래길과 갈라지는 분기점이다. 체력이 달리거나 급히 하산해야 할 경우 이곳에서 왼쪽으로 내려가면 닥실재를 넘어 금강생태과학체험장으로 곧바로 내려갈 수 있다. 기러기봉은 솔바람길 분기점 이상의 의미를 지니고 있는 장소다. 국립지리정보원에서 관리하는 삼각점이 있는 곳이기 때문이다. 삼각점이란 국가에서 지도제작, 지적측량, 국가기반시설 건설 등을 위해 일정한 간격으로 설치해놓은 기준점을 가리킨다. 국립지리정보원에서 제공하는 기록에 의하면 기러기봉은 경도(동경) 127도33분37초, 위도(북위) 36도06분12초, 해발 284m 지점에 자리 잡고 있다. 기러기봉에서 10분쯤 더 가면 이번에는 금강 솔바람길 제2코스인 고향술래길과 갈라지는 280봉에 이르게 된다. 이곳에서 왼쪽으로 꺾어지면 금바골, 금성리, 닥실재를 거쳐 곧바로 금강생태과학체험장으로 내려갈 수 있다.

기러기봉에서 280봉으로 가는 능선길에서는 풍요로운 금산의 너른 들판과 명산들을 여유롭게 감상할 수 있다. 마을의 형태가 기러기를 닮았다는 구레기마을과 포평들판은 물론 서대산, 대성산, 천태산, 국사봉 등이 마치 그림처럼 멋지게 펼쳐져 있다. 늦여름에는 능선길 곳곳에서 수줍게 피어난 물봉선화와 참취꽃 등이 좋은 길동무가 되어주기도 한다.

Story Telling

금산인삼축제

해마다 9월에 열리는 금산인삼축제는 '인삼의 고장' 금산을 전국적으로 널리 알리는 데 큰 역할을 하고 있는 효자다. '인삼'이라는 일관된 주제 하나로 축제가 이어져 오고 있다는 명성에 걸맞게 해마다 축제장을 찾는 사람들도 꾸준히 늘어나고 있다. 특히 토종 먹을거리와 건강에 대한 관심이 높아진 최근 들어서는 인삼축제에 대한 관심도 그만큼 높아지고 있다. 한국을 대표하는 이미지 가운데 김치와 함께 늘 빼놓지 않고 거론

되는 인삼인 만큼 축제장을 찾는 외국인 관광객들도 눈에 띄게 늘어나고 있다. 금산인삼축제는 올해(2013년)로 33회를 맞았으며 지난 9월 6일부터 15일까지 열렸다. '축제만이 살길이다'라고 생각하는 전국의 여러 지방자치단체에서 벤치마킹을 할 정도로 프로그램이 다양한 금산인삼축제는 해를 거듭할수록 더욱 진화하고 있다. 무엇보다 관공서와 금산지역의 여러 단체, 주민들이 함께 관심을 갖고 축제가 진행되고 있다는 점은 축제가 유지되는 가장 큰 원동력이라 할 수 있다.

1. 금강 물줄기가 한눈에 들어오는 전망대 2. 280봉과 소사봉 사이의 험로에 설치되어 있는 보도교(나무다리)

마치 미개척지를 걷는 기분으로

280봉에서 남술재와 돌고래바위를 거쳐 소사봉까지 가는 길은 다소 가파른 오르막길이다. 금강 솔바람길의 중요한 포인트 가운데 하나인 소사봉은 예전에 산 위에 자갈이 많아서 이 같은 이름이 생겼다 한다. 일설에는 '높이 솟아 있다' 해서 '소사봉'이라 불렀다고도 전해진다. 이 구간은 숲이 우거지고 길이 험해 사람들의 통행이 거의 없던 구간이다. 그래서 금강 솔바람길을 조성하면서 공사 담당자들이 가장 애를 많이 먹은 구간이기도 하다. 지금은 위험한 구간에 보도교(나무다리)가 설치되어 있고, 가파른 오르막길에도 나무계단이 설치되어 있다.

소사봉에서 술나미재로 이어지는 구간은 내리막길이면서 지금까지와는 전혀 다른 풍광을 보여준다. 상당 부분이 푹신푹신한 침엽수 숲길로 이어져 있기 때문이다. 침엽수 숲 옆에는 예사롭지 않아 보이는 바위도 하나 있다. 바위의 자태나 위치 등으로 보아 오랜 옛날부터 소원을 비는 사람들이 많이 찾았을성싶은 바위다. 그런데 아직 이 바위에는 정식 이름이 없어 현재 금산군청에서 바위의 이름을 공모하고 있다. 금강 솔바람길을 걷는 사람들 가운데 기발한 이름을 붙이는 주인공이 나타나기를 기대해본다.

침엽수 숲길을 지나 술나미재에 이르면 이제 산행은 끝나게 된다. 여기서부터는 일반 마을길이다. '금바골'이라 불리는 작은 마을과 작은 저수지인 금강 소류지를 지나 금성리까지 가는 길은 대부분 시멘트길이다. 하지만 산행을 하면서 긴장했던 몸과 마음을 푸는 셈치고 여유롭게 걸을 만한 구간이다.

금성리는 꽤 아늑한 마을이다. 봉황과 관련이 있는 대봉산이 마을 전체를 감싸고, 마을 앞에는 비옥한 논이 넓게 펼쳐져 있다. 마을 입구에는 입향조인 초산 김진효의 충효 유적비가 세워져 있다. 금성리에서 야트막한 고갯마루인 닥실재를 넘어 금강생태과학체험장으로 가면 금강 솔바람길의 풀코스를 완주하게 된다.

주변 볼거리

금강생태과학체험장 금강 솔바람길의 들머리인 금강생태과학체험장은 금강이 지닌 고유의 생태자원을 간접적으로 체험할 수 있는 공간이다. 지난 2006년 8월에 폐교된 금강초등학교를 전시공간으로 리모델링해서 2009년 8월에 문을 열었다. 예전에 금강초등학교 어린이들이 공부를 하던 교실은 생태학습관으로 꾸며져 있다. 이곳에서는 금강의 아름다운 자연생태환경과 금산의 전통 민속놀이 등을 소개하고 있다. 유치원 어린이들이 단체로 자주 찾는 어린이과학체험관은 크게 과학관과 야외놀이마당으로 꾸며져 있다. 관람료는 무료다.

금산인삼관 충남 금산은 1500년의 재배역사를 자랑하는 고려인삼의 본고장이다. 그런 만큼 우리나라에서 거래되는 인삼의 80% 정도가 모여드는 집산지로 유명하다. 그래서 금산에 오면 인삼에 관한 모든 것을 알 수 있다. 그 중심에 있는 곳이 바로 금산인삼관이다. 지난 2011년 9월에 현대식 건축물로 새롭게 재개관한 금산인삼관은 지하 1층을 포함해 모두 4개 층이 전시 또는 체험공간으로 꾸며져 있다. 1층은 인삼의 역사와 재배방법 등을 소개한 풍수인관과 특별전시관, 2층은 인삼산업관, 3층은 인산삼약초관과 인삼음식관으로 꾸며져 있다. 지하 1층은 각종 건강기기를 체험할 수 있는 체험관이 자리 잡고 있다.

가는길

자가운전 대전통영고속도로 금산IC → 영동 방면 68번 지방도 → 제원대교 앞에서 우회전 → 금강생태과학체험장

대중교통

| 서울 → 금산 | 서울고속버스터미널(1688-4700)에서 85~120분 간격(06:30-18:30) 운행. 2시간 40분 소요 |

| 대전 → 금산 | 대전복합터미널(1577-2259)에서 10~20분 간격(06:20-22:00) 운행, 1시간 소요 |

※ 금산버스터미널(041-754-4854)에서 금강생태과학체험장까지 택시 이용, 약 20분 소요

금산 금강 솔바람길

1코스 봉황술래길 (3.2km, 1시간 25분 소요)
금강생태과학체험장 → (0.3km 15분) → 전망대 → (0.2km 5분) → 봉황산 → (0.6km 15분) → 240봉 → (0.4km 10분) → 기러기봉 → (1.1km 25분) → 닥실재 → (0.6km 15분) → 금강생태과학체험장

2코스 고향술래길 (4.7km, 2시간 소요)
금강생태과학체험장 → (0.3km 15분) → 전망대 → (0.2km 5분) → 봉황산 → (0.6km 15분) → 240봉 → (0.4km 10분) → 기러기봉 → (0.2km 10분) → 280봉 → (0.7km 15분) → 금바골 → (0.3km 5분) → 금성소류지 → (0.5km 10분) → 초산충효비 → (0.9km 20분) → 닥실재 → (0.6km 15분) → 금강생태과학체험장

3코스 솔바람길 (5.4km, 2시간 45분 소요)
금강생태과학체험장 → (0.3km 15분) → 전망대 → (0.2km 5분) → 봉황산 → (0.6km 15분) → 240봉 → (0.4km 10분) → 기러기봉 → (0.2km 10분) → 280봉 → (0.2km 15분) → 남술재 → (0.3km 20분) → 소사봉 → (0.5km 15분) → 술나미재 → (0.4km 20분) → 금바골 → (0.3km 5분) → 금성소류지 → (0.5km 10분) → 초산충효비 → (0.9km 20분) → 닥실재 → (0.6km 15분) → 금강생태과학체험장

맛집

금산관광농원 금산의 별미인 인삼어죽을 전문으로 하는 음식점이다. 민물생선을 고아 육수를 내고 생선살을 발라 밥과 양념을 넣어 맛을 낸다. 인삼 튀김을 곁들이면 좋다. • 금산군 제원면 울바우길 6-7(제원면 저곡리 266) • 041-754-8488

맛깔 인삼아귀찜 • 금산군 금산읍 비단로 166 (금산읍 중도리 46-1) • 041-753-5353

남경가든 야채불고기 • 금산군 금산읍 인삼약초1길 5-3(금산읍 하옥리 509) • 041-754-1133

잘게 썬 인삼이 들어가 있는 인삼어죽

숙소

힐튼모텔 금산군 금산읍 금산로 1514 (금산읍 상리 46-7) • 041-752-1580

새천년모텔 금산군 금산읍 유림길 15 (금산읍 상리 36-13) • 041-754-1080

호정장여관 금산군 금산읍 건삼전3길 8-2 (금산읍 중도리 481) • 041-751-0395

31 부여 성흥산 솔바람길

옛날은 가고 없어도 새삼 마음 설레라

부여는 '무척 가보고 싶은 곳'이지만 큰 산이 없고, 수려한 계곡도 없으며, 바다에 접하지도 않은 곳이어서 고적답사에 관심이 있지 않다면 근처를 서성일 일은 딱히 없다. 일찍이 육당은 '때를 놓친 미인같이, 그악스러운 운명에 부대끼다 못다 한 천재자같이, 대하면 딱하고 섧고 눈물조차 피어오르는 도읍이 부여'라고 말했다. 또 '사탕은 달 것이요, 소금은 짤 것이요, 역사의 자취는 쓸쓸할 것이라고 값을 정한다면 이러한 의미에서 고적다운 고적은 아마도 우리 부여'라고 덧붙이며 예찬했다. 글·사진 이승태

걷기 좋은 계절 **봄, 여름, 가을, 겨울**   난이도 **★ ★**   동반자 **가족, 연인 또는 홀로**

거리는 짧아도 코스가 거미줄! 어쩌지?

안내도를 보면 솔바람길 자체는 덕고개에서 한고개로 쭉 이어지지만 다른 샛길들을 어떻게 걸어야 할지 고민일 게다. 한 번 가서 다 걸으려면 오르고 내리는 일이 번거롭고 길이 서로 연결되지 않아서 맥이 끊긴다. 우선 솔바람길을 종주한 뒤 대조사 1길을 따라 대조사를 둘러보고, 가림성길을 따라 성흥산성 주차장까지 간다. 거기서 호리동길을 따라 면사무소 앞으로 내려서면 된다. 아쉽지만 짧은 '구교리길'과 동선이 완전히 다른 '지토리길'은 다음 기회로 미뤄야 한다.

PART 3 | 경관이 아름다운 길   **255**

부여 남쪽의 임천면에 높이가 고작 268m에 불과한 성흥산(聖興山)이 있다. 그러나 주변에 이렇다 할 높은 산이 없는 금강 하류지역이어서 일대에서는 높이로 견줄 곳이 없다. 옛날 백제인들도 그 점을 간파하고 이곳의 전략적 중요성을 감안해 성흥산 정상부에 산성을 쌓았다. 성흥산성(聖興山城)은 백제 동성왕 23년(501)에 쌓은 것으로, 본래 이름은 가림성(加林城)이었다. 성곽 둘레가 1.5km로 비록 크지는 않아도 백제 도성을 지키기 위한 요충지였다. 이 성을 끼고 '부여 가림성 솔바람길'이 조성되어 있다. 가림성 솔바람길은 남북으로 길쭉한 형태의 성흥산 능선을 따라 이어진다. 남쪽 덕고개에서 출발해 솔숲 울창한 능선을 따라 정상부의 가림성까지 간 후 북쪽의 한고개로 내려서는 4.63km의 걷기길이다.

호젓하고 정겨운 솔숲 오솔길

출발지점은 남쪽의 덕고개. 고개 한켠에 '부여 가림성 솔바람길' 코스가 새겨진 커다란 안내판이 있어 들머리 찾기가 쉽다. 침목으로 만든 계단을 몇 개 오르자 예쁜 이정표

> **Story Telling**
>
> #### 성흥산성, 백제의 부흥을 꿈꾸던 행복의 성
>
> 부여 가림성 솔바람길의 하이라이트는 성흥산성이다. 사비천도 이전인 백제 동성왕 23년(501)에 백제의 도성을 수호키 위해 금강 하류의 요충지인 이곳에 쌓은 산성으로, 현재까지 드러난 수많은 백제 성광 가운데 옛 지명과 쌓은 시기를 확실히 알 수 있는 산성으로 백제시대의 성곽 이해에 중요한 자료가 되고 있다.
>
>
>
> 백제 당시에는 가림성(加林城)이라고 불렸다. 성흥산 정상부의 해발 250m 지대에 돌로 쌓은 석성과 그 아래쪽에 흙과 돌로 쌓은 토성이 있다. 석성의 둘레는 1.5km고, 성벽 높이는 4m쯤이다. 성 내부에는 3곳의 우물터와 군창지로 추정되는 건물터 등이 남아 있으며, 남쪽과 동쪽에 두 개의 문터도 확인되었다. 나당 연합군에 의해 백제가 멸망한 후에는 백제 부흥운동의 거점이 되어 662년 이곳을 공격하던 당나라 장수 유인궤도 성이 견고해 두려워했다고 전해온다. 군사적으로 중요한 곳이어서 18세기 중엽까지 사용된 성이다.
>
> 성흥산성은 〈서동요〉와 〈바람의 화원〉, 〈대왕세종〉, 〈천추태후〉 그리고 최근 종영한 〈각시탈〉까지 각종 인기드라마의 촬영지가 되면서 유명해졌다. 남문터 옆에 성흥산성 최고의 명물인 400년 수령의 느티나무가 있다. '사랑나무'라는 멋진 이름까지 가진 명목이다. 드라마 〈서동요〉에서 장이와 선화공주가 연모의 정을 키웠던 곳이어서 붙은 이름으로, 나무 자체의 풍취도 수려하거니와 예서 바라보는 부여의 모습이 장관이다. 낮은 산들이 펼쳐내는 산녀울이 멋스럽고, 그 자락에 들어앉은 마을과 너른 들녘이 한없이 편안하고 다정한 풍광이다. 또 일출·일몰명소여서 매년 1월 1일 해맞이축제도 이곳에서 열린다.

성흥산성에서 바라본 부여 풍광. 세도면 들판에 가을이 왔다. 멀리 아파트 너머로 백마강이 흐른다.

가 나온다. 지자체마다 지역 특성을 살린 걷기길이 생겨나면서 형성된 것이 이정표 문화다. 세계 어디를 가도 이처럼 예쁜 이정표를 만나기는 쉽지 않다. 이곳 부여의 이정표는 특히 잘 만들어져 있다.

가림성 솔바람길은 걷기 좋다. 200m를 넘지 않는 낮고 완만한 능선을 따라 울창한 솔숲 사이로 난 오솔길, 그 풍광이 무척이나 정겹다. 이곳은 이파리가 세 가닥으로 나오는 리기다소나무가 주종. 참고로 우리나라 전통 소나무는 잎이 두 가닥이고, 잣나무는 다섯 가닥이다. 경제개발이 한창이던 시절, 산림녹화용으로 미국에서 수입해 심은 종이 리기다소나무다. 중간 중간 옹이가 많아 목재로는 가치가 떨어진다. 그러나 이곳 솔바람길에는 썩 잘 어울린다. 하늘을 향해 쭉쭉 뻗은 시원스러운 자태가 그렇고, 길 위로 적당한 그늘을 드리우며 늘어선 숲이 여간 호젓한 게 아니다.

눈에 띌 만한 소나무엔 '솔바람길'이라 새긴 팻말이 매져있는데, 나무의 생장을 고려해 스프링으로 고정해 둔 게 눈에 띈다. 적당한 거리마다 벤치가 나타나 다리품을 쉬기도 좋다. 참나무와 청미래덩굴, 개옻나무, 때죽나무가 소나무와 뒤섞인 능선, 멋지게 가지를 펼친 커다란 팽나무도 보인다. 낮은 능선 곳곳마다 산 아래 마을을 빤히 내려다

1. 솔바람길 들머리인 덕고개의 안내판. 뒤의 침목 계단을 따라 길이 이어진다.
2. 솔바람길은 솔숲의 좋은 기운으로 가득해 중간에 드러누워 쉬어도 좋다.
3. 소나무 울창한 숲길. 바늘처럼 꽂힌 소나무가 보기만 해도 기분난다.

보며 들어선 무덤들이 정겹기까지 하다.

덕고개를 출발해 3km쯤 가서 가림성길을 만난다. 성흥산성 바로 아래에 주차장이 있다. 주차장 한쪽엔 각종 마실거리와 간단한 음식을 파는 매점과 그 옆으로 'SK 임천기지국'이 보이고, 주차장 건너편에는 나당 연합군과 최후까지 맞서 싸운 무명의 백제 군사들의 넋을 기리기 위한 충혼사(忠魂祠)가 있다.

'SK 임천기지국' 대문 기둥의 팻말엔 '이동전화 011 삐삐 012'라 적혔다. 모든 것이 순식간에 바뀌어 '유행'이라는 말이 무색해져 버린 시대. 시티폰이며, 삐삐를 사용하던 게 그리 먼 이야기가 아닌데도 생각해보니 천년고도 부여만큼이나 오래된 느낌을 풍겼다.

부여 최고의 일출명소인 가림성

주차장에서 큰 바위 옆으로 난 계단을 오르면 성흥산성이다. 입구의 '사랑나무'와 더

대조사 사슴

불어 산성이 각종 드라마 촬영지와 일출명소로 알려지며 많은 이들이 찾고 있다. 사랑나무에서 출발해 30분이면 성흥산성을 한 바퀴 돌아볼 수 있다. 전체 길이가 1.5km로 길지 않고, 산꼭대기 부분에 테를 두르듯 쌓은 테뫼식 산성이어서 걷는 내내 주변 풍광을 감상하기도 좋다.

솔바람길은 성 안쪽의 유필금 사당으로 이어진다. 고려 개국공신으로 이 지역의 빈민들을 구제해 백성들이 스스로 사당을 세우고 해마다 제사를 지내왔던 유필금 장군의 위패를 모신 곳이다. 사당을 돌아 오른 정상의 팔각정자 '성흥루'는 위치와는 달리 주변의 울창한 나무숲 때문에 조망이 막혀 아쉽다. 낙엽이 떨어지고 나면 백마강과 어우러진 부여의 아름다운 풍광을 감상하기에 더없는 명당일 것 같다.

내림길이 막 시작되고는 꽤 가파르다. 굵은 줄이 매진 급경사 내리막을 다 내려서면 날머리 한고개를 오가는 차량소리가 가깝다. 정상의 봉화제단에서 한고개까지는 1.3km로, 20분 걸린다.

주변 볼거리

대조사와 미륵불 성흥산 남쪽 산중턱에 자리한 대조사는 백제 성왕 5년부터 5년간에 걸쳐 지은 고찰로, 황금새의 전설이 전해 온다. 백제시대 성흥산 중턱 큰 바위 아래서 한 노승이 수도하던 중 잠이 들었는데, 꿈속에서 황금빛을 발하는 새 한 마리가 서쪽에서 날아와 대조사가 있는 곳에 앉아 큰 바위를 향해 날갯짓을 하는 것이었다. 그러자 한 줄기 빛이 바위에 비췄고, 그곳에서 관세음보살이 나타났다. 그 후 이 절을 짓게 되었으며, 관세음보살이 나타났던 바위에 석불을 조성했고, 절 이름도 큰 새가 나타났다고 해서 대조사(大鳥寺)라 지었다고 한다. 대조사 석조미륵보살입상(보물 제217호)은 충남지방에 유행했던 미륵신앙을 잘 보여주는 유물이다. 대조사엔 미륵불 외에도 명물이 있다. 스님이 어릴 때부터 거둔 사슴이다. 경내를 유유자적 돌아다니는 사슴은 사람을 잘 따라서 절을 찾는 많은 이들의 사랑을 받고 있다.

정림사터 5층석탑 유홍준 선생이 그의 책에서 '검소하지만 누추하지 않다'는 백제미학의 상징적 유물로 꼽은 게 정림사터 5층석탑이다. 그에 더해 '백 개의 유물과도 바꿀 수 없는 위대한 명작'으로까지 치켜세운 게 이 탑이다. 폐허의 왕도 부여의 보석이 바로 정림사탑이다. 정림사터 한가운데 위치하고 있는 8.33m 높이의 결코 작지 않은 탑으로 1층은 성큼 올라서 있고, 2층부터 5층까지는 알맞은 체감률을 보여준다. 국보 제9호.

궁남지 백제 무왕 때 만들어진 것으로 추정되는 궁남지는 백제의 별궁 연못이다. 『삼국사기』에 '궁궐의 남쪽에 연못을 팠다'는 기록을 근거로 이름 붙였다. 634년에 만든 우리나라 최초의 인공정원으로, 긴 수로를 통해 물을 끌어들여 버드나무를 심고 연못을 파고 가운데 포룡정이라는 정자를 만들었다. 연못이 커서 뱃놀이를 했다는 기록이 있다. 사계절 언제 찾아도 궁남지만의 매력을 흠뻑 느낄 수 있는데, 온갖 종류의 연꽃이 피고 서동·연꽃 축제가 열리는 여름이 최고 인기다. 밤이면 야경이 예뻐서 부여시민은 물론 전국의 사진가들이 몰려든다.

가는길

자가운전
1. 서해안고속국도 당진분기점 → 당진상주고속국도 서공주분기점 → 서천공주간고속국도 이용, 부여IC → 29번 국도 이용, 임천면사무소
2. 경부고속국도 천안분기점 → 천안논산고속국도 이용, 공주분기점 → 당진상주고속국도 서공주분기점 → 서천공주간고속국도 이용, 부여IC → 29번 국도 이용, 임천면사무소

대중교통
- 서울 → 부여 : 서울남부터미널(02-521-8550)에서 1일 19회(06:30-18:30) 출발, 2시간 소요.
- 대전 → 부여 : 대전서부시외버스터미널(042-584-1616)에서 06:20-21:20까지 약 20분 간격으로 운행, 1시간 30분 소요.

※ 부여시외버스터미널 건너편 정류장(부여여객자동차, 041-834-6092)에서 임천으로 가는 농어촌버스가 06:15-21:20까지 15~30분 간격으로 운행, 약 20분 소요.

부여 가림성 솔바람길 코스

솔바람길 (4.63km, 1시간 48분 소요)
덕고개 → (1.93km 45분) →
구교리길 합류점 → (0.6km 15분) →
가림성길 합류점 → (0.3km 8분) →
가림성 사랑나무 → (1.8km 40분) →
한고개

대조사1길 (1.1km, 20분 소요)
임천중학교 건너편 → 대조사

가림성길 (1.8km, 40분 소요)
임천면사무소 → 사랑나무

성곽길 (1.55km, 40분 소요)
사랑나무 → 사랑나무

호리동길 (0.8km, 20분 소요)
임천면사무소 → 산림욕장 대숲 →
사랑나무

 맛집

진미식당의 뼈다귀탕

진미식당 임천면소재지에 몇몇 식당들이 있다. 면사무소 건너편의 진미식당은 바지락칼국수와 뼈다귀탕을 잘한다. 이 외에도 뼈다귀감자탕과 갈비탕, 보신탕, 부대찌개도 있다. • 부여군 임천면 성흥로 94-1(군사리 292) • 041-833-5808

산장가든 백반, 돌솥밥 정식 • 부여군 임천면 성흥로 97번길 47(군사리 6-1) • 041-834-4004

임천가든 백반, 불뚝배기 • 부여군 임천면 충절로 1306-4(군사리 344-10) • 041-834-4995

 숙소

백제관광호텔 부여군 부여읍 북포로 108
(쌍북리 433) • 041-835-0870
www.백제관광호텔.kr

백제관 부여군 부여읍 왕중로 87
(중정리 537-1) • 041-832-2722

스타팰리스 모텔 부여군 부여읍 부여로 13-7(구아리 400-1) • 041-833-3005

32
청양 칠갑산 솔바람길 1구간

길에서 만나는 '느림의 미학'

'칠갑산 솔바람길 제1구간'은 충남 고유의 정서인 '느림의 미학', 그 지혜로운 삶의 방식을 걷기를 통해 느껴볼 수 있는 길이다. 칠갑광장에서 2200m 간 자비정까지는 차량 한 대가 다닐 정도의 넓은 길이고, 정상 100m 전까지도 두세 명이 어깨를 맞대고 걷기에 충분할 만큼 길이 좋다. 벚나무, 굴참나무, 소나무가 차례로 나타나고 급한 오르막이 없어, 산책하듯 걷기에 이보다 더 나은 곳이 없어 보인다. 친구와 걷기에 좋겠다. 아니, 어느 누구와 걸어도 친구가 될 수 있을 정감 넘치는 길이다.

글·사진 이승태

마법의 성 같은 칠갑산 천문대

대치터널을 앞둔 터널주차장에서 길이 시작된다. 대치터널 방향으로 36번 국도와 나란한 옛길을 따라 들어서자 산비탈에 붙은 작은 콩밭이 눈길을 끈다. '칠갑산 콩밭'이라는 팻말도 보인다. 정겨운 청양의 풍광이다. 옛날 청양과 대치 사람들이 오가던 이 길은 지금은 대부분 포장되어 옛 정취가 많이 사라졌지만 주차장에서 칠갑광장 아래까지 650m는 그대로 남아 있다. 길옆으로 약초와 야생화를 심어 놓아서 봄철엔 꽃길이 되고, 여름은 큰 키의 아카시나무가 짙은 녹음으로 길을 뒤덮고 있다.

곧 만나는 칠갑광장은 차가 오를 수 있어 이곳을 산행 출발지로 삼는 이들이 많다. 칠갑산 천문대 들머리기도 한 광장 한켠엔 조선 말기의 학자요, 의병장인 면암 최익현 선생의 동상이 서 있고 식당을 겸한 매점과 샘도 보인다.

광장에서 칠갑산 천문대인 스타파크까지는 불과 400m, 그 사이에 조각품인 '칠갑산 노래비'와 '콩밭 매는 아낙네상', '칠갑산 유래비'가 서 있어 발길을 붙잡는다. 천문대 바로 아래엔 청양 출신의 전몰 호국영령들의 명복을 빌고 그 정신을 후세에 전하기 위해 세운 충혼탑이 있고, 충혼탑 뒤 숲속의 산신각도 흥미를 끈다.

청양군에서 세운 칠갑산 천문대는 주간에는 태양의 흑점과 홍염을, 야간에는 계절별 별자리와 행성, 월면, 성단, 성운, 은하를 관측할 수 있다. 어릴 적 달나라에 사는 토끼나 마법의 성 이야기를 들을 때보다 훨씬 신비롭고 흥미진진한 세계가 하늘 가득 펼쳐지는 마술 같은 판타지 공간이다. KBS 예능프로그램 〈1박 2일〉의 촬영이 있은 후 더 많은 이들이 찾는다고.

걷기 좋은 계절 **봄, 가을**   난이도 ★★   동반자 **가족, 연인, 친구**

물은 생명이다. 등산용 물통 사용이 친환경적!

평소보다 더 많은 땀을 흘리고 과다한 에너지를 사용하게 되는 등산에서는 물의 필요성과 중요성이 절실하다. 우리나라 대부분의 산은 물이 많아 비교적 쉽게 식수를 구할 수 있지만, 대상 산이나 산행코스에 따라 변수가 많기 때문에 마실 물은 미리 집에서 준비해 가는 편이 좋다. 또 자신의 배낭 안에 일정량 이상의 물은 항상, 하산 때까지 들어 있어야 한다.

당일산행이라도 물통은 기본적으로 1리터는 되어야 하며, 일회용 물병을 사용하면 비용이 많이 들고 쓰레기도 발생하기 때문에 계속 쓸 수 있는 등산용 물통을 구입하는 게 친환경적이다.

일곱 장수가 무술 연마하던 칠갑산

정상을 향한 본격적인 걷기가 시작되는 것은 천문대를 지나면서부터다. 부드럽게 굽이를 틀며 조금씩 오르는 널찍하고 평탄한 길은 걷기에 너무 매력적이다. 길옆으로 늘어선 벚나무가 기분 좋은 그늘을 만들어주고 있다. 꽃비 내리는 봄날에 걸으면 더 근사하겠다. 적당한 거리마다 그림 같은 벤치나 근사한 정자 쉼터가 나타나 쉬엄쉬엄 걷기에 딱 좋다. 참으로 감칠맛 나는 길. 콧노래 흥얼거리며 걷다보니 길가에 '칠갑산의 수호신 일곱 장수 이야기'를 써 놓은 나무판이 눈에 띈다. 하늘의 일곱 장수가 내려와 무술을 닦다가 올라갈 때 자신들의 검(劍)을 칠갑산 일곱 명당에 꽂았는데, 그 검들이 이곳을 지킬 것이며, 장차 이곳에서 일곱 명의 위인이 나올 것이라 했다는 내용이다. 하늘이 알려준 그 기인들은 언제쯤 나타날까…?

정상을 800m 남겨둔 곳에서 자비정을 만난다. 백제시대에 칠갑산이 '각산'이었고, 이곳에 '자비성'을 쌓았다는 옛 기록이 있어 이를 기념키 위해 세운 정자다. 재미있는 것은 보통의 정자 지붕이 6각형이거나 8각형인데 비해 자비정은 7각형이다. 이래저래 여기는 7이 대세다. 정자에 올라도 주변 풍광이 트이진 않지만 쉬어 가기엔 이만한 곳이 없어 보인다. 바람 좋고 쾌적한 정자마루에서의 호사는 이 길의 선물이다.

> **Story Telling**
>
> #### 최익현, 청양 땅에서 항일의 날을 세우다
>
> 칠갑산 솔바람길 제1구간 칠갑광장에 조선시대 말의 의병장인 면암(勉菴) 최익현(崔益鉉, 1833~1906) 선생의 동상이 서 있다. 경기도 포천 출신인 면암 선생은 23세에 명경과에 급제해 관직생활을 시작했고, 재임 중 꾸준히 부정부패와 구국항일투쟁을 전개했다. 그러던 중 1876년 일본과 병자수호조약이 체결되자 도끼를 들고 광화문 앞에 나가 조약의 부당함과 일본사신의 목을 베라는 상소
>
>
>
> 인 〈병자지부복궐소(丙子持斧伏闕疏)〉를 올렸다가 흑산도로 유배되었다. 그 후 이곳 청양으로 와서 나라를 근심하며 지내다가 1895년 을미사변이 일어나고 단발령이 공포되자 의병활동을 전개했다. 1906년 74세의 나이로 전라도 땅에서 의병을 일으킨 선생은 순창에서 관군과 대치하다가 우리 동포끼리 싸울 수 없다며 의병을 해체하고 스스로 체포되어 일본 쓰시마로 이감되었다. 그러나 "왜놈 땅에서 난 곡식은 먹지 않겠다"며 단식, 그곳 감옥에서 순국했다.
>
> 면암 선생이 흑산도 유배 후 항일운동의 날을 세우던 곳이 이곳 청양이다. 목면 송암리에 선생의 위패와 영정을 모신 사당 모덕사(慕德祠, 문화재자료 제152호)가 있고, 선생이 살았던 고택에는 장서각과 전시관이 함께 들어섰다. 매년 4월 13일에 선생의 항일의거기념 추모제를, 가을엔 제향을 올린다. 청양군은 1973년 선생의 충의를 기리고 애국사상을 마음에 새기고자 군민들의 모금으로 칠갑산도립공원 칠갑광장에 시멘트 동상을 건립했다. 2013년 5월에는 기존의 시멘트 동상을 모덕사로 이전하고 청동으로 제작한 새로운 상을 같은 자리에 세웠다.

터널주차장을 출발하자 만나는 칠갑산 콩밭
귀밑머리 까맣던 콩밭 매는 아낙네가 이제 백발이 되었다.

칠갑산 솔바람길은 청양의 보물

자비정을 경계로 벚나무가 사라지고 굴참나무가 도열한 길로 바뀐다. 조금은 좁아진 길은 약간의 오르내림까지 있어서 심심하지 않다. 『숫타니파타』 경전의 진언이 새겨진 나무판을 지나며 길이 오르막인가 싶더니 이번엔 굴참나무가 소나무로 바뀐다. 역시 우리 산에서는 소나무를 만날 때가 제일 기분난다. 어찌 보면 진짜 '칠갑산 솔바람길'을 만난 셈이다. 붉은 몸뚱이를 드러내고 구불구불 자란, 보기도 좋은 저 소나무들. 그 사이로 난 길은 또 얼마나 멋있는지, 걷고 싶어 달뜬 마음에 달려가고 싶지만 한꺼번에 다 걷기가 아까워 천천히, 천천히 간다. 누구라도 친구가 될 수 있을 것 같은 아름다운 이 길은 정상을 100m쯤 남긴 지점까지 이어진다.

정상 바로 직전에 계단이 나타난다. 얼마나 긴지 아래에서는 그 끝이 보이지 않는 까마득한 계단은 세어보니 정확히 257개다.

왼쪽으로 돌아 오르는 길도 있다.

헬기장이 있는 칠갑산 정상은 '칠갑산 솔바람길 1·2구간'이 서로 겹치며 만나는 곳이기도 하다. 또 청양 사람들의 산중 만남의 장소기도 하다. 헬기장 옆 등나무가 뒤덮은 평상 쉼터엔 늘 먼저 오른 몇 명이 정상의 여유를 즐기고 있다. 자연스레 마실 것과 먹을 것을 건네며 대화가 오가고, 소소한 이야기에 웃음꽃이 피는 곳. 이런 좋은 산길을 가진 청양 사람들이 부러워지는 순간이다.

내려서는 길은 등나무 쉼터 아래쪽이다. 조금 가서 왼쪽으로 밧줄이 매진 길을 따르면 아까 계단이 시작되는 지점을 만난다. 그 길 따라 칠갑광장 거나 한티마을 먹거리촌으로 내려서면 된다. 한티마을로 이어진 길은 출발했던 터널주차장 위쪽의 산허리를 따르는데, 운치가 그야말로 끝내준다. 굽이굽이 틀 때마다 배롱나무가 어우러진 원두막과 샘이며 꽃밭이 나타나고, 울창한 숲이 터널을 이뤄 걷는 즐거움이 대단하다. 중간의 '호텔 샬레'를 지나면 청국장과 손두부로 유명한 한티마을 먹거리촌이다. 산행이 끝난 지점에서 자연스레 맛집들이 기다리니 '칠갑산 솔바람길'은 왕도(王道)다.

주변 볼거리

칠갑산천문대

칠갑광장 위에 국내 최대의 굴절망원경과 컴퓨터와 PDA를 이용해 무선제어가 가능한 7m 원형 돔, 국내 최초의 FULL 돔, 5D 입체 영상시스템 등을 갖춘 일반인을 위한 천문우주 테마과학관인 칠갑산천문대가 있다. 천체관련 다양한 프로그램을 운영하고 있다. 이용시간은 오전 10시~오후 10시(11월~3월은 오후 9시)며, 초등학생 1천 원, 중고생 2천 원, 성인은 3천 원이다. 흐린 날은 천체관측을 할 수 없다.
청양군 정산면 한티고개길 178-46(마치리 526-3) · 041-940-2790
star.cheongyang.go.kr

청양목재문화체험장

목재에 대한 지식과 정보를 제공하고 체험을 통해 목재문화를 진흥시키기 위한 목적으로 2010년 2월 구기자타운에 개장했다. 규화목과 목재로 만든 오르간, 소원을 비는 나무, 한옥집 지어보기, 목재의 생산과 가공 과정, 100가지 우리 나무들의 모습, 전통 목조주택의 모형 등 우리가 모르는 나무에 대한 흥미진진한 내용으로 가득하다. 뒤에는 청양의 향토상품을 전시 · 판매하는 구기자타운이 있고, 기획전시관 위 전망대서 바라보는 칠갑호가 장관이다.
청양군 대치면 칠갑산로 704-21(광대리 316-18) · 041-940-2841
www.chilgapsan.net

고운식물원

단순한 식물원이 아닌 종합 산림문화공간이다. 총 37h(약 11만 평)의 대지에 33개의 소원, 8000여 종의 수목과 꽃들을 심어 향토식물자원 보존과 자연생태관광, 자연학습, 학술연구를 병행하도록 꾸몄다. 33개 소원을 다 둘러보려면 최소 반나절은 걸릴 만큼 넓다. 압화 액세서리 만들기, 허브 비누 만들기, 손수건 꽃물들이기, 나무곤충 만들기 등의 체험학습 프로그램을 운영하고 있으며, 식물원 내에 숙박할 수 있는 원룸 형태의 방갈로도 있다. 전화로 예약 가능.
청양군 청양읍 식물원길 398-23(군량리 389-2) · 041-943-6245
www.kohwun.or.kr

가는길

자가운전
1. 서해안고속국도 당진분기점 → 당진상주고속국도 신양IC → 70번 지방도 이용, 청양읍 → 36번 국도 이용, 대치면 → 칠갑 주차장
2. 경부고속국도 천안분기점 → 천안논산고속국도 이용, 공주분기점 → 당진상주고속국도 서공주분기점 → 서천공주고속국도 이용, 청양IC → 39번 국도 이용, 장평면사무소 앞 → 36번 국도 이용, 칠갑 주차장

대중교통

 서울 → 청양 서울고속터미널(02-6282-0114)에서 1일 7회(07:20-19:40) 운행, 2시간 10분 소요

대전 → 청양 대전서부시외버스터미널(042-584-1616)에서 1일 약 20분 간격(07:02-19:50) 운행, 1시간 40분 소요

※ 청양시내버스터미널(충남교통 041-943-7345)에서 칠갑호-칠갑 주차장 거쳐 칠갑산을 한 바퀴 도는 순환버스가 1일 3회(08:10, 12:40, 15:20) 출발. 15분 걸린다.

칠갑산 솔바람길 제1구간 (약 9.3km, 3시간 소요)

터널주차장 → (0.9km 25분) → 칠갑광장 → (2.4km 50분) → 자비정 → (0.9km 30분) → 칠갑산 정상 → (0.9km 20분) → 자비정 → (2.4km 35분) → 칠갑광장 → (1.4km 14분) → 한티마을 먹거리촌 → (0.35km 6분) → 터널주차장

바닷물손두부의 청국장 상차림

호텔 샬레

맛집

바닷물손두부 칠갑 주차장 바로 아래의 한티마을 먹거리촌에 맛집들이 몰려 있다. 지역 특산품인 구기자를 빻아 넣어 만든 청국장과 바닷물손두부로 유명한 바닷물손두부가 소문난 맛집. 구기자청국장 7천 원, 바닷물손두부 8천 원. 직접 만든 청국장과 손두부를 판매하기도 한다. • 청양군 대치면 한티고개길 1(대치리 79-1) • 041-943-6617

칠갑산 두메산골 청국장, 버섯전골 • 청양군 대치면 칠갑산로 1037(대치리 78-1) • 041-943-9080

은행나무식당 버섯청국장, 서리태흑두부 • 청양군 대치면 한티고개길 13-3(대치리 74-1) • 041-943-3790

숙소

호텔 칠갑산 샬레 청양군 대치면 한티고개길 57 (대치리 12-4) • 041-942-2000 • www.chalet.co.kr

칠갑산자연휴양림 청양군 대치면 칠갑산로 668-103(광대리 산 69-8)
041-940-2428~9 • www.chilgapsan.net

한마음모텔 청양군 청양읍 읍내리 171-14 (칠갑산로8길 6) • 041-943-0057

충북 알프스 칠갑산 최고 코스

청양 칠갑산(560m)은 주병선이 부른 동명의 노래 「칠갑산」으로 인해 전국적으로 유명한 산이 되었다. '콩밭 매는 아낙네야 베적삼이 흠뻑 젖는다~ 무슨 설움 그리 많아 포기마다 눈물 심누나~' 애절한 노랫말과 선율로 인해 국민애창곡이 된 「칠갑산」. 그 때문일 게다. 청양을 여행하다가 '콩밭 매는 아낙네상(像)'을 자주 만나게 되는 것은. 호미를 들고 쪼그리고 앉아 콩밭을 매는 모습이 애틋하면서도 한국의 정서를 그대로 담고 있는 듯해서 자꾸만 눈길이 간다. 글·사진 이승태

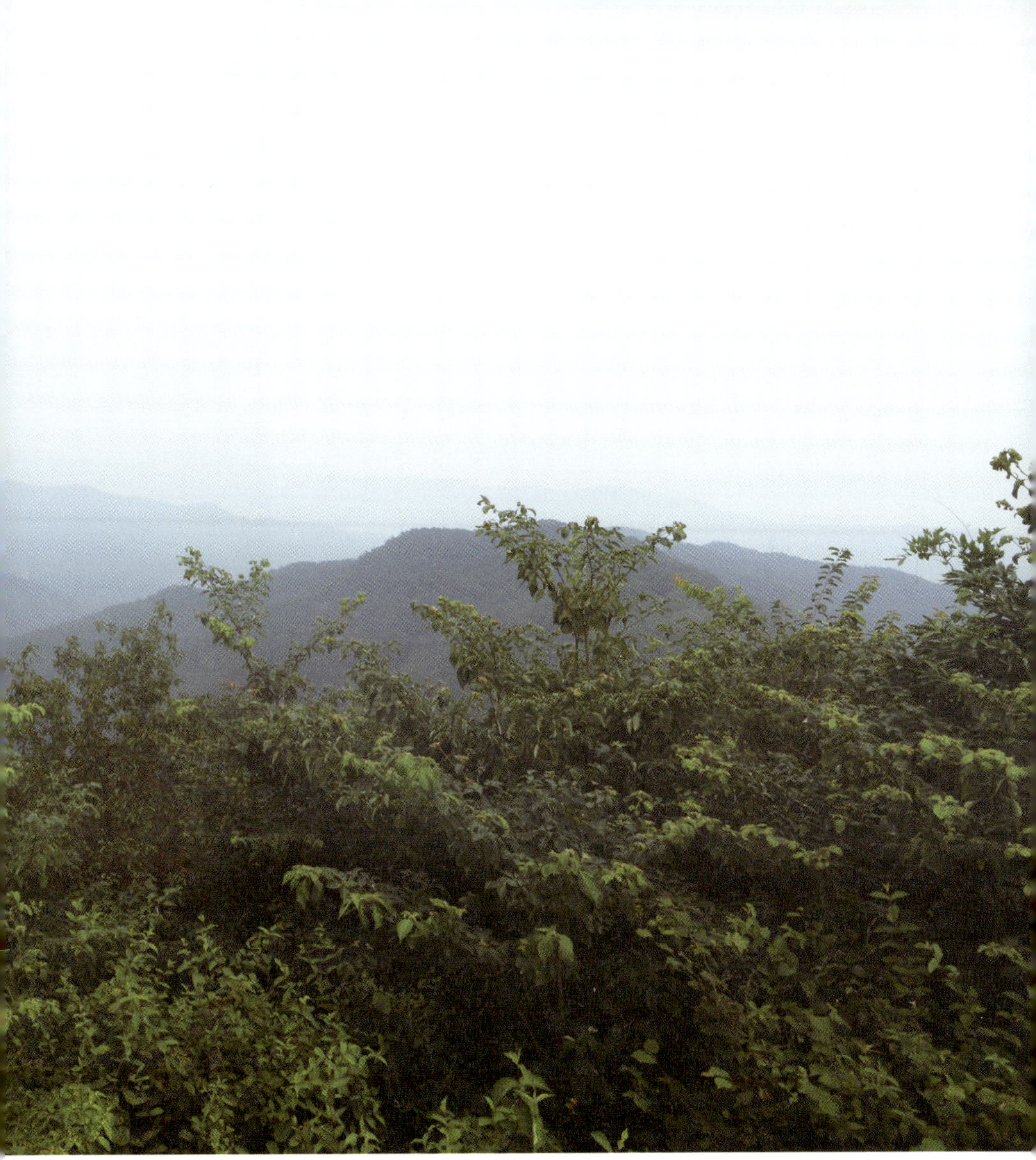

걷기 좋은 계절 **봄, 여름, 가을**　난이도 **★★★**　동반자 **가족, 연인 또는 홀로**

물 1리터는 꼭 챙겨가라!

'칠갑산 솔바람길 2'는 장곡사 주차장에서 장곡사를 거쳐 정상에 갔다가 삼형제봉을 지나 다시 장곡사 주차장으로 내려서는 9.5km(GPS 실측)의 산길이다. 전체적으로 완만한 흐름이고, 길이 분명하며, 이정표가 잘 갖춰져 있어 큰 어려움은 없다. 그러나 등산로이고, 또 출발하면 내려설 때까지 물을 구할 수 없기 때문에 미리 마실 물을 넉넉히(1리터 이상) 챙겨야 한다. 그리고 등산용 스틱도 꼭 챙기는 게 바람직하다. 스틱을 사용하면 무릎으로 전달되는 하중의 30% 정도를 분산시켜 무릎보호에 탁월한 효과가 있다.

대웅전이 둘 있는 장곡사

칠갑산 솔바람길 2구간은 장곡리 장승공원에서 출발해 천년고 찰인 장곡사를 지나 능선을 따라 칠갑산에 올랐다가 삼형제봉 까지 간 후에 금두산과 백리산을 거쳐 다시 장곡리 장승공원으 로 돌아오는 환형 등산로다. 9.5km 길이로 약간 가파른 곳이 있지만 전체적으로 완만하고 정비가 잘 되어 있어서 걷기 좋다. 우후죽순처럼 솟은 장승들이 하나같이 익살스럽고 빼어난 조 각 솜씨를 보여주는 장승공원과 먹거리촌을 지나자 곧 잘생긴 일주문이 나타나며 성과 속을 구별한다. 곧 양쪽으로 은행나무 가 울창한 근사한 길이 이어진다. 저절로 한없이 느릿느릿 걷게 되는 길이다. 그 느린 걸음 끝에 갑작스레 맞닥뜨리게 되는 장 곡사. 잘생긴 범종루와 운학루(雲鶴樓)가 시야를 가득 채운다. 부처님 계신 곳이니 예를 갖추라는 의미일까. 범종각이나 누각 의 아래를 지나 절집 마당으로 들어서는 게 보통의 절집이지만 장곡사는 가람 오른쪽으로 돌아 오르도록 길이 나 있다. 어디 에도 없는 독특한 구조와 절묘한 가람배치가 건네는 아름다움 에 취해 떠날 생각을 잊게 되는 곳이 장곡사다.

Story Telling

국보와 보물이 가득한 절집, 장곡사

이처럼 독특한 구조를 가진 절집이 또 있을까. 칠갑산 남쪽 기슭에 자리한 장곡사는 유일하게 상·하대웅전 을 가진 신라고찰이다. 전체적인 규모는 그리 크지 않 아도 국보 2점(철조약사여래좌상 부 석조대좌, 미륵불 괘불탱)과 보물 4점(하대웅전, 상대웅전, 금동약사여래 좌상, 철조비로자나불상 부 석조대좌)의 국가지정문화 재와 지방문화재 1점(설선당)을 비롯한 많은 비지정문 화재를 보유한 유서 깊은 절이다. 특히 바닥에 무늬가

새겨진 벽돌을 깐 상대웅전과 작은 규모의 맞배지붕 법당인 하대웅전은 건축의 형태와 축조시대 가 다르며, 방향도 다르다. 두 대웅전의 약사여래는 일념으로 기도하면 난치병이 낫는 가피력(加被 力)을 지닌 영험한 부처로 알려져 많은 이들이 찾아와 기도를 올리는 곳이다.
상대웅전 앞마당을 뒤덮은 느티나무 고목 그늘에서 내려다보는 장곡사 풍광이 멋스럽고, 칠갑산 오름길에 만나는 삼성각 또한 반듯한 앉음새가 눈길을 끈다.

장곡사 먹거리촌을 벗어나면 나오는 장곡사 일주문. 현판의 멋진 글씨체가 장곡사 분위기와 잘 어울린다.

솔숲 사이 평상 쉼터가 많아

계곡 건너 높은 언덕에 자리한 삼성각을 지나고야 본격적인 산길이다. 단풍나무와 아카시나무, 서어나무를 비롯한 온갖 활엽수가 가득한 숲을 지나 오름길이 시작되고, 능선이 금방이다. 신기하게도 능선에 닿자마자 붉은 둥치의 잘생긴 금강송으로 수종이 바뀐다. 과연 '솔바람길'답다. 역시 우리 산은 저 붉은 소나무가 잘 어울린다. 소나무 아래에 잘 짜서 맞춘 사각형의 널찍한 평상을 설치해 두었다. 다리품을 쉬기에 이만한 게 없어 보인다. 아예 한숨 잠을 자도 좋겠다.

곧 나타나는 다목적위치표지판. 청양군청에서 등산인들의 안전을 위해 200~300m 간격으로 세운 것이다. 하얀색 사각 기둥에 현재위치 명칭과 표지판 번호, 양방향으로 남은 거리를 기록해 두었다. 뒤편엔 청양의 특산물인 고추, 구기자, 멜론 사진이 붙어 있다. 그리고 나란히 서 있는 친절한 이정표. 시내 가로수가 붉은 고추모양이더니 산의 이정표도 고추모양이다.

옛 전설을 들려주는 거북바위와 가지를 꼬면서 자란 연인소나무, 『숫타니파타』의 경구를 새긴 나무판 등 흥미로운 볼거리로 가득한 능선은 솔숲과 참나무숲이 차례로 나타나며 정상으로 이어진다. 조망이 트인 곳은 없지만 그만큼 숲이 좋아 걸음이 즐겁다. 헬기장이 있는 칠갑산 정상은 사방으로 조망이 트이며 청양의 최고 전망대 역할을 톡톡히 하고 있다. 북쪽 공주와 예산 쪽으로 뻗어간 산줄기가 선명하고, 남쪽으로 가야 할 삼형제봉이 건너다보인다.

통일, 안녕, 건강을 칠갑영산에 기원합니다

넓고 평평한 정상은 마닐라삼으로 짠 깔개가 덮였고, 남쪽으로는 전망 데크가 설치되어 조망을 즐기기에 좋다. 벤치와 평상을 갖춘 등나무 쉼터도 있다. 자연석에 새긴 정상 표석 옆의 제단에는 '통일, 안녕, 건강을 칠갑영산에 기원합니다'라는 기도문을 새겨놓았다. 칠갑산(七甲山)의 유래를 설명하는 안내판도 보인다. 복잡한 듯하지만 정상에 올라 쉬고 조망을 즐기기 편하도록 많은 부분을 고심한 흔적들로 가득하다.

"길이 험하지 않아 좋고, 숲은 더 좋고, 전망은 최고지요. 칠갑산만 한 산이 또 어디 있

1. 장곡사 하대웅전과 설선당 2. 장곡사에서 오른 첫 능선에서 볼 수 있는 거북바위. 백제시대의 한 선비와 거북이에 대한 재밌는 전설이 전해진다. 3. 바위 위로 뿌리를 뻗은 참나무. 그 옆으로 솔바람길이 나 있다.

습니까? 산에 올라 사방 둘러보고 여기 앉아 쉬면서 이런 저런 이야기하다 보면 모든 근심이 다 사라져요."

청양에서 한 달에 한두 번씩 칠갑산을 오른다는 60대 부부 산악인의 말. 어디 이들 뿐이랴! 칠갑산은 그야말로 솔바람 솔솔 부는 길을 열어 산을 찾는 모든 이들의 친구와 진정한 쉼터가 되고 있다.

정상에서 삼형제봉은 1.3km 거리. 내려서는 첫 부분이 조금 가파르다. 그 후로는 참나무 종류가 주를 이룬 완만한 능선이 헬기장이 있는 삼형제봉에 이르기까지 계속된다. 산성이 있었는지, 삼형제봉에서 내려서는 길에 두껍고 투박한 옛 기와조각들이 꽤 많고, 심마니 모둠이나 숯가마로 짐작되는 터도 보인다. 옛 사람들이 생계를 위해, 소중한 가족을 지키기 위해 오르내리던 길이었나 보다.

두 번째 평상 쉼터부터 능선엔 다시 소나무가 보이기 시작한다. 솔바람길 소나무는 너무 높이 자라거나 굵어서 사람을 압도하는 게 아니라 모든 것이 적당하다. 보기에 편하고, 잡기에 쉽고, 걷다가 어깨로 한번 툭 쳐도 좋은 사이즈여서 부담 없고 친근한 숲을 이뤘다.

능선에서 장곡사 주차장으로 내려서는 삼거리 이정표에 능선을 따라 직진해 2.5km 거리에 까치네유원지가 있다고 적혔다. 주차장은 계단이 많은 약간 가파른 길을 따라 700m 거리다.

장곡사 먹거리촌 입구에 있는
'콩밭 매는 아낙네상'

주변 볼거리

칠갑산 장승공원 장곡사 먹거리촌 입구에서 볼 수 있는 수백 기의 장승으로 조성된 공원이다. 장승 하나하나가 각기 다른 표정을 지녔는데, 그 조각 솜씨가 모두 예술작품 수준이다. 이곳 칠갑산 자락 10여 개 마을에서는 지금도 음력 정월 대보름을 전후해 마을의 안녕과 주민의 무병장수를 기원하는 장승제의 맥을 이어오고 있는데, 이곳에 전시된 대부분의 장승들이 실제 제를 드리는 장승을 그대로 재현한 것들이다. 또 매년 4월 중순에는 전국의 장승조각가와 방문객이 함께 하는 장승축제가 열린다. 독특하면서도 수준 높은 장승 작품들로 가득한 장승공원에는 한국 전통 장승뿐만 아니라 아프리카와 북아메리카의 토템들과 10m 크기에 15톤에 달하는 국내 최대장승도 볼 수 있다.

까치내휴양지 청양의 진산인 칠갑산에서 발원한 50km 길이의 맑고 아름다운 지천은 금강의 상류며 청양의 젖줄이다. 칠갑산 남서쪽 자락을 휘감아 도는 곳에 자리한 까치내휴양지는 여름철 가족단위 물놀이터로 명성이 자자하다. 한국의 명수로 알려진 까치네와 물레방아유원지는 맑은 물과 울창한 산림, 넓은 백사장이 어우러지며 아름다운 풍광을 연출한다. 까치내휴양지 바로 옆에는 최신시설을 갖춘 '칠갑산오토캠핑장'이 있고, 청양을 대표하는 먹거리인 참게장을 잘 하는 '청양수산둥지가든'도 있다.

가는길

자가운전
1. 서해안고속국도 당진분기점 → 당진상주고속국도 신양IC → 70번 지방도 이용, 청양읍 → 36번 국도 이용, 대치면 → 645번 지방도, 장곡사 주차장
2. 경부고속국도 천안분기점 → 천안논산고속국도 이용, 공주분기점 → 당진상주고속국도 서공주분기점 → 서천공주고속국도 이용, 청양IC → 39번 국도 이용, 장평면사무소 앞 → 36번 국도 이용, 장곡사

대중교통

서울 → 청양 서울고속터미널(02-6282-0114)에서 1일 7회(07:20-19:40) 운행, 2시간 10분 소요

대전 → 청양 대전서부시외버스터미널(042-584-1616)에서 1일 약 20분 간격(07:02-19:50) 운행, 1시간 40분 소요

※ 청양시내버스터미널(충남교통 041-943-7345)에서 장곡사를 거쳐 칠갑산을 한 바퀴 도는 순환버스가 1일 3회(09:10, 12:40, 15:20) 출발한다. 1시간쯤 걸린다.

칠갑산 솔바람길 제2구간 (9.44km, 3시간 30분 소요)

장곡사 주차장 → (1.5km 25분) → 장곡사 → (0.6km 22분) → 제1호 119구급함 → (2.4km 50분) → 칠갑산 정상 → (0.21km 3분) → 사찰로 갈림길 → (1.1km 30분) → 삼형제봉 → (1.9km 40분) → 금두산 → (1.1km 25분) → 백리산 → (0.63km 15분) → 장곡사 주차장

맛집

칠갑산맛집

칠갑산맛집 장곡사를 찾는 이들의 발길이 끊이지 않는 집이다. 청국장이 기본으로 나오는 나물비빔밥이 인기 메뉴. 12가지 제철 야채들로 차려내는 상은 웰빙 그 자체다. • 청양군 대치면 장곡길 119-19(대치면 장곡리 215-5) • 041-943-5912

충청수산둥지가든 참게매운탕 • 청양군 장평면 묵은논길 56-1(장평면 지천리 227) • 041-943-0008

산골짜기 버섯전골과 청국장 • 청양군 대치면 장곡길 143-54(대치면 장곡리 67-7 • 041-942-2900

숙소

칠갑산골펜션

산골짜기펜션 청양군 대치면 장곡길 143-54 (대치면 장곡리 67-7) • 041-942-2900

칠갑산골펜션 청양군 대치면 장곡길 147 (대치면 장곡리 67-13) • 041-943-7211

칠갑산산꽃마을 팜스테이 청양군 대치면 까치내로 1063-1(대치면 광금리 90-4) 041-944-2007

명당 내현을 감싸는 보개산의 명품 솔숲길

농어촌인성학교로 지정된 거북이마을은 도시인들이 찾아오는 마을이다. 전국의 학생들이 짜임새 있는 인성학교 체험프로그램에 참가하고, 각 지역 지도자들의 견학과 세미나가 줄을 잇고 있다. 거북이마을은 아홉 가지의 보물을 덮고 있다는 보개산(280m)의 아늑함을 배경으로 남구만, 전운성 등 예로부터 많은 인재들을 길러냈다. 마을의 문화유적과 보개산에 스민 전설을 따라가는 길이 거북이마을 솔바람길이다. 글·사진 진우석

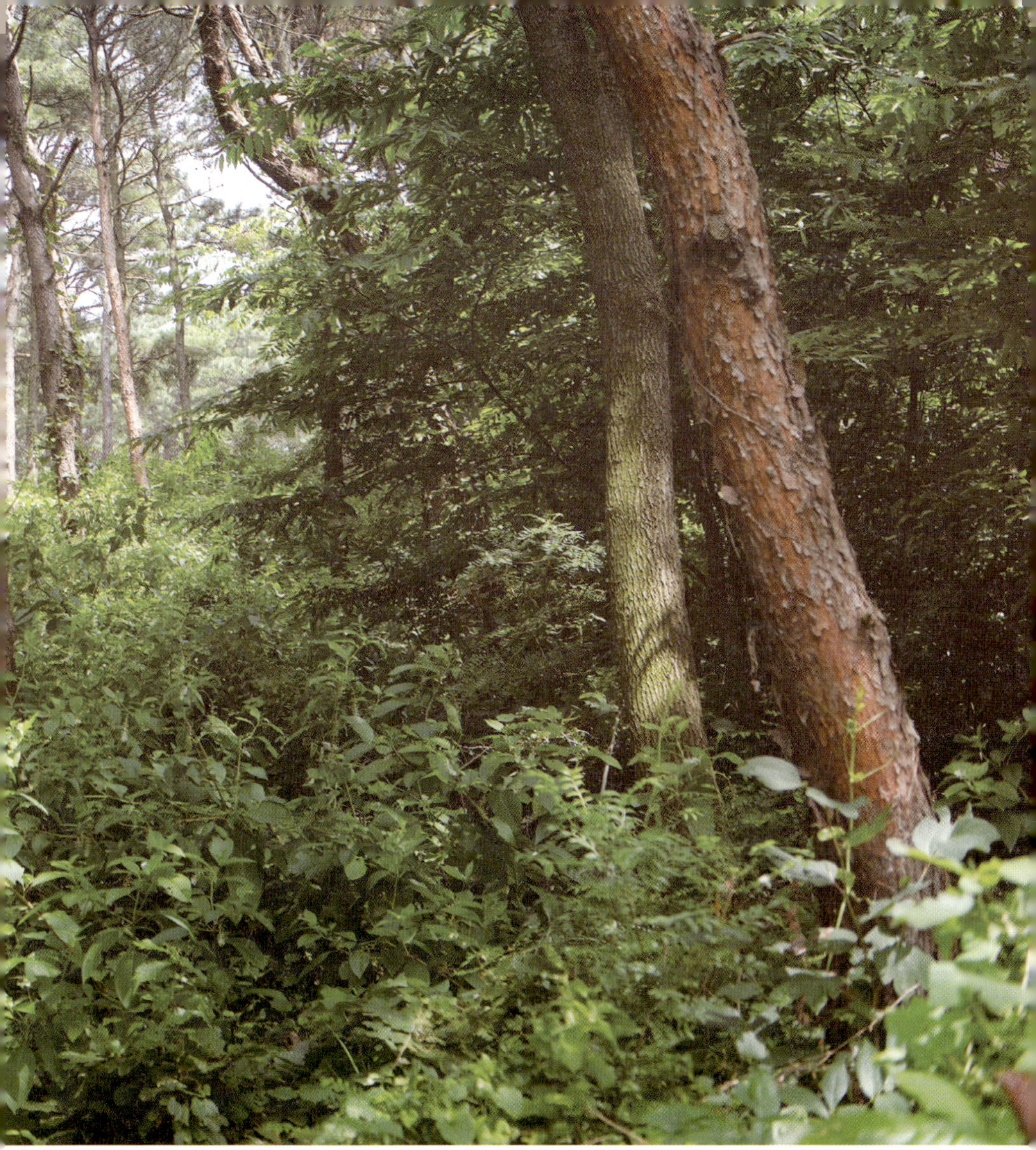

걷기 좋은 계절 **봄, 가을**   난이도 ★ ★   동반자 **가족, 친구**

마을 전통체험관에서 코스 설명과 가이드 받아야

거북이마을 솔바람길은 전통체험관에서 출발, 마을 유적과 보개산의 흩어진 바위들을 둘러보고 원점회귀하는 코스다. 거리는 4.3km, 2시간 30분쯤 걸린다. 산길은 비교적 평탄하지만 운동화보다는 트레킹화를 신는 것이 좋다. 일단 마을에 들어서면 가게가 없기 때문에 간단한 간식, 음료 등은 미리 준비하는 것이 좋다. 전통체험관에서 코스 가이드를 꼭 받아야 한다. 식수는 전통체험관에서 구할 수 있다.

거북이 목처럼 생긴 보개산이 품은 마을

거북이마을 솔바람길은 3코스가 나 있다. 1코스 성황당길, 2코스 임도길, 3코스 전설의 바위길이 그것이다. 마을 위주로 보려면 1코스, 마을과 보개산의 전설을 간단하게 둘러보려면 2코스, 길게 돌아보려면 3코스를 선택하면 된다. 출발점은 전통체험관. 체험관은 2층 한옥형 구조로 사무실, 강의장, 식당 등이 자리해 거북이마을의 베이스캠프 역할을 한다.

체험관 오른쪽 옆으로 안내판과 1코스 진입로가 있다. 그 길을 따라 보개산의 중턱에 자리한 성황당을 둘러 내려오는 길로 아이들 체험 코스로 이용된다. 체험관 맞은편에 연자방아가 옛 모습 그대로 남아 있다. 연자방아를 지나면 마을로 가는 길을 만난다. 옥수수밭이 넓게 펼쳐진 이곳에서 보개산과 그 안에 포근하게 안긴 마을의 모습을 볼 수 있다. 마을 이름은 보개산에서 나왔다. 생김새가 거북이의 목처럼 생겼다고 하여 구항·구산·귀목이라 했고, 거북모양의 바위가 머리를 안쪽으로 향하고 있어 내현이라 불렸다.

마을길을 따라 200m쯤 들어가면 보살바위를 만난다. 전씨 문중의 자손 없는 하인이 이곳에서 정성껏 기도를 올려 아들을 얻었다는 바위이다. 보살바위 앞의 화장실과 그 옆 담벼락에는 화사한 꽃과 귀여운 아이들이 그려져 있다. 목원대학교 미술대 학생들이 농활을 왔다가 재능을 발휘한 것이다. 그 길에서 만나는 구인사는 절이 아니라 담양전씨의 3은(야은, 뇌은, 경은)을 배향하고 있는 사당이다.

Story Telling

당대 문화 생활상 드러난 「석천한유도」

장충영각에 걸린 「석천한유도」는 김희겸이 그린 그림으로 조선후기 무신인 석천 전일상(1700~1753) 선생은 경상좌병사로 종2품의 당상요직을 지낸 인물이다. 그림은 가로 87.5cm, 세로 119.5cm의 크기로, 선생이 누마루가 있는 정자 위에 앉아 한가로이 더위를 피하고 있는 장면을 그리고 있다. 정자 앞뒤에는 해묵은 버드나무와 오동나무가 한 그루씩 서 있어 운치를 더하고, 편한 옷차림으로 정자에 나와 앉은 선생이 검을 기둥에 기대어 매를 손등에 얹고서 여인네의 시중을 받고 있다. 누마루에 오르는 두 여인은 술병과 과일이 든 쟁반을 들고 있고, 정자 아래로는 두 마리의 개가 장난을 치고 있다. 화폭에 '무진유월일제(戊辰流月日製)'라는 글이 있고 그 끝에 김희겸의 낙관이 찍혀 있어 영조 24년(1748)에 그린 것임을 알 수 있다. 풍속도 중에서 매우 오래된 것으로 그림에 나타난 생활상이나 문물의 묘사는 당시의 문화나 생활을 엿볼 수 있는 좋은 자료로 평가된다.

삼형제바위 옆의 전망 좋은 정자. 마을 원경을 감상하며 쉬었다 가기에 좋다.

마을의 보물인 장충영각과 구인사

사당을 구경하고 내려와 장충영각으로 가는 길에 말바위를 만난다. 전장에서 주인이 죽었다는 것을 말해주고 죽은 애마가 바위로 변했다는 전설이 내려온다. 말바위 위에 장충영각이 앉아 있다. 날아갈 듯한 한옥 건물 영각 안에는 담양전씨 문중의 좌천공 전운상, 석천공 전일상의 영정과 「석천한유도」가 걸려 있다. 이 그림들은 KBS 〈진품명품〉에 방영되어 무려 24억 원의 감정가를 받았다. 「석천한유도」(가운데) 15억, 전운상 영정(왼쪽) 6억, 전일상 영정(오른쪽) 3억이다. 「석천한유도」는 1748년 화가 김희겸이 그린 풍속화로 전일상 장군의 호탕한 모습이 그려져 있다.

장충영각 앞에 보이는 작은 초가가 약천 남구만 선생이 머물면서 학문에 정진했던 곳이다. 남구만은 조선후기의 문신으로 문장과 서화에 뛰어났다. 특히 '동창이 밝았느냐 노고지리 우지진다'로 시작하는 「권농가」시조가 유명하다.

약천초당 위에서 성황당 이정표를 따르면 호젓한 산길이 나오면서 본격적인 솔바람길이 시작된다. 호젓한 길은 울창한 대숲으로 바뀌면서 탄성이 터져 나온다. 대숲의 짙

1. 구인사로 가는 길. 오른쪽 화장실 건물에 마을 그림 지도가 그려져 있다.
2. 거북이마을의 성황당. 성황당 가는 길은 보은에서 홍성으로 가는 옛길이었다.
3. 담양전씨 사당인 구인사는 전통결혼식장, 숙소 등으로 다양하게 활용되고 있다.

은 어둠 속을 빠져나와 완만한 오르막을 오르면 성황당에 닿는다. 예로부터 성황당은 보령 지역에서 거북이마을을 거쳐 홍성으로 가는 옛길이었다.

보개산 전설 얽힌 바위 찾아가는 솔바람길

거대한 돌무덤처럼 보이는 성황당에 돌을 던지며 옛사람들처럼 행운을 빈다. 다시 길을 나서면 울창한 솔숲이 펼쳐진다. 솔바람길을 통틀어 가장 멋진 길이다. 향기로운 솔향기를 맡으며 완만한 오르막을 오르면 솔숲이 끝나면서 임도를 만난다. 임도는 갈림길로 2코스와 3코스가 갈린다. 임도를 따라가다가 마을로 내려가는 길이 2코스, 능선으로 올라가는 길이 3코스이다. 여름철이나 아이들과 함께라면 가벼운 2코스를 추천한다.

임도에서 능선에 올라붙으면 곧 범바위를 만난다. 예전 범바위는 멀리 개몰마을을 바라보고 있었다. 개물마을에 안 좋은 일이 많이 생겨 그곳 주민들이 범바위를 바라보는 방향을 살짝 돌려놓았다고 한다. 범바위를 지나면 한동안 가파른 오르막이 나온다. 할매바위 입구에서 길은 순해진다. 할매바위는 능선에서 50m쯤 떨어져 있다. 할매바위를 보고 돌아와 다시 능선을 타고 30분쯤 가면 쉬기 좋은 2층 정자에 닿는다. 정자에 오르면 시원하게 조망이 열린다. 마을이 한눈에 잡히고 멀리 산줄기들이 아스라하다.

삼형제바위는 바로 정자 옆에 있다. 옛날 가난한 삼형제가 이곳에 올라 글공부를 하며 배고픔을 잊었다는 곳이다. 또한 여기서 정성껏 기도하면 삼형제를 얻을 수 있다는 이야기도 내려온다. 이어 능선을 따르면 꿈길처럼 부드러운 능선이 10분쯤 이어지다가 대망의 곰보바위에 닿는다.

남매의 애틋한 이야기가 내려오는 곰보바위

곰보바위가 보개산의 정상이다. 곰보바위는 커다란 두 개의 바위가 서로 마주보는 형상이고, 그 표면에 곰보처럼 자국이 있다. 곰보바위에는 재미있는 두 가지 전설이 내려온다. 예전 건넛마을로 시집갔던 여동생의 시댁은 사람들이 모두 곰보였다. 시어머니는 절대 그 사실을 털어놓지 말라고 신신당부한다. 여동생이 친정으로 오던 중에 이곳에서 오빠를 만났고, 오빠에게 비밀을 털어놓고 만다. 고민하던 남매는 비밀을 지키기 위해 죽음을 택했다고 한다. 비밀을 지키기 위해 남매가 죽음을 택한 애잔한 전설이 내려와 남매바위라고 부르기도 한다. 다른 이야기는 예전 보개산에 절이 9개가 있었는데, 이성계의 핍박으로 스님들이 빈대가 되어 바위에 붙어 바위가 곰보가 되었다는 이야기이다.

곰보바위 앞의 벤치에 앉아 잠시 한숨 돌리고 하산길에 오른다. 계속 능선을 타고 내려오면 송전탑 아래를 지나고, 또 하나의 송전탑이 보이는 지점에 과수원이 보인다. 여기서 과수원 옆길을 타고 오른쪽 방향으로 내려오면 다시 임도를 만난다.

임도에서는 5분쯤 임도를 타고 가면 '거북이마을 1km' 이정표를 만난다. 여기서 거북이마을 방향으로 200m쯤 내려오면 '호랑이가 잡아준 못자리'를 만난다. 호랑이 입에 걸린 비녀를 꺼내줬더니 호랑이가 못자리를 보은했다는 전설이 서린 곳이다. 여기서 내려오면 구인사를 오른쪽에 끼고 내려오게 된다. 구인사에서 전통체험관으로 돌아오면 거북이마을 솔바람길이 마무리된다.

주변 볼거리

남당항 홍성 서쪽 해안의 남당항은 안면도를 바라보는 작은 항구로 인근 수산물의 집결지이다. 이곳의 대하와 새조개가 알려지면서 충남 서해안의 대표적인 수산물 먹거리 관광지로 자리 잡았다. 계절별로 대하, 새조개, 우럭, 꽃게, 갑오징어 등이 풍부하다. 특히 대하는 서해안의 원조 격으로 매년 가을축제가 열리고, 천수만 최고 별미로 꼽는 새조개 역시 유명하다. 선착장을 따라 이어진 산책길을 걸으며 일몰을 감상할 수 있다.

홍주성 홍성군은 예부터 충청도 서해안을 지키는 주요 거점이었다. 이를 알려주는 유적이 홍성 시내의 홍주성이다. 길이 약 1772m의 성벽 가운데 약 800m의 석축 성벽과 동문인 조양문(朝陽門)이 남아 있다. 조양문 현판은 대원군의 친필로 알려졌다. 이 성은 1895년 동학농민운동 때 많은 동학교도가 처형되었고, 1905년의 을사조약 체결에 반대하여 의병을 일으킨 민종식·안병찬 등이 의병을 이끌고 당시 이 성에 주둔하고 있던 일본군을 6문의 화포로 공격하여 덕산으로 퇴각시키고 점령한 곳으로도 유명하다.

김좌진장군 생가 우리나라의 대표적 독립 운동가였던 백야 김좌진장군이 태어나고 성장한 곳이다. 1991년부터 성역화사업을 추진하여 본채와 문간채, 사랑채를 복원하고 관리사 및 전시관, 사당 등을 건립했다.

가는길

자가운전 서해안고속도로 홍성IC → 갈산교차로에서 홍성 방면 우측 → 내포로 구항교차로에서 구항 방면 우측 → 내현 거북이마을

대중교통

- 서울 → 홍성: 용산역에서 1일 18회(05:35-20:35) 운행, 약 2시간 소요.
  동서울터미널에서 1일 6회(08:20-19:30) 운행, 약 2시간 30분 소요
- 대전 → 홍성: 대전복합버스터미널(1577-2259)에서 직행버스가 1일 11회(06:40-19:55) 운행, 1시간 40분 소요
- 홍성 → 내현 거북이마을: 홍성버스터미널(041-632-2425)에서 1일 5회(08:50-18:25) 운행, 20분 소요. 버스가 홍성역에 서지 않으니 주의할 것.

거북이마을 솔바람길 코스

대표 코스 3코스 (전설의 바위길) 4.3km, 3시간 소요
전통체험관 → (0.4km 40분) → 장충영각 → (0.8km 10분) → 성황당 → (0.3km 40분) → 범바위 → (0.6km 20분) → 삼형제바위 → (0.4km 30분) → 곰보바위 → (1.3km 20분) → 호랑이가 잡아준 못자리 → (0.5km 20분) → 전통체험관

1코스 (성황당길) 1.5km, 50분 소요 전통체험관~성황당~장충영각~구인사~전통체험관

2코스 (임도길) 2.5km, 1시간 30분 소요 전통체험관~장충영각, 구인사~성황당~임도~호랑이가 잡아준 못자리~전통체험관

거북이마을의 시골정식

맛집

거북이마을식당 거북이마을 전통체험관 안의 식당으로 다양한 제철 반찬과 재래 된장 등을 사용한 시골식 백반을 먹을 수 있다. 사전 예약은 필수다. • 홍성군 구항면 거북로 422-23(내현리 270번지) • 041-631-0402

한우본 한우등심 • 홍성군 홍성읍 문화로72번길 29(홍성읍 남장리 113-4) • 041-634-2292

일미옥불고기 한우불고기와 시래기정식 • 홍성군 홍성읍 문화로72번길 28(남장리 114-6) • 041-632-3319

숙소

거북이마을민박 홍성군 구항면 거북로 422-23 (내현리 270번지) • 041-631-0402 • geobuki.go2vil.org

홍성온천관광호텔 홍성군 홍성읍 내포로 42 (오관리 399-20) • 041-633-7777
www.hongsungspa.com

카네기모텔 홍성군 홍성읍 조양로205번길 38 (고암리 958) • 041-631-7750

35
예산 온천과 함께하는 솔바람길

솔향기 따라 걷고 600년 전통의 보양온천도 즐긴다

충청남도 지역 곳곳에 있는 풍경 좋은 소나무 숲길을 골라 만들고 있는 길이 '솔바람길'이다. 그중에 예산에 만든 길이 '온천과 함께하는 솔바람길'인데, 가수 조영남의 노래에 삽다리라는 지명으로 나오는 삽교의 목리에서 시작하여 지구유로 불리는 덕산온천까지 이어지는 길이다. 솔바람길에서 온몸 가득 채운 솔향기에 지구의 젖줄인 온천의 따뜻함이 더해지면 이 길이 바로 힐링 만점의 길이 아닐까. 글·사진 구동관

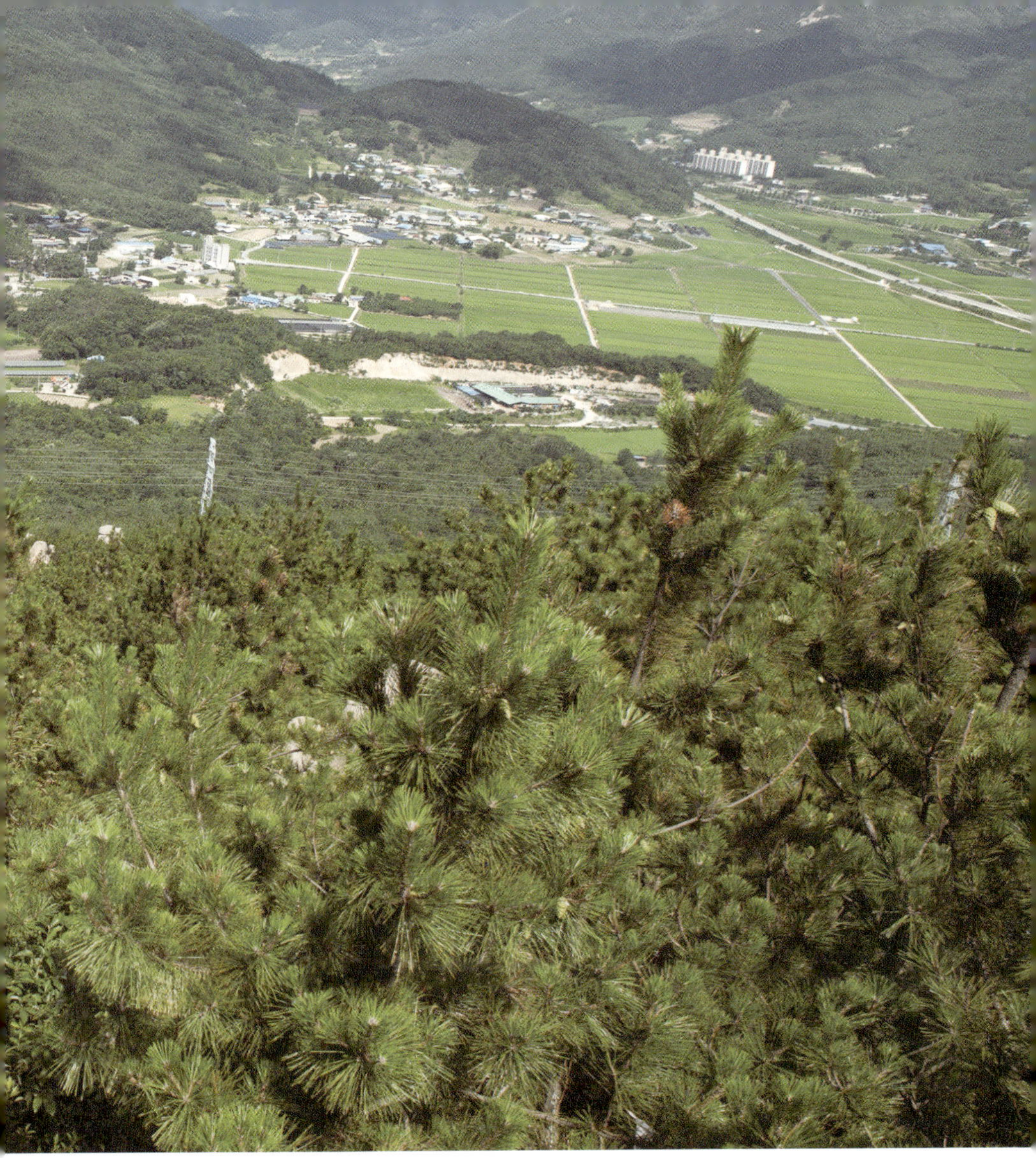

걷기 좋은 계절 **봄, 여름, 가을, 겨울** 난이도 ★★★ 동반자 **가족, 어린이, 연인**

친절한 워킹 tip

원점회귀도 좋고, 용봉산에서 시작해도 좋다

온천과 함께하는 솔바람길은 삽교읍 목리에서 시작하여 예산관광안내소까지 걸어오는 4.8km의 코스지만, 승용차를 이용하는 경우라면 예산관광안내소에서 시작하여 오형제바위까지 다녀오는 7.2km의 원점회귀 코스도 크게 어렵지는 않다. 또한, 용봉산 주차장에서 출발하여 용봉산 정상과 수암산 정상을 거쳐 덕산으로 내려오는 코스는 전체 거리 8.5km로 4시간 정도 소요되는 길이다. 산행을 하는 사람들도 많이 선택하는 길인데, 용봉산은 해발이 높지는 않지만 가파른 바위가 많아 조심해야 한다.

내포신도시의 새로운 역사가 시작되다

솔바람길의 초입인 삽교읍 목리로 향하는 길. 새롭게 조성된 너른 땅에 6차선 도로만이 시원스럽게 뚫려 있다. 어찌 보면 휘휘하기까지 한 공간에서 시선을 끄는 건물은 충남도청의 새 청사 건물이다. 대전광역시 한복판에 자리를 잡고 있었던 충남도청이 80년 동안의 대전 시대를 마감하고, 2013년 홍성과 예산의 경계인 내포신도시로 이전을 하였다.

사실, 현재 교통의 요지이며 과학의 중심지가 되어 있는 대전의 발전은 충남도청의 이전에서 시작되었다. 공주에 있던 충남도청이 1932년 대전으로 이전한 뒤 사통팔달의 교통 중심지가 되고, 상업이 발달하면서 사람들이 모여들었다. 대전은 발전을 거듭하여 1989년 직할시로 승격하고 충남도와 분리됐다. 그리고 충남도청은 뜻하지 않게 남의 터전에서 살림을 하게 되었다. 그리고 10년을 넘기고서야 새로운 자리에 터전을 만들고 내포 시대를 시작하게 된 것이다.

홍성군 홍북면과 예산군 삽교 일원에 조성된 내포신도시는 충남도청과 몇 개 기관의 이전으로 그 첫걸음을 시작했다. 아직은 그 주변이 텅 비어 있지만 2020년까지 인구 10만 명의 도시로 차츰 발전할 것이다. 대전의 성공을 이끌었듯이 내포에도 새로운 성공 신화를 써 나갈 것이다.

기암괴석인 용봉산에서 이어지지만 부드러운 길이다

삽교읍 목리에서 시작하게 되는 솔바람길은 처음에는 걷는 길이라기보다는 산행길이

Story Telling

6백 년의 역사를 자랑하는 보양온천 '지구유'

충남 예산과 아산은 온천 천국이다. 아산, 온양, 도고, 덕산온천이 승용차로 30분 거리에 모여 있다. 그중 가장 서쪽에 자리를 잡고 있는 덕산온천은 게르마늄 온천수로 유명하며 『동국여지승람』과 『세종실록지리지』에서 그 존재가 언급돼 온 곳이다. 또한, 율곡 이이의 저서 『충보』에는 '날개와 다리를 다친 학이 덕산에서 나는 물을 상처에 바르며 치료한 후 날아갔다'는 기록이 남아 있다. 근육통, 관절염, 신경통, 피부미용, 혈액순환, 세포재생에도 효과가 있다. 1910년대부터 상업적으로 개발되었고, 1948년 새로 건물을 짓고 온천을 굴착하면서 지하 300m 깊이에서 섭씨 43~52℃의 온천수가 용출되었다. 그 물이 지구 체내에서 자연적으로 분출되어 어머니의 젖과 같은 효과를 지녔다고 해서 그 터를 지구유라고 부른다. 덕산온천에 세워져 있는 지구유 표석은 충청남도 문화재자료 제190호다.

능선에서 바라본 주변 풍경. 가야산의 풍경이 한눈에 들어온다.

다. 수암산으로 올라가는 가파른 길이기 때문이다. 하지만 가파른 길은 길지 않다. 숨이 가빠지기 시작할 즈음 가루실 고개에 올라서게 되는데, 그 고개는 홍성의 용봉산과 예산군에 자리 잡은 수암산을 이어주는 고갯마루다. 가파른 오르막이 끝나고, 조금 여유로워진 능선길이 시작되는 곳이다.

홍성 홍북면에 자리 잡은 용봉산(龍鳳山)의 이름은 용의 몸집에 봉황의 머리를 얹은 형상에서 유래한다. 제2의 금강산으로도 불리는 용봉산(해발 381m)은 높지 않지만 산 정상을 둘러 아름다운 기암괴석이 많다. 용봉산의 산세는 같은 산군으로 연결된 수암산(해발 280m)으로 이어진다. 산의 이름이 바위 풍경이 빼어나다는 수암산(秀岩山)이지만, 산 곳곳에 가파른 암봉이 흩어져 있는 길이 아니다. 능선 전체를 걸으면서도 두세 곳의 암석군만을 만날 뿐이다. 자세히 살펴보면 능선에 암석이 없는 것은 아니고 암석 위에 흙과 나무들이 쌓여 부드러운 산길로 보이는 것이다. 하지만, 그런 부드러운 능선에 우뚝 솟은 바위가 있고, 그곳이 바로 수암이다. 부드러운 능선에 우뚝 솟은 바위라서 그 풍경이 더욱 아름답다. 화룡점정인 것이다.

솔향기 가득한 능선길을 걷다

수암산의 능선길은 여유롭고 행복하다. 그 길을 걷는 즐거움 중에 가장 큰 것은 멋진 풍광이다. 다른 산의 능선길과 같이 오르고 내리는 길이 이어지지만 가파르지 않고, 주변의 풍경이 한눈에 들어와 높은 산의 능선이 부럽지 않다. 동쪽으로는 너른 들판이 가득하다. 들판의 중심에 충남도청이 자리 잡은 내포신도시의 풍경이 들어오고, 내포신도시 지역을 지나면 삽교읍의 모습이 보인다. 그 주변을 둘러싼 예당평야도 아름답다. 서쪽으로는 걷는 동안 산자락들이 계속 따라온다. 처음에 보이는 산은 수덕사를 품고 있는 덕숭산(해발 495m)이며, 끝날 때 볼 수 있는 산은 내포문화권의 핵심이 되는 가야산(해발 678m)이다. 덕숭산과 가야산은 덕산온천지구 등을 포함하여 충청남도의 덕산도립공원으로 지정되어 있다.

솔바람길에서는 전설을 간직한 바위들도 만날 수 있다. 그중 바위 다섯 개가 나란히 세워진 오형제바위는 아버지의 원한을 갚고 죽은 다섯 아들의 넋이 바위가 되었다고

1. 능선에서 하산하는 길. 이 길은 덕산으로 향하는 길이다. 2. 대치천을 넘어가는 징검다리
3. 솔바람길과 연결되는 용봉산까지 한눈에 들어온다.

전해지는 곳이다. 솔바람길에서 만나는 또 한 가지의 즐거움은 은은한 숲의 향기다. 소나무 숲길은 걷기 좋은 그늘을 만들어주고 솔향기도 계속 뿜어낸다. 살랑살랑 바람이 불 때마다 은은하게 전해져 오는 솔향기에 기분까지 상쾌해진다.

덕산온천, 힐링을 더하다

한 시간 남짓 걸으니 능선길의 끝자락. 갈림길을 만나니 아쉬움이 밀려온다. 산책로 같은 부드러운 능선길에 솔향기까지 더해져 조금 더 걷고 싶다는 생각이 들었기 때문이다. 왼쪽 길이 솔바람길을 이어 걷는 길이다. 온천이 모여 있는 관광안내소까지 이어진다. 오른쪽 길은 고려시대의 석불인 석조보살입상(보물 제508호)을 지나 세심천 온천으로 내려가는 길이다.

왼쪽으로 방향을 잡으면, 덕산읍의 풍경을 보면서 내려가는 길이다. 가파른 길이라서 나무 계단이 많은데, 그중에는 나선형의 길들이 부드럽게 이어진 303계단도 있어 운치 있다. 수암산에서 내려오면 45번 국도가 지나는데, 솔바람길은 국도 아래를 통과하는 지하통로를 통하여 덕산으로 향하면 된다. 국도를 넘고 나면 대치천이 막아서는데, 그 길은 솔바람길을 조성하면서 새로 만든 징검다리로 건너면 된다. 징검다리까지 건너면 덕산온천지구. '온천과 함께하는 솔바람길'의 종점인 관광안내소까지는 800m 남짓이다. 뒤를 돌아보니 수암산이 당당하게 버티고 있다.

'온천과 함께하는 솔바람길'의 마지막 일정은 당연히 온천욕이다. 게르마늄 온천수로 유명한 덕산온천은 6백 년의 역사를 자랑하는 보양온천이다. 덕산온천에 세워져 있는 지구유 표석은 충청남도 문화재자료 제190호로 지정되어 있다. 온천욕을 할 시간이 되지 않는다면 족욕으로 그 아쉬움을 달래면 된다. 솔바람길의 종점인 예산관광안내소 옆에는 무료로 이용할 수 있는 족욕 시설이 있다. 먼 길을 걸어온 여행객들의 발을 편안히 쉬게 해준다.

주변 볼거리

수덕사 템플스테이 수덕사 템플스테이는 짜인 일정에 따라 하루 또는 그 이상을 숙박하는 프로그램형과 참가자가 자율적으로 지내는 휴식형이 있다. 기본적으로 1박 2일 코스로 사찰 예절 배우기, 예불, 공양, 108배, 숲길걷기 등을 체험해 볼 수 있다. 참가비는 1박 2일 기준 고등학생 이상은 5만 원, 초중학생은 3만 원이다. • 예산군 덕산면 수덕사 안길 79(사천리 20) • 041-330-7789 sudeoksa.com/templestay

한국고건축박물관 건축문화재를 테마로 한 우리나라의 유일한 박물관이다. 중요무형문화재 제74호 대목장 기능보유자인 인간문화재 거암 전흥수 원장이 자신이 일생을 통해 전해 받은 기술들을 후손에게 물려주기 위해 만들었다. 숭례문과 부석사 조사당 등 국보나 보물로 지정된 고건축 문화재를 실제 모형의 1/10, 1/5로 축소 제작하여 전시하고 있다. 끌이나 대패 등 우리 고건축에 사용하였던 연장과 전통건축과 관련된 동양건축도 전시하고 있다. 매주 월요일은 휴관한다. • 예산군 덕산면 홍덕서로 543(대동리 152-18) • 041-337-5877 • www.ktam.or.kr

남연군묘 흥선대원군 아버지인 남연군의 무덤은 참 많은 이야기를 간직하고 있다. 흥선대원군 이하응이 2대에 걸쳐 천자가 나온다는 그 자리를 차지하기 위해 원래 그 자리에 있던 가야사에 불을 지르고, 탑을 부순 뒤 경기도 연천에 있던 부친의 묘를 옮겼다. 1868년에는 독일인 에른스트 오페르트가 조선과의 통상교섭에 실패한 뒤, 통상문제 흥정을 위해 도굴을 시도하기도 하였다. 그 도굴 시도 이후 대원군은 쇄국정책을 강화하고, 천주교도 더욱 탄압하게 되었다. • 예산군 덕산면 상가리 산5-29

가는길

자가운전 당진대전고속도로 고덕IC → 덕산 방면 622번 지방도 → 도청대로 방면 609번 지방도 → 수암산 입구(삽교읍 목리)

대중교통

서울 → 덕산(리솜스파캐슬)	서울강남센트럴시티(02-6282-0600)에서 1일 5회(07:10-20:30) 운행. 남부터미널(02-521-8550)에서 1일 3회(07:00-15:00) 운행. 2시간 소요
대전 → 내포신도시(충남도청)	대전복합터미널(1577-2259)에서 1일 11회(06:40-19:55) 운행. 1시간 30분 소요. 서부터미널(1666-3360)에서 1일 15회(07:59-19:15) 운행. 1시간 30분 소요

※ 덕산(리솜스파캐슬)에서 삽교 목리까지는 충남도청 방면 시내버스로 이용. 내포신도시(충남도청)에서는 걷기 출발지까지 도보로 이동 가능(1.5km, 20분 소요)

온천과 함께하는 솔바람길 코스 (4.8km, 2시간 소요)

삽교읍 목리 → (0.7km 30분) → 가루실 고개 → (1.7km 40분) → 오형제바위 → (0.6km 10분) →
수암산 정상 → (0.8km 20분) → 지하통로 → (0.2km 5분) → 징검다리 → (0.8km 15분) → 관광안내소

할머니곱창의 곱창구이

맛집

할머니곱창 50년의 전통을 이어오는 맛집이다. 살짝 데쳐 나온 돼지곱창을 아무런 양념도 하지 않고 구워먹는 맛이 일품이다. 예산군 삽교읍 삽교로 221(방아리 150-16) • 041-338-2642

또순네식당 밴댕이찌개 • 예산군 덕산면 봉운로 25(읍내리 340-12) • 041-337-4314

사과나무 돈가스와 보리밥 • 예산군 삽교읍 충의로 129(상하리 372-37) • 041-337-4279

숙소

리솜스파캐슬 예산군 덕산면 온천단지3로 45-7 (사동리 362) • 041-330-8000 • www.resom.co.kr

덕산온천관광호텔 예산군 덕산면 온천단지2로 23 (사동리 482) • 041-338-5000 • www.ducksanhotel.co.kr

세심천온천호텔 예산군 삽교읍 수암산로 210 (신리 435) • 041-338-9000 • www.sesimcheon.co.kr

36
공주 마곡사 솔바람길

솔바람길 따라 마곡사의 신록을 노래하다

충청도엔 '춘마곡추갑사(春麻谷秋甲寺)'라는 말이 있다.
계절의 아름다움이 봄에는 마곡사요, 가을에는 갑사라는 얘기다. 그만큼
마곡사의 봄 풍경은 손에 꼽을 정도로 아름답다. 그 아름다운 풍경 속에 백범길,
명상산책길, 송림숲길 등 3개 코스로 구성된 마곡사 솔바람길이 조성되었다.
마곡사와 함께 마곡사 솔바람길의 백미인 신록 예찬에 흠뻑 젖어본다.
글·사진 유철상

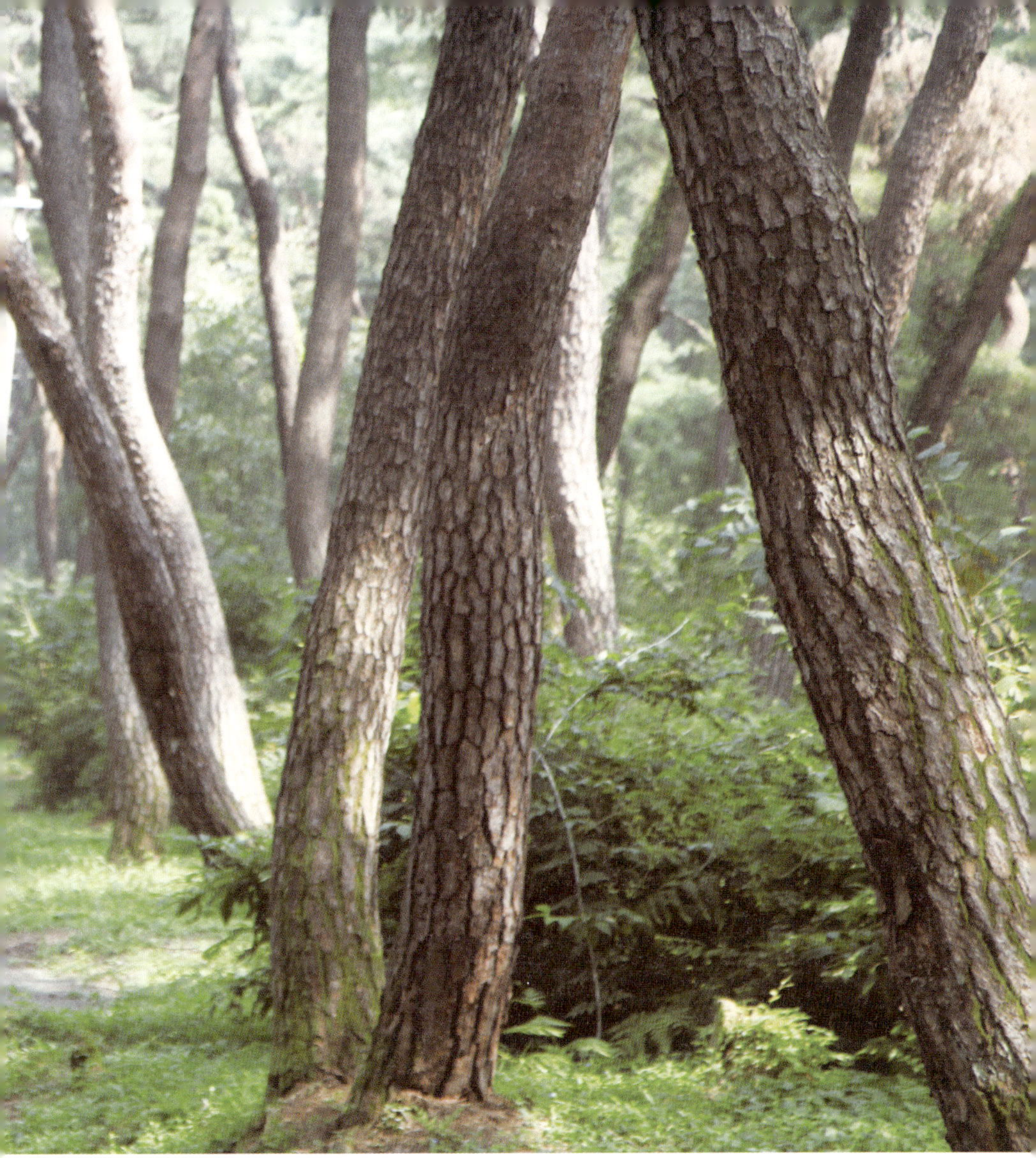

걷기 좋은 계절 **봄, 여름, 가을**　난이도 ★★★　동반자 **가족, 어린이, 연인**

친절한 워킹 tip

간단한 간식과 음료는 미리 준비하기

마곡사 솔바람길은 마곡사 입구에서 송림 숲길을 선택하면 총 11km 정도의 숲길을 원점회귀로 돌아오는 코스다. 백련암에서는 약수를 마시고 화장실을 이용할 수 있다. 하지만 때때로 좁은 산길을 걷기도 하니 트레킹화나 등산화를 신는 것이 좋다. 산속이라 편의시설이 거의 없다. 간단한 간식, 음료 등은 미리 준비하는 것이 좋다.

春마곡, 신록이 꽃처럼 피어나다

길이 사람의 마음을 열고 생각을 바꾼다고 했던가. 길과 인연이라는 말은 묘한 기대를 갖게 한다. 세상을 살아가며 다양한 인연을 맺고 그 인연으로 해서 여러 갈래 인생길이 펼쳐진다는 것을 알고 있다. 포장도로 이정표를 따라가도 도대체 이런 시골에 대찰이 있을까 싶은 생각만 꼬리에 꼬리를 문다. 구불구불 포장도로를 따라 절집을 향하다 보면 어김없이 사하촌(寺下村)이 먼저 마중을 나온다. 사하촌은 다 왔구나 하는 안도감과 함께 절에 들어서는 시작점이 되곤 한다.

신록이 태화산을 감싸고 있는 마곡사를 알리는 사하촌이 시작되고 매표소를 통과하면 우문이 한꺼번에 풀린다. 매표소를 통과하면 키가 제법 높은 아름드리나무들이 숲터널을 이루며 청정지역의 속내를 조금씩 열어 보인다. 여러 갈래로 나누어지는 숲길이 다소 긴장감을 갖게 하지만 드문드문 이정표를 따라가면 넓은 마당과 함께 기와지붕을 맞대고 있는 절집이 나타난다.

마곡사는 태화천을 끼고 자리 잡은 아담한 고찰이다. 전혀 화려하거나 거대하지 않아 편안한 사찰이다. 주차장에서 산길을 따라 절까지 오르는 길이 아름답고, 절 자체의 느낌도 포근하고 편안하다. 마곡사까지 오르는 길은 그리 힘들지 않고 또 계곡을 따라 길이 이어져 아주 운치 있다. 촘촘히 늘어선 소나무 숲과 태화천을 곁에 둔 마곡사는 웅장하지만 고요하다. 예부터 깃들어 있는 태화산 골짜기에 마(麻)가 많이 자라서

> **Story Telling**
>
> #### 김구 선생도 은신처로 삼은 '마곡사'
>
> 마곡사는 무수한 절집 이야기를 품고 있지만 그보다 먼저 명당 이야기를 해야 할 것 같다. 『택리지』나 『정감록』에 언급된 십승지 가운데 한 곳이 바로 마곡사다. 전쟁의 참화가 비껴간다는 십승지 중 한 곳으로 마곡사가 거론되는 것은 마곡사가 품고 있는 계곡과 산이 절집을 감싸고 있기 때문이다. 『정감록』을 떠올리지 않더라도 마곡사는 예나 지금이나 '오지' 임에는 틀림없다. 마곡사는 한때 김구 선생이 은신했던 곳이라고 한  다. 김구 선생은 명성황후시해 사건 후 일본군 특무장교를 처단하고 마곡사 백련암에서 실제로 3년 동안 스님생활을 했다. 백련암은 마곡사에서 2km 남짓 소나무 숲길을 따라가면 태화산 중턱에 자리 잡고 있다. 이곳은 마곡사를 품고 있는 산세가 한눈에 들어오고 요사채 옆에 사시사철 끊이지 않고 땅속에서 나오는 약수가 유명하다. 절집은 거대하거나 웅장하지 않지만 마음을 다독이고 큰 생각을 품게 하는 편안한 공간이다. 지금도 백련암에 가면 김구 선생의 흔적을 여기저기서 만날 수 있다.

태화천 극락교

이름 붙여졌다고도 하고, 자장율사가 당나라에 유학하던 시절 스승인 마곡화상을 기려 마곡사라 불렸다고도 한다. 마곡사는 오랜 역사를 간직한 사찰인 만큼 어느 것 하나 허투루 둘러볼 수 없다. 경내에 보물로 지정된 영산전, 대웅보전, 대광보전, 5층석탑 등이 있고, 대광보전 앞마당까지 이어지는 길에 해탈문, 천왕문, 명부전, 국사당, 응진전, 심검당 및 고방이 문화재로 지정되어 있다.

태극 문양의 태화천을 따라 형성된 가람배치

마곡사는 산중에 있다기보다는 계곡 속에 있다는 표현이 맞을 만큼 계곡과 조화를 이루고 있다. 마곡사를 끼고 도는 계곡은 태화천이라 부르는데, 이 계곡은 태극 모양으로 휘돌아 나가는 물길 양쪽으로 절집이 있다. 한쪽은 기도와 수행의 공간으로 소담하고 한쪽은 기도의 도장으로 웅장하다. 다른 절과 다른 점이 바로 이것이다. 조선시대에도 세조가 직접 행차해 '영산전'의 친필 편액을 내렸을 정도로 충청도 전체 사찰을 관장하는 중심 사찰이었던 것이다.

매표소를 지나면 바로 옆에 절을 두고서도 한참이나 계곡을 올라가야 해탈문과 천왕문에 닿게 된다. 이곳의 해탈문은 계곡 옆 주차장에 홀로 서 있다. 멀리로 대웅전이 보이고 그 앞으로 작은 부도밭과 주변에 단풍나무가 서 있을 뿐 꾸밈없이 소박하다.
영산전을 둘러보고 천왕문을 통과하면 계곡 위에 극락교가 나온다. 다리를 건너면 비로자나불을 모신 대광보전이 나온다. 마곡사 대광보전의 외관은 단순하면서도 웅장한 것이 특징이다. 대광보전 위에 대웅보전이 있다. 대웅보전 툇마루에서 바라보는 절집 풍경이 은은하면서도 편안하게 느껴진다.
언제 찾아도 늘 여백을 품고 있는 절집 여행이지만 연둣빛 손사래를 흔드는 신록은 푸른 꿈을 품게 한다. 숲 터널이 펼쳐진 길을 걸으면 머리카락이 설 정도로 신선한 기운이 상쾌한 긴장감을 선물한다. 신록으로 물든 숲을 걷는 시간은 화려한 꽃구경에 느낄 수 없는 봄의 설렘이 있다. 눈이 부시도록 청명한 날에 숲길을 걸어보라. 초록 세상을 가슴에 가득 담는다면 이보다 기분 좋은 일이 있을까.

1. 마곡사 담장길 2. 범종각
3. 마곡사 절집

마곡사 솔바람길의 백미, 백범길을 걷다

마곡사는 백범 김구 선생의 흔적도 간직하고 있다. 김구 선생은 명성황후시해 사건 후 마곡사에 은신했다. 1946년, 선생은 마곡사를 다시 찾아 향나무를 심었다. 그때 심은 향나무가 응진전 옆에서 60여 년의 세월을 지키며 오롯이 서 있다.

마곡사가 깃들어 있는 태화산 자락에는 마곡사 솔바람길이 조성되었다. 일명 '백범 명상길'이다. 김구 선생이 마곡사에 은신하던 당시 걸었던 길이다. 마곡사 솔바람길은 모두 3개 코스로 구성되어 있다. 1코스는 마곡사에서 출발해 김구 선생 삭발터와 군왕대를 지나 마곡사로 되돌아오는 3km 코스이다. 2코스는 명상 산책길로 마곡사 주차장에서 출발해 천연송림욕장, 백련암, 활인봉, 생골마을을 거쳐 마곡사로 내려오는 5km 코스. 3코스는 소나무 숲길로 마곡사에서 천연송림욕장, 백련암, 활인봉, 나발봉, 전통불교문화원, 군왕대를 거쳐 마곡사에 이르는 10km 길이다. 남녀노소 누구나 편하게 다녀올 수 있으며, 인상적인 소나무 숲길과 백범 김구 선생의 흔적을 만나볼 수 있는 곳이다. 1코스는 마곡사 경내와 함께 김구 선생이 심은 향나무를 둘러본 뒤 시작하면 좋다. 향나무 옆길로 빠져나가면 마곡사를 휘감고 흐르는 태화천을 만난다. 태화천과 나란히 이어진 길을 따라 금세 백범 김구 선생 삭발터가 나온다. 김구 선생이 마곡사로 와 승려가 되면서 삭발한 곳이라 한다. 태화천 물가를 따라 신록이 푸릇푸릇 아름답다. 태화천의 물기를 머금고 가장 먼저 봄이 왔음을 알리는 듯하다.

백범길, 소나무와 조화롭게 어우러진 흙길을 걷다

김구 선생의 삭발터를 뒤로하고 백범교를 건너면 길은 곧장 산으로 이어진다. 초입은 다소 밋밋한 편이다. 아직 겨울 빛이 아련한 데다 지난해 불어 닥친 태풍으로 소나무들이 여기저기 쓰러져 있어 안쓰럽기까지 하다. 하지만 10여 분 남짓 오르막길을 걸으면 도열해 있는 소나무들의 군무가 펼쳐진다. 『정감록』에 나오는 십승지지답게 자못 위엄이 넘친다. 마곡사의 신록은 이제 시작이지만, 솔숲 사이로 연분홍빛 물결이 화사하게 일렁인다. 솔숲 사이로 피어난 진달래가 마치 분홍빛 구름처럼 보인다. 이곳 소나무는 우리나라의 대표 소나무인 적송이다. 발걸음이 한동안 떨어지지 않을 만큼 운치 있다. 500m 남짓 이어지는 소나무 숲길과 진달래 군락은 백범길의 백미다.

소나무 숲에 한껏 취하다 보면 금세 군왕대에 이른다. 군왕대는 군왕이 나올 만한 데라 하여 이름 붙여진 곳으로 마곡사 주변에서 가장 지기가 강한 곳이다. 조선 세조가 마곡사에 들렀을 때 이곳에 올라 "내 비록 한 나라의 왕이지만, 만세불망지지(萬世不忘之地)인 이곳과는 비교할 수가 없구나"라며 한탄했다는 이야기가 전해진다. 군왕대에서 마곡사까지는 내리막길로 10분도 채 안 걸린다. 마곡사 솔바람길 중 백범길은 1시간 정도 쉬엄쉬엄 걸으면 충분하다.

주변 볼거리

마곡사 템플스테이 마곡사 템플스테이는 휴식형과 체험형 두 가지 프로그램을 운영 중이며 1박 2일 코스로 예불, 참선, 발우공양, 108염주 꿰기, 솔바람길 걷기, 스님과의 대화 등을 경험해 볼 수 있다. 휴식형(월~금)은 3~4만 원, 체험형(토~일)은 5~6만 원이다.
공주시 사곡면 운암리 567번지 마곡사 • 041-841-6226 • www.magoksa.or.kr

장승고을 1999년부터 조성된 마곡사 장승고을(041-841-6933)은 2천3백여 점의 장승이 전시되어 있다. 전국의 장승조각가 3백여 명이 조각했다. 이곳 장승고을은 전통 장승 형태와 다른 현대화한 장승이 많은 게 특징이다. 이곳을 대표하는 장승으로는 안동 하회탈 장승, 남원 이도령 장승, 논개 여장군, 남북통일 대장군, 역대 대통령 장승, 12지신 장승 등이 손꼽힌다. 또 다양한 형태의 남근 장승도 관광객들의 발길을 사로잡는다. 넓은 공원처럼 휴식 공간이 조성되어 있고 주변에 토속 음식점이 많아 식사 시간을 이용해 둘러보면 안성맞춤.

공산성 공산성은 성 안에는 웅진 도읍기로 추정되는 왕궁지를 비롯해 백제시대 연못 2개소, 고려시대 때 창건한 영은사, 조선시대 인조가 이괄의 난을 피해 머물렀던 쌍수정과 사적비, 남문인 진남루, 북문인 공북루 등이 남아 있다. 동문과 서문은 최근에 복원하였으며 주변에는 유유히 흐르는 금강과 울창한 숲이 어우러져 절경을 이루고 있다.

가는길

자가운전 당진상주고속도로 마곡사IC → 사동교차로에서 마곡사 방면 우회전 → 마곡사 방면 629번 지방도 → 마곡사

대중교통
- 서울 → 공주 : 서울고속터미널(02-6282-0114)에서 1일 34회(06:05~23:05) 운행, 1시간 50분 소요
- 대전 → 공주 : 대전복합터미널(1577-2259)에서 1일 22회(07:00~21:00) 운행, 1시간 소요

※ 공주종합버스터미널(041-855-8114)에서 마곡사까지 770, 610번 버스 이용

마곡사 솔바람길 코스 (9.2km, 2시간 35분 소요)

마곡사 → (0.7km 10분) → 천연송림욕장 → (0.3km 5분) → 은적암 → (0.7km 10분) → 백련암 → (0.3km 5분) → 아들바위(솔잎융단길) → (1.8km 30분) → 활인봉 → (1.8km 30분) → 나발봉(황토숲길) → (1.5km 30분) → 전통불교문화원 → (1.3km 20분) → 다비식장 → (0.6km 10분) → 삭발바위 → (0.2km 5분) → 마곡사

맛집

태화식당 태화식당은 마곡사 상가지구에서 소문난 맛집으로 통한다. 마곡사 일대에서 나는 산나물이 별미고, 버섯요리가 특히 맛있다. 파전과 버섯전을 덤으로 시키면 별미를 곁들일 수 있다.
공주시 사곡면 마곡상가길 10 • 041-841-8020
새이학가든 국밥 • 공주시 금강공원길 15-2
041-855-7080
고마나루돌쌈밥 쌈밥 • 공주시 백미고을길 5-9
041-857-9999

숙소

어울림 공주시 유구읍 유구마곡사로 469
041-841-9963
앙상블모텔 공주시 전막1길 6-35
041-854-8822
우펜션 공주시 정안면 월산리 126
041-858-0223

37 서천 천년 솔바람길

천년 솔바람길에서 느낀 옛사람들의 향기

아버지 가정 이곡에 이어 아들 목은 이색까지 중국 원나라에서 과거 급제를 하면서 나라 안에서 한산이라는 동네가 있는 줄 알게 되었다고 한다. 한산 모시와 한산 소곡주로도 유명한 동네다. 둘 다 아녀자들의 노동으로 완성되는 명품이다. 가정과 목은 선생을 기리는 문헌서원에서 시작하여 옛 문헌서원이 있던 고촌리를 거쳐, 이상재 선생 생가 마을로 건너갔다가 한산의 중심인 호암리를 거쳐 건지산성까지 올라갔다오면 한산의 땅 기운과 옛 사람의 향기를 만끽할 수 있다. 글·사진 허시명

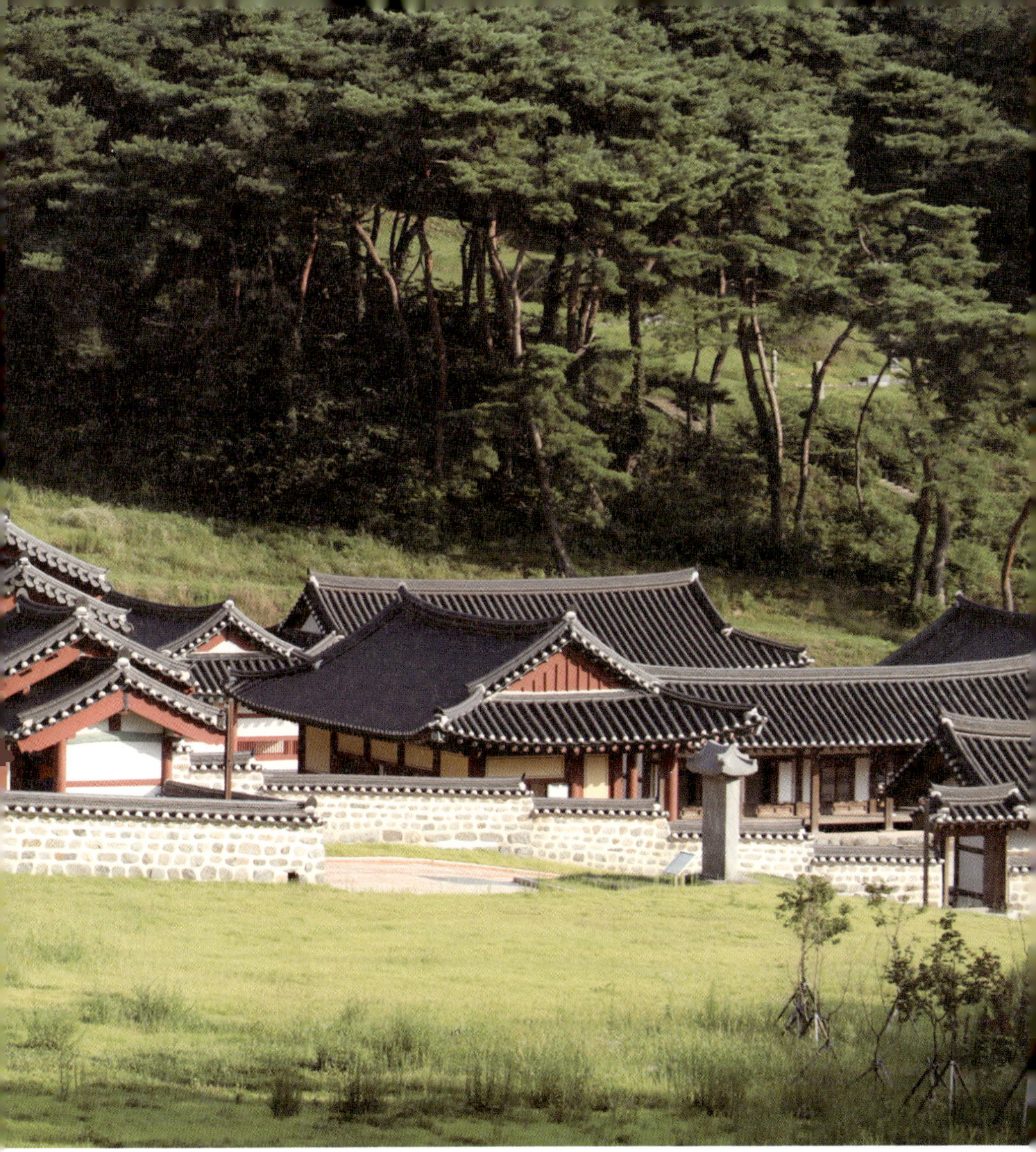

걷기 좋은 계절 봄, 여름, 가을　난이도 ★★★★　동반자 가족, 친구, 학생, 단체

친절한 워킹 tip

산을 넘고 마을길을 지나고

출발 지점을 한산면 고촌리로 삼아도 좋고, 문헌서원으로 삼아도 좋다. 마을길과 산을 넘을 때는 마을 사람들에게 길을 잘 물어봐야 한다. 천년 솔바람길은 마을버스가 다니기 전에는 마을과 마을을 이어주던 큰길이었다. 고촌리 촌로들을 만나면 그 길에 얽힌 얘기도 들을 만하다. 마을 안에 길 안내 표지판이 있지만 바람이 방향을 바꾸어 놓기 일쑤니 길을 물어가면서 경유지와 목적지를 찾아가야 한다.

문헌서원이 들려주는 이야기

문헌서원은 목은 이색과 그의 아버지 가정 이곡 선생을 기리기 위하여 세워진 서원이다. 서원 안에는 목은 이색의 묘소가 있다. 목은 선생은 조선이 개국된 후에도 고려 충신으로 남아 여생을 보냈는데, 그가 죽자 셋째 아들이 아버지를 이곳에 모셨다. 그래서 셋째 아들의 묘가 목은 선생 바로 밑에 자리 잡고 있다. 그 효성을 기리는 효자리 비석은 기린산 너머 목은 선생이 살았다는 고촌리 마을에 있다.

문헌서원은 서천읍에서 한산 모시관 가는 길인 서한로에서 2km 남짓 들어와야 한다. 대중교통 편이 없으니 자가용이나 택시로 이동해야 한다. 문헌서원은 근자에 들어 단장을 많이 했다. 서원 관리동이 세워졌고, 한옥 체험관이 생겨 숙박도 할 수 있다. 서원 안에 연못과 정자가 있어서 운치가 있다. 서원은 중앙에 사당 공간이 있고, 동남쪽에 강학 공간이 있다. 서원 가장 윗자리에 효정사(孝靖祠)가 있는데, 왕손이자 한산군수였던 이성중이 문효공 이곡과 문정공 이색 선생의 덕행을 기리기 위해서 두 분의 시호를 따서 지은 사당이다. 효정사 옆에는 목은 선생의 영정이 모셔진 영당이 있고, 그 뒤편으로는 배롱나무 두 그루가 부자지간처럼 듬직하게 서 있다. 목은 선생 묘소 옆으로는 기린봉으로 오르는 산길이 있다. 기린봉은 목은 선생의 묘소와 관련되어 지어진

Story Telling

명당 한산이씨 시조묘

한산면사무소 옆에는 소문난 명당이 있다. 그곳에 잠든 이는 한산이씨 시조인 호장공 이윤경이다. 이 묘의 기운을 받아, 호장공의 7대손에서 걸출한 인물이 났다고 한다. 그 인물이 원나라에서 아버지 가정 이곡에 이어 과거 급제를 한 목은 이색이다. 시조묘에 얽힌 전설은 조금씩 다르게 전해오고 있는데 대략 사연은 이렇다. 무덤의 주인인 이윤경의 아들이 관청 일을 보고 있었다. 당시 군수는 명당을 볼 줄 아는 안목이 있어서,

관아 자리가 금계포란형의 명당이라고 했다. 그래서 하루는 군수가 이윤경의 아들에게 계란 3개를 주면서 관아 대청마루 밑에 묻어보라고 했다. 묻어서 병아리로 부화될 것이라고 했다. 하지만 이윤경의 아들은 속이 곯은 계란으로 바꿔 묻어, 군수에게 계란이 썩었다고 보고했다. 군수가 전근을 간 뒤로 아들은 부친의 유골을 대청마루 밑에 묻었다. 그 뒤로 한산이씨 집안에서 큰 인물도 나오고 번성하게 되었다고 한다. 관아가 옮겨가고 시조묘가 지금처럼 자리 잡게 된 것은 조선 고종 13년 1876년의 일이다. 이곳은 금닭이 알을 품고 있는 형국이라 하여, 묘소 앞에 알을 상징하는 3개의 봉분이 있다. 건지산을 등지고 한산면이 훤히 내려다보이는 양지바른 묘소에 서면, 양명한 기운이 느껴진다.

목은 선생 신도비 뒤로 목은 선생 영정을 모신 영당이 있다.

이름으로 여겨진다. 무학대사가 터를 잡았다는 목은 선생의 묘소는 기린이 내려앉아 물을 마시는 형국의 명당이라고 한다.

기린봉까지는 15분 정도면 오를 수 있다. 기린봉에 서면 바로 옆으로 건지산과 산 너머로 금강이 보인다. 기린봉에서 고촌리로 내려서는 산길이 있는데, 여름이면 풀숲에 덮여 길을 찾기 어렵다. 기린봉에서 문헌서원 뒤편 산자락을 타고 내려오면 고촌리로 내려서는 옛길이 있다. 고촌리까지는 500m 정도밖에 떨어져 있지 않아서 여름이 아니라면 쉽게 길을 찾아 내려갈 수 있다.

고촌리는 목은 선생이 살았던 동네다. 목은 선생이 태어나자 지기가 다 빠져 3년 동안 풀이 말랐다고 하여 고촌(枯村)이라 불리게 되었다고 한다. 이와 똑같은 전설은 목은 선생의 외가인 경북 영해 괴시리 마을에도 전해온다. 목은 선생이 얼마나 큰 인물이었는지 하늘과 수목이 다 알아줬다는 뜻으로 여겨진다. 고촌리에는 대원군 때 훼철되었던 옛 문헌서원터가 있다. 고촌리는 기린봉을 기대고 건지산성으로 방패를 삼아 큰길에서 깊숙이 들어와 있는 마을이다. 문헌서원터는 전망 좋은 곳에 자리 잡고 있는데,

1. 큰 나무가 있는 곳이 옛 문헌서원터다.
2. 봉서사에 핀 상사화 3. 건지산 정상에 있는 팔각정 4. 문헌서원 안에 있는 목은 조각상

최근에 두어 차례 발굴하여 주춧돌이 드러나 있을 뿐 아직은 풀밭인 채로 남아 있다. 고촌리에는 소설『동토』의 작가 박경수(1930～2012) 선생의 고택이 있다. 작가는 말년에 이곳에 머물면서『민족주의자의 길 장준하』,『명창 이동백』작품을 썼다. 지금은 서천군에서 매입하여 관리하고 있다.

고촌리에서 곧장 들판을 가로질러 가면 월남 이상재 선생의 생가 마을 종지리가 나온다. 이상재 선생은 목은 이색의 후손으로 개화기의 근대 교육 분야에서 힘을 쓴 분이며 신간회 회장을 역임하기도 했다. 1927년에 작고하였을 때는 최초의 사회장으로 그의 죽음을 애도할 정도로 명망을 얻은 이였다. 종지리에는 월남 선생의 유물전시관도 마련되어 있다. 종지리에서 건지산성을 향하는 길목에 봉서사라는 작은 절이 있다. 애초에 봉서사는 문헌서원이 있던 곳에 있었다고 한다. 천년 사찰이라고 하니 고려시대부터 그 맥이 흘러오다가 서원에 자리를 내주고 현재에 이르고 있다. 봉서사 입구에서 조금 올라가면 건지산 길 입구가 나온다. 건지산 산길은 두둑한 흙길을 밟고 오르게

되는데, 그 둔덕 같은 길이 건지산성의 토성이다.

건지산에는 팔각정이 세워져 있어서 한산을 발아래로 내려다볼 수 있다. 건지산은 백제의 유민들이 최후의 항전을 했다고 전해오는 주류성으로 비정되는 곳이다. 건지산성은 정상 부근에 긴 타원형의 테뫼식 산성과 서북쪽의 작은 계곡을 두른 포곡형 산성이 있는데 전문가와 동행해야 산성의 형태를 가늠해볼 수 있다. 그냥 산길을 오르면서 걷는 능선이 토성의 흔적으로 여겨질 뿐이다.

봉서사 쪽으로 산성을 다시 내려오면 문헌서원으로 향하는 산길이 나온다. 지금은 풀숲이 우거졌지만 한 세대 전만 해도 길목에 주막이 있고, 이 마을 저 마을 사람들이 넘나들던 중요한 길목이었다.

건지산에서 내려다본 한산면 소재지의 풍경

천년 솔바람길 코스 (7.4km, 2시간 25분 소요)

문헌서원 → (0.5km 10분) → 기린봉 → (0.6km 10분) → 옛 문헌서원터 → (1km 20분) → 박경수 선생 생가 → (1.2km 22분) → 이상재 선생 생가 → (1.5km 30분) → 호암리 마을 → (1km 20분) → 봉서사 → (0.3km 8분) → 건지산성 → (1.3km 25분) → 문헌서원

주변 볼거리

한산 모시관

한옥으로 지어진 한산 모시관에서는 모시에 관한 모든 것을 관찰할 수 있다. 모시관에는 모시의 복식사, 세계의 모시, 미래 산업 한산 모시의 주제관이 있어서 모시산업의 현황을 살필 수 있다. 또한 직접 모시를 째서, 삼고, 날고, 매고, 짜는 과정을 볼 수 있고, 모시를 살 수도 있다. • 서천군 한산면 충절로 1089 • 041-950-4749

한산 소곡주 체험관

한산 소곡주는 앉은뱅이술이라는 별칭을 가지고 있다. 술이 달콤하여 술술 넘어가는데 도수가 높아 자기도 모르게 취해 제대로 일어나지 못한다는 것이다. 한산 소곡주 양조장에서는 한산 소곡주 체험관을 운영하고 있다. 한산 소곡주 제조과정과 술에 관련된 도구들을 전시하고 있다. • 서천군 한산면 충절로 1118 • 041-951-0290

한산면 고촌리 효자리 비석

문헌서원 옛터가 있는 고촌리에는 조선 초기에 세워진 효자리 비석이 있다. 아버지를 끝까지 모신 셋째 아들 이종선의 효행을 기리기 위해서 내려진 효자비다.

🚗 가는길

자가운전

1. 경부고속도로 천안분기점 남천안 방면 → 천안논산고속도로 공주분기점에서 서공주 방면 → 당진상주고속도로 서공주분기점에서 부여 방면 → 서천공주고속도로 동서천IC에서 좌회전 → 광암 삼거리에서 좌회전 → 300m 직진 문헌서원 입구 안내비 → 문헌서원
2. 서해안고속도로 동서천IC에서 좌회전 → 광암 삼거리에서 좌회전 → 300m 직진 문헌서원 입구 안내비 → 문헌서원

대중교통

서울 → 서천역	용산역(1544-7788)에서 1일 16회(05:35-20:35) 운행. 새마을호 7회, 무궁화호 9회 운행. 새마을호 2시간 53분, 무궁화호 3시간 20분 소요 서울남부터미널(02-521-8550)에서 고속버스 1일 4회(07:40-16:45) 운행, 2시간 20분 소요. 천안 - 공주 - 부여 경유하는 일반버스 1일 5회(08:40-17:15) 운행. 4시간 35분 소요
서울 → 한산	서울남부터미널 1일 1회(15:45) 운행, 4시간 35분 소요
대전 → 서천	대전서부버스터미널(042-584-1615)에서 1일 24회(06:10-19:30) 운행, 2시간 소요
서천 → 문헌서원	서천역정류장에서 한산행 농어촌버스(1일 2회 운행) 탑승. 광암리 문헌서원 입구에서 하차하여 문헌서원까지 2.3km 걷기. 서천에서 문헌서원까지 택시비 약 1만 3천 원

🍽 맛집

담쟁이넝쿨가든 모시 잎을 활용한 전통식품을 내는 곳으로, 손수 담근 모시된장으로 끓여낸 된장국의 맛이 깊고 구수하다.
서천군 한산면 충절로 1112 (지현리 55) • 041-951-9288
한산소곡주양조장 한산 소곡주 • 서천군 한산면 충절로 1118
041-951-0290
토담 숯불갈비과 영양돌솥밥 • 서천군 한산면 충절로 1114
041-951-0106

소곡주 술덧

🏠 숙소

문헌서원한옥체험관 서천군 기산면 서원로 172번길 66(영모리 10) • 041-953-5895
프로포즈모텔 서천군 한산면 충절로 1084-13(지현리 368-14) • 041-951-0920
산성파크 서천군 한산면 충절로 1124(지현리 66-2) • 041-951-0654

04

물길 따라 걷는 길

- 서천 철새 나그네길
- 서천 금강2경 도보여행길
- 서천 봉선지 둘레길

38 서천 철새 나그네길

서천 바닷가 생태 탐방로, 부사호에서 다사항까지

봄이 길다는 춘장대 해수욕장을 지나, 전어축제가 열리는 홍원항,
동백꽃이 피는 동백정, 해맞이와 해넘이를 함께 할 수 있는 마량포구, 그리고
조개잡이를 할 수 있는 월하성과 선도리 해안가로 이어지는 서천의 철새 나그네길은
체험거리와 이야기가 풍부한 곳이다. 친구나 연인과 함께 찾아와 그늘진 솔숲이나
시원한 모래사장에서 서해의 낭만을 즐길 수 있는 곳이다.

글·사진 허시명

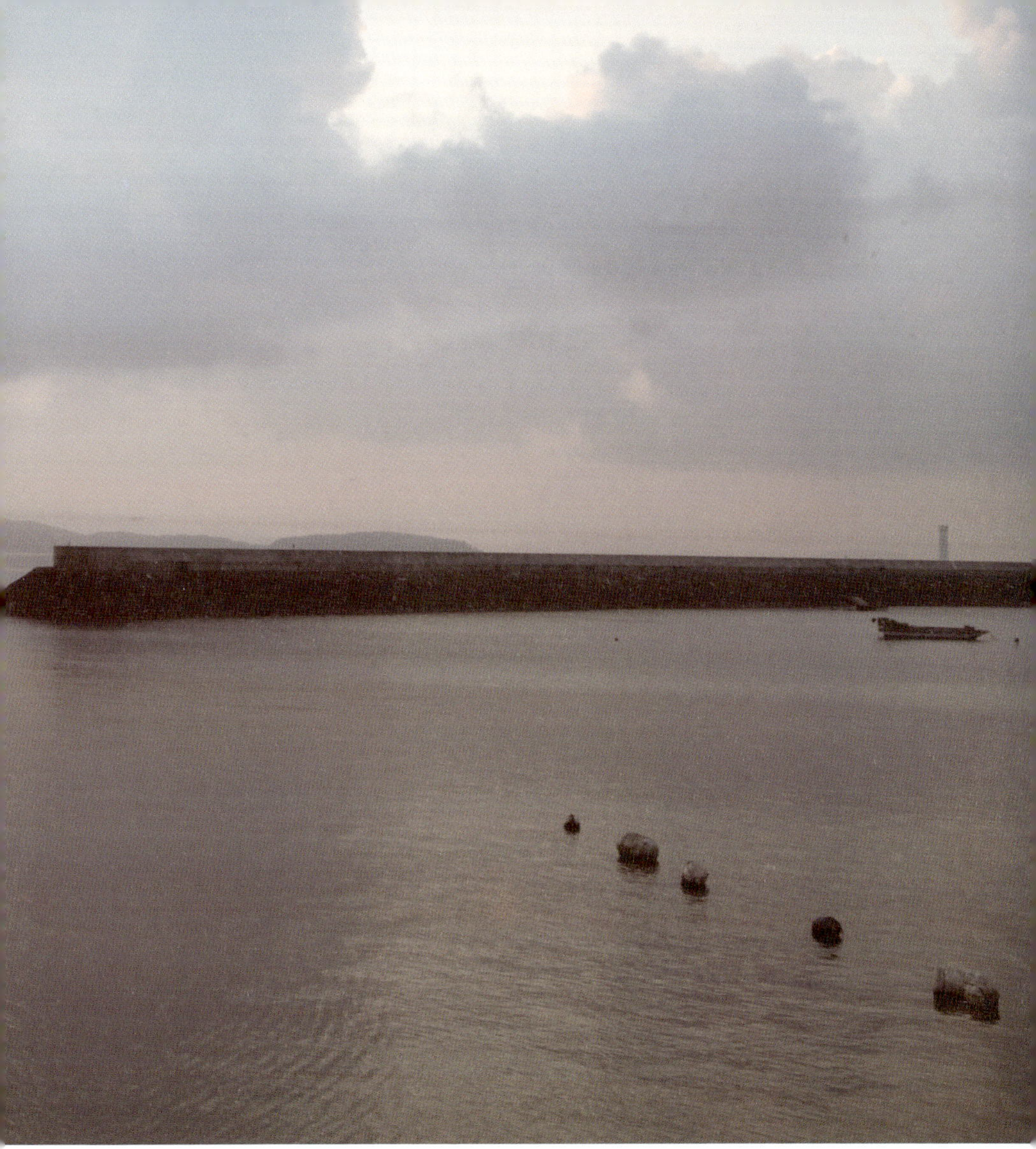

걷기 좋은 계절 **봄, 여름, 가을, 겨울**　난이도 ★★★★★　동반자 **친구, 연인, 가족, 단체**

모래사장 걷기와 물 젖은 바위 넘기

바닷가 모래사장을 걸으려면 햇빛 차단 모자나 양산이 필요하다. 모래사장이 끊기고 바위가 나타나면 물때를 잘 살펴 건너야 한다. 밀물 때면 되도록 바닷가 바위 쪽으로 걷지 말고, 우회하는 것이 좋다. 물 젖은 바위를 넘을 때는 미끄러지지 않도록 주의한다.

철새들이 찾아오는 나그네길

서천군의 최북단 바닷가가 부사호 방조제다. 부사호 남단에서 다사항까지 찻길로 이동하면 15km 정도 된다. 그 길을 해안을 따라 걸어가면 두 배인 30km 정도 된다. 철새 나그네길이라고 이름 붙여진 팻말이 길안내를 하고 있지만, 길이 걷기 좋게 이어져 있지는 않으니 미리 계획을 잘 세워 길을 나서야 한다. 서천의 철새 나그네길은 모두 5구간으로 나눠져 있는데, 이 글에서는 3구간을 다루고자 한다. 구간 사이는 찻길이어서 조심해서 이동해야 한다.

부사호에서 춘장대를 지나 홍원항까지

부사호에서 홍원항으로 가도 좋고, 홍원항에서 부사호를 향해 가도 좋다. 이번엔 부사호 방조제에서 해안가를 따라 남하해 보기로 하자. 부사호 방조제 옆에는 펜션과 모텔들이 있다. 아드리아모텔 주차장 옆으로 산길이 나 있고, 춘장대로 향하는 팻말이 보인다. 바닷가 쪽으로는 바위들이 사납고 옹색하여 갈 수 없다. 산길은 군부대에서 관할하는 지역으로, 참호처럼 통로가 나 있다. 저녁에는 이 길을 가지 말라는 군부대 안내 팻말도 보인다. 500m 정도 산길을 넘으면, 평지가 나오고 솔밭이 이어진다. 솔밭은 야영하기 좋아 여름에는 단체 야영객들이 텐트를 치고 여름을 나는 곳이다. 솔밭이 끝나는 곳에 춘장대 해수욕장의 상가들이 이어진다.

춘장대 해수욕장은 모래와 펄이 적당히 섞여서 단단한 백사장을 이루고 있다. 조수간만의 차가 커서 물이 빠지면 파도를 따라 멀리까지 나가야 한다. 그래도 서천군에서는 솔숲과 모래사장이 가장 좋은 1급 해수욕장이다. 백사장의 길이는 2km가 넘는다. 백사장 남쪽 끝에 건양대학교 수련관이 있는데 수련관 뒤편으로 홍원항으로 이어지는 안내판이 있다. 춘장대 해수욕장에서 홍원항까지는 3.8km가 떨어져 있다. 밀물 때에는 산을 넘어 홍원항으로 가야 하는데, 썰물 때에는 해안가 바위를 타고 돌아갈 수 있다. 산길의 갈림길에는 안내판이 있어서 길을 잃을 염려는 없다. 식당 파도소리를 거쳐 산 밑 민가를 지나 고개를 하나 넘으면 홍원항 북쪽의 '요포·공정 어촌계' 앞이 나온다. 홍원항은 어선들이 많이 정박한 큰 항구로, 가을이면 고소한 연기 속에 전어축제가 열린다.

동백정에서 마량포구까지

동백정에서 마량포구까지 걸으려면 서천 해양자연사박물관이 있던 언덕을 기점으로 삼으면 편하다. 해양자연사박물관 주차장에서 바닷가 쪽으로 난 산길을 내려가면 〈1박 2일〉 방송에 나왔던 바닷가 집이 나온다. 그곳에서 해변길을 따라가면 마량포구가 나오지만 좀 더 안전하게 걸으려면 장승이 있는 삼거리에서 오른편으로 200m쯤 되돌

월하성 갯벌체험장에서 조개를 캐는 사람들

아 나와 아펜젤러 순직기념관이 있는 산 언덕길로 접어들면 된다. 이 산길은 해안 찻길이 나기 전에 마량포구로 이어지던 길이다. 아펜젤러 순직기념관 아래쪽으로 마량포구가 펼쳐져 있다. 감리교 선교사였던 아펜젤러는 인천에서 목포로 가던 중에 현 위치에서 40km 떨어진 어청도 인근에서 선박 사고로 목숨을 잃었다고 한다. 마량포구는 간척사업으로 포구가 제법 넓어졌고 주차장과 공원도 마련되었다. 마량포구 공원에는 성경을 처음으로 전해준 것을 기념하여 '1816년 9월 5일 영국해군 머레이 맥스웰과 바실 홀 대령이 순양함을 이끌고 마량진 해안에 들러 해도를 작성하고 마량진 첨사 조대복에게 성경을 건네주었다'는 글이 새겨진 비석을 세워 놓았다. 성경 전래 기념비 옆에는 아펜젤러의 기념비가 있다.

마량포구는 해돋이와 해넘이를 모두 볼 수 있는 곳으로 유명하다. 포구가 구두코처럼 길게 나와 있어서 바다 위로 뜨고 지는 해를 볼 수 있다. 마량포구에서 동백정으로 가려면 다시 아펜젤러 순직기념관을 거쳐 가면 된다. 산을 넘어 동백정 입구 삼거리에서 동백정 방향으로 가는데 굴다리를 지나 오른편 다리를 건너 차가 다니지 않는 공터로 가는 게 편하다. 공터 끝에는 동백숲으로 이어진 길이 있다. 동백정은 바닷가 동산 위에 서 있는 정자다. 바로 옆에 화력발전소가 들어서기 전까지는 아름다운 해변과 함께하며 어선들의 등대 노릇을 했다. 동백정 주변에는 80여 그루의 동백나무가 있는데, 나무가 우람하여 봄에 꽃을 보러 오는 이들이 많다.

Story Telling

동백정 동백숲의 전설

동백정 동백나무 군락은 천연기념물 제169호로 지정되어 있다. 동백나무 80여 그루가 집채처럼 우람하게 자랐다. 이 숲의 형성에 관해서는 두 가지 전설이 전해 온다. 5백 년 전쯤에 마량의 한 관리가 꿈에서 바닷가에 있는 꽃 뭉치를 보고, 이튿날 이를 찾아내어 심어 숲이 되었다고 한다. 다른 하나는 5백 년 전에 이 바닷가에 살던 한 노파와 관련되어 있다. 그 당시 이 마을 사람들은 뗏목을 만들어 고기잡이에 나섰는데 파도에  휩쓸려 죽는 사람이 많았다. 노파의 남편과 아들도 그렇게 목숨을 잃었다. 하루는 노파의 꿈에 백발노인이 나타났기에 이상히 여겨 바닷가에 나가보았더니 바다에서 용이 솟아오르는 현상이 나타나고 널이 밀려오는 것을 보게 되었다. 널 속에는 선황 다섯 분과 동백나무 씨앗이 있었다. 그래서 노파는 마을 사람들과 함께 당을 지어 선황을 모시고, 그 주변에 동백나무 씨앗을 심었다. 그 뒤로 고기잡이 배들이 화를 입지 않게 되었다고 한다. 현재에도 동백숲에는 선황을 모신 사당이 있고 풍어제를 지낸다. 서천군 서면 서인로 235번길 103(마량리 313-4).

1. 춘장대 해수욕장의 여름 2. 마량포구의 성경전래지 기념비 3. 홍원항에서는 가을이면 전어축제가 열린다.

갯벌 체험을 떠나는 나그네길

춘장대와 동백정을 답파하고 나면 다음에 이어지는 철새 나그네길이 월하성과 선도리로 이어지는 갯벌 체험길이다. 이곳의 출발지는 해오름관광농원이다. 해오름관광농원은 해변 모래사장과 솔밭이 있어서 캠핑장을 함께 운영한다. 그곳에서 띠목섬 해변까지 모래사장이 3km나 펼쳐져 있고, 서울시 연수원이 있는 산 언덕을 넘으면 월하성 해변이 나온다. 월하성은 아늑한 포구로 물이 빠지면 갯벌 체험하기 좋다. 월하성은 방조제에서 곧장 내려서는 바닷가에서 맛조개와 게를 잡을 수 있다. 월하성에서 해안을 따라 2km 정도 가면 선도리 해변이 나온다. 선도리의 갯벌체험 관리동은 낙지 형상으로 생겼다. 선도리는 대형 트랙터를 개조한 갯벌 차량도 두 대를 갖추고 있다. 선도리에서 아스라이 펼쳐진 모래사장을 따라 2시간쯤 걸어가면 다사항이 나온다. 부사호에서 다사항까지가 철새 나그네길 1~3코스이고, 다사항에서 장항송림산림욕장까지 철새 나그네길 4~5코스가 펼쳐진다. 맹렬하게 걸을 만한 국토 순례길이다.

주변 볼거리

홍원항 전어축제장 서천군 서면 홍원항에서는 9월 말 10월 초순에 전어축제가 열린다. 전어는 8월에 들어서야 잡히기 시작하여 9월과 10월이 제철이고, 11월 초순이면 전어 가시가 굵어져서 전어철이 끝나게 된다. 전어는 토막 쳐서 회로 먹으면 맛있고, 칼집을 내고 왕소금을 뿌려 구워먹어도 맛있다. 전어 굽는 냄새가 고소하여 집 나간 며느리도 집으로 돌아온다는 얘기가 있다.
서천군 서면 홍원길 120 · 041-952-9123(서면개발위원회)

마량포구 일출 일몰지 마량포구는 당진 왜목마을, 무안 도리포와 더불어 서해안에서 일출을 볼 수 있는 명소다. 건너편 육지에서 해가 뜨는데, 지형적 특성상 12월 중순에서 2월 중순 사이에는 바다에서 뜨는 해를 볼 수 있다. 마량포구에서는 1월 1일에 해맞이축제를 한다. 또한 마량포구에서는 5월 말에서 6월 초순에 자연산 광어와 도미축제를 연다.
서천군 서면 서인로 56 · 041-952-9525(서천군홍보관)

선도리 갯벌체험장 · 월하성 갯벌체험장 서천군의 대표적인 갯벌체험장이다. 어른 5천 원, 어린이(2~3천 원) 입장료가 있다. 삽, 호미, 장화 대여료 각 1천 원씩 한다. 조개를 채취할 때 화학성분이 첨가된 맛소금은 금지되어 있다. 선도리에서는 트랙터를 개조한 차량으로 이동하고, 월하성은 방조제 부근에서 조개를 채취한다. · 010-3733-5288(선도리 갯벌체험장) · 041-952-7060(월하성 갯벌체험장)

가는길

자가운전 서해안고속도로 춘장대IC → 춘장대IC 나와 삼거리 우회전 → 충서로를 따라 3km 직진 성내 사거리에서 우회전 → 서인로 따라 서면사무소 지나 7km 정도 이동 → 춘장대와 홍원항으로 가는 갈림길이 나오고, 직진하면 홍원항과 마량포구, 우회전하면 춘장대 해수욕장이 나온다.

대중교통

`서울 → 서천` 용산역(1544-7788)에서 1일 16회 (05:35-20:35) 운행. 새마을호 7회, 무궁화호 9회 운행. 새마을호 2시간 53분, 무궁화호 3시간 20분 소요.
서울남부터미널(02-521-8550)에서 고속버스 1일 4회(07:40-16:45) 운행, 2시간 20분 소요.
천안-공주-부여 경유하는 일반버스 1일 5회(08:40-17:15) 운행, 4시간 35분 소요.

`대전 → 서천` 대전서부버스터미널(042-584-1615)에서 1일 24회(06:10-19:30) 운행, 2시간 소요.
※ 서천시외버스터미널 → (춘장대 해수욕장) → 홍원항 입구 → 동백정 입구 → 마량포구 서천시외버스터미널(041-953-0776)에서 1일 31회(06:00-21:00, 토요일 · 공휴일은 22:00까지) 운행.
춘장대 해수욕장을 경유하는 차량 1일 13회(07:30-19:30) 운행.

철새 나그네길 코스 (27.8km, 9시간 소요)

1코스 (붉은낭만길) 8.8km, 3시간 소요
홍원항 → (2.3km 40분) → 춘장대역 → (1km 20분) → 춘장대 해수욕장 → (5.5km 100분) → 부사호

2코스 (해지게길) 5km, 1시간 30분 소요
동백정 → (4.2km 80분) → 마량포구 성경전래지 → (0.8km 10분) → 마량포구 방조제

3코스 (나그네길) 14km, 4시간 30분 소요
해오름관광농원 → (4.5km 90분) → 월하성 어촌체험마을 → (1km 20분) → 선도리 어촌체험마을 → (5.5km 100분) → 해변길 → (3km 60분) → 다사항

4코스 (윤슬길) 7km, 2시간 10분 소요
장구만 철새도래지 → (2km 40분) → 송석리 어촌마을 → (5km 90분) → 죽산해변 매바위

5코스 (해찬솔길) 7.5km, 2시간 20분 소요
송림산림욕장 주차장 → (2.5km 50분) → 옥남리 철새도래지 → (5km 90분) → 장항 송림산림욕장 주차장

*4, 5코스는 1~3코스에 견주면 사람들이 적게 찾아오지만, 대신에 철새들이 많이 찾아온다.

맛집

원조청정해산물소문난집 선도리 바닷가에 있다가 인기가 좋아 찻길 쪽으로 확장 이전하였다. 붕장어구이가 맛있고, 밑반찬으로 나오는 김치도 맛깔스럽다. 조개구이, 붕장어구이, 해물칼국수 등을 판다. • 서천군 비인면 갯벌체험로 487(선도리 337-1) • 041-952-3288

아침햇살횟집 해물샤브샤브와 김굴해장국 • 서천군 서면 부사로 275(도둔리 480-73) • 041-952-3948

마량포횟집 해물샤브샤브와 김굴해장국 • 서천군 서면 서인로 297-1(마량리 85-6) • 041-952-8948

선도리 소문난집 칼국수

숙소

아드리아모텔 서천군 서면 부사로 271 (도둔리 480-67) • 041-951-6699

해오름관광농원 서천군 서면 서인로 576 (도둔리 72-756) • 041-952-1617

서천비치텔 서천군 서면 서인로 288-11 (마량리 90-13) • 041-952-9566

39 서천 금강2경 도보여행길

습지의 꽃, 갈대를 만나는 금강2경

장수 뜬봉샘에서 발원하여 천리(397.25km)를 흘러온 금강이 넓은 바다로 접어든 곳이 서천과 군산 사이의 금강하구다. 금강하구는 강물과 바다가 만나고, 철새와 물고기와 인간이 만나고, 내륙 세력과 해양 세력이 만나는 곳이다. 강가로는 갈대밭과 습지가 길게 띠를 이루고 있고, 금강대교와 하굿둑이 강물 위를 가로지르고 있다.
반복적인 삶에 묻혀 사는 도시인들이 찾아오면 계절 변화를 만끽할 수 있는 곳이다.

글 · 사진 허시명

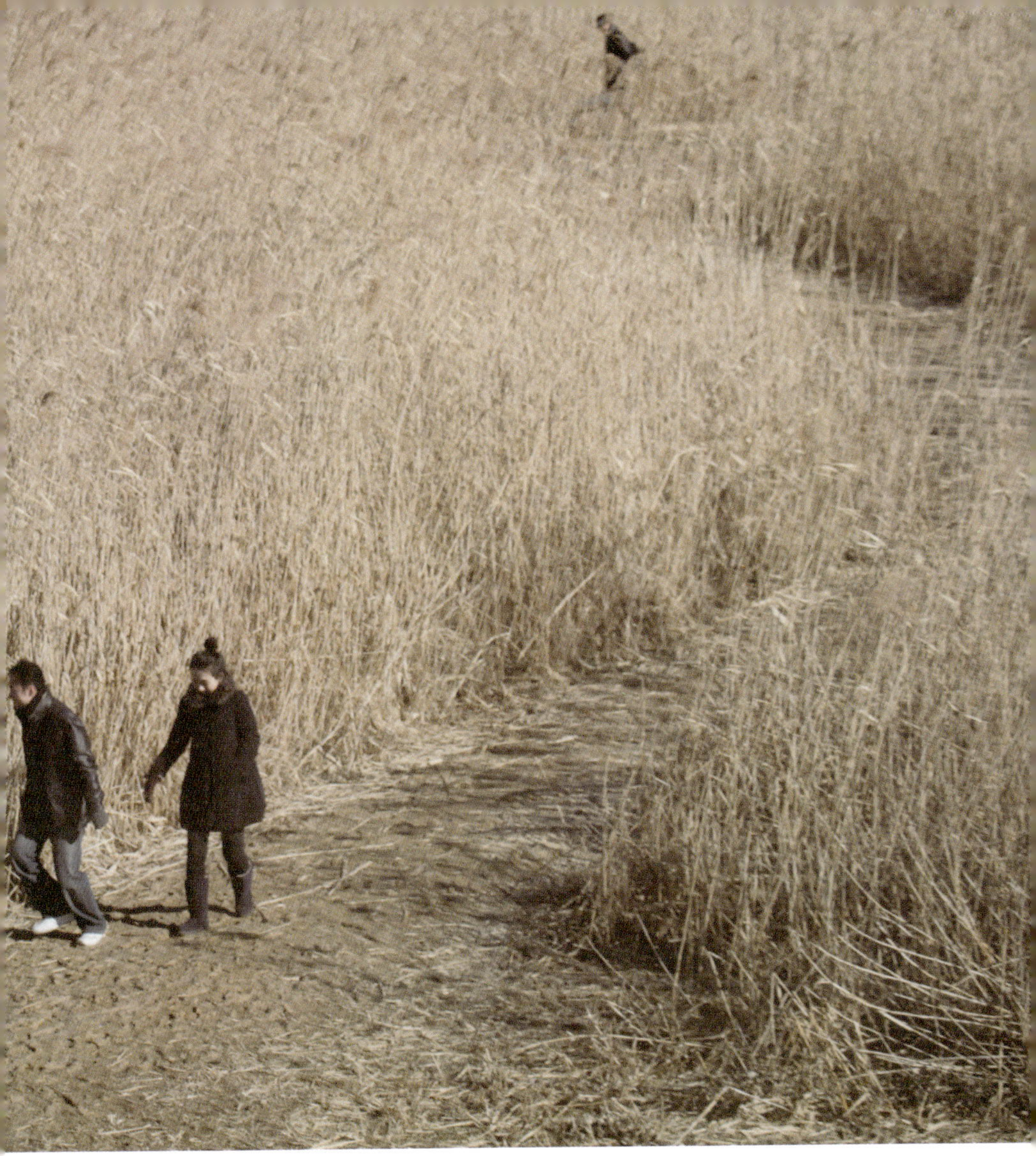

걷기 좋은 계절 **봄, 여름, 가을, 겨울**   난이도 **★★★★**   동반자 **가족, 친구, 연인, 자전거 동호인**

편도 15.4km의 자전거길
금강의 발원지에서 금강하굿둑을 지나 군산까지 다다르는 금강 자전거길은 제법 속도를 내어 달릴 만하다. 겨울에 자전거 여행을 한다면, 결빙된 노면 상태를 잘 살펴야 한다. 특히 길이 휘는 곳에는 결빙 구간이 있으니, 내려서 걷거나 속도를 늦춰야 한다. 강변길이라 햇빛을 가릴 수 있는 그늘이 없다. 햇빛을 가릴 수 있는 챙 넓은 모자를 준비해야 한다.

금강 1경과 2경의 풍부한 볼거리와 놀거리

금강 8경 중에 금강 1경이 금강하굿둑 철새도래지요, 2경이 신성리 갈대밭이란다. 금강, 비단강에 아름다운 비경이 많겠지만 이 두 곳을 명소로 꼽는데 주저할 여행가는 별로 없을 것이다. 철새도래지인 금강하굿둑과 신성리 갈대밭은 길게 강변길로 이어져 있는데, 그 길이가 15.4km나 된다. 자전거를 타면 2~3시간이면 왕복할 수 있지만 걷는다면 족히 4시간은 잡아야 한다.

금강하굿둑 사거리 옆에는 넓은 주차장과 식수대가 있다. 서천과 군산을 잇는 하굿둑 위로는 차들이 다니고, 기차도 달린다. 하굿둑 주차장의 대각선 방향으로는 금강하굿둑 놀이공원이 있다. 그곳에는 아이들이 좋아하는 바이킹, 범퍼카, 회전목마가 있고, 어른들이 탈 만한 것으로 25m 높이까지 올라갔다가 별안간 떨어지는 번지드롭이 있다. 여름 물놀이장은 겨울이면 썰매장으로 바뀐다. 놀이동산 주변으로 식당이 있고, 하굿둑 전망대가 있다.

금강하굿둑 주차장에서 400m쯤 강물을 거슬러 올라가면 서천 조류생태전시관이 나온다. 2006년에 건립된 전시관은 금강하구의 자연생태를 체계적으로 보존하고 지속 가능한 이용을 도모하기 위하여 마련된 4층 건물이다. 1층에는 기획 전시실과 철새 관련 전문 서적이 있고, 금강을 가까이 볼 수 있는 선상데크가 있다. 2층에는 영상관인

Story Telling

기벌포와 진포 전투 현장, 금강하구

금강하굿둑 전망대는 금강하굿둑 놀이동산 안쪽에 있다. 놀이동산 물놀이장과 자동차야외극장 사이에 전망대로 오르는 계단이 있다. 전망대는 4층 팔각정이다. 팔각정 4층에 오르면 하굿둑이 시원스레 내려다보이고, 멀리 금강하구를 끼고 있는 군산 시내와 장항제련소 굴뚝이 보인다. 전망대에서 보이는 금강하구는 백제시대에는 기벌포, 고려시대에는 진포라고 불렸다. 백제시대 기벌포는 부여 사비성을 지키는 중요한 관문이었다. 기벌포는 의자왕 때에 좌평 성충이 "만일 외국 군대가 백제를 침범하는 경우 육로에서는 침현을 넘지 못하게 하고, 수군은 기벌포 연안에 들어오지 못하게 해야 합니다"라고 했던 곳이다. 백제는 결국 기벌포로 들어온 당나라 군사를 막지 못하여 세력을 잃고 말았다. 금강하구는 고려 말에는 왜적들이 많이 출몰하였던 곳이다. 고려 우왕 6년(1380) 8월에는 왜선 5백 척이 진포로 들어와 노략질하자, 나세(1320~1397) 장군이 해도원수가 되어 심덕부, 최무선과 함께 화포를 써서 크게 물리치는 공적을 세웠다. 나세 장군은 최영 장군과 함께 활동했고, 공민왕 12년(1363)에는 홍건적을 격파하여 2등 공신이 된 인물이기도 하다. 서천군은 1996년에 금강하구의 진포대첩을 기념하기 위하여 나세 진포대첩비를 전망대 팔각정 아래의 언덕에 세웠다.

생태공원

에코라운지가 있고, 3층에는 새와 관련된 프로그램이 진행되는 버드스쿨이 있고, 4층은 옥상정원으로 전망대가 있다.

길게 뻗은 강변 자전거길

서천 조류생태전시관 옆에는 금강 종주 자전거길 무인인증센터가 있다. 그곳이 금강 자전거 종주의 종착지가 되기도 하고, 출발 지점이 되기도 한다. 자전거길은 넓어, 도보여행을 하는 사람을 여유 있게 비껴 지나갈 수 있다. 금강하굿둑에서 신성리 갈대밭까지는 걸어갈 수도 있는 길이지만 그늘이 없으니 자전거를 타고 가는 편이 훨씬 수월하다.

조류생태전시관을 벗어나면 강변으로 조각생태공원이 펼쳐져 있다. 철새와 관련된 조형물이 강변에 전시되어 있다. 길은 잘 닦여 있고, 길 폭도 넓다. 서천 들판을 건너온 좁은 지천인 길산천 위로 육교 같은 다리가 놓여 있고, 숙박단지를 지나 팽나무가 있는 동네를 돌아나가면 또 다시 지천인 화산천이 나온다. 팽나무집을 지나 서해안고속

1. 금강을 찾아오는 철새들의 생태를 학습할 수 있는 조류생태전시관
2. 와초리 금강변에 조성된 연밭 3. 금강대교의 교각과 상판

자전거길 표지판

도로인 금강대교가 지나는 곳까지는 비포장 흙길이 잘 다져져 있다. 금강하굿둑에서 금강대교까지는 5km 정도 떨어져 있고, 자전거로 가면 30분, 걸어가면 1시간 20분 정도 걸린다.

금강대교를 지나 와초리, 완포리를 지나 광암천을 건너 화촌리와 죽산리 강둑길을 지나면 단상천을 건너게 된다. 여기에서 용산리 강변을 돌아들면 신성리 갈대밭이 나온다. 금강하굿둑에서 신성리 갈대밭으로 이어지는 금강변은 겨울 철새들이 즐겨 찾는 곳이다. 겨울 철새들이 이곳을 찾아오기 시작한 것은 1990년 금강하굿둑이 놓이고 난 뒤부터다. 찾아오는 철새들은 가창오리떼, 검은머리물떼새, 도요새, 기러기 등 다양하다. 그중에서 가창오리떼가 큰 무리를 짓고 다니는데, 장엄한 군무를 보려면 겨울 해질 녘에 찾아와야 한다. 이 철새들은 날씨에 따라 위로는 서산 천수만, 아래로는 해남 고천암을 오르내린다.

신성리 갈대밭에서 추억 만들기

금강하굿둑에서 신성리 갈대밭까지 자전거를 타고 가면 1~2시간 정도 걸린다. 넓은 강을 따라가기 때문에 경사가 급하지 않아 힘들지 않다. 겨울철 결빙기에는 미끄럼 주의를 해야 하고, 지천을 건너는 좁은 다리에서는 한눈을 팔지 말아야 한다.

신성리 갈대밭은 금강하구에서 가장 인상 깊은 곳이다. 어른 키를 훌쩍 넘는 갈대들이 가을에서 이듬해 봄까지 무성하게 자라 있다. 이곳은 많은 관객을 동원했던 영화 〈공동경비구역 JSA〉에서 이병헌이 큰일 보던 곳으로 나오던 비무장지대 촬영지로도 알려져 있어 사람들이 많이 찾고 있다. 신성리 갈대밭은 자동차를 이용하면 한산읍내 쪽에서 들어온다. 예전에는 논과 논 사이의 길 하나가 갈대밭까지 호젓하게 나 있던 곳인데, 지금은 갈대밭 입구에는 주차장이 넓게 생기고 휴게소 건물과 강을 조망하는 전망대도 생겼다.

19만 8천㎡ 넓이의 신성리 갈대밭 안으로는 미로 같은 길이 나 있고, 군데군데 쉼터가 마련되어 있다. 벽처럼 시야를 가리는 갈대밭길을 걷다보면 다른 세상으로 들어온 듯하다. 바람에 스치는 갈대 소리와 단순한 갈대색 때문인지 마음도 단순해진다. 잠시 방향 감각을 잃게 되면 생도 미로에 갇힌 듯하다. 하늘을 나는 철새들이 갈대숲에 갇힌 나보다도 훨씬 더 자유롭다는 사실도 느낄 수 있는 곳이다.

금강하구 도보여행길 코스

신성리 갈대밭길 (15.04km, 5시간 소요)
금강하굿둑 관광단지 입구 → (1.04km 20분) → 조류생태전시관 → (11.97km 4시간) → 금강2경(신성리 갈대밭 초입) → (2.03km 40분) → 신성리 갈대밭길(나루터)

놀이동산 둘레 배롱나무길 (1.45km, 45분 소요)
금강하굿둑 관광단지 입구 → (0.7km 20분) → 금강하굿둑 전망대 → (0.75km 25분) → 금강하굿둑 놀이동산단지

주변 볼거리

금강하굿둑 놀이동산 주변 배롱나무길 서천군에서 집중적으로 심어서 조성한 가로수는 배롱나무다. 금강하굿둑 놀이동산을 둘러싸고 있는 1.45km 둘레길(팔각정 전망대 오르는 길, 진포대첩비를 따라 내려오는 산길)에도 배롱나무가 도열해 있다. 하굿둑 사거리에서 국립생태원과 장항역까지 이어지는 길에도 배롱나무길이 조성되었다. 백일 동안 꽃이 핀다는 배롱나무 때문에 서천의 길은 한여름에도 온통 꽃길이다. • 금강하굿둑 놀이동산 서천군 마서면 장산로 855번길 13(도삼리 73-1) • 041-957-0525

동자북 소곡주 체험마을 한산면사무소 소재지에서 부여 방향으로 가다가 오른쪽 신성리 갈대밭 쪽으로 가는 길 500m쯤에 동자북 체험마을이 있다. 동자가 북을 치는 형국의 마을로, 19명의 동자가 백자 왕자의 호위무사가 되어 싸우다 모두 전사했다는 전설이 이 마을에 전해온다. 소곡주 빚기 체험장이 있고, 소곡주를 빚어 저장하는 발효실이 있다. • 서천군 한산면 신성로 36-16(동산리 136-1) • 041-951-7743(체험 예약)

달고개 모시마을 달고개 모시마을에서는 농촌체험프로그램으로 계절별 농사체험과 모시체험을 진행한다. 모시의 수확과 모시짜기 시기에 맞춰, 모시풀베기와 모시짜기, 모시염색하기 체험이 진행된다. 또한 음식으로 모시떡, 모시부침개, 모시차 만들기 체험도 진행된다. • 서천군 화양면 화한로 496번길 1(월산리 175-2) • 010-3310-3175

🚗 가는길

자가운전
1. 경부고속도로 천안분기점 남천안 방면 → 천안논산고속도로 공주분기점 서공주 방면 → 당진상주고속도로 서공주분기점 부여 방면 → 서천공주고속도로 동서천IC 우회전 → 장산로 따라 직진 → 금강하굿둑 사거리 → 금강하굿둑 주차장
2. 서해안고속도로 동서천IC 우회전 → 장산로 따라 직진 → 금강하굿둑 사거리 → 금강하굿둑 주차장

대중교통

서울 → 장항역	용산역(1544-7788)에서 1일 16회(05:35-20:35) 운행, 새마을호 7회, 무궁화호 9회 운행. 새마을호 3시간, 무궁화호 3시간 25분 소요
장항역 → 금강하굿둑	장항역에서 797m 떨어진 삼연리 정류장에서 농어촌버스 이용. 1시간 간격 운행. 장항역 앞에 택시 항시 대기, 택시비 6천 원
서울 → 서천	서울남부터미널(02-521-8550)에서 고속버스 1일 4회(07:40-16:45) 운행, 2시간 20분 소요. 천안-공주-부여 경유하는 일반버스 1일 5회 (08:40-17:15) 운행, 4시간 35분 소요
대전 → 서천	대전서부버스터미널(042-584-1615)에서 1일 24회(06:10-19:30) 운행, 2시간 소요
서천 → 금강하굿둑	서천버스터미널 정류장(041-953-0776)에서 1일 6회(06:50-20:00) 운행, 군산(송내)행 버스 이용. 서천행 군산 시내버스 72번(06:20-22:20, 60분 간격 운행) 이용. 25분 소요

🍴 맛집

달인왕돈까스 쫄깃한 코다리와 찰진 냉면이 잘 어울리는 코다리 회냉면이 맛있다. • 서천군 마서면 장산로 855번길 56(도삼리 71-4) • 041-956-6711
덕수궁해물칼국수 해물칼국수 • 서천군 마서면 장산로 855번길(도삼리 73-15) • 041-956-7066
홍굴이해물짬뽕 복어짬뽕과 해물짬뽕 • 서천군 마서면 장산로 855(도삼리 73-9) • 041-956-5433

코다리회냉면

🏠 숙소

파라다이스모텔 서천군 화양면 장산로 1040번길 23(망월리 185-6) • 041-951-8228
오페라모텔 서천군 장항읍 장산로 641-12(원수리 132-75) • 041-956-6565

40
서천 봉선지 둘레길

봉선지 물가를 노닐다가 월명산에 오르다

서천군 마산면에는 벽오리, 소야리, 신봉리에 걸쳐 농촌마을 종합개발사업이 이뤄졌고,
그 성과로 봉선저수지 주변으로 산책길이, 월명산 속으로 등산로가 닦였다.
봉선지를 만들 때 많은 땅이 수몰되었던 동네에 생태공원이 생기고,
쇠백로가 찾아들고, 사진가들이 찾아들면서 또 다른 변화를 겪고 있다.
봉선지에 아침 안개와 노을이 내릴 때면 마을은 한적하고 서정적인 분위기에 휩싸인다.
글·사진 허시명

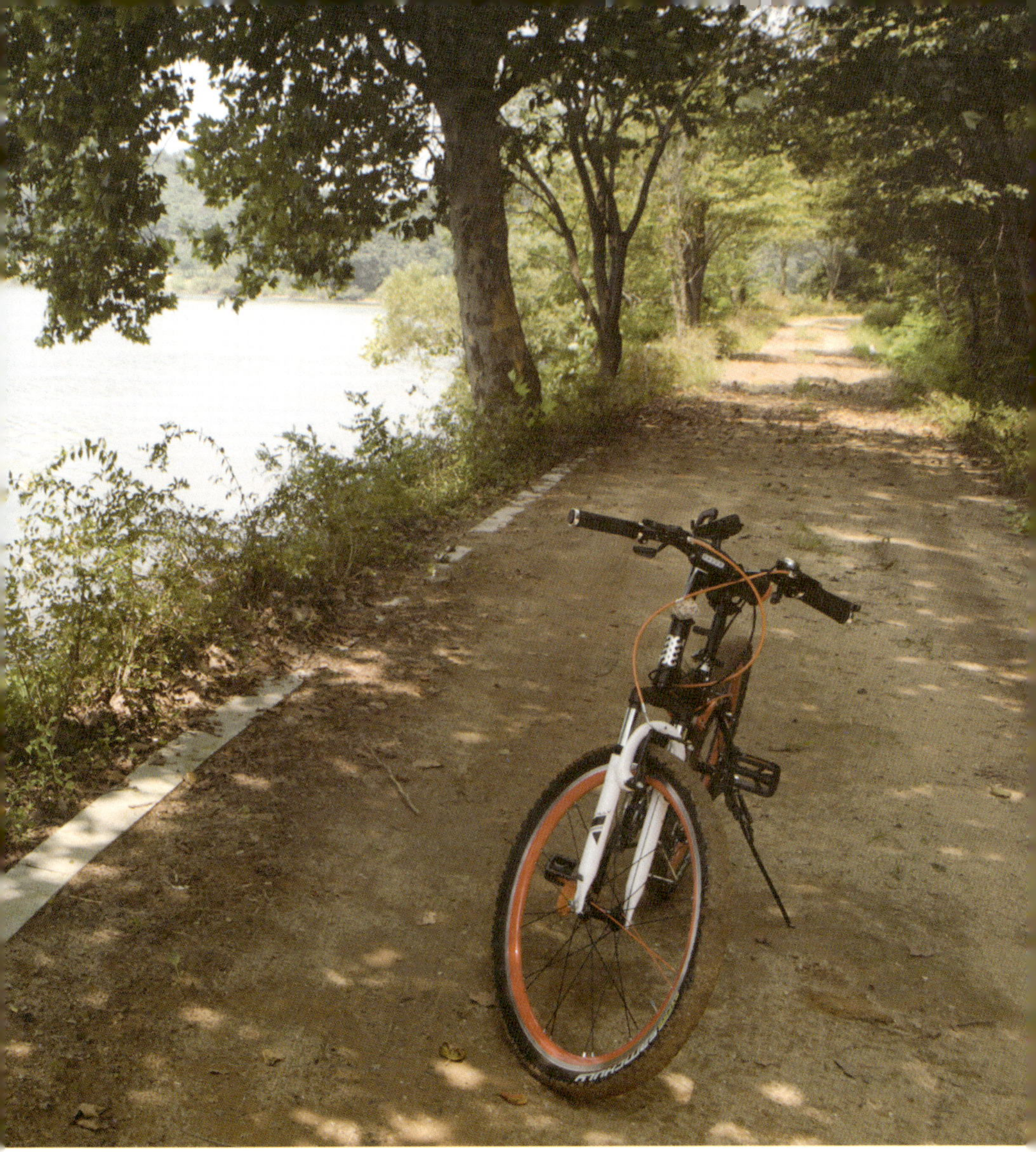

걷기 좋은 계절 봄, 여름, 가을　난이도 ★★★　동반자 가족, 친구, 가족

친절한 워킹 tip

물가 산책과 사진 찍기 좋은 곳

봉선지 둘레를 산책할 때는 물에 빠지지 않도록 조심해야 한다. 밤에는 전등을 꼭 갖고 다녀야 한다. 저수지 낚시는 금지되어 있으니 물고기를 잡아서는 안 된다. 쇠백로를 관찰하기 위해서는 위장막을 이용하는 것이 좋다. 월명산은 야트막하지만 여름이면 등산로가 지워지니 표지판을 잘 확인하고 가야 한다. 산에는 우물이 없고, 민가도 따로 없으니 물이나 간식을 준비해 가야 한다.

물버들 봉선지에 어리는 노을

봉선지 여행의 출발 지점은 마산면 벽오리 마을에 있는 물버들 펜션이다. 물버들펜션은 서천군 소유의 건물로 마을에서 운영하고 있다. 햇볕이 잘 드는 봉선지 물가에 세워진 멋진 건물이다. 마치 물버들펜션이 봉선지의 주인처럼 봉선지를 내려다보고 있다. 펜션 옆 언덕에는 황토방 방갈로가 3동이 모여 있다. 물버들펜션 주변에는 물버들 생태공원이 조성되어 있다. 봉선지 물가를 따라 남쪽으로 소야리 매살뫼 마을까지 1km 구간의 산책로가 나 있다. 산책로를 따라 여름이면 옥잠화와 맥문동 꽃이 핀다. 나무 그늘이 있어서 한낮에도 걸을 만하다. 안개 낀 새벽 봉선지 풍경을 담으러 사진가들이 제법 찾아오는 곳이다. 해 질 녘이면 봉선지에 어리는 노을도 아름답다. 봉선지 안에는 물버들이 자라고 있고, 물위로 수초나 마름이 자라는 시기에는 쇠백로가 날아와 물가에서 먹이를 찾는다. 겨울에는 봉선지가 얼어붙는데 물가 쪽으로는 저수지의 숨구멍이 있으니 빠지지 않도록 조심해야 한다.

Story Telling

벽오리 무인가게와 농촌체험마을

서천군 마산면 벽오리 마을은 주변 7개 마을과 함께 물버들권역 마을로 분류되어 있다. 벽오리는 봉선지를 발아래에 두고 있고, 월명산에 안겨 있어 아늑한 마을이다. 벽오리 마을 입구 길가에는 친환경농산물 무인판매대가 있다. 매일 아침 부녀회에서 내놓은 농산물을 지나가는 손님들이 양심껏 사간다. 무인판매를 운영한 지도 4년이 되어서 제법 입소문이 났고, 단골들도 생겼다. 처음엔 천막 판매대였지만 이제는 나무  기둥에 천정까지 갖춘 상설 공간이 마련되었다. 벽오리 농촌체험마을에서 진행하는 사업으로 한글 텃밭이 있다. 기역, 니은, 디귿 등 한글 모양대로 텃밭을 만들어 상추, 토마토, 오이, 파프리카, 참외, 치커리 등을 재배하고 있다. 체험마을을 찾아오는 아이들을 위해서 '세종대왕이 한글을 만들어 나라의 내실을 기했듯, 농촌에 부흥의 역사가 일어나길 바라며' 조성한 것이라는 말도 잊지 않는다. 그리고 넉넉한 공간에서 닭을 키워서, 100% 자연 유정란을 생산하고 있다. 닭장도 닭을 배려하여 설계하였다. 벽오리 농장 달걀 20개 한 판에 9천 원. 택배비 4천 원 별도로 판다.
서천군 마산면 한마로 678번길(벽오리 150) • 010-3470-8248(벽오리 이장)

봉선지 주변으로 생태공원이 조성되어 있다.

백제토성이 있는 월명산을 오르다

봉선지 둘레길과 더불어 농촌마을 종합개발사업으로 조성한 길이 월명산 등산길이다. 월명산은 벽오리와 신봉리의 동쪽에 있는 산이다. 활처럼 마을을 감싸고 도는 산길의 시작 지점테 물버들펜션 위쪽의 벽오리 마을 표지석이 있는 곳이다. 벽오리는 벽오동 나무에 봉황이 앉았다고 해서 붙여진 이름이다. 벽오리 마을의 일부가 봉선지 물속으로 수몰이 되었는데 그때 백제 부흥군 장수가 타던 명마의 넋이 서린 안장바위도 함께 수몰되었다고 한다.

벽오리 마을 표지석에서 마을로 100m 정도 들어가면 산으로 올라가는 길 표지석이 나온다. 이곳에서부터 월명산 정상까지는 1354m가 떨어져 있다. 산길은 완만한데, 다니는 사람이 드물어 여름철이면 풀이 무성하다. 겨울이나 봄이면 산길이 훤히 드러날 테지만 여름이면 무성한 풀들에 덮여 풀을 헤치며 올라야 한다. 300m쯤 가면 동막재가 나온다. 동막재는 벽오리와 소야리를 잇는 고갯길이다. 동막재에서 120m 올라가면 동막바위가 나온다. 희고 붉은빛이 도는 바위와 물결무늬 진흙 반죽 같은 바위들이 야생의 짐승들처럼 웅크리고 있다.

동막바위에서 930m를 가면 월명산 정상이 나온다. 해발 163m의 월명산 정상에 서면 봉선지가 아스라이 내려다보인다. 월명산 정상에는 백제 때 만들어진 것으로 추정되는 데뫼식 산성이 있는데, 수풀이 우거진 철에는 그 형상을 헤아리기 어렵다. 월명산 정상의 토성 흔적에 대한 안내판이라도 있었으면 좋겠다.

월명산 정상에서 644m 떨어진 구실고개를 거쳐 599m 떨어진 매봉재까지 가는 길은 인적이 드물다. 군데군데 경사진 곳에 동아줄을 매놓아서 길을 잃지 않게 해두었다. 예전에는 마을과 마을을 잇던 중요한 고갯길이었을 텐데 이제는 인적 없는 길이 되고 말았다. 마을가꾸기 사업으로 산길을 내고, 등산로를 만들었지만 사람의 발길보다 넝쿨들이 더 빨리 길을 간다.

1. 봉선지에서 자라는 물버들 2. 월명산의 꽃과 나비
3. 동막바위의 물결무늬 바위

봉선지 생태공원의 산책로

매봉재를 지나서부터 산길은 신봉리 마을을 향해 내려간다. 매봉재에서 신봉리까지는 600m 정도 된다. 신봉리 마을에 내려서면 월명산 산행도 마무리된다. 벽오리 마을 입구에서 월명산 정상을 거쳐 신봉리 웅당마을까지 넘어오는 길은 3.5km 정도 되니, 2시간 정도면 충분히 산행할 수 있다. 겨울이면 시야가 트여 봉선지도 내려다볼 수 있고, 주변 마을들도 관찰하기 좋다. 신봉리 마을 초입에는 신봉리 웅당마을 경로 회관이 있고, 회관 앞쪽으로 봉선지 생태공원이 있다. 생태공원에는 넓은 주차장이 마련되어 있고, 생태공원 위쪽 길가에는 벽오리 무인가게가 있다. 버스정류장 쉼터처럼 마련된 무인가게에는 아삭고추, 청양고추, 깻잎, 방풍나물, 녹두, 현미 등이 주인을 기다리고 있다.

신봉리 마을 앞 봉선지 생태공원에는 생태 연못, 야외 학습장, 정자, 인공 식물섬이 있다. 수생식물과 새들을 물위에서 관찰하기 좋도록 나무다리를 만들어놓았다. 나무다리를 건너 물가를 따라 남쪽으로 내려가면 다시 물버들펜션이 나온다. 봉선지 생태공원에서 물버들펜션까지는 1km 정도 된다.

물버들펜션에서 벽오리 마을 산길을 따라 월명산에 오르고 매봉재와 신봉리 웅당마을을 거쳐 다시 물버들펜션까지 오는 길은 반지처럼 마을을 안고 도는 길이다. 전체 구간은 5km 정도 된다.

봉선지 둘레길 코스 (6.09km, 2시간 30분 소요)

서천물버들펜션 → (0.11km 5분) → 산막굴 → (0.31km 10분) → 동막재 → (0.12km 5분) → 동막바위 → (0.93km 20분) → 월명산 정상 → (0.64km 15분) → 구실고개 → (0.6km 15분) → 매봉재 → (0.6km 15분) → 웅당마을 → (0.2km 5분) → 웅당마을 경로회관 → (0.98km 20분) → 서천물버들펜션 → (0.8km 20분) → 매살뫼마을 → (0.8km 20분) → 서천물버들펜션

주변 볼거리

새장터 3·1운동 기념비 1919년 3월 29일 서천군 마산면 새장터에서 2천여 군중이 자주 독립을 외친 만세 운동을 기념하여 1987년에 건립한 기념비다. 서천 지방에서 일어난 가장 큰 민중봉기로, 새장터에서 장날에 고시상 선생을 비롯한 14명의 애국지사가 태극기 7천여 개를 배포하고 독립선언서를 낭독하였다. 만세시위에 참여한 6명의 지사가 체포되었고, 이에 격분한 2천여 주민이 서천읍으로 행진하다가 한산면 죽촌 모세다리에서 순사들과 충돌했다. 서천군 마산면 소재지에 기념비가 있다.

서천 8경, 천방산 풍광 천방산은 서천군 문산면에 있는 서천의 명산이다. 백제를 침략하러 온 소정방이 이곳에서 발이 묶였을 때 도승으로부터 천 칸의 집을 짓고 하늘에 제사를 지내면 무사할 것이라는 얘기를 들었다. 소정방은 천 칸의 집을 짓고 그곳에 사찰을 들여 천방사라 이름 지었는데, 그리하여 천방산이라는 이름도 생겼다는 전설이 있다. 천방산의 풍광은 서천 8경으로 꼽힌다. 2시간 정도면 충분히 산행할 수 있다. 서천군 문산면 신농길 24번길 11. 문산면사무소에서 길 안내를 받을 수 있다.

희리산 해송 자연휴양림 희리산은 해송이 많아 삼림욕장으로 인기가 있다. 예전에는 광산이 있었는데 이제는 문을 닫고, 객실 25개 야영 텐트를 69개를 칠 수 있는 넉넉한 휴양림이 되었다. 희리산은 해발 329m인데, 문수봉 정상에 오르면 서해가 보인다. 휴양림 안에 야생화관찰원, 버섯재배원이 있고, 농구장, 배구장도 있다. •서천군 종천면 희리산길 206 •041-953-2230

🚗 가는길

자가운전 경부고속도로 천안JC → 천안논산고속도로 공주JC → 당진상주고속도로 서공주JC → 서천공주고속도로 서부여IC 우회전 → 대백제로 4.85km 이동 한산 방향으로 좌회전 → 611번 지방도 팔충로 → 613번 지방도 한마로 → 마산면 벽오리 서천물버들펜션

대중교통

`서울 → 신장정류장` 서울남부터미널(02-2088-2635)에서 1일 1대 운행, 15시 45분 출발, 3시간 40분 소요. 마산면 신장정류장 도착
서천-한산 정류장행 버스 타고 정류장 1개 이동하면 신봉리 도착

`서울 → 서천` 용산역(1544-7788)에서 1일 16회(05:35-20:35) 운행, 새마을호 7회, 무궁화호 9회 운행. 새마을 2시간 53분. 무궁화호 3시간 20분 소요
서울남부터미널(02-521-8550)에서 고속버스 1일 4회(07:40-16:45) 운행, 2시간 20분 소요. 천안-공주-부여 경유하는 일반버스 1일 5회 (08:40-17:15) 운행, 4시간 35분 소요

`서천 → 신봉리정류장` 서천-한산 경유 홍산행 농어촌버스 1일 2회(10:05, 14:05) 타고 신봉리정류장 하차

🍽 맛집

보신정 마을 사람들이 많이 이용하는 식당으로 옻닭요리, 찌개 요리를 잘하고 밥맛이 좋다.
서천군 한산면 한마로 67-3(지현리 243-3) • 041-953-7769

진다리식당 매운탕 • 서천군 마산면 삼일로 1(이사리 473) • 041-953-2350

서천아구탕 아귀찜과 서천김굴탕 • 서천군 서천읍 충절로 109번길 28(군사리 184-8) • 041-953-4391

보신정 찌개

🏠 숙소

서천물버들펜션 서천군 마산면 한마로(벽오리 188번지)
041-953-1024
선명모텔 서천군 서천읍 군사길 18(군사리 187-7)
041-953-9252
필모텔 서천군 종천면 충서로 217(화산리 308-20)
041-952-9334

물버들펜션

05
생태체험 길

아산 천년비손길 • 금산 금성산 술래길 • 부여 장암 송죽 억새길
서천 장항 성주산 탐방로 • 청양 남산 녹색둘레길 • 예산 가야구곡 녹색길
태안 안면도 안면송길 • 보령 오서산 억새길

41 아산 천년비손길

산길, 들길, 호수길, 숲길, 시골길 모두 걷자!

천년비손길은 전체 26km인 아산 '천년의 숲길'의 메인 코스다. 봉곡사 주차장에서 출발해 봉곡사, 갈매봉, 오형제고개를 지나 낮은 산자락에 기댄 누에마을(오돌개마을)과 강장리를 만난 후 두메산골인 배골마을에 이른다. 이후 궁평지(송악저수지)를 낀 수변산책로를 따라 송남휴게소에 이르고, 사기소마을을 거쳐 다시 봉곡사 주차장으로 돌아오는 13km의 환형 걷기길이다. 산길과 들길, 마을길, 수변길이 두루 망라되어 다양한 풍광을 만날 수 있고, 천년고찰과 두메산골, 아산 최대의 저수지 등 볼거리도 많다. 글·사진 이승태

아득한 전설 깃든 솔숲 산길

봉황의 머리를 닮아서 이름 붙였다는 봉수산(鳳首山). 그 북쪽 자락에 신라시대에 창건된 고찰 봉곡사가 있다. 지형적으로 봉황의 왼쪽 날개에 해당한다. 그러니까 천년비손길은 봉황의 날개를 타고 오르는 셈이다.

시작부터 솔숲이 너무나 아름다워 눈이 어지럽다. '비뚤비뚤' 곡예를 부리듯 예술적인 자태로 몸 가누기를 하며 솟은 아름드리 소나무들…. 그 붉은 선들이 만들어내는 공간분할이 너무나 아름다워 계속 사진기 셔터에 손이 간다. 눈여겨보니 둥치에 송진채취를 위한 생채기 계급장까지 두른, 저마다 굴곡을 가진 어르신들이다.

봉곡사를 지나 400m 오른 곳에서 봉수산 정상과 오형제고개로 길이 갈린다. 봉황의 머리가 왕복 4km가 채 안 되니 여유가 있다면 갔다 와도 좋겠다. 중간에 재밌는 전설을 들려주는 널찍한 베틀바위도 만난다.

능선에서 오른쪽으로 계단을 오르자 갈매봉. 울창한 숲에 둘러싸인 평상쉼터가 있다. 오형제고개까지는 호젓한 능선길이 약간의 오르내림을 거치며 1.2km 이어진다.

오형제고개는 아산과 예산 사람들이 넘나들던 고개로, 고개 다섯이 있어서 이름 붙었다. 이 중 두 고개는 아산에, 또 두 고개는 예산에 있으며 가운데 가장 높던 고개는 도둑이 많았다고 한다. 지금은 616번 지방도가 지나는 오형제고개엔 매운탕과 한방백숙, 추어탕을 잘 하는 식당들이 있다.

두메산골 작은 마을, 배골

길은 누에마을로 이어진다. 누에를 치는 잠실(蠶室)이 있는 넓은 뽕밭 사이로 난 길을 걷는 기분이 색다르다. 호두나무 가로수를 지나 만난 누에마을은 토종황토전원주택

걷기 좋은 계절 **봄, 여름, 가을**   난이도 **★★★★**   동반자 **친구, 연인 또는 홀로**

4개 구간을 이용해 다양한 코스 가능

둥글게 이어진 천년비손길은 어디서 출발해도 다시 제자리로 돌아올 수 있다. 그 사이로 봉곡사 솔바람길과 긴골재길이 걸치고, 천년물결길이 보너스 트랙처럼 가지를 치고 있는 모습이다. 각각의 길은 특징이 있어서 따로 걷는 게 가장 좋아 보인다. 그러나 상황이 여의치 않다면 이 네 곳의 길을 적절하게 섞어서 걷는 것도 매력적이다. 우선 봉곡사 주차장에서 출발해 능선에 올랐다가 봉수산 정상을 다녀와도 좋다. 힘든 구간 없이 걷기 좋은 능선길이 이어진다. 또 능선에서 오형제고개까지 간 후에 봉곡사 솔바람길을 따라 다시 봉곡사로 돌아오는 길도 운치가 그만이다. 산행이 여의치 않다면 궁평지 주변을 둘러보는 게 좋다. 멋진 느티나무 정자와 흙냄새 나는 시골의 정취로 가득한 사기소마을과 궁평리의 천년물결길을 돌아 나와 궁평지 수변길을 걷는 코스는 '아산 천년의 숲길'의 백미다.

단지다. 예쁜 집들이 고추밭, 뽕밭 뒤에 한 줄로 늘어서 있다.

작은 고개 너머의 강장마을로 들어선 길은 마을 오른쪽 골짜기로 향한다. 예쁜 정원과 원두막을 가진 강장마을 끝집은 엘크농장이다. 철망 우리 속에 갇힌 황소만 한 덩치의 엘크가 신기하다. 무스(moose)라고도 하는 엘크의 본명은 '말코손바닥사슴'이다.

엘크농장 뒤 계곡으로 들어선 길은 곧 왼쪽 능선으로 올라선 후 배골마을로 간다. 배골마을을 옛날에는 '백천동'이라 불렀다. 아래 큰길에서 보면 안쪽에 도무지 마을이 있을 것 같지 않고, 마을에서도 하얗게 하늘만 보이는 두메산골이어서 붙은 이름이란다. 지세가 학의 형국이어서 백학동이라고도 했다고. 그러나 최근엔 외지인이 들어와 집을 짓고 살 만큼 풍광이 좋고 공기도 맑다. 주변 산세가 위압적이지 않고, 사방이 산에 둘러싸이긴 해도 적당한 넓이의 들판이 있어서 조망의 즐거움도 가졌다.

구석구석 흩어진 골짝마다 서너 집씩 모여 사는 작은 촌락이 자리 잡고 있는데, 맨 안쪽 집에서 건너보이는 고갯마루는 오형제고개를 넘어온 전라도 사람들이 한양 갈 때 거쳐 갔던 곳이라 한다. 옛날엔 성황당이 있었는데 지금은 당산나무 역할을 하던 멋진 자태의 소나무와 작은 제단이 남아 있다. 이 소나무 앞으로 긴골재길이 지난다.

해찰 피우기 좋은 수변산책로

배골마을을 빠져나오자 드넓은 궁평지가 눈을 시원하게 한다. 멋들어진 자태의 갯버

Story Telling

궁평지, 그 신비로움에 반하다

1961년 담수를 시작한 궁평저수지는 수면적이 126만㎡(38만여 평)로 아산에서 가장 넓다. 봉수산을 중심으로 좌우로 스며드는 맑고 깨끗한 물줄기가 자랑인 계곡형 저수지다. 상류에 이렇다 할 오염원이 없어 물이 맑고 주변 경치가 빼어나며, 접근성이 좋아서 낚시꾼들에게 최고의 명당으로 꼽히기도 한다. 특히 겨울철 빙어낚시로 유명해 많은 이들이 찾는다.

좌우로 갈라진 저수지 안쪽을 따라 천년비손길이 지난다. 아침 물안개가 피어오를 때 송남휴게소 일대에서 바라보는 궁평지 풍광은 신비롭고 아름답다. 새들의 낙원이기도 해 두루미와 흰뺨검둥오리, 물떼새 등이 한가로이 노니는 그림 같은 모습을 쉽게 볼 수 있다.

천년비손길 궁평지 구간은 차량 한 대가 다닐 수 있는 비포장 흙길이다. 벚나무를 비롯해 아카시나무, 수양버들, 갯버들, 소나무 등 온갖 나무들이 시원한 그늘을 만들어주고, 그 사이사이로 넓고 푸른 궁평지가 펼쳐지며 걸음을 즐겁게 한다. 다리품을 쉴 수 있는 정자도 있다.

1. 장곡사 전경. 석탑 하나 없이도 절의 기품을 잃지 않았다.
2. 유곡리 마을. 아이들이 할아버지의 트랙터를 타고 마실 나섰다.
3. 전쟁에 나간 후 깜깜무소식인 남편을 평생 기다리며 베를 짠 아낙에 대한 전설이 전하는 베틀바위 봉수산 오름길에 만날 수 있다.
4. 유곡리 정자나무. 수령 500년의 느티나무로 풍채가 대단하다.

들 아래 은비늘처럼 반짝이는 수면이 한없이 평온하다. 저수지 가장자리를 따라 부드럽게 굽어 도는 널찍한 길이 걸음을 느릿하게 만들고, 마음도 수면처럼 편안해진다. 똑같을 것 같던 저수지 풍광은 굽이를 틀 때마다 햇빛의 반사각이 바뀌며 다양한 빛깔과 무늬를 풀어놓는다. 휘적휘적 급한 것 없는 걸음, 해찰을 피우기 딱 좋은 분위기다.

수변산책로가 끝나는 지점에 송남휴게소가 있다. 전성기를 지나 빈틈이 느껴지는 분위기의 휴게소 앞에서 동쪽으로 천년물결길이 갈린다. 천년비손길은 500년 수령의 잘생긴 느티나무가 지키는 유곡마을을 지나 다시 봉곡사로 돌아간다. 봉수산 너머로 해가 뉘엿뉘엿하는 시각, 절집으로 들어서려니 탁발을 마치고 돌아가는 스님이 된 듯도 하다.

주변 볼거리

현충사 충무공 이순신 장군의 위업과 나라사랑의 정신을 선양하기 위한 곳이다. 장군 사후 100여 년이 지난 숙종 32년(1706)에 아산 지역의 유생들이 조정에 청해 허락을 받아 세운 사당이다. 이듬해 숙종임금이 '顯忠祠'라는 현판을 내렸다. 그러나 흥선대원군의 서원철폐령으로 헐리게 되었고, 일제강점기 때는 충무공 종가의 사정이 여의치 않아 묘소와 위토마저 은행 경매로 넘어갈 위기에 몰렸다. 이 소식이 《동아일보》에 보도되면서 전국에서 성금이 모였고, 1932년엔 현충사도 다시 세우게 되었다. 해방 후 현충사성역화사업으로 정비되었고, 충무공 탄신일인 4월 28일을 국가기념일로 지정, 해마다 다례행사를 열고 있다.
아산시 염치읍 현충사길 126(백암리 298-1) · 041-543-2819

온양향교 온양향교는 당초에 아산시 법곡동에 창건되었으나 임진왜란 때 소실되었던 것을 광해 2년(1610) 봄에 현재의 위치로 옮겨 복원했다. 대성전에는 공자를 비롯해 5성과 송조2현, 우리나라 18현의 위패를 봉안하고 있으며, 봄·가을에 석전제를 봉행한다. 부속건물로는 명륜당과 동재, 내외삼문 등이 있다.
아산시 외암로 1414-12(읍내동 209)

봉수산 아산기맥의 한 봉우리며, 금북정맥이 지나는 봉수산(鳳首山)은 '봉황의 머리를 닮았다'고 해서 이름 붙였다. 높이가 536m로 일대에서는 가장 높아, 지역 등산인들의 사랑을 한 몸에 받고 있다. 솔숲이 좋은 천년고찰 봉곡사가 자락에 위치해 있고, 천년비손길이 봉수산 북쪽 산줄기를 따라 이어진다. 산길이 쾌적하고 숲이 좋으며, 봉곡사에서 오를 때 중간지점에 멋진 베틀바위도 있다. 봉곡사에서 2.3km 거리다.

가는길

자가운전
1. 경부고속국도 천안IC → 1번 국도 이용, 천안 삼거리 → 21번 국도 이용, 아산시 읍내동 사거리 → 39번 국도 이용 → 사기소마을 입구에서 봉곡사 방면 우회전 → 봉곡사 주차장
2. 서해안고속국도 서평택IC → 아산만방조제에서 39번 국도 이용 → 아산시 송악면 사기소마을 입구에서 봉곡사 방면 우회전 → 봉곡사 주차장

대중교통
| 서울 → 아산 | 서울고속터미널(02-6282-0114)에서 1일 24회(06:05-21:30) 운행, 1시간 30분 소요
| 대전 → 아산 | 대전동부터미널(042-620-0620)에서 1일 30분 간격(07:05-19:55) 운행, 1시간 30분 소요
※ 아산경찰서나 온양온천역 앞에서 봉곡사까지 132번, 134번 버스 이용

아산 천년비솔길 코스 (12.8km, 4시간 20분 소요)

봉곡사 주차장 → (0.5km 15분) → 봉곡사 → (0.9km 25분) → 봉수산분기점 → (0.4km 12분) → 갈매봉 → (0.9km 18분) → 전망대쉼터 → (0.4km 10분) → 오형제고개 → (0.5km 10분) → 오돌개마을 → (1km 20분) → 강장리 → (1.6km 35분) → 배골마을 → (1.6km 25분) → 반딧불이 서식지 → (0.4km 10분) → 긴골재길분기점 → (1.9km 30분) → 송남휴게소 → (2.7km 50분) → 봉곡사

봉곡사 솔바람길 코스 (3.5km) 봉곡사~거북이쉼터~냉풍체험장~누에마을
긴골재길 코스 (5.6km) 송남휴게소~황산등산로~강장고개
천년물결길 코스 (3.5km) 송남휴게소~궁평저수지 주변길~등산로~송남저수지

오돌개농가맛집 한상차림

맛집

오돌개농가맛집 누에사육농가 오돌개농가맛집에서는 직접 재배한 누에와 뽕잎, 오디를 이용한 다양한 음식을 맛볼 수 있다. 뽕잎밥, 오돌개토종약백숙, 뽕잎나물과 뽕잎송편, 지고추만두 등 어디에도 없는 독특하고 맛깔스런 메뉴들로 가득하다. 1인분은 판매하지 않고, 사전예약은 필수. • 아산시 송악면 도송로 393번길 37(강장리 83-1) • 041-531-9990 • blog.naver.com/odolge55
송악가든 한방백숙, 메기매운탕 • 아산시 송악면 송악로 15 (강장리 239) • 041-541-4202
향토길추어탕 추어탕 • 아산시 송악면 송악로 22(강장리 237) 041-544-2118

숙소

뉴코리아관광호텔 아산시 온천대로 1442 (온천동 230-6) • 041-542-8151
나이스모텔 아산시 시민로 449번길 38 (온천동 1318) • 041-533-1466
노블레스 아산시 온천대로 1424-11 (온천동 233-10) • 041-534-6330

42 금산 금성산 숨래길

한적한 숲길을 걷는 재미에 빠지다

인삼으로 유명한 금산에는 등산 마니아들을 유혹하는 명산이 많다. 한국 100대 명산(2002년 산림청 선정) 가운데 하나이면서 충남의 최고봉인 서대산(해발 904m), 금산의 진산인 진악산(해발 732m), 태조 이성계의 태실이 있는 만인산(해발 537m) 등이 그 대표적인 산이다. 걷기 여행에 대한 높은 관심과 함께 최근 들어서는 그동안 숨겨져 있던 금성산(해발 438m)이 새롭게 부각되고 있다.

글·사진 송일봉

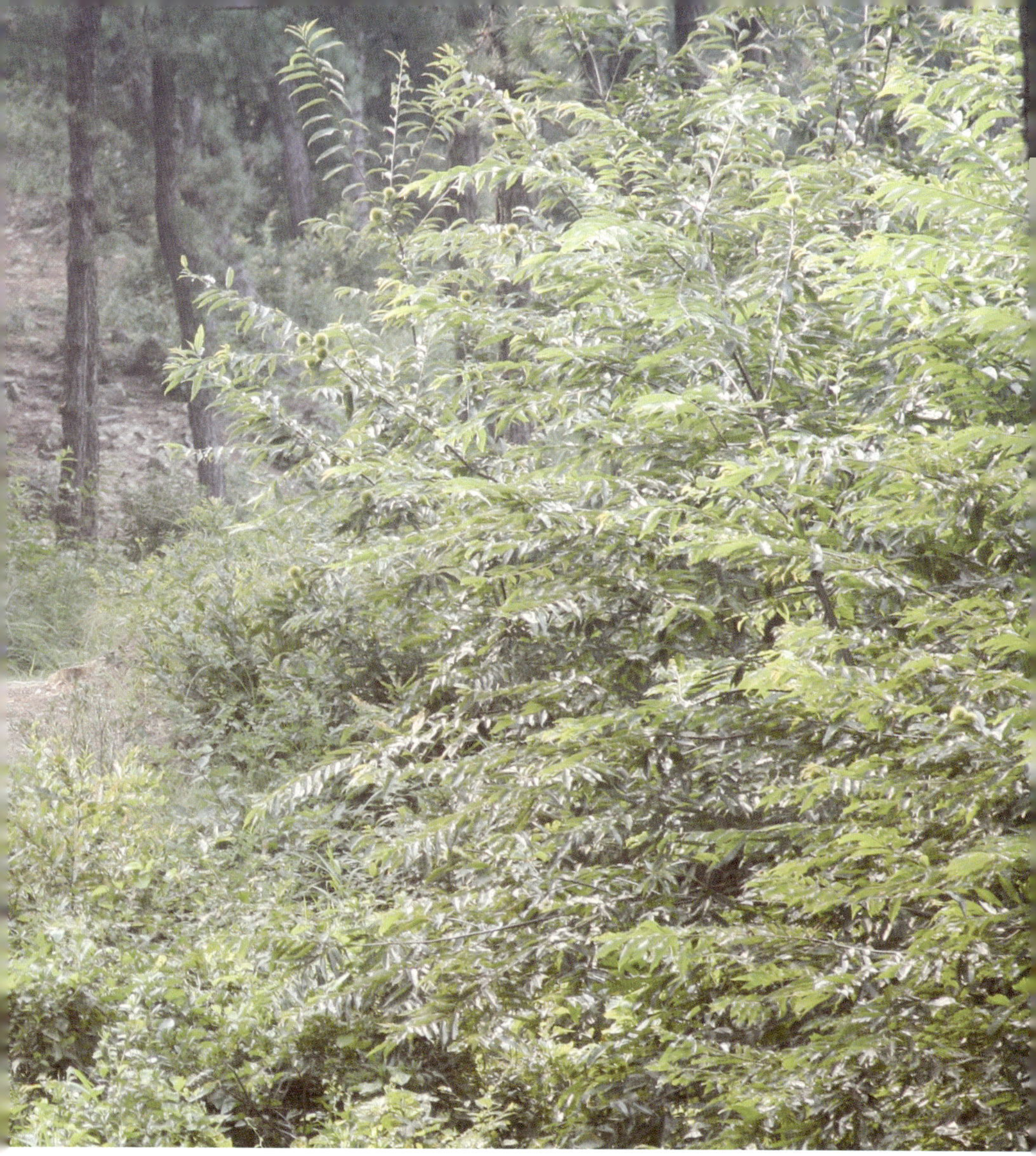

걷기 좋은 계절 **봄, 가을**   난이도 ★ ★ ★   동반자 **친구, 연인**

충분한 양의 마실 물을 준비하자

금성산 술래길은 칠백의총 또는 농업기술센터에서 출발해 마수리까지 평탄한 산길이 이어지는 코스다. 마수리에서 칠백의총까지는 밋밋한 일반도로이므로 택시 또는 버스를 이용하는 것이 좋다. 물을 마실 수 있는 시설이 없으므로 반드시 충분한 양의 식수를 준비해야 한다.

꼭꼭 숨겨둔 '비밀의 산책로'

금성산은 외지 사람들에게 그리 많이 알려진 산이 아니다. 금산 사람들이 꼭꼭 숨겨둔 '비밀의 산책로'와 같은 곳이다. 행정안전부에서 주관한 '2012 우리마을 녹색길' 전국공모사업에 선정되면서 새롭게 정비되었다. 그리 험하지 않은 오솔길을 걷다 보면 적당한 공간에 쉼터가 있고, 고개를 돌려 맞은편을 바라보면 그곳에는 금산의 진산인 진악산이 묵직하게 앉아 있다. 진악산은 금산 인삼을 처음으로 재배한 개삼터가 있는 매우 신성한 산이다.

금성산과 진악산 사이에는 논과 인삼밭이 조화를 이룬 연곤평이 드넓게 펼쳐져 있다. 연곤평 한가운데에는 금산위성통신지구국이 자리 잡고 있다. 지난 1970년 우리나라에서 최초로 위성을 수신할 수 있는 원형의 대형 안테나가 연곤평에 들어서면서 금산의 새로운 명물로 자리를 잡았다. 현재 금산위성통신지구국의 안테나는 문화재청에 의해 등록문화재 제436호로 지정되어 있다.

금성산 술래길을 걷다보면 현지 사람들과 자주 만나게 된다. 길이 그리 험하지 않고 그늘진 곳이 많다보니 산책 삼아 나오는 사람들이 많다. 이들 대부분은 정상을 목적지로 하는 사람들이 아니다. 오솔길 곳곳에 마을로 내려가고 올라오는 샛길이 있어 말

> **Story Telling**
>
> #### 임진왜란 당시의 금산지역 전투
>
> 조선 선조 때인 1592년 방심하고 있던 조선을 침범한 왜군은 파죽지세로 북진을 계속했다. 그러나 식량보급이 문제였다. 그래서 곡창지대인 호남을 치기 위해 왜장 고바야가와가 이끄는 왜군들이 충북 영동을 거쳐 금산으로 쳐들어왔다.
>
>
>
> 첫 번째 전투는 지금의 금산군 제원면 제원리와 천내리 일대에서 벌어진 '개티 전투(6월 3일)'였다. 이 전투에서 승리한 왜군은 금산벌에 진을 치고 호시탐탐 공격 기회를 노리고 있었다. 두 번째 전투는 '곰티재 전투(7월 7일)'였고, 세 번째 전투는 '배티재 전투(7월 8일)'였다. 하지만 왜군은 확실한 승기를 잡지 못했다. 그러던 중에 의병장 고경명이 이끄는 의병들과 왜군들 사이에 네 번째 전투인 '눈벌 전투(7월 10일)'가 있었다. 이 전투에서 고경명은 순절하고 말았다. 다섯 번째 전투는 의병장 조헌과 승병장 영규대사가 이끄는 7백 명의 의병들과 왜군들 사이에 벌어진 '연곤평 전투(8월 18일)'였다. 이 전투에서 조헌과 영규대사를 비롯한 7백 명이 모두 순절했다. 연곤평 전투에 이어 해남현감 변응정이 이끄는 의병들과 왜군들 사이에 '횡당촌 전투(8월 27일)'가 있었다. 하지만 연곤평 전투에서 이미 조선군과 의병들의 기세에 눌린 왜군들은 결국 호남 진출에 실패하고 말았다.

금성산 술래길에서 바라본 금성위성통신지구국

그대로 뒷동산 오르듯 시간이 날 때마다 자주 찾는 산이다. 물론 주말에는 금성산 정상을 오르기 위해 술래길을 찾는 사람들도 많다.

금성산 술래길에는 유난히 돌탑이 많다. 문경새재 초입에서 볼 수 있는 '조산(造山)' 크기의 돌탑들이다. 오래전부터 있었던 것은 아니고, 술래길이 조성되면서 만들어진 것으로 여겨진다. 오솔길을 걷다 잊을 만하면 나타나는 돌탑들은 다소 지루한 산행에 새로운 활력을 불어 넣어준다. 10개가 넘는 돌탑들에게 고유의 이름을 붙여주거나, 스무고개처럼 힌트를 하나씩 주고 마지막 돌탑에서 정답을 알려주면 어떨까 하는 생각도 해본다.

적당한 오르막과 내리막이 이어지는 능선길

금성산 술래길의 진입로는 두 군데다. 하나는 도로변의 농업기술센터에서 시작하는 진입로이고, 다른 하나는 칠백의총 옆으로 올라가는 진입로다. 어느 곳에서 진입해도 괜찮지만 금산의 역사유적지인 칠백의총을 답사한 후에 그 옆으로 진입하는 것을 권

하고 싶다.

칠백의총 근처에서 시작되는 금성산 술래길 진입로는 다소 가파른 편이다. 다듬어지지 않은 산길을 약 10분 정도 오르면 농업기술센터에서 올라오는 능선길과 만나게 된다. 여기서부터 금성산 정상까지는 5.5km. 이곳에는 금성산 술래길의 명물이라 할 수 있는 첫 번째 돌탑이 세워져 있다. 돌탑을 지나면서부터는 적당한 오르막과 내리막이 반복되는 능선길이 이어진다. 곳곳에 소나무 숲길이 있고, 전망이 좋은 곳이나 그늘이 있는 곳에는 잠깐 앉아서 쉴 수 있는 벤치들이 놓여 있다. 안내판이 비교적 잘 되어 있어서 길을 잃을 염려도 없다.

능선길을 출발해 10분쯤 가면 양쪽으로 의총1리와 의총2리로 내려가는 지점에 도착하게 된다. 이곳에서 금성산 정상까지는 5.2km. 5분쯤 더 걸어 두 번째 돌탑을 지나면 지붕과 벤치가 있는 첫 번째 쉼터가 나타난다. 잠시 숨을 고르며 간식을 먹거나 물을 마시기에 적당한 공간이다.

1. 금성산 술래길 곳곳에서 만날 수 있는 돌탑 2. 해 질 무렵의 금성산 정상
3. 술래길 쉼터가 있는 사지봉 정상 4. 금성산 술래길-돌고개를 지나면서 시작되는 금성산 등산로

간이 쉼터를 출발해 10분쯤 가면 구름다리가 있는 뱀실재(뱀이실재)에 이르게 된다. 왼쪽은 의총1리, 오른쪽은 마수리로 내려가는 길이 있다. 여기서부터 금성산 정상까지는 4.4km. 뱀실재를 출발해 20분쯤 가면 간단한 운동기구와 벤치가 있는 쉼터가 나타난다. 금성산을 찾는 외지 사람보다는 현지 주민들에게 더 유용한 시설로 여겨진다. 운동기구가 있는 쉼터를 출발해 서너 개의 돌탑을 지나면 칠백의총과 금성산 정상의 중간지점을 지나게 된다. 다소 가파른 오르막길은 사지봉(사두봉) 정상까지 이어진다. 사지봉은 정식으로 '술래길 쉼터'라는 이름이 붙여진 곳이다. 육각형으로 지어진 전망대에서는 연곤평의 드넓은 평야와 진봉산이 한눈에 들어온다.

숨이 찰 정도로 가파른 금성산 등산로

사지봉에서 시작되는 완만한 내리막길은 두곡2리와 마수리로 내려갈 수 있는 돌고개까지 이어진다. 이 구간에는 철쭉군락지와 진달래군락지가 있어서 꽃피는 봄날의 산행을 더욱 즐겁게 한다. 돌고개에는 간이 화장실이 있고, 구름다리 아래로는 자동차가 다니는 아스팔트길이 있다.

돌고개에서 금성산 정상까지는 2km. 본격적인 산행이 시작되는 지점이다. 돌고개를 출발해서 약 20분 정도는 숨이 찰 정도의 가파른 오르막길이 이어지고 햇볕에 노출되는 구간도 많은 편이다. 그동안 잊을 만하면 나타나던 돌탑은 물론 술래길 안내판도 눈에 띄게 줄어든다. 산책보다는 등산이라고 해야 어울리는 구간이다. 그래도 일부 구간을 빼고는 대부분 숲길이라 적절히 체력을 안배하면 어렵지 않게 금성산 정상에 설 수 있다.

돌고개와 금성산 정상 구간에는 작은 규모의 간이 쉼터가 있고, 산에서 흘러내려오는 가느다란 물줄기도 만날 수 있다. 지금은 빈터로 남아 있는 금성산성을 지나 10분 정도 산을 오르면 마침내 금성산 정상에 서게 된다. 정상에는 나무데크를 이용한 벤치와 전망 시설들이 마련되어 있다.

올라왔으면 내려가야 하는 법. 금성산 정상에서 해너머재까지 이어지는 1.1km 구간은 급경사의 내리막길이다. 잡초에 덮여 길이 안 보이는 구간도 있다. 그래도 갈림길에는 어김없이 금성산 술래길 안내판이 있어 안심이 된다. 해너머재에서 오른쪽 마수리로 내려가는 완만한 길에서는 차분하게 트레킹을 정리할 수 있는 시간을 가질 수 있다. 20분 정도 산을 내려와 상마수리 소나무 숲에 이르면 약 8km의 금성산 술래길 트레킹은 끝나게 된다. 상마수리에서 칠백의총까지는 도로를 따라 걸어올 수도 있지만 안전과 휴식을 위해 택시를 이용하는 것이 바람직하다.

주변 볼거리

칠백의총 임진왜란 당시 의병장 조헌과 승병장 영규대사가 이끄는 의병들의 유해를 모신 성지다. 당시 절대적으로 열세인 상황에서도 7백 명의 의병들은 1만 5천 명의 왜군들에 맞서 싸우다 전원 순절했다. 전투가 끝난 4일 후에 조헌의 제자인 박정량, 전승업 등이 유해를 수습했다. 현재 칠백의총 경내에는 7백 명의 의병들이 잠들어 있는 무덤을 비롯해 조선 18대 임금인 현종이 사액을 내린 사당인 종용사, 의병장 조헌의 공적을 기록한 중봉 조선생 일군순의비, 칠백의사와 관련된 유물들이 전시되어 있는 기념관 등이 있다.

용호석 금산군 제원면 천내리 일대는 오랜 옛날부터 '우리나라에서 가장 넓은 명당터'로 구전되고 있는 마을이다. 마치 신선이 뗏목을 타고 강을 건너는 형국인 '선인부사도강형'을 띠고 있는 곳이다. 바로 이 마을에 고려 공민왕과 관련된 유물인 용호석(龍虎石)이 있다. 용 모양의 석상과 호랑이 모양의 석상이 약 2000여m의 거리를 두고 세워져 있다. 구전에 의하면 공민왕이 지관을 통해 자신의 능소를 정하고 그 표식으로 용석과 호석을 세워놓았다고 한다. 하지만 공민왕의 급작스런 죽음으로 그 꿈은 실현되지 못했고, 지금은 마을을 지켜주는 수호신 역할을 하고 있다.

가는길

자가운전 대전통영고속도로 금산IC → 금산 방면 68번 지방도 → 금산읍에서 추부 방면 37번 국도 → 칠백의총

대중교통

서울 → 금산 서울고속버스터미널(1688-4700)에서 85~120분 간격(06:30-18:30) 운행, 2시간 40분 소요

대전 → 금산 대전복합터미널(1577-2259)에서 10~20분 간격(06:20-22:00) 운행, 1시간 소요
※ 금산버스터미널(041-754-4854)에서 칠백의총까지 택시 이용, 약 15분 소요

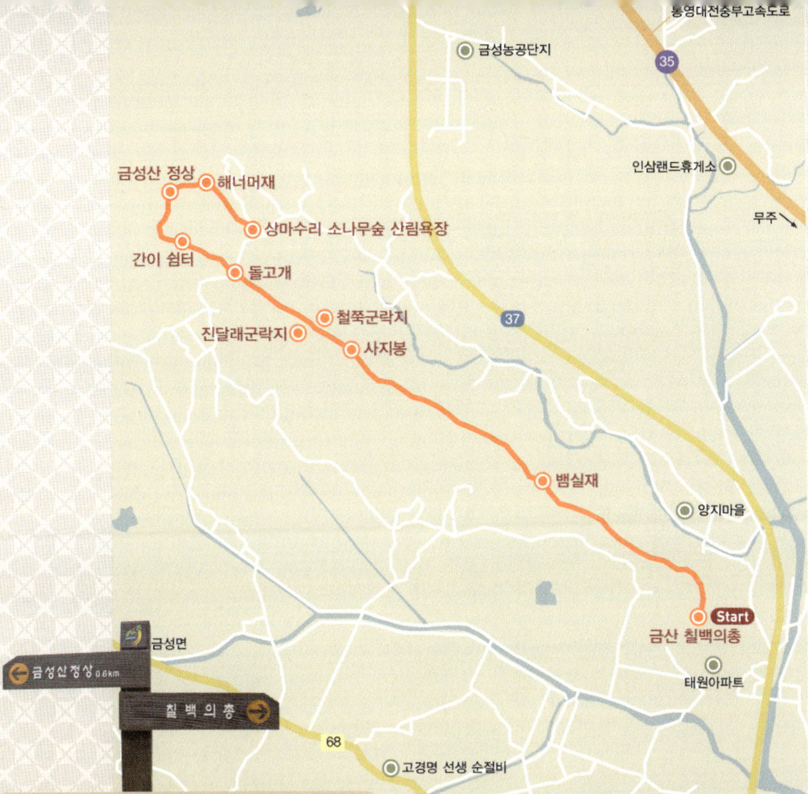

금성산 술래길 (8km, 3시간 10분 소요)

칠백의총 → (1.6km 35분) → 뱀실재 → (1.7km 40분) → 사지봉 → (0.3km 5분) → 철쭉군락지 → (0.7km 10분) → 돌고개 → (1.8km 1시간) → 금성산 정상 → (1.1km 20분) → 해너머재 → (0.8km 20분) → 상마수리 소나무숲 산림욕장

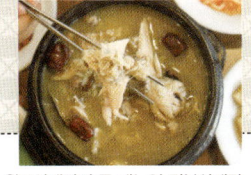

원조삼계탕의 주 메뉴인 전복삼계탕

맛집

원조삼계탕 오래전부터 금산의 별미집으로 명성이 자자한 음식점이다. 삼계탕에 전복과 인삼이 들어간 전복삼계탕이 주 메뉴다. • 금산군 금산읍 인삼약초로 33(금산읍 중도리 34-1 • 041-752-2678

아구산성 아귀찜 • 금산군 금산읍 군청4길 34(금산읍 상리 26-2) • 041-751-4979

너구리의피난처 해물수제비 • 금산군 금성면 적우실길 28(금성면 마수리 30-1) • 041-753-3290

숙소

인삼호텔 금산군 금산읍 인삼광장로 47 (금산읍 중도리 7-1) • 041-751-6200

월영산모텔 금산군 제원면 월영산길 14 (제원면 천내리 171) • 041-752-6948

체리의향기 금산군 금성면 진산로 130 (금성면 양전리 543) • 041-751-2667

43 부여 장암 송죽 억새길

돛대도 아니 달고 삿대도 없이 건너는 은빛 억새바다

장암 송죽 억새길은 금강의 지류인 금천에 자연발생적으로 생겨난
억새밭에 조성된 길이다. 전체 길이는 2.57km로 아주 짧지만 맑고 깨끗한 금천과
어우러진 억새군락의 아름다움이 건네는 감동의 여운은 결코 짧지 않다.
부여군 장암면 원문리 송죽마을 건너편 둔치에 위치한 억새길은 각각 600m 남짓의
4개 구간으로 되어 있다.

글·사진 이승태

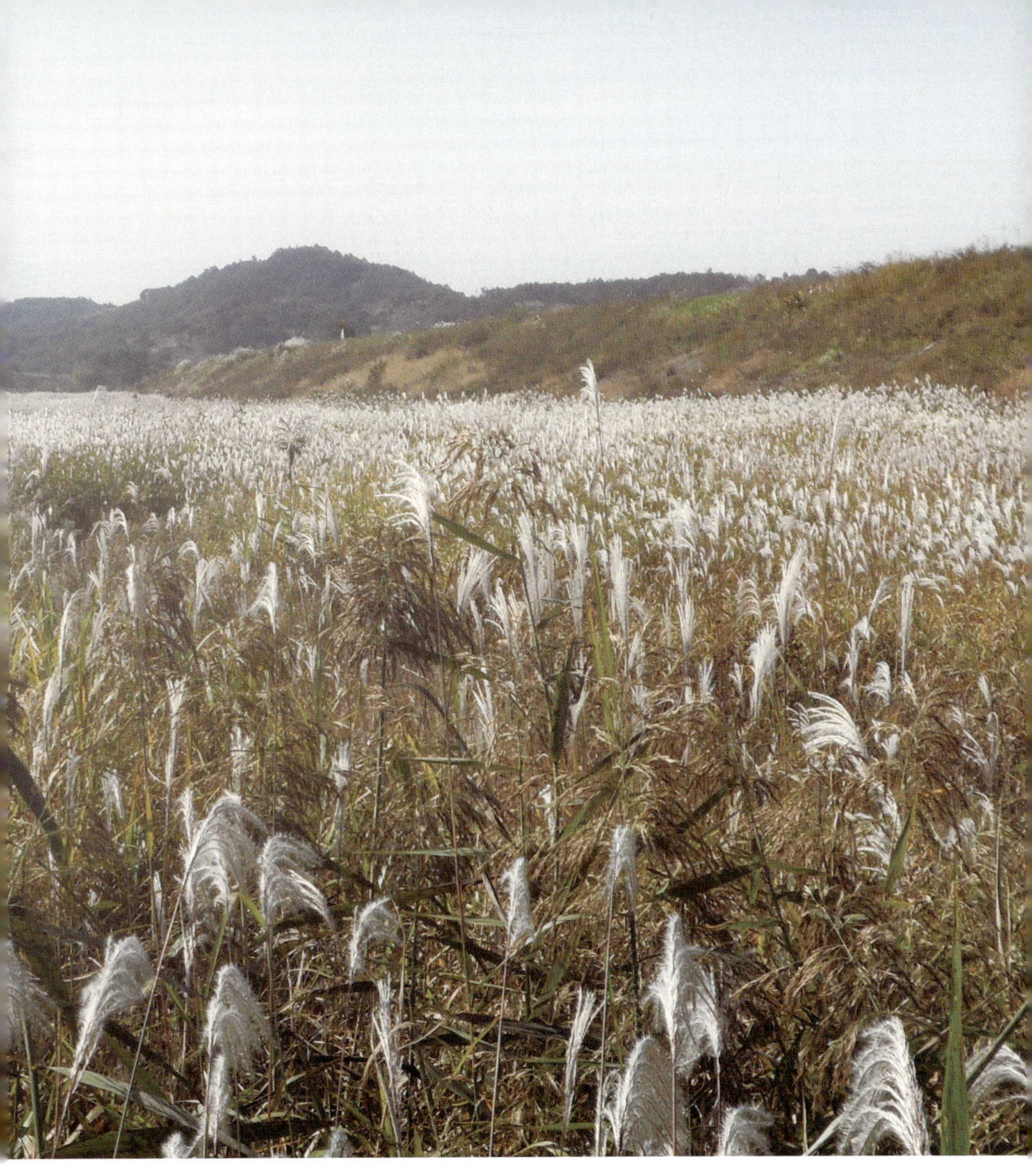

걷기 좋은 계절 **봄, 여름, 가을, 겨울**   난이도 **★**   동반자 **친구, 연인, 가족 또는 홀로**

억새길 걷고 강둑길로 돌아오는 코스 추천

장암 억새길은 장관을 연출하는 은빛 억새의 감동이 크지만 전체 구간을 다 걸어도 채 3km를 넘지 않는다. 그래서 돌아올 때는 억새길 옆의 강둑 위 농로를 따르는 게 좋다. 억새가 자라는 강 둔치보다 훨씬 높은 위치에 있는 강둑길은 온갖 들풀이 자란 자체의 운치도 빼어나거니와 무엇보다 억새 숲길이 한눈에 조망된다. 그리고 강둑 너머 드넓은 구룡평야의 시원스런 풍광도 감상할 수 있다. 1구간과 2구간 사이, 그리고 2구간과 3구간 사이, 3구간과 4구간 사이에 강둑으로 오르는 농로가 있다.

금천에 내려선 은하수, 장암 억새수풀

다리 앞에 서면서부터 금천의 물길 주변은 온통 억새 천지다. 금천의 물길 빼고는 시선이 간 저 먼 곳까지 사방에 은빛 억새 바다가 펼쳐졌다. 다리를 건너자마자 왼쪽에 작은 자갈을 깐 주차장이 있다. 그곳 한켠에도 예쁘게 만든 억새길 안내판이 보인다. 하류 쪽은 제4구간이고, 상류로 3, 2, 1구간이 이어진다. 각 코스 이정표도 예쁘게 만들었다.

억새밭 가운데로 역시 자갈을 깐 탐방로가 마련되었다. 키를 훌쩍 넘긴 은빛 억새밭이 가히 바다 수준. 그 사이로 걷자니 은하수를 건너는 기분이다. 돛대도 아니 달고 삿대도 없이 건너는 광활한 억새바다. 잠시 무수한 별들 사이를 떠다니는 우주 여행자가 되어 본다. 바람 따라 일렁이는 은빛 춤사위. 그때마다 서로 부딪히며 서걱대는 소리가 아주 매력적이다.

억새수풀은 보기에 아름다울 뿐만 아니라 물가에 기대 사는 뭇 생명체들에게 소중한 삶의 터전이 되고 있다. 건강한 생태환경을 간직한 금천엔 어류가 풍부해 철 따라 왜가리와 해오라기, 중대백로, 꼬마물떼새와 도요새며 원앙과 흰뺨검둥오리, 청둥오리, 쇠오리, 뱁새, 때까치 등 사철 각종 새들이 끊이지 않고 찾아든다. 그런 억새길을 걷다 보면 새소리가 끊이지 않는다.

Story Telling

억새와 갈대, 늘 헷갈려!

코스모스와 함께 가을의 전령사와도 같은 식물이 갈대와 억새다. 갈대와 억새를 헷갈려 하는 이들이 많은데, 몇 가지만 비교하면 아주 쉽게 나눌 수 있다. 우선 대부분 갈대가 억새보다 키가 크고 대도 굵은 편이다. 또 갈대 잎은 다소 넓고 큰 편인 데 반해 억새는 가늘고 길다. 그리고 억새는 가운데 잎맥이 뚜렷한 흰색을 띤다. 억새의 잎 가장자리엔 날카로운 갈고리 모양의 가시가 많아 손을 베기 쉽다. 갈대꽃은 수수 수염처럼

두툼한 모양이고, 색이 짙은 갈색으로 부스스한 느낌이지만 억새는 가느다란 여러 개의 줄기형 꽃이 부챗살 모양으로 달려 있으며, 색이 옅고 부드러운 느낌이다.

그리고 대부분의 갈대는 강가나 호수 등 물가에 자라고 억새는 산이나 들에서 자란다. 또 대를 잘라보면 갈대는 가운데가 비어 있고, 억새는 꽉 차 있다.

3, 4구간 사이에 놓인 다리에서 본 억새수풀. 은빛 억새바다가 펼쳐졌다.

강둑에서 보는 억새수풀이 장관

온통 억새만 있는 줄 알았는데, 길을 걸으며 보니 높게 자란 억새수풀 사이로 코스모스 한 송이, 달맞이꽃 한 송이가 고개를 내밀고 인사를 건넨다. 그 모습이 어딘가 애처로워 보여 자꾸 시선이 간다. 메꽃도 넝쿨을 감아 올렸다.

이 길 이름이 '억새길'이지만 물가여서 갈대도 많이 보인다. 어쩌면 저들이 이곳 금천 둔치의 주인이었을지 모른다. 그러나 어쩐 일인지 물가에서 보기가 쉽지 않은 억새가 거대한 군락을 이뤄 갈대는 구석으로 밀려나 셋방살이를 하는 느낌이다. 그래서 이곳 장암 억새수풀이 더 귀해 보인다. 포천 명성산과 창녕 화왕산, 영남알프스 등 전국의 억새 명소들은 하나같이 높은 산꼭대기에 몰려 있는데, 갈대가 무성해야 할 것 같은 강변에서 억새밭을 만났으니.

길을 걷다가 구간이 바뀌는 지점에서 바로 옆의 강둑으로 올랐다. 바람이 좋다. 둔치보다 수 미터 높아 억새길 전체가 한눈에 들어온다. 은빛 억새수풀 사이로 난 탐방로가 또렷하다. 예서 보니 억새길의 감동이 더 크게 다가온다. 강둑 너머의 드넓은 구룡평야에도 풍년이 왔다.

주변 볼거리

국립부여박물관 백제문화를 찬란하게 꽃피우던 사비시기의 수도 부여에 위치한다. 1천여 년 전 당시 백제의 문화재를 연구·조사하고 전시·교육하는 백제전문 박물관이다. 백제인의 이상세계를 완벽하게 구현한 당대 최고의 걸작으로 평가되는 '백제 금동대향로'를 비롯한 국보 3점과 보물 5점 등 총 3만 2천여 점의 유물을 소장하고 있으며, 이 중 1천여 점을 전시하고 있다. 매주 월요일과 매년 1월 1일은 휴관한다. 관람료와 주차료는 무료. 부여군 부여읍 금성로 5(동남리 산 16-1)·041-833-8562

낙화암과 백마강 부소산 서쪽 기슭, 백마강이 한눈에 내려다보이는 절벽인 낙화암은 먼 옛날 백제가 멸망하던 날, 왕을 모시던 궁녀들이 정절을 지키기 위해 이 바위에 올라가서 스스로 강물에 몸을 던졌다는 이야기가 전해지는 곳이다. 바위 한쪽에 새겨진 '洛花岩' 글씨는 우암 송시열이 쓴 것이라고 알려져 있다. 낙화암에서 조망하는 백마강이 장관이다. 백제보를 지나온 물줄기가 소리 없이 부여를 휘감고 흐르는 유장한 모습은 부여를 대표하는 절경이다. 낙화암 위에는 정자 백화정이 있고, 그 앞에 삼천궁녀의 정절을 기리려는 듯 천년송이 있다.

성흥산 사랑나무 백제 동성왕 23년(501)에 백제의 도성을 지키기 위해 금강 하류의 요충지인 임천면 성흥산에 쌓은 산성이 성흥산성이다. 〈서동요〉와 〈바람의 화원〉, 〈각시탈〉 등 각종 인기 드라마의 촬영지가 되면서 유명해진 성흥산성 남문터 옆에 멋진 풍채를 자랑하는 4백 년 수령의 느티나무가 있다. '사랑나무'라는 근사한 이름까지 가진 명목이다. 나무 자체의 풍취도 수려하거니와 예서 바라보는 부여의 모습이 장관이다.

가는길

자가운전 1. 서해안고속국도 당진분기점 → 당진상주고속국도 서공주분기점 → 서천공주고속국도 이용, 부여IC → 29번 국도 이용, 장암면 원문리
2. 경부고속국도 천안분기점 → 천안논산고속국도 이용, 공주분기점 → 당진상주고속국도 서공주분기점 → 서천공주고속국도 이용, 부여IC → 29번 국도 이용, 장암면 원문리

대중교통

| 서울 → 부여 | 서울남부터미널(02-521-8550)에서 1일 19회(06:30-18:30) 운행, 2시간 소요. |
| 대전 → 부여 | 대전복합터미널(1577-2259)에서 1일 22회(07:00-21:00) 운행, 1시간 소요 |

※ 부여시외버스터미널 건너편 정류장(부여여객자동차, 041-834-6092)에서 임천, 해촌, 강경 방면으로 가는 농어촌버스(300, 301, 302, 303, 307번)가 장암에 선다. 15~30분 간격(06:15-21:20) 운행, 약 20분 소요

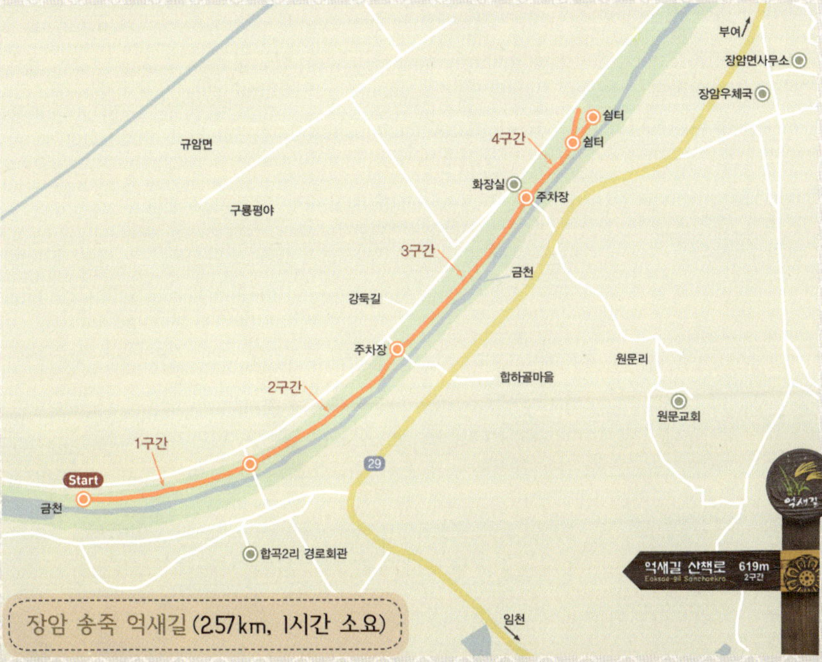

장암 송죽 억새길 (2.57km, 1시간 소요)

제 1구간	678m, 17분
제 2구간	619m, 13분
제 3구간	643m, 15분
제 4구간	626m, 15분

맛집

솔내음레스토랑 연잎 떡갈비 정식 상차림

솔내음레스토랑 부여읍내 구드래조각공원 인근에 있는 식당. 연잎 떡갈비 정식은 한우와 한돈을 혼합한 부드러운 식감과 단호박, 서리태, 연근 등 신선한 재료로 만든 연잎밥과의 오묘한 조화가 일품이다.
부여군 부여읍 나루터로 39(구아리 101) • 041-836-0116

보성가든 오리로스와 엄나무오리백숙 • 부여군 장암면 충절로 1733(합곡리 284-7) • 041-837-2004

삼정식당 청국장과 냉면 • 부여군 부여읍 나루터로 10(구아리 16-1) • 041-834-4461

숙소

미라보 부여군 부여읍 정림로 47-28 (구아리 294) • 041-835-9988

오얏골민박(부여기와마을) 부여군 부여읍 월함로 277(정동리 1027-1) • 010-6409-8853

거북장 부여군 부여읍 계백로 289-11 (동남리 677-3) • 041-836-5228

44

서천 장항 성주산 탐방로

오래된 항구 도시를 만나다

금강이 끝나는 곳에 장항이 있다. 비철금속을 제련하던 제련소가 있던 동네다. 땅의 기운을 다 내주고 공업도시로서 한 시절을 살았던 곳이다. 그 장항읍내와 금강하구를 뒤로 하고 장항의 야산 능선을 타고 걷는 길이 성주산 탐방로다. 성주산에서 왕제산까지 4km 정도 걷다보면 장항 땅이 몸속으로 들어온다.

글 · 사진 허시명

늙은 어미 같은 애잔한 동네

금강이 끝나는 곳에 장항과 군산이 있다. 예전에는 장항선의 종착역인 장항읍에 내려 배를 타고 군산을 건너가던 시절도 있었다. 하지만 2008년부터 장항역은 더 이상 종착역이 아니게 되었다. 종착역이던 장항역은 장항화물역이 되고, 5km쯤 떨어진 곳으로 새로 장항역이 들어섰다. 장항역을 통과한 기차는 금강하굿둑을 달려 군산역으로 향한다. 그래서 장항 성주산을 가려면 장항역에 내려서 택시를 타거나 한 시간 간격으로 다니는 버스를 타고 장항읍내로 들어가야 한다.

장항읍사무소 앞에 가면 읍내 안내 지도가 있다. 그곳에서부터 장항 성주산을 향해 길을 떠나보기로 한다. 읍사무소에서 동남쪽으로 장항로를 따라 200m쯤 걸어가면 성주새길이 나오고, 50m쯤 더 걸어가면 성주산길이 나온다. 성주새길이든 성주산길이든 어느 쪽으로 가더라도 성주산을 오를 수 있다. 성주새길 16번길을 따라가면 자동차 한 대가 간신히 지나갈 수 있는 골목길이 나오고, 골목길 끝에 성주산 등산길 입구가 나온다. 등산로에서 뒤돌아보면 금강하구와 군산 땅과 장항제련소의 높다란 굴뚝이 보인다. 90m 높이의 굴뚝은 고래등처럼 생긴 120m 높이의 바위 위에 서 있어서 제법 높아 보인다.

장항 성주산 길을 걸어보라고 권할 수 있는 이유 하나로 바다와 만나는 금강과 장항 읍내와 장항제련소의 높다란 굴뚝이 바라다 보이는 이 풍경의 울림을 꼽을 수 있다. 풍경이 단순히 아름다워서만은 아니다. 낮은 지붕들 위로 금강하구가 호수처럼 보이는 전망과 함께 읽히는 역사의 한 페이지 때문이다. 장항제련소는 일제강점기인 1936년에 세워졌다. 그것이 민족 발전보다는 식민통치 강화에 기여했을 것은 어렵지 않게 짐작할 수 있다. 일제는 군산에서 호남 곡창의 쌀을 수탈하고, 장항에서는 '위험한' 비철금속을 뽑아내갔던 것이다. 해방 후에 국가와 기업이 차례로 인수하여 제련 작업이 지속되다가 1996년에 주요 시설이 울산시 온산으로 옮겨가면서 굴뚝 연기도 사라지게 되었다. 그리고 이제 다시 2014년부터 옛 장항제련소 부지 66,000㎡에 동합금 압연소

걷기 좋은 계절 **봄, 여름, 가을**   난이도 ★★★   동반자 **가족, 친구**

운동 삼아 오르기 좋은 장항의 뒷산

성주산 길에서 왕제산 가는 길에는 우물이나 화장실이 없다. 중간에 민가를 몇 채 지나긴 하지만 필요한 음료나 간식은 미리 준비해야 한다. 전체적으로 어려운 구간은 없다. 산 정상과 갈림길에는 운동시설이 마련되어 있어서 쉬어갈 만하다. 아무 생각 없이 오르기 좋은 산이다. 멀리서 이곳을 찾는 여행자라면 장항의 산야를 두발로 디뎌본다는 소박한 목적을 가지고 찾아와야 한다.

재 부품 공장이 들어설 것이라고 한다. 성주산 길을 걷다보면 장항이 거쳐 온 날들의 고요한 비장미가 느껴진다.

식물 채집을 하러 간 뒷동산 같은 산길

성주산 등산로 아랫마을에는 원수1리 새마을 다목적회관이 있다. 이 마을에서 곧장 성주산 정상으로 이어지는 등산로도 있다. 원수1리는 장항의 바닷가를 간척할 때 썼던 석재를 채취하던 곳이었다. 봄여름이면 마을 사람들은 부업으로 가까운 수산가공업체에서 제공한 꽃새우를 다듬는 일을 한다.

성주산은 야트막하여 마을 사람들이 산책을 다니는 뒷산이다. 성주새길 16번길 마을에서든 원수리에서든 10여 분이면 성주산 정상까지 오를 수 있다. 정상에는 운동기구가 설치되어 있다. 성주산 정상에서 원수1리 쪽으로 180m 내려오다 보면 왕제산으로 향하는 갈림길이 나온다. 왕제산까지는 2km가 떨어져 있고, 252칼로리를 소비하면 왕제산 정상에 도달할 수 있다고 친절하게 안내하고 있다.

성주산 길을 따라 왕제산을 향하는 풀숲길은 마치 어렸을 적 식물 채집을 하러 다니던 뒷산길 같다. 좁은 길목에는 동아줄이 길 안내를 하고 있다. 산길을 조금 걷다보면 시원하게 뚫린 대백제로와 만나게 된다. 대백제로를 오른편에 두고 깎인 산등허리를 타고 내려서면 성화로 214번 마을길과 만나게 된다. 마을길을 따라 굴다리를 지나고 다시 언덕 하나를 넘으면 장항고등학교 후문길인 성화로 193번길과 만나게 된다. 이

Story Telling

장항역과 국립생태원의 탄생

서천 장항역 옆에 새로운 명물이 탄생했다. 2007년부터 5년에 걸쳐 총사업비 3천4백억 원이 투자되어 건립된 국립생태원이다. 이곳은 2013년 봄에 임시 개관을 거쳐 가을에 정식으로 문을 열었다. 국립생태원은 장항의 갯벌 매립 대안 사업으로 건립된 곳으로, 종합 생태 연구와 교육 체험을 동시에 진행할 수 있는 곳이다. 장항역에서 걸어서 갈 수 있어서, 휴식과 교육과 관광이 함께 가능하다. 전시 공간은 세계 기후대 체험이 가 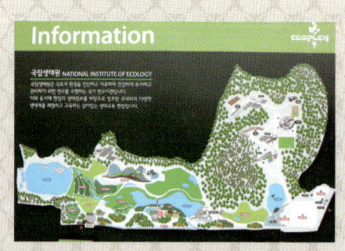 능한 생태체험관 에코리움과 어린이들이 좋아하는 하다람 놀이터, 한반도 고유의 생태계 체험이 가능한 한반도숲, 그리고 습지 생태원, 고산 생태원, 사슴 생태원 등이 있다. 생태체험관 에코리움은 열대관, 사막관, 지중해관, 온대관, 극지관으로 구성되어 있다. 습지 생태원에서는 위도에 따라 다르게 나타나는 우리나라 대표 숲을 재현하고 있다. 방문자센터에는 홍보관, 전망대, 영상관을 갖추고 있어서 생태원이 탄생되기까지 과정을 보여주고 있다. 국립생태원은 고단했던 장항의 지난날을 위로해주는 멋진 공간이다.

1. 성주산을 오르는 산길에서 보이는 장항제련소 모습
2. 성주산 입구에서 보이는 장항읍내와 금강하구 3. 소나무 밑에 법당이 마련된 도인정사

번에는 대백제로를 왼편에 두고 왕제산을 오르게 된다. 이 산길은 그늘이 많아서 한낮에도 걷기 편하다.

왕제산을 오르는 산길은 왕제산을 둥글게 안아내듯이 나 있다. 좀 더 편하게 오르도록 경사가 약한 곳을 따라 길이 나 있다. 왕제산을 향해 갈수록 장항읍에서는 멀어진다. 왕제산 정상은 수풀이 우거져 있고, 특별히 어느 곳이 정상이라고 돌출되어 있지 않다. 정상은 분지처럼 아늑하고, 그 안에 운동기구가 설치되어 있다. 장항읍 쪽을 향하는 곳에 전망대가 마련되어 있다.

성주산에서 왕제산으로 이어진 길은 화려하진 않다. 가볍게 운동 삼아 오를 수 있는 길이다. 왕제산 정상에서 도인정사 방면으로 내려가는 길이 있다. 내려가는 산길은 완만하고 유순하다. 어느 쪽으로 가든 쉽게 마을길을 찾게 되는데, 왕제산 정상에서 북서쪽 방향으로 내려가다 보면 도인정사가 나온다. 도인정사에서 백제대로 밑의 굴다리를 지나면 성주새길 175번지 성주리 마을이 나온다. 성주리 마을 입구에 장항고등학교가 있고, 장항고등학교는 장항읍내 마을과 이어져 있다.

주변 볼거리

국립생태원 장항역에서 걸어서 국립생태원 후문 매표소로 들어올 수 있다. 3백 명을 수용할 수 있는 방문자 숙소가 있고, 식당이 있다. 대한민국 국민이라면 평생 한번은 방문하고 싶은 공간으로 꾸몄다고 한다. 가족, 학생 단체로 찾아와도 좋을 곳이다.
서천군 마서면 금강로 1210(송내리 223-3번지) • 041-950-5339
ecoplex.go.kr

장항송림산림욕장 장항읍내의 서쪽 해변에 소나무숲이 1km쯤 펼쳐져 있다. 송림 입구에 주차장이 있고, 송림 안쪽으로 산책로가 있다. 예전에는 모래찜과 해수욕을 하러 오는 사람들이 많았다고 하는데 지금은 소나무숲 사이로 보이는 한적해진 바다이. 산림욕장 주차장은 한산해서 오토캠핑장으로 쓰이기도 한다. • 서천군 장항읍 장항산단로 34번길(송림리)

장항화물역 장항선의 종점으로 1930년에 개통되어 2007년 말까지 역사로 기능했다. 군산역과 연결시키는 장항역이 새로 생기면서 장항화물역으로 이름이 바뀌었다. 건물 기둥에는 장항역이 번성했을 때의 역무실, 맞이방, 매점 안내도가 붙어 있다. 하지만 지금은 찾아오는 건 허전한 바람뿐이다. 컨테이너 화물 차량들이 머물러 있지만, 여러 가닥의 철로가 무심히 버려져 있다. 그 쓸쓸함 때문에 장항화물역을 찾을 만하다. • 서천군 장항로 161번길 27(창선리 139)

가는길

자가운전 서해안고속도로 서천IC → 서천IC 삼거리에서 좌회전 → 대백제로 따라 11km 가량 이동 → 원수 교차로에서 장항 방면으로 우회전 → 장산로 따라 370m 가량 이동 우측 3시 방향으로 꺾어짐 → 100m 이동 우회전 → 원수1리 성주산 등산길 입구

대중교통

| 서울 → 장항 | 용산역(1544-7788)에서 1일 16회(05:35-20:35) 운행. 새마을호 7회, 무궁화호 9회 운행. 새마을호 3시간, 무궁화호 3시간 25분 소요. 서울남부터미널(02-521-8550)에서 서천 경유하는 고속버스 1일 4회(07:40-16:45) 운행. 2시간 30분 소요. 천안-공주-부여 경유하는 일반버스 1일 5회(08:40-17:15) 운행. 4시간 50분 소요. |

대전 → 장항: 대전서부버스터미널(042-584-1615)에서 1일 21회(06:10-19:30) 운행. 2시간 소요.

장항역 → 장항읍내: 버스 1일 9회 운행(09:20-20:40) 장항역 앞에 택시 항시 대기. 장항읍까지 택시비 6천 원

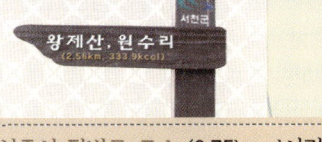

성주산 탐방로 코스 (3.75km, 1시간 40분 소요)

성주새길 16번길 성주산 입구 (등산로 안내판) → (0.17km 10분) → 성주산 정상 → (0.18km 10분) → 성주산 포켓쉼터 → (1.5km 30분) → 왕개산 포켓쉼터 → (0.5km 15분) → 왕제산 정상 → (0.4km 15분) → 도인정사 → (1km 20분) → 장항고등학교 후문

맛집

성환식당 한방 약재와 녹두가 들어간 삼계탕은 등산하고 난 뒤에 먹기 좋은 보양식이다.
서천군 장항읍 장항로 196번길 5(창선1리 49-3)
041-956-5551

성환식당의 방녹두삼계탕

할매온정집 아귀찜과 아구탕 • 서천군 장항읍 장서로 47번길 20 • 041-956-4860 • www.할매온정집.com

금강회집 생선회와 생선탕 • 서천군 장항읍 장산로 612
041-956-7222

숙소

노블레스모텔 서천군 장항읍 장항로 196번길 8(창선리 147) • 041-956-3100

비치하우스 서천군 장항읍 장산로 618-1(원수리 141-14) • 041-956-3230

프린스장 서천군 장항읍 장마로 22번길 13(신창리 171-13) • 041-956-4636

45
청양 남산 녹색둘레길

이 길 있어 청양 사람들 좋겠네~!

남산 녹색둘레길은 전체적으로 길이 완만해서 부드럽고 또 분명하다.
그리고 들판과 산천, 개울, 호수, 벚꽃길, 마을길이 뒤섞이며 다양한 테마로 구성되었다.
'지천생태길(4.2km)', '녹색길(4.9km)', '벚꽃길(1.8km)', '고향길(2.9km)' 네 구간으로
조성되어 상황에 따라 코스 조절이 쉽다. 또 적누저수지에서 교월리까지
남산을 횡단하는 4.7km의 등산로도 있어서 다양한 구성이 가능하다.
글·사진 이승태

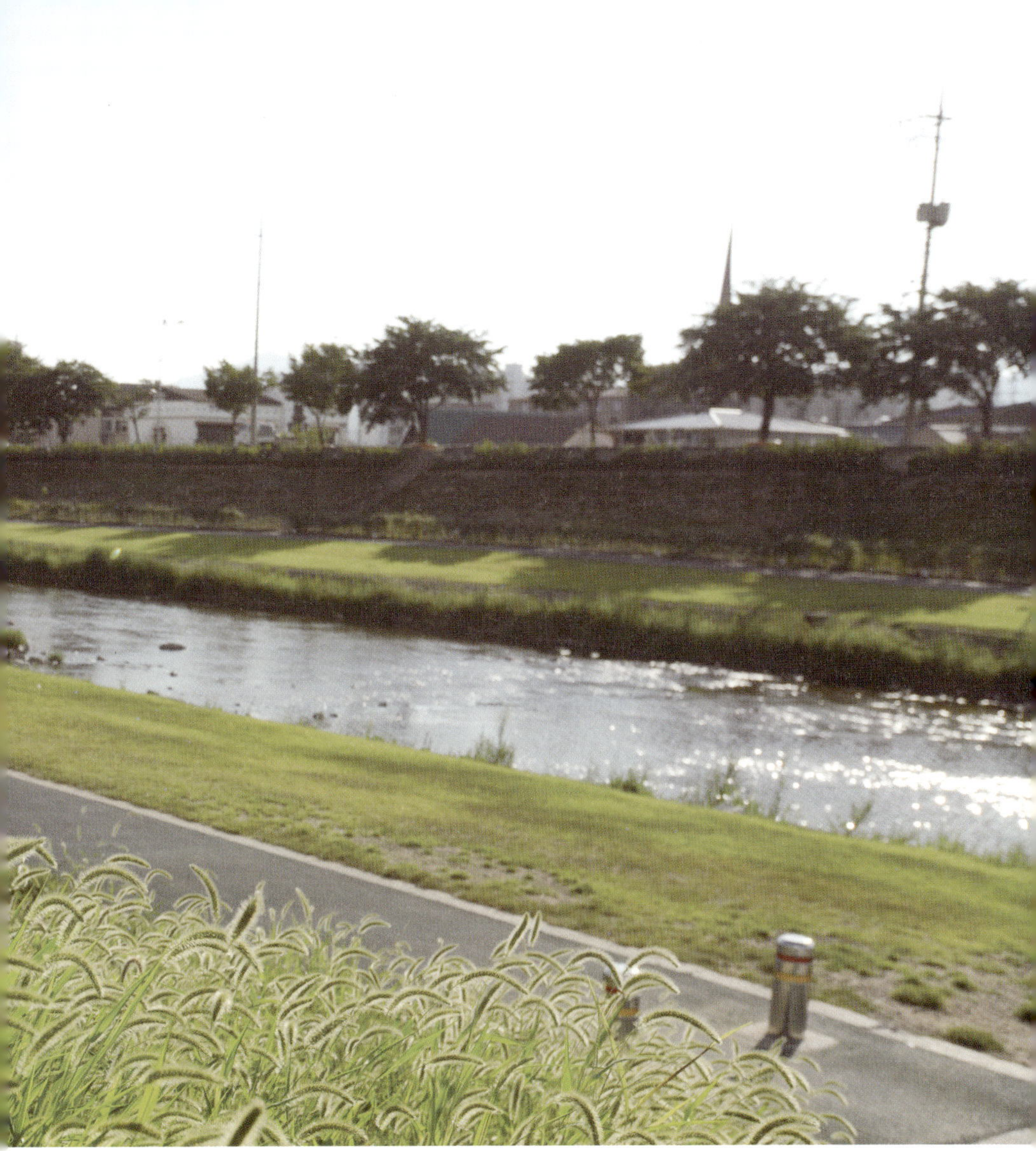

걷기 좋은 계절 **봄, 여름, 가을**   난이도 **★★**   동반자 **가족, 어린이, 연인 또는 홀로**

도시락과 간식 꼭 챙겨가세요!

'남산 녹색둘레길'은 전체적으로 길이 좋고 분명하며, 이정표도 잘 설치되어 있어 걷는 데 큰 어려움이 없다. 그러나 전체 길이가 13.8km로 짧지 않으며, 백세건강공원을 벗어나면 이렇다 할 식당이나 매점이 없어서 도시락과 충분한 간식, 물을 미리 챙겨야 한다. 거리가 긴 만큼 스틱을 챙기는 것도 잊지 말자. 지천생태길 구간의 벽천2교 앞에서 복잡하게 얽힌 도로를 건너야 하는데, 횡단보도가 없어서 주의해야 한다. 고향길 구간의 탄정리 마을회관 앞에서 길이 나뉘는데, 오른쪽으로 가야 탄정교로 이어진다.

지천은 희귀한 새들의 낙원

출발은 읍내를 가로질러 흐르는 지천의 백세건강공원이다. 시설이 좋고 청결하게 꾸며져 있어 많은 이들이 찾아 운동을 하거나 산책을 즐기고 있다. 너른 주차장도 갖췄다. 둘레길은 지천 남쪽의 고수부지를 따라 이어진다. 곧 벽천교를 만나는데, 횡단보도가 없고 차량들이 속도를 내서 달리는 곳이라 주의해서 건너야 한다. 벽천2교를 지나고부터 본격적인 지천강둑길을 따른다. 왼쪽으로 벽천2리를 둘러싼 들판이 시원스레 펼쳐지고, 오른쪽은 청정한 지천이 나란히 간다. 보기만 해도 풍성한 들녘, 폭 넓은 강둑길은 아무렇게나 자란 풀들로 인해 풀향이 짙다. 노란 달맞이꽃과 한들거리는 코스모스, 메꽃을 비롯해 온갖 들꽃이 펴서 눈길을 끈다. 콧노래가 절로 나오는 길이다.

1급수 맑은 물이 흐르는 지천은 생태적으로 매우 훌륭한 곳이다. 부들이나 마름, 생이가래, 부레옥잠, 어리연, 창포와 물억새, 갈대 등이 나름의 영역을 이루며 건강하게 자라고 있다. 가재와 참게, 물방개, 피라미, 붕어 등 물고기와 수생곤충이 풍부해 물이 얕은 곳이나 보 아래쪽엔 먹이사냥을 나온 백로와 두루미, 청둥오리, 물총새 등 희귀한 새들로 장관이다. 하나같이 멸종위기보호종으로 지정된 귀한 새들이다. 지천의 가치가 어느 정도인지를 보여주는 장면이다.

'넉배와 군량리 고란초'에 얽힌 이야기가 전하는 넉배보 아래로 꽤 너른 갈대밭이 보인다. 저 많은 갈대가 모두 피어나면 분명 숨 막히는 장관일 게다. 넉배보에서 조금 더 진행한 강둑길은 풀이 무성해 풀숲을 헤치며 걸어야 할 정도다. 이러한 풀숲은 녹색길이 시작되는 지천교를 만나기까지 계속된다.

Story Telling

도심 속 생태공원의 성공사례, 백세공원

청양 도심을 품고 흐르는 지천 둔치에 조성된 공원이다. 휴식공간을 비롯해 공연무대, 연못, 폭포, 물레방아, 각종 운동시설, 산책로, 잔디광장, 구름다리 등 주민 편의시설을 두루 갖추고 있어 군민들의 발길이 연중 끊이지 않는 명소다. 특히 지천은 1급수를 유지하고 있는데, 다양한 물고기가 서식하고 있어서 이를 노리는 재두루미와 학, 청둥오리, 물총새 등 희귀한 새들을 흔히 볼 수 있다.

공원 위쪽의 지천생태공원은 도심 속 자연휴식공간으로 군민들의 사랑을 받고 있다. 말무덤, 놀이터, 야외학습장, 계류, 연못과 각종 수생식물로 꾸며진 아름다운 공원으로, 지천의 환경적인 중요성을 일깨우는 데 큰 역할을 감당하고 있다.

넉배보로 먹이사냥을 나온 새들. 흰뺨검둥오리, 왜가리, 중대백로, 꼬마물떼새 등이 서로 명당을 차지하고 있다. 수달도 산다.

무인지경의 호젓한 호반길

지천교 앞에서 길은 왼쪽으로 90도 꺾이며 적누리로 향한다. 남산의 서남쪽 자락에 들어선 적누마을은 청양의 전형적인 농촌풍경을 보여준다. 흙빛이 붉고 누렇다고 해서 적누라고 불리는 마을 앞으로 지천을 낀 너른 들판이 펼쳐졌고, 콩밭과 고추밭, 구기자밭에 둘러싸인 파란지붕, 빨간지붕의 마을풍광이 무척 정겹다. 마을 북쪽의 도성암은 동학의 창시자 수운 최제우가 9년간 은거하던 곳.

적누리를 벗어나자 길은 겨울철 빙어낚시로 유명한 적누저수지로 이어진다. 저수지를 오른쪽에 끼고 차량 한 대가 다닐 넓이의 비포장길이 수명고개 너머 광금리에 닿기까지 나 있다. 넓고 푸른 적누지를 조망하며 새소리, 바람소리 벗 삼아 걷는 호젓한 길이다. 호수를 바라보며 놓인 벤치와 쉼터 정자도 있어 걸음이 여유롭다. 남산으로 오르는 등산로 갈림길을 지나니 왼쪽에 기와건물이 나타난다. 솟을대문에 '은진송씨제각(恩津宋氏祭閣)'이라 적힌 현판이 걸렸다. 조선후기의 문신이자 학자인 우암 송시열과 동춘당 송준길이 은진송씨다.

1. 적누리의 콩밭. 밭 경계에 심은 수수 이삭에 양파망을 씌워둔 모습이 재밌다. 그래도 몇 개는 새 모이로 남겨두었다.
2. '남산오름길' 입구의 종합안내판. 곳곳에 이런 종합안내판이 있어서 전체 구간과 현재 위치를 가늠하기에 좋다.
3. 지천생태공원과 참게 조형물. 금강하굿둑이 생기기 전 지천은 참게 산란장이었다. 하굿둑이 생기며 참게가 사라졌지만 끊임없는 노력 끝에 인공부화에 성공, 많은 개체수의 방류를 통해 지천의 생태환경을 회복해나가고 있다.

광금리(廣金里)는 일제강점기 때 붙여진 이름으로 이곳 사람들은 옛날 그대로 '너븐밭(광금)'과 '아랫쇠밭(하금)'이라 부른다. 옛날 이곳에서 나오는 철을 이용해 엽전을 만들어서 이름이 붙었다는 이야기가 전해오는 쇠밭마을은 지금도 일대 산에 광산갱도가 남아 있다. 광금리는 매해 '산꽃마을 축제'를 열고 야생화 판매장도 운영하고 있다.

벚꽃길을 만나기 전 왼쪽 산자락에 '효자비'가 있다. 조선 정조 때의 양차원이라는 사람의 효행을 기리기 위해 세운 것이다. 학교에서만 잠시 배울 뿐 우리 시대엔 사라진 듯한 단어 '효(孝)'. 조그마한 비석이 많은 생각에 잠기게 한다.

개울에서 천렵 즐기는 탄정리

벚꽃길은 칠갑산과 남산 사이의 서낭고개를 넘나드는 지방도를 따라 이어진다. 봄날엔 섬진강 벚꽃길 못지않은 장관을 연출하고, 가을철 단풍든 모습도 아름다워 칠갑산 장승공원이 있는 근처의 장곡사와 더불어 드라이브코스로 인기다. 국토해양부의 '한

적누저수지. 가물치와 각종 담수어는 물론 빙어도 많아 낚시꾼들에게 인기다.

국의 아름다운 길 100선'에 선정된 명품길이기도 하다. 서낭당이 있던 고개엔 지금은 정자가 세워져 있다. 서서히 굽어 돌며 내려선 벚꽃길은 반석농장에서 끝나고 단국대 농장 입구부터 고향길이 시작된다. 부드럽게 가지를 드리운 커다란 수양버들이 낭만 적인 고향길은 걷는 재미가 좋다. 곧 만나는 탄정리는 옛날 청양현에서 일곱 리 거리 여서 '일고브리'라는 독특한 이름을 가졌다. 마을 앞의 개울에서 천렵을 즐기는 이들이 보인다. 그만큼 이곳 자연환경이 살아 있다는 증거다.

탄정교부터 모성교까지 1.5km는 36번 국도를 따른다. 남산 녹색둘레길에서 가장 심심한 구간이기도 하다. 그에 대한 보상이라도 하듯 모성교를 건넌 곳에 조선시대 지역 학문교류의 장이던 청양향교가 있다. 옛날 뜻을 세우고 학문을 익히고자 했던 지역의 동량들이 매일 걸었을 길을 따라 향교로 향한다. 골목길에서 만나는 문패들이 눈길을 끈다. 보통은 주소와 함께 가장의 이름을 새겨 놓는데, 이곳 향교마을은 부부의 이름을 나란히 써 놓았다. 집집마다 다 그렇다. 참 재미있으면서도 멋진 아이디어다. 향교 입구에서 녹색길의 시작점인 지천생태공원이 지척이다.

주변 볼거리

알프스마을 조롱박축제

'충남 알프스'로 불리는 칠갑산 아래의 첫 동네인 천장리는 천혜의 자연환경과 수려한 천장호수가 어우러진 청양의 대표적인 관광지다. 천장리 알프스마을은 구한말 의병장인 민종식의 고택과 칠갑산 산신제, 장승제 등 역사와 전통문화 등이 잘 보존된 마을이다. 또 도·농 교류센터와 웰빙체험농원이 조성되어 칠갑산 산나물 채취, 더덕 순 따기, 수영, 래프팅, 승마, 고추 따기, 옥수수 따기, 감자 캐기, 얼음축제, 눈썰매 타기 등 사계절 체험프로그램이 운영되고 있다. 특히 매년 8월 한 달 간 열리는 '세계조롱박축제'는 청양을 대표하는 축제 겸 볼거리로 자리 잡았다. ▪ 041-942-0797~8 ▪ www.alpsvill.com

천장호와 출렁다리

칠갑산 동쪽 여의주마을과 알프스마을 사이에 아름다운 천장호와 출렁다리가 있다. 자주 안개가 뒤덮여 장관을 연출하는 천장호는 가을철 단풍 든 칠갑산이 호수에 비칠 때 최고의 비경을 보여준다. 천장호를 가로질러 놓인 출렁다리는 전체 길이는 207m고 높이는 24m, 폭 1.5m로 한국 최장이어서 중간을 지날 때 40cm 정도 상하좌우로 흔들리는 짜릿함을 만끽할 수 있다. 출렁다리를 건너면 천장호반을 따라 산책할 수 있는 목재데크가 설치되어 있고, '용호장군 잉태바위'도 볼 수 있다. 천장호 출렁다리는 2011년 KBS 예능프로그램인 〈1박2일〉을 촬영하면서 더욱 유명해졌다.

청양향교

청양읍 교월리에 있다. '향교'는 조선시대의 관립 교육기관이면서 선현을 제사하는 곳으로 지방의 군현마다 설치되었다. 청양향교의 대성전에 봉안된 공자상은 국내에서는 찾아보기 힘든 진품. 인조6년(1628)에 참판 강선여가 사신으로 명나라에 갔을 때 황제로부터 받아온 것이라고 전한다. 예로부터 공자를 모시고 지역유생들이 교육을 담당해 왔듯이 요즘에도 초·중·고등학생들을 대상으로 충효예교실, 예절교실 등을 열어 전통교육에 한몫을 담당하고 있다.

가는길

자가운전
1. 서해안고속국도 당진분기점 → 당진상주간고속국도 신양IC → 70번 지방도 이용, 청양읍 → 백세공원 주차장
2. 경부고속국도 천안분기점 → 천안논산간고속국도 이용, 공주분기점 → 당진상주간고속국도 서공주분기점 → 서천공주간고속국도 이용, 서공주 IC → 36번 국도 이용, 백세공원 주차장

대중교통
- 서울 → 청양 : 서울고속터미널(02-6282-0114)에서 1일 7회(07:20-19:40) 운행, 2시간 10분 소요
- 대전 → 청양 : 대전서부시외버스터미널(042-584-1616)에서 07:02-19:50까지 약 20분 간격으로 운행, 1시간 40분 소요

※ 청양시외버스터미널에서 백세공원까지는 남쪽 중앙로를 따라 걸어서 10여 분이면 닿는다.

남산 녹색둘레길 코스

지천생태길 코스(4.2km, 1시간 10분 소요) 지천생태공원 → (0.7km 10분) → 지천고수부지 입구 → (1.3km 25분) → 백세건강공원 세월교 → (0.3km 5분) → 벽천2교 → (1.9km, 30분) → 지천교

녹색길 코스(4.9km, 1시간 25분 소요) 지천교 → (0.42km 8분) → 청양공설테니스장 → (0.38km 7분) → 적누1리 마을회관 → (0.7km 13분) → 적누저수지 둑 → (1.2km 21분) → 은진송씨제각 → (1.9km 30분) → 효자비 → (0.3km 6분) → 광금리

벚꽃길 코스(1.8km, 35분 소요) 광금리 입구 → (0.2km 7분) → 경찰사격장(서남고개) → (0.6km 13분) → 구도로 외딴집 → (1km 15분) → 반석농장

고향길 코스(2.9km, 45분 소요) 반석농장 → (0.99km 15분) → 탄정리 마을회관 → (0.31km 6분) → 탄정교 → (1.6km 24분) → 지천생태공원

 맛집

묵밥 상차림

칠갑산묵밥집 가게 이름처럼 얼음이 동동 떠 있는 묵밥이 가장 인기다. 묵밥에 함께 나오는 찬거리 6종류가 모두 깔끔하고 담백한 맛이 일품이다. 기름과 야채, 오이, 상추, 고춧가루를 적당히 섞어 무쳐서 내놓는 도토리묵무침도 안 먹으면 후회한다. • 청양군 대치면 칠갑산로 426–4(탄정리 416) • 041-942-2760

한우명가어울림 한우구이 • 청양군 청양읍 칠갑산로 8길 13(읍내리 170–7) • 041-942-1592

다래정회관 돼지갈비 • 청양군 청양읍 중앙로 11길 4–1(읍내리 210–14) • 041-943-9999

숙소

칠갑산하황토방 청양군 대치면 까치내로 1490–5(탄정리 436–51) • 041-943-3232

꿈의궁전모텔 청양군 대치면 칠갑산로 419–2(탄정리 384–4) • 041-943-8255

파라다이스모텔 청양군 대치면 칠갑산로 426–6(탄정리 410–3) • 041-943-2233

46 예산 가야구곡 녹색길

가야산 자락에 감춰진 아름다운 물길

아름다운 경치를 보면 누구라도 시인이 된다. 가야산 자락에서 흘러든 계곡의 물길을 보며 성리학의 대가였던 병계 윤봉구 선생도 시인이 되었다.
천년 동안 감춰 두었던 아름다운 비경 아홉 곳을 가야구곡으로 노래하고 세상에 펼쳐놓았다. 무릎 위 거문고 소리와 어울릴 만큼 조용하고 여유로운 물길이니, 길을 따라 걸으며 자연과 교감할 수 있는 행복한 길이다.

글 · 사진 구동관

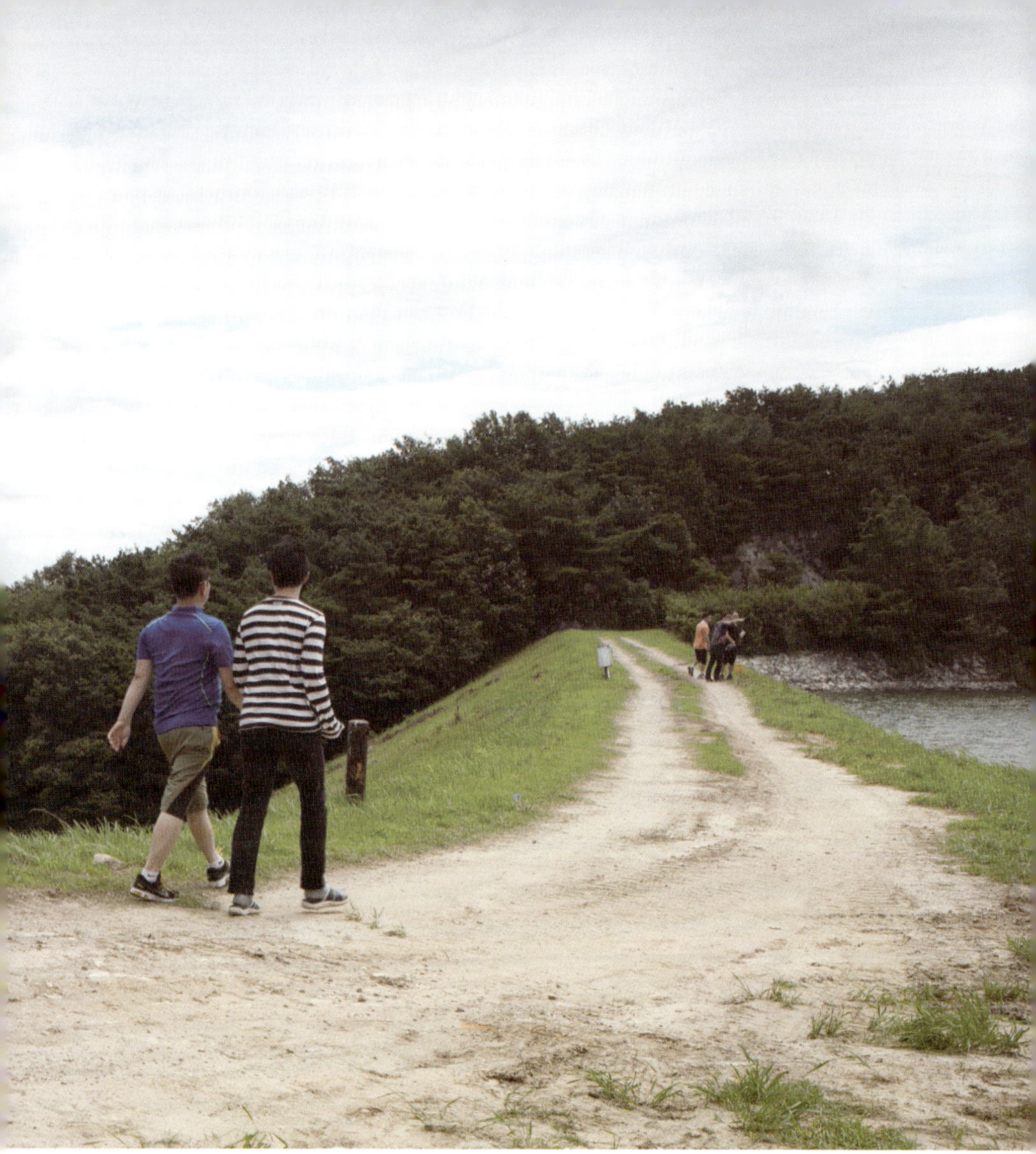

걷기 좋은 계절 **봄, 여름, 가을**　난이도 **★★★**　동반자 **가족, 어린이, 연인**

광덕사와 남연군묘 주변에서 약수를 마셔보자

덕산온천에서 머물며 다녀오기 좋은 길이다. 왕복으로 다녀와도 되지만, 편도 구간을 걸을 때는 덕산면 소재지에서 출발하여 남연군묘까지 걸은 후 나오는 길에는 시내버스를 이용하면 된다. 광덕사와 남연군묘 주변에서는 약수도 마실 수 있고 화장실 이용도 가능하다. 편도만을 걷는다면 3시간이 소요된다.

지구의 젖줄, 덕산온천을 걷다

길의 시작은 덕산온천이다. 관광안내소를 출발하여, 리솜스파캐슬을 지나는 길의 곳곳에 온천장들이 자리를 잡고 있다. 물 좋기로 소문난 덕산온천은 지구의 젖줄과 같다 하여 지구유로 불리는데, 많을 때는 200곳이 넘는 온천장이 있었다. 지금은 그 수가 조금 줄기는 했지만 온천수를 이용한 대형 워터파크와 다양한 온천장 시설이 있는 관광명소다. 온천장들을 거슬러 오르면 가야산 자락이 가까워진다. 덕산이 온천도시로 발달된 곳이라고 하지만 10분만 걸으면 산자락에 가까워지니, 작고 아담한 도시인 셈이다.

인가와 상가가 뜸해지니 광덕사 이정표가 보인다. 이정표를 따라 광덕사에 들어서니 조용하고 호젓한 절집이 반겨준다. 온천장 지역을 빠져나온 것이 5분도 되지 않은데, 그런 호젓함을 만날 수 있다니 여유로운 마음까지 횡재한 느낌이다. 잠시 절집을 돌아보고, 절집 앞에서 약수 한 잔을 마시고 길을 재촉한다. 가야구곡길은 절집 앞에서 산자락 둘레길로 이어지고, 그 길을 따라 걸으면 덕산향교에 이른다. 길의 안내판은 대부분 나무 기둥에 새겨져 있는데, 광덕사를 지나 걷게 되는 둘레길에서는 포장도로에도 길의 화살표가 그려져 있다. 길을 제대로 찾아가고 있는지 고민할 때 만난 화살표라서 더 반가웠다.

Story Telling

2대에 걸쳐 천자가 나오는 명당 '남연군묘'

대원군 이하응의 아버지 무덤인 '남연군묘'는 참으로 사연이 많은 곳이다. 대원군이 아버지 묘를 옮기기 위해 그 시절 제일의 풍수가 였던 정만인에게 부탁하니 두 곳의 터를 알려주었다. 한 곳은 만대에 걸쳐 부족함 없이 살 터였고, 또 한 곳이 2대에 걸친 천자가 나올 터였다. 대원군이 선택한 터가 천자가 나올 자리였는데, 그 터에 있던 가야사에 불을 지르고 탑을 부순 뒤 부친의 묘를 이장했다. 그 자리 영향이었을까. 대원군의 차남이 고종이 되었고, 손자가 순종이 되었다. 또한 그 무덤은 오페르트의 도굴 미수사건과 대원군의 쇄국정책 강화에도 영향을 미치게 된다. 묘 아래쪽에 있는 '남은들 상여'는 대원군의 아버지인 남연군의 시신을 연천에서 가야산까지 옮길 때 사용한 상여의 복제품을 전시한 곳이다. 남은들마을에서 보관해 오던 상여가 2005년에 도난당했지만, 3개월 만에 회수되는 우여곡절을 겪기도 했다. 중요민속문화재(제31호)로 지정되어 있는 원래의 상여는 국립고궁박물관에 보관 중이다.

관어대에서 옥병계로 향하는 길은 나무데크로 이어진다.

1. 소나무 숲에 자리 잡고 있는 헌종대왕태실 2. 남연군묘로 오르는 길은 자연스레 하늘을 보며 걷는다.
3. 가야구곡을 흐르는 덕산천은 청정한 물길이다. 다슬기를 잡는 사람들도 자주 눈에 띈다.
4. 2대에 걸쳐 천자가 나올 명당 터에 있는 남연군묘

가야구곡을 걷다

본격적인 가야구곡길은 관어대에서 시작하여 제9곡 옥량폭까지 10리의 길이 이어진다. 가야구곡은 조선시대 성리학자인 병계 윤봉구 선생이 가야곡의 아름다운 풍경을 보고 시를 지어 노래한 곳이다. 제1곡 관어대(觀魚臺)는 '무이곡처럼 낚싯배가 떠 있다'고 노래한 곳이다. 관어대의 모습은 옥계저수지를 만들며 사라져 아쉬움이 크지만 저수지 둘레로 연결되는 소나무 숲길이 그 아쉬움을 달래주기에 충분하다. 더욱이 소나무 숲에는 헌종대왕태실도 자리를 잡고 있다. 조선시대 왕손이 출생하면 명당자리에 태실을 만들었고 임금으로 등극하면 다시 고쳐지었는데, 태봉에 안치된 주인공이 보위에 오르면 그 지역도 한 단계 승격되었다. 덕산현이 덕산군으로 승격된 것이 헌종 13년으로, 임금에 오른 뒤 태실을 예우한 것으로 예측된다.

소나무 숲길을 벗어나면, 도로 옆에 만들어진 나무데크 길로 이어진다. 유유자적 걸으며 저수지 풍경을 보기 좋은 길이다. 나무데크가 끝나면 저수지 둘레를 돌아가는 오솔

길이 제2곡인 옥병계(玉屛溪)까지 이어진다. '비취옥빛 봉우리가 둘러싼다'고 노래한 곳이다. 시인 묵객들이 즐겨 찾던 곳이었기에, 옥병계라는 표식을 새겨둔 바위에는 고운 최치원, 죽천 김진규, 청송 성수침 등의 글이 남아 있다.

제2곡 옥병계에서 제5곡 영화담까지는 덕산천의 물길을 따라 걷는 길이다. 맑은 물소리가 도란도란 들려주는 이야기를 들으며 걷다보면, 세상 살아가는 근심의 무게도 가벼워진다. 제4곡 석문담(石門潭)은 '잔잔한 물결에 거울이 되어, 해와 구름이 놀다 가는 곳'이라고 하였다. 계곡의 양쪽에 대문처럼 바위가 솟은 곳인데, 작은 폭포도 있어 여름철이면 더위를 피해 사람들이 즐겨 찾는 곳이다. 다만, '늘 신비로운 구름이 덮여 있었다'던 제3곡 습운천(濕雲泉)과 '숲이 구름을 이뤄 푸른빛을 더하는 곳'이라는 제5곡 영화담(暎花潭)은 제방축조 공사를 하면서 변형되어 그 모양을 찾기 어려워 아쉬움이 크다.

천하제일의 명당을 만나다

영화담을 지나면 가야산 자락의 길로 이어진다. 산으로 오르는 길에서 제6곡 탁석천과 제7곡 와룡담을 만날 수 있다. 탁석천(卓錫川)은 '우뚝 솟은 백탑이 선방과 같다며 아무 말 없이 마음이 평온해져 온다'고 노래한 곳이다. 사실, 구곡을 걸으며 가장 많이 느낀 감정이 평온함이었다. 구곡의 풍경들이 규모가 커서 사람을 윽박지르는 풍경이 아니고, 물줄기들도 조용조용하여 길을 걷는 내내 차분하고 평온하였다. 탁석천에서도 역시 그 평온함이 그대로 느껴진다.

와룡담(臥龍潭)은 폭포와 넓은 담이 있던 곳이다. 담쟁이 붙은 벼랑 아래서 오월에도 추위를 느낀다고 했던 곳이다. 깊은 숲에 둘러싸여 한여름에도 선선할 곳이다. 넓은 담은 저수지로 수몰되어 흔적을 찾을 수 없다.

와룡담에서 저수지를 돌아 나오며 가야구곡을 찾아가는 길은 마무리된다. 제8곡 고운벽과 제9곡 옥량폭은 코스에서 비켜 서 있다. 산으로 더 들어가야 하기 때문에 걷기 코스에는 포함되어 있지 않는 것이다. 그 두 곳의 풍경을 보지 못한 아쉬움을 달래주는 것이 남연군묘다. 2대에 걸쳐 천자가 나올 명당자리라는 곳으로, 대원군이 그곳에 있던 가야사에 불을 지르고 탑을 부순 뒤 부친의 묘를 이장했다. 지금도 풍수지리를 하는 사람들이 꼭 찾는 곳이다. 남연군묘를 돌아보고 내려오면 가야구곡길 여행이 끝을 맺는다. 8km 남짓의 길이 부족하다면 덕산 쪽으로 다시 되돌아가면서 걸을 수 있다. 옥계저수지까지는 같은 길을 가더라도 그곳에서 오른쪽으로 방향을 잡으면 옥계저수지를 빙 둘러 걷는 길이다. 처음 걸어왔던 길과 다른 길을 걷게 된다.

주변 볼거리

수덕사 우리나라 8대 총림 중의 한 곳인 덕숭총림을 갖추고 있는 절집이다. 처음 창건된 연대는 분명하지 않지만 백제 위덕왕(554~597)에 세운 것으로 추정되고 있다. 몇 번의 중수를 거치며 지금에 이르고 있는데, 대웅전은 고려 충렬왕 34년(1308)에 건립된 기록이 있다. 템플스테이도 운영하고 있어 삶을 되돌아보기 원하는 여행객들에게 인기가 많다. •예산군 덕산면 수덕사안길 79(사천리 19) •041-330-7789 • sudeoksa.com

추사고택 추사고택은 김정희(金正喜)가 태어나고 어린 시절을 보냈던 곳이다. 시·서·화에 능했던 천부적 학자로 알려지고 있지만, '평생에 벼루 열 개의 밑창을 내었고 일 천 자루의 붓을 몽당붓으로 만들었다'고 고백한 노력파였다. 고택은 사랑채와 안채가 나뉘어 있는 전형적인 중부지방 양반 주택의 모습을 볼 수 있는데, 기둥마다 주련으로 붙여 놓은 추사의 글을 읽는 것도 재미있다. 고택과 가까운 곳에 호젓한 모습으로 추사의 묘소가 서 있다. 따로 마련된 추사 기념관에서는 추사의 유물과 추사체에 대한 자료들을 볼 수 있다. 예산군 신암면 추사고택로 261(용궁리 799-2) •041-339-8242 • www.chusatotal.or.kr

은성농장 사과 관련 체험과 사과 와이너리를 운영하는 농장이다. 체험으로는 사과수확과 사과파이와 사과잼만들기 등을 할 수 있다. 사과 와이너리는 물과 알코올을 첨가하지 않고 오직 사과만을 이용해서 만드는 와인이다. 사과와인을 만드는 공정을 견학하고, 사과와인을 시음하는 와이너리 투어도 운영하고 있다. 은성농장에서 생산하는 '추사 애플와인'은 2011년 충남의 대표명주 13선에 선정되었으며, 2012년 우리술 축제에서 과실주 부분 대상을 차지하였다. 예산군 고덕면 대몽로 107-38(대천2리 501) •041-337-9585 • cafe.daum.net/eunsungapple

---

가는길

자가운전 당진대전고속도로 고덕IC → 덕산 방면 622번 지방도 → 도청대로 방면 609번 지방도 → 덕산읍내 → 예산관광안내소(덕산면 신평리)

대중교통

| 서울 → 덕산(리솜스파캐슬) | 서울강남센트럴시티(02-6282-0600)에서 1일 5회(07:10-20:30) 운행. 남부터미널(02-521-8550)에서 1일 3회(07:00, 12:00, 15:00) 운행. 2시간 소요 |

대전 → 내포신도시(충남도청) 대전복합터미널(1577-2259)에서 1일 11회(06:40-19:55) 운행. 1시간 30분 소요, 서부터미널(1666-3360)에서 1일 15회(07:59-19:15) 운행 1시간 30분 소요 ※ 덕산(리솜스파캐슬)에서 관광안내소까지는 도보로 5분, 내포신도시(충남도청)에서 덕산까지는 시내버스 이용

가야구곡 녹색길 코스 (10.9km, 3시간 30분 소요)

예산관광안내소 → (1.9km 40분) → 광덕사 → (1.7km 30분) → 관어대 → (0.6km 10분) → 헌종태실 → (0.7km 15분) → 옥병계 → (1.6km 30분) → 석문담 → (1km 20분) → 상가리 마을회관 → (2.8km 50분) → 남연군묘 → (0.2km 5분) → 탁석천 → (0.4km 10분) → 남연군묘 입구 갈림길

또순네식당 밴댕이찌개

맛집

또순네식당 속 좁은 생선으로 속담에 나오지만, 뚝배기에 팔팔 끓여 나오는 또순네식당의 밴댕이찌개는 맛이 일품이다. • 예산군 덕산면 봉운로 27(읍내리 340-1) 041-337-4314

고덕갈비 연탄불 한우갈비 • 예산군 덕산면 덕산온천로 387(신평리 344-3) • 041-337-8700

입질네어죽 어죽과 매운탕 • 예산군 덕산면 가루실길 30(둔리 118) • 041-337-5989

숙소

리솜스파캐슬 예산군 덕산면 온천단지3로 45-7(사동리 362) • 041-330-8000
www.resom.co.kr

가야관광호텔 예산군 덕산면 신평1길 14 (신평리 163-1) • 041-337-0101
www.gayahotel.co.kr

휴펜션 예산군 덕산면 온천단지1로 101 (사동리 412-2) • 041-664-0604
www.pensionhue.net

47 태안 안면도 안면송길

진한 솔 향기와 화사한 수련꽃에 취하다

태안 안면도에는 잘생긴 소나무가 많다. 곧고 미끈한 몸매를 하늘 찌를 듯한 기세로 뻗어 올린 소나무들이 곳곳에 울창하다. 헌헌장부(軒軒丈夫)처럼 자태가 늠름하고 훤칠한 안면도 소나무는 흔히 '안면송'이라 불린다. 아름드리 소나무들이 빼곡한 안면송 숲은 먼발치서 바라보기만 해도 기분 좋다. 그런 명품 숲을 가로지르는 안면송길은 꿈길처럼 아름답다.

글 · 사진 양영훈

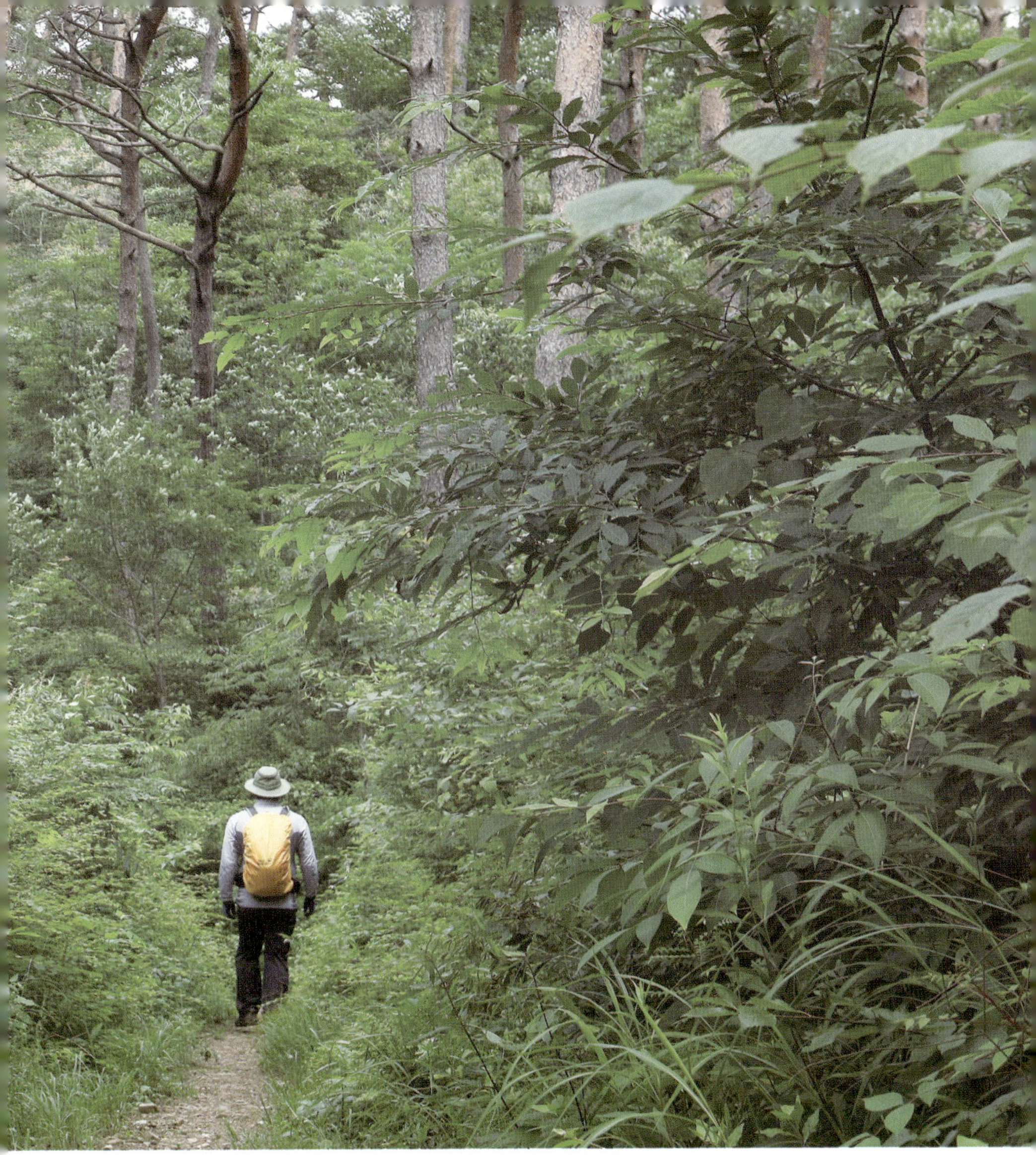

걷기 좋은 계절 **봄, 여름, 가을, 겨울**   난이도 ★   동반자 **가족, 어린이, 연인**

간편한 복장과 마실 물만 챙기면 된다

안면도자연휴양림과 승언1저수지 사이의 안면도 안면송길은 워낙 코스가 짧고 길이 평탄한 편이다. 편도 3.4km에 불과해서 걷기에 익숙한 사람들에게는 아쉬움이 남는 길이다. 그럴 경우에는 아예 왕복해도 된다. 옷과 신발은 산보하듯 가벼운 차림이 좋고, 물 이외의 음료나 간식은 굳이 챙기지 않아도 된다. 안면도자연휴양림 내의 화장실 말고는 이렇다 할 편의시설이 없다.

헌헌장부처럼 준수한 명품 소나무, 안면송

오늘날의 안면도는 충남에서 가장 큰 섬이다. 태안반도의 남쪽에 위치한 이 섬은 원래 '태안곶'이라 불리던 육지였다. 그러다 조선 인조 때 전라도와 충청도의 세곡(稅穀) 운반선들의 뱃길을 줄이기 위해 현재 안면교가 놓인 자리를 굴착하는 바람에 섬이 되었다.

태안해안국립공원에 속할 만큼 바다 풍광이 아름다운 안면도에는 어딜 가나 우람한 소나무들로 가득 찬 숲을 만날 수 있다. '안면송'이라 이름 붙은 이곳의 토종 소나무는 옹이가 없이 곧게 자라는 데다가 다른 지역의 소나무보다도 성장 속도가 훨씬 빠르다. 이런 명품 소나무 숲이 남아 있게 된 것은 섬이라는 지형적 특성, 그리고 고려시대와 조선시대부터 나라에서 직접 관리하던 황장봉산(黃長封山)이었던 덕택이다. 한때 일제 시대와 해방 직후의 어수선한 시기에 크게 훼손되기도 했지만, 다행히 안면도 곳곳에는 총 381ha(약 115만 평) 규모의 안면송 숲이 남아 있다. 헌헌장부처럼 준수하고 당당한 안면송의 진면목을 엿보려면 안면송길을 걸어봐야 한다.

안면도자연휴양림의 조개 봉우리들을 섭렵하다

안면송길은 태안군 안면읍 승언리 일대의 안면송 숲을 두루 거쳐 가는 환상형(環狀形) 걷기 코스이다. 읍소재지의 공영주차장에서 조각공원, 방포 꽃다리, 육개 삼거리, 안면도자연휴양림, 승언1저수지 등을 거쳐 다시 공영주차장으로 돌아온다. 모두 4개 구

Story Telling

국내 최대의 수련 군락지, 승언1저수지

안면읍사무소가 있는 소재지에서 남동쪽으로 약 2.2km 지점에 위치한 저수지이다. 이곳은 원래 배를 만들던 바닷가였다. 밀물 때에는 산 밑까지 바닷물이 들어오고, 썰물 때마다 갯벌에 하얗게 소금이 돋아나는 곳이었다. 조선시대에는 조군(漕軍 : 조운선에 종사하는 군사들이 막을 설치한 뒤 이곳에 머물렀다. 그런 연유로 '조군막터'라는 지명이 생겨났고, 지금도 저수지 주변의 길은 '조운막터길'로 불린다. 승언1저수지 일대의 바다와 갯벌이 농토와 저수지로 탈바꿈한 것은 일제 말기의 간척공사 때문이다. 오늘날의 저수지 한복판에는 예전의 '자라섬'이 자리 잡았다. 명당으로 소문난 자라섬에는 한때 묘가 조성되기도 했다. 승언1저수지의 수련을 누가 처음 심었는지는 알 수 없다. 간척공사가 끝나고 소금기가 빠져나간 저수지에는 해마다 수련이 피기 시작했다. 지금은 수만 평에 이르는 수면의 절반 이상이 수련으로 뒤덮여 있다.

시야가 흐린 날인데도 탕건봉 전망대에서는 천수만 바다와 안면도 동쪽 지역이 한눈에 들어왔다.

간으로 이뤄진 이 길은 총 길이가 15.5km나 되지만 1구간에 속하는 안면도자연휴양림과 승언1저수지 사이의 약 3.4km만 걸어도 안면송 숲의 매력을 충분히 느낄 수 있다.

안면도자연휴양림과 승언1저수지 사이의 안면송길은 휴양림 내의 산책로를 먼저 경유한다. 이 산책로는 여러 개의 나직한 봉우리들을 잇달아 거치는 능선길이다. 매표소 근처의 데크 길로 들어서면 첫 번째 경유지인 모시조개봉(해발 58m)으로 곧장 오를 수 있다. 길가의 비탈에 세워진 채광석 시인(1948~1987)의 시비가 눈길을 끈다. 작은 표지석과 나무 벤치 하나가 덩그러니 놓인 모시조개봉은 의외로 낮고 평탄하다. 바닷조개를 산봉우리 이름으로 삼은 점이 이채롭다. 사방이 바다로 둘러싸인 안면도의 산봉우리답다.

모시조개봉에서 바지락봉으로 가는 길에는 동백나무 숲길을 지난다. 동백꽃 피는 봄날의 풍경이 눈앞에 선연하게 그려진다. 바지락봉을 거쳐 새조개봉으로 가는 길은 비교적 경사가 급한 내리막과 오르막의 연속이다. 해발 92.4m의 새조개봉에서 잠시 숨을 고른 뒤에 140여m 떨어진 탕건봉으로 향한다. 탕건봉은 안면도자연휴양림 내의

1. 신록이 돋아난 5월의 안면송 숲이 눈부시게 화사하다. 2. 안면송 고목에 일제가 송진을 채취하느라 남긴 상처가 뚜렷하다. 3. 안면도에서 태어난 채광석 시인의 시비와 얼굴상

최고봉이다. 정상의 높이는 해발 92.7m로 새조개봉과 비슷하지만, 조망은 비교할 수도 없을 만큼 시원스럽다. 삼면의 바다가 한눈에 들어오는 봉우리라고 해서 얼마 전까지도 '삼해봉(三海峰)'이라 불렸다. 전망 데크에 올라서면 안면도 동쪽 구릉의 광활한 목장지대와 남북으로 길쭉한 천수만 바다, 그 바다에 올망졸망 떠 있는 섬들과 바다 건너편의 홍성 땅이 파노라마처럼 펼쳐진다.

탕건봉에서 마지막 봉우리인 키조개봉으로 이어지는 길은 호젓하다 못해 적막감마저 감돈다. 울창한 숲은 백주대낮에도 어둑하고, 길은 인적마저 뜸해서 사색하며 걷기에는 안성맞춤이다.

키조개봉을 지나 완만한 내리막길을 1~2분쯤 걸어가면 두 개의 표지판이 세워진 갈림길에 도착한다. 여기서 길을 잘못 들면 자연휴양림 내의 산책로를 빙빙 돌게 된다. 뜻하지 않게 '링반데룽(Ringwanderung)' 현상을 경험할 수도 있다. 두 개의 표지판 중 하나에 적힌 '휴양림 지역이 아닙니다. 나가지 마십시오'라는 문구 위의 화살표 방

향이 승언1저수지로 이어지는 안면송길이다. 화살표가 가리키는 쪽으로 5분 남짓 걸어가면 뜻밖의 철문이 나타난다. 철문 앞의 비포장 임도를 건너서 맞은편 숲길로 곧장 들어서야 승언1저수지로 갈 수 있다.

조붓한 솔숲 길을 지나 동화 같은 수련못에 이르다

길은 한결 조붓해지고, 소나무는 눈에 띄게 우람해진다. 수령 100년 이상의 노송들 사이로 실낱같은 오솔길이 이어진다. 소나무숲 특유의 진한 솔향기와 청신한 기운이 온몸을 휘감는다. 머릿속까지 맑아지는 듯하고, 발걸음은 날아갈 듯 가뿐하다.

이 길에서 마주치는 노송들 중에는 커다란 생채기가 몸통에 뚜렷이 남아 있는 나무가 적지 않다. 일제가 남긴 전쟁의 상흔이다. 태평양전쟁이 한창이던 일제 말기에 일본군은 군용 비행기의 연료로도 활용되는 송진을 채취하기 위해 광분했다. 일제는 '마생상점'이라는 회사를 통해 중경목(中徑木, 지름이 18~29cm인 나무) 이상의 아름드리 소나무에 V자 형태의 상처를 내서 송진을 채취했다. 그렇게 훼손된 안면송이 자그마치 10여만 그루에 이르렀다.

아픈 역사의 상처를 간직하고 있으면서도 안면송 숲은 강원도나 경북 내륙지방의 금강 소나무숲 못지않게 깊고도 울울하다. 이따금씩 가벼운 트레이닝복 차림으로 산책하는 주민들과 마주칠 때마다 '이토록 아름답고 울창한 안면송길을 일상의 산책로로 삼은 주민들은 참 행복하겠다'는 생각이 든다.

이런저런 생각에 잠겨 자분자분 걷다보니, 갑자기 시야가 환해진다. 안면중·고 근처의 쉼터에 도착한 것이다. 안면송길의 종점인 승언1저수지 전망대까지는 시멘트 포장 도로를 따라 10분쯤 더 걸으면 된다.

승언1저수지의 수련 군락은 일단 엄청난 규모만으로도 사람들을 압도한다. 수련꽃의 개화기인 5월 중순에서 7월 하순 사이에는 하양, 연분홍, 진분홍, 빨강 등 다양한 빛깔의 수련꽃을 한꺼번에 다 감상할 수 있다. 수련뿐만 아니라 핫도그 형상의 꽃 이삭이 달린 부들과 갈대밭 숲도 저수지 가장자리에 빼곡하다. 물닭, 쇠물닭, 논병아리 등의 물새들이 한가로이 헤엄치거나 개개비, 딱새, 박새 등이 부산스럽게 날아다니며 먹이를 찾는 광경도 볼 수 있다. 수련꽃이 피지 않은 철에도 안면송 숲에 둘러싸인 호수는 동화 속의 풍경처럼 아름다워서 오래도록 사람들의 발길을 붙잡는다.

주변 볼거리

안면도수목원 안면도자연휴양림의 부속 수목원이다. 총면적이 42ha에 이르는 이 수목원의 20개 테마정원과 1개의 전문온실에서는 총 1770여 종의 식물이 자란다. 그중 우리나라의 전통적인 멋과 아름다움을 고스란히 간직한 아산정원은 기증자인 고 정주영 회장의 아호에서 이름을 따왔다. 우리나라에 하나뿐인 양치식물 전문온실과 안면도에서만 자생하는 먹년출을 볼 수 있는 먹년출자생지원도 눈길을 끈다. 안면도자연휴양림 입장권을 구입하면 수목원의 관람도 가능하다.

태안군 안면읍 안면대로 3195-6(안면읍 승언리 135) · 041-674-5019 · www.anmyonhuyang.go.kr

승언2저수지 안면읍 소재지인 승언리의 3개 저수지 가운데 가장 크다. 이곳도 1저수지와 마찬가지로 바다를 막아 축조된 저수지이다. 홍련과 백련이 수면을 가득 뒤덮고 있어서 연꽃이 만발하는 여름철이면 그윽한 연꽃 향기가 안면읍내까지도 풍긴다. 안면읍내의 수산시장이나 버스터미널과 인접해 있지만, 호반도로가 별로 없어서 접근성은 떨어지는 편이다. 주로 붕어나 가물치를 낚는 조사들이 즐겨 찾는다. 저수지와 맞닿은 솔숲에는 백로 번식지가 있다. · 태안군 안면읍 승언리 일대 · 041-673-3081(안면읍사무소)

조개 이름이 붙은 안면도자연휴양림 내의 봉우리들은 동네 뒷산처럼 편안히 오르내릴 수 있다.

가는길

자가운전 서해안고속도로 홍성IC → 갈산교차로에서 해미·안면도 방면으로 좌회전 → 상촌교차로에서 안면·천북·남당리 방면으로 좌회전 → 서산간척지 A, B 방조제 → 원청 사거리에서 고남·안면 방면으로 좌회전 → 안면도 방면 79번 국도 → 안면도자연휴양림

대중교통

서울 → 안면도: 남부터미널(02-521-8550)에서 1일 11회(06:40~16:00) 운행, 3시간 10분 소요
대전 → 안면도: 대전복합터미널(1577-2259)에서 1일 2회(07:20, 13:20) 운행, 2시간 50분 소요

※ 안면버스터미널(041-673-8666)에서 안면도자연휴양림까지는 1일 21회(06:20~19:30) 운행하는 영목행 시내버스나 안면도 택시(041-673-4632, 7500, 4350) 이용

안면도 안면송길 코스
(3.99km, 1시간 40분 소요)

안면도자연휴양림 매표소 →
(0.45km 10분) → 모시조개봉 →
(0.28km 7분) → 바지락봉 →
(0.22km 8분) → 새조개봉 →
(0.14km 5분) → 탕건봉 → (0.56km 15분)
→ 키조개봉 → (0.59km 15분) →
'나가지 마십시오' 표지판 →
(0.3km 10분) → 철문 → (0.25km 5분) →
연꽃전망대 삼거리 → (1.2km 25분) →
승언1저수지 전망대

맛집
숲속가든의 게국지

숲속가든 게국지, 꽃게탕, 우럭젓국 등의 태안 향토음식을 두루 잘하기로 소문난 집이다. 안면도자연휴양림 바로 옆에 위치한다.
태안군 안면읍 안면대로 3171-8(승언리 95) • 041-673-4465 • pinegreue.anmyondo.co.kr
딴뚝통나무집 게장백반 • 태안군 안면읍 조운막터길 23-22(안면읍 승언리 60-42) • 041-673-1645
ttanttuk.anmyondo.co.kr

숙소
화이트펜션

안면도자연휴양림 태안군 안면읍 안면대로 3195-6(안면읍 승언리 135)
041-674-5019 • www.anmyonhuyang.go.kr
화이트펜션 태안군 안면읍 꽃지해안로 484 (안면읍 승언리 3090-2) • 010-3498-3428
whitepension.anmyondo.co.kr

48 보령 오서산 억새길

은빛 억새, 금빛 노을 춤추는 '서해의 등대'

충남 보령시 청소면과 홍성군 광천읍에 걸친 오서산은 '서해의 등대'로 불린다. 해발 790.7m 높이의 산이 서해 가까이 우뚝 솟았기 때문이다. 실제로 삽시도나 원산도 등에서 육지를 바라보면, 하늘 가장 높은 곳에 마루금을 그리는 오서산을 볼 수 있다. 오서산은 낙조와 억새로 유명하다. 가을철 하늘거리는 은빛 억새밭 사이를 걸으며 금빛 낙조를 바라보는 맛이 각별하다. 글·사진 진우석

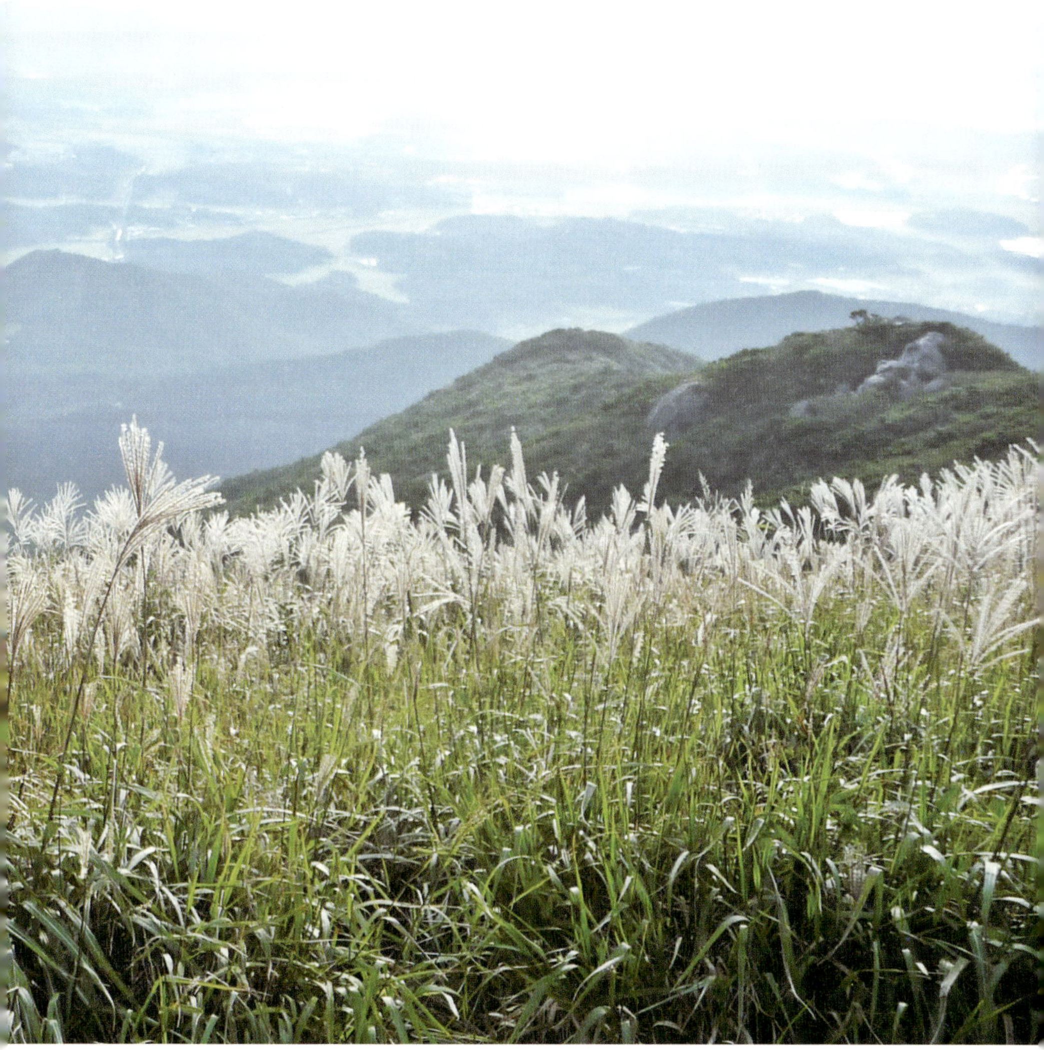

걷기 좋은 계절 **봄, 가을, 겨울**　　난이도 ★★★★　　동반자 **등산 동호인, 친구**

철저한 준비로 만약의 사태를 대비하자

오서산 억새길은 등산 장비를 잘 갖춰야 한다. 등산화는 목이 있는 중등산화가 좋다. 스틱은 몸을 균형을 잡아주고, 다리의 하중을 줄여준다. 가을철 산정은 춥기 때문에 보온에도 신경 써야 한다. 점심은 기호에 맞는 김밥, 빵 등을 준비하고, 초콜릿과 과자 등 열량 높은 간식을 잘 준비하자. 식수를 중간에 구할 수 있는 곳은 북절터이다.

오서산은 금북정맥의 최고봉

오서산은 금강의 분수령인 금북정맥 최고봉인 동시에 서해안에 접한 충남의 봉우리 가운데 가장 높다. 대둔산(879m)과 계룡산(847m)에 이어 충남에서 세 번째로 높지만, 서해가 가까워 체감 높이는 내륙의 1000m가 넘는 산에 뒤지지 않는다. 또한 남북으로 뻗은 능선이 서해 바닷가를 마주하며 장벽처럼 펼쳐져 높이보다 웅장한 산세를 이룬다. 오서산의 능선은 봄 신록, 여름 초원, 가을 억새 그리고 겨울 설화 등으로 계절에 따라 변화무쌍하다. 특히 서해 낙조는 오서산의 최고 명품으로 가을철 억새와 어우러져 선경을 이룬다. 오서산이라는 이름은 예로부터 까마귀가 많이 살아 붙여졌다. 까마귀는 예전에 비해 많이 없어졌지만 아직까지 저물녘이면 종종 떼 지어 날며 주인 행세를 한다.

오서산 억새길은 오서산 등산로와 일치한다. 억새는 능선에 고루고루 펼쳐져 있는데, 특히 정상~공덕고개 갈림길과 오서정 일대가 풍성하다. 억새 탐방 코스는 보령시 청소면 성연리 성연 주차장에서 출발해 시루봉~정상~억새 능선~북절터~신암터를 거쳐 원점회귀하는 길이 좋다. 거리는 10km, 5시간 걸린다.

출발점은 산행 안내판이 서 있는 청소면 성연리 주차장이다. '오서산 산촌생태마을'을 알리는 거대한 비석 앞으로 지나면 한동안 마을길을 타고 오른다. 오서산이 너른 품에 안긴 마을의 집들이 포근해 보인다. 능선 오른쪽으로 툭 튀어 나온 봉우리가 시루봉이고, 가운데 가장 높은 곳이 정상, 맨 왼쪽은 오서정이다.

Story Telling

백제 망국의 한이 서린 '도독이 성'

성연리 마을 위의 '도독이 성'은 백제의 마지막 왕자 풍이 잃어버린 백제 왕국을 다시 세우기 위해 성을 쌓고 마지막 항전을 치렀다는 성으로 전해진다. 문헌 기록은 없지만 오서산 북사면에 '복신의 굴'이 있는 것으로 보아 오서산은 백제부흥운동과 깊은 관계가 있는 것으로 보인다. 도독이 성은 약 3m, 길이 약 50m 정도만 남아 있다. 성연리 주민들은 도독이 성 아래 제단에 백제왕자 풍의 넋을 위로하고 마을의 안녕을 기원하는 추모제를 지낸다.

억새가 가득한 오서산 정상

성연리 임도 들머리에서 시루봉으로

마을 가장 높은 곳에 다다르면 '← 등산로, 밤농장 →' 빨간색 작은 이정표가 보이는데 이때 등산로 이정표를 따른다. 구불구불 임도를 타고 15분쯤 가면 갈림길이다. 여기서 신암터가 왼쪽이고 시루봉은 오른쪽(위쪽) 임도를 따라야 한다. 시루봉 쪽은 이정표가 떨어져 나갔기에 주의해야 한다.

다시 임도를 갈아타고 구불구불 산허리를 15분쯤 돌면 백제 망국의 한이 서린 '도독이성'을 지나고, 시루봉으로 가는 산길을 만난다. 나무계단을 타고 오르면 보령시에서 세운 119 구조 말뚝 이정표가 처음으로 보인다. 말뚝 이정표는 정상을 거쳐 신암터 하산 코스까지 계속 이어지며 길을 안내한다. 30분쯤 가파른 오르막을 치고 오르면 돌탑이 쌓인 봉우리에 올라선다. 이곳이 시루봉이다. 안내판도 없고 조망도 열리지 않아 그냥 지나치기 일쑤이다.

시루봉에서 한숨 돌리고 다시 능선을 타면 점점 고원에 올라선 느낌이다. 길섶에는 원추리, 짚신나물 등 야생화가 가득하다. 완만한 산길을 20분쯤 더 오르면 통신안테나

시원한 산세와 조망이 탁월한 오서정 데크 전망대

가 선 봉우리에 닿는다. 통신안테나 앞의 조망안내판을 보면서 성주산, 보령 시내, 대천해수욕장, 대천항 등을 찾아본다. 대천항 오른쪽 멀리 아스라이 펼쳐진 섬들은 외연열도이다. 통신안테나에서 정상은 지척이다. 평지처럼 부드러운 능선을 사뿐히 밟으면 거대한 비석이 우뚝한 오서산 정상에 닿는다.

충남 해안과 평야의 감동적인 조망

정상 조망은 거침이 없다. 우선 시야는 자연스럽게 서쪽을 바라보게 되는데, 천수만 일대와 안면도가 드넓게 펼쳐진다. 안면도 왼쪽으로는 삽시도, 장고도 등 보령의 섬들이 다도해처럼 흩뿌려져 있다. 북쪽으로 이어진 능선은 오서정까지 웅장하게 흘러간다. 동쪽은 광천, 예산, 청양 등 내포 지역의 부드러운 들판이다. 그야말로 충남 해안과 평야의 감동적인 조망이 아닐 수 없다.

오서산에서 빼놓을 수 없는 보물이 정상에서 오서정까지 1.5km 이어진 능선이다. 지리산 능선처럼 제법 장쾌한 고산 능선의 맛을 느낄 수 있다. 정상을 출발해 그 앞의 봉우리에 올라서면 갈림길이다. 여기서 금북정맥이 오른쪽으로 갈라지고, 그 길을 따르면 오서산자연휴양림으로 내려갈 수 있다.

봉우리 일대에는 오서산의 상징인 억새가 푸르고 싱싱하다. 10월 중순이면 하늘거리는 억새 군락이 능선을 온통 흰색으로 물들인다. 능선에서는 푸른 하늘이 구름 속에서 숨바꼭질한다. 빛과 구름이 번갈아가며 쏟아진다. 서너 개의 봉우리를 오르내리면 왼쪽으로 '신암터' 길이 갈린다. 그 방향으로 하산해야 하지만 10분쯤 더 능선을 타고 오서정에 들렀다가 가는 것이 좋다.

오서정 직전에 정상을 알리는 비석이 서 있어 어리둥절하다. 홍성군에서 세운 비석이다. 오서산이 보령과 홍성에 걸쳐 있다 보니, 보령과 홍성 쪽에서 각각 정상 비석을 올린 것이다. 정상석을 지나면 드넓은 데크 전망대가 나온다. 이곳이 오서정이다. 예전 오서정은 작고 아담한 정자였는데, 지금은 정자를 헐고 수백 명이 앉을 수 있는 전망대를 세웠다. 오서정 일대는 제법 웅장한 산세를 자랑하며 오서산에서 가장 억새가 풍성하다.

북절터에 핀 꽃무릇의 애잔함

전망대를 충분히 즐겼으면 다시 '신암터' 갈림길로 돌아간다. 여기서 지릉을 타고 내려가게 된다. 지릉의 끝 지점에 굵은 소나무 몇 그루가 버티고 있다. 소나무는 사람들이 즐겨 찍는 기념사진 포인트다. 소나무 앞에서 마지막으로 서해와 천수만을 감상하고, 왼쪽으로 제법 가파른 비탈을 내려간다. 15분쯤 내려가면 아늑한 공터가 나오는데, 여기가 북절터이다. 건물터로 추측되는 작은 공간이 서너 개 있고, 암반 사이에서 맑은 물이 샘솟는다. 샘터 아래 공터에는 분홍빛 꽃무릇 서너 그루가 피어 옛 절터임을 알리고 있다.

북절터에서 15분쯤 내려오면 큰 절터가 나온다. 북절터의 본 사찰로 추측되는 곳으로 규모가 크지만 수풀 속에 묻혀 실체가 드러나지 않는다. 절터에 대한 문헌 기록이 없는 것도 아쉽다. 나뒹구는 돌무더기에서 세월의 무상함을 느끼며 호젓한 숲길을 구불구불 내려온다. 점점 고도가 낮아지는 기분이 들 때 임도를 만나면서 신암터 입구가 나온다. 여기서 왼쪽 성연리 방향으로 임도를 타면 곧 갈림길을 만난다. 성연리를 출발해서 만났던 바로 그 임도 갈림길이다. 갈림길에서 15분쯤 더 임도를 따라 성연리를 만나면 산행이 마무리된다.

주변 볼거리

성주사지 통일신라 말기 구산선문 중 하나인 절터로 사적 제307호이다. 국보 제8호인 낭혜화상백월보광탑비 외에 오층석탑(보물 제19호), 중앙삼층석탑(보물 제20호), 서삼층석탑(보물 제47호) 등의 보물과 동삼층석탑과 석등 등의 많은 문화재가 있다.

대천항 서해의 크고 작은 섬으로 떠나는 여행객들과 배를 타고 낚시를 즐기는 이들의 발길이 끊이지 않는 항이다. 어판장에 잔뜩 쌓인 생선도 볼거리지만 경매인의 굵직한 목소리와 상인들의 바쁜 움직임을 통해 악착스런 삶을 느끼게 된다. 보령 앞바다에서 갓 잡아 올린 각종 해산물을 플라스틱 함지박에 담아놓고 파는 상인들에게 싱싱한 해산물을 비교적 저렴한 값에 맛볼 수도 있다.

석탄박물관 1995년 5월 18일 국내 최초로 개관한 석탄박물관이다. 내부 전시관과 외부 전시관으로 구분되어 조성했고, 각종 탄광시설과 광물 표본류 2천5백여 점의 표본이 전시되어 있다. 내부 전시관은 생성 과정을 보여주는 탐구의 장, 석탄과 암석의 종류와 석탄 이용의 역사를 설명하는 발견의 장, 그리고 참여의 장은 탄광과 갱도 모형이 전시되어 있다. • 보령시 성주면 개화리 114-4 • 041-934-1902

오서정에서 본 서해 야경. 오서산은 구름 띠를 두르고 서해가 달빛에 반짝반짝 빛난다.

가는길

자가운전 서해안고속도로 광천IC → 단아래 사거리에서 서천·보령 방면으로 우회전 → 진죽 사거리에서 오천·청소 방면으로 좌회전 → 성연리

대중교통

| 서울 → 대천 | 센트럴시티터미널(02-6282-0114)에서 1일 20회(06:00-21:50) 운행, 2시간 30분 소요 |
| 용산역 1일 17회(05:28-20:55) 운행, 약 2시간 30분 소요 |
| 대전 → 대천 | 대전서부터미널(042-584-1616)에서 1일 14회(06:32-19:30) 무정차 운행, 2시간 소요 |
| 대전 → 성연리 | 구 대천역 앞 버스정류장에서 1일 5회(08:20-22:00) 운행, 40분 소요 |

오서산 억새길 코스 (8km, 약 3시간 50분 소요)

1코스 (3.7km, 약 2시간 소요)
성연 주차장 → (0.5km 7분) → 성골 → (2km 1시간) → 시루봉 → (1.2km 45분) → 정상

2코스 (4.3km, 약 1시간 50분 소요)
성연 주차장 → (0.5km 6분) → 용못 → (1.4km 20분) → 신암터 → (1.2km 40분) → 북절터 → (1.2km 40분) → 정상

생선구이 정석

맛집

한울타리 보령에서 유명한 식당으로 조기, 고등어, 꽁치, 전어 등 다양한 생선이 푸짐하게 나온다. 생선이 부족하면 무한리필이 가능하다.
보령시 남대천로 51(대천동 209-88) • 041-936-0996

도래 전복 바지락 칼국수 • 보령시 육굴길 152-35(요암동 25) • 041-933-8000

뜨락우미정 한우 • 보령시 큰오랏3길 30(동대동 1641) 041-931-9966

숙소

오서산산촌생태마을 보령시 청소면 성연리 넙티로513-6(청소면 성연리 63) • 041-934-0882

오서산자연휴양림 보령시 청라면 오서산길 531(장현리 산52-2) • 041-936-5465
www.huyang.go.kr

꿈의궁전모텔 보령시 청소면 넙티로 591-22 (성연리 17-12) • 041-932-3114

Index

길 이름	쪽수	Story Telling	주변 볼거리	맛집	숙소
1 태안 바라길 1구간	018	두웅습지 금개구리	이종일 선생 생가 이원방조제	선경횟집 (041-674-5288) 이원식당 (041-672-8024) 토담집 (041-674-4561)	학암포비치콘도 (1544-6417) 학암포제일모텔 (041-674-7221) 자작나무펜션 (041-675-9995)
2 태안 바라길 2구간	026	숫자로 본 태안 기름유출사건	신두리 해안사구 꾸지나무골해변	항포구횟집 (041-675-7134) 천리포횟집 (041-672-9170) 화해당 (041-675-4443)	에벤에셀펜션 (041-675-8273) 하늘과바다사이리조트 (041-675-2111) 채플힐펜션 (010-4802-3122)
3 태안 바라길 3구간	034	민병갈 원장의 한국 사랑	두웅습지	관해수산 (041-672-2118) 토담집 (041-674-4561) 흙도회관 (041-672-5353)	송도오션리조트 (041-672-7000) 베이브리즈 (041-675-9551) 천리포수목원 힐링하우스 (041-672-9982)
4 태안 솔향기길 1코스	042	솔향기길 1코스의 개척자, 차윤선 씨	태안마애삼존불상 만대어촌체험마을	만대항어촌계횟집 (041-675-7976) 만대항운영수산회센터 (041-675-3048) 꾸지나무골회수산 (041-674-7850)	자드락펜션 (010-9271-6604) 씨엔블루펜션 (010-4366-3597) 블루라군펜션 (041-675-0045) 바다마을이야기펜션 (041-675-6215)
5 태안 솔향기길 2코스	050	은포해변이 음포해변이 된 사연	두웅습지 안흥성	이원식당 (041-672-8024) 외우재 (041-672-6699) 영일식관 (041-672-8016)	힐링비치펜션 (041-672-3922) 파인비치펜션 (041-672-3223) 더나무펜션 (041-673-3883)
6 태안 해변길 솔모랫길	056	『별주부전』의 무대가 된 태안군 남면 원청리	태안꽃축제장 팜카밀레허브농원	안면식당 (041-673-7736) 몽대횟집 (041-672-2254) 곰섬나루 (041-675-5527)	몽산포오토캠핑장 (011-409-9600) 더클래식펜션 (041-675-0059) 팜비치펜션 (041-675-3444)
7 태안 해변길 노을길	064	해념이가 환상적인 꽃지 해변의 할미·할아비바위	안면도 모감주나무 군락 안면암	솔밭가든 (041-673-2034) 물새집 (010-5475-8524) 승진횟집 (041-673-3378)	행복한테라스펜션 (041-673-4855) W펜션 (041-672-6789) 그랑프리펜션 (041-672-0565) 해상송림펜션 (041-673-4782)
8 태안 태배길	072	'칠뱅이'가 오랑캐를 물리친 사연	구름포해변	항포구횟집 (041-675-7134) 의항원조횟집 (041-674-0183) 푸른수산횟집 (041-674-9096)	해돋이펜션 (017-422-9081) 모래와모구펜션 (041-675-6778) 솔밭민박 (041-675-7578)
9 당진 바다사랑길	078	고(故) 박정희 대통령의 마지막 공식행사	필경사 당진시내여행	우렁이박사 (041-362-9554) 삽교호전망대 (041-362-8701) 맷돌포바다횟집 (041-363-8259) 먹쇠민물장어 (041-362-1092)	삽교호비치파크 (041-363-2426) 뉴월드타크 (041-363-3747) 당진호텔 (041-356-5757) 인피니티호텔 (041-358-5253)
10 당진 대난지도 둘레길	086	소난지도 의병총	소난지도 왜목마을 장고항	대성식당 (041-352-2357) 대난지도민박식당 (041-352-3077)	꿈의펜션 (041-352-5979) 로그비치펜션 (041-354-3940) 펜션해변연가 (041-353-3894)
11 보령 외연도 둘레길	094	당산에 스민 중국 전횡 장군의 절개	대천해변 성주산자연휴양림 무창포해변	추억식당 (010-3472-7008) 외연도어촌계식당 (041-931-5751) 부일수산 (041-933-0870)	어촌계민박 (041-931-5750) 대어민박 (041-936-5006)
12 보령 삽시도 둘레길	102	물망터는 해수관음보살의 터전, 신비한 샘물 솟아	원산도 보령댐 오천항	한일식당 (041-935-3764) 해돋는펜션식당 (041-935-1617) 부일수산 (041-933-0870)	태창비치펜션 (010-7727-6925) 펜션나라 (041-931-5007) 민석이네캠핑장 (041-935-7140)

길 이름	쪽수	Story Telling	주변 볼거리	맛집	숙소
13 서산 아라메길 3-1구간	110	풍어의 신, 임경업 장군	황금산 벌천포 해수욕장 웅도	대웅식당 (041-664-5431) 삼길포횟집 (041-669-9297) 바다나라식당 (041-669-4835)	스카이텔 (041-663-7497) 씨엔텔펜션 (041-681-9440) 하늘바라기펜션 (010-6378-6052)
14 서산 아라메길 4구간	118	호리의 쌍섬 전설	팔봉산 안견기념관 서산동부시장	향토 (041-668-0040) 팔봉산장수촌 (041-665-3579) 황해횟집 (041-662-6069)	나폴리펜션 (041-669-5953) 천송펜션 (041-664-3536) 하이얀모텔 (041-667-5553)
15 백제큰길 부여 구간	128	당나라 소정방과 백마강	국립부여박물관 삼충사 정림사지	백제향 (041-837-0110) 장원막국수 (041-835-6561) 구드래돌쌈밥 (041-836-0463)	아리랑모텔 (041-832-5656) 롯데부여리조트 (041-939-1000) 백제관광호텔 (041-835-0870)
16 백제큰길 공주 구간	138	웅진시대를 꽃피운 무령왕릉 발굴 사건	석장리박물관 공주 송산리고분군 고마나루	예가 (041-854-7900) 새이학가든 (041-855-7080) 고마나루돌쌈밥 (041-857-9999)	금강호텔 (041-852-1071) 앙상블모텔 (041-854-8822) 카리브모텔 (041-854-1222)
17 공주 고마나루 명승길	146	공주의 지명이 유래된 고마나루	공주한옥마을 공주시티투어 송산리고분군	고마나루돌쌈밥 (041-857-9999) 예가 (041-854-7900) 새이학가든 (041-855-7080)	금강호텔 (041-852-1071) 앙상블모텔 (041-854-8822) 카리브모텔 (041-854-1222)
18 당진 내포문화숲길 (백제부흥군길)	154	견훤의 전설이 있는 합덕제와 성동산성	아미산 몽산과 산성	김가면옥 (041-356-3019) 부연정 (041-352-9494) 구절가든 (041-353-5187) 면천송어촌 (041-356-3122) 솔밭가든 (041-353-5400)	영파크 (041-356-3144) 폭풍의언덕 (041-355-0588) 경일파크 (041-356-3050)
19 당진 버그내 순례길	162	흥선대원군과 천주교	면천읍성 영탑사	전대가감자탕 (041-362-3505) 광야식당 (041-363-1990) 합덕한우마을 (041-363-6757)	솔뫼피정의집 (041-362-5021) 금호파크 (041-363-1192)
20 부여 사비길	170	부소산성	고란사 신동엽 생가와 문학관 백제왕릉원	구드래돌쌈밥 (041-836-9259) 바다야해물찜 (041-837-8982) 나루터 (041-835-3155)	롯데부여리조트 (041-939-1000) 부여기와마을 (041-834-8253) 미라보모텔 (041-835-9988)
21 홍성 홍주성 천년여행길	178	한국사의 축소판 홍주성	만해 한용운 생가 용봉산 궁리포구	똥땡이아줌마 (041-634-0317) 충무집 (041-632-1443) 밀두리 (041-632-3623)	문전성시게스트하우스 (070-8844-6245) 홍성온천관광호텔 (041-633-7777) 카네기모텔 (041-631-7750)
22 예산 내포문화숲길 (원효 깨달음의 길)	186	원효가 깨달음을 얻은 가야산	덕산온천 충의사 예당저수지	가야수랏간 (041-337-3790) 수덕식당 (041-337-6019) 엘가인아라첼리 (041-337-0789)	리솜스파캐슬 (041-330-8000) 세심천온천호텔 (041-338-9000) 봉수산자연휴양림 (041-339-8936)
23 예산 느린꼬부랑길	194	설화가 아닌 실화 '의좋은 형제 이야기'	봉수산휴양림 의좋은 형제 공원 예당저수지 생태공원	산마루가든 (041-334-9235) 대흥식당 (041-335-6034)	봉수산자연휴양림 (041-339-8936) 봉수산펜션 (041-332-1919) 라모스모텔 (041-332-8801)
24 서산 아라메길 1-1구간	202	백 개의 암자가 한꺼번에 사라진 가야산	개심사 유기방 가옥 여미 갤러리	반도회관 (041-665-2262) 예원가든 (041-669-2496) 원경가든 (041-669-0005)	쉴만한물가펜션 (070-8253-2495) 백제의미소 (041-663-0890) 레인보우모텔 (041-665-3232)

길 이름	쪽수	Story Telling	주변 볼거리	맛집	숙소
25 서산 아라메길 2구간	210	배교의 유혹을 이겨낸 순교자릿돌	정순왕후 생가 김기현 가옥 간월암	시장순대 (041-688-4370) 반도회관 (041-665-2262) 읍성뚝배기 (041-688-2101)	모텔첼로 (041-688-8488) 모텔테마 (041-688-1801) 거북장여관 (041-688-2149)
26 천안 태조산 솔바람길	220	성불사 암각화 이야기	천안향교 우정박물관 천안삼거리공원	소나무향기 (041-523-2202) 녹원 (041-555-3531) 박순자아우내순대 (041-564-1242)	천안상록리조트 (041-560-9114) 아비슝호텔 (041-578-8283) 쉘부르호텔 (041-561-3838)
27 아산 봉곡사 솔바람길	228	다산의 자취가 남은 절집, 봉곡사	아산 외암마을 봉곡사 맹씨행단	한우드소 (041-547-8484) 도담불고기 (041-545-2008)	온양관광호텔 (041-545-2141) CF모텔 (041-549-0904) 힐탑모텔 (041-541-5161)
28 논산 계백혼이 살아 숨 쉬는 솔바람길	234	우복 정경세 선생과 세 선비	탑정호수변생태공원 명재고택 관촉사	신풍매운탕 (041-732-7754) 은진손칼국수 (041-741-0612) 황산옥 (041-745-4836)	딸기모텔 (041-734-2729) 조선호텔 (041-733-1012) 에버그린관광호텔 (041-742-3344)
29 계룡 사계 솔바람길	242	광산김씨의 번성, 허씨 부인 이야기	신원재 모원재와 김국광 묘역	시루콩나물밥 (042-841-0039) 토담 (042-841-0330) 콩밭 (042-841-6776)	샤모니모텔 (042-841-0450) 호텔리어파크 (042-841-0782) 캔버스모텔 (042-841-5861)
30 금산 금강 솔바람길	248	금산인삼축제	금강생태과학체험장 금산인삼관	금산관광농원 (041-754-8388) 맛깔 (041-753-5353) 남경가든 (041-754-1133)	힐튼모텔 (041-752-1580) 새천년모텔 (041-754-1080) 호정장여관 (041-751-0395)
31 부여 성흥산 솔바람길	254	성흥산성, 백제의 부흥을 꿈꾸던 행복의 성	대조사와 미륵불 정림사터 5층석탑 궁남지	진미식당 (041-833-5808) 산장가든 (041-834-4004) 임천가든 (041-834-4995)	백제관광호텔 (041-835-0870) 백제관 (041-832-2722) 스타팰리스 모텔 (041-833-3005)
32 청양 칠갑산 솔바람길 1구간	262	최익현, 청양 땅에서 항일의 날을 세우다	칠갑산천문대 청양목재문화체험장 고운식물원	바닷물손두부 (041-943-6617) 칠갑산 두메산골 (041-943-9080) 은행나무식당 (041-943-3790)	호텔 칠갑산 샬레 (041-942-2000) 칠갑산자연휴양림 (041-940-2428~9) 한마음모텔 (041-943-0057)
33 청양 칠갑산 솔바람길 2구간	270	국보와 보물이 가득한 절집, 장곡사	칠갑산 장승공원 까치네휴양지	칠갑산맛집 (041-943-5912) 충청수산둥지가든 (041-943-0008) 산골짜기 (041-942-2900)	산골짜기펜션 (041-942-2900) 칠갑산골펜션 (041-943-7211) 칠갑산산꽃마을 팜스테이 (041-944-2007)
34 홍성 거북이마을 솔바람길	278	당대 문화 생활상 드러난 「석천한유도」	남당항 홍주성 김좌진장군 생가	거북이마을식당 (041-631-0402) 한우본 (041-634-2292) 일미옥불고기 (041-632-3319)	거북이마을민박 (041-631-0402) 홍성온천관광호텔 (041-633-7777) 카네기모텔 (041-631-7750)
35 예산 온천과 함께하는 솔바람길	286	6백 년의 역사를 자랑하는 보양온천 '지구유'	수덕사 템플스테이 한국고건축박물관 남연군묘	할머니곱창 (041-338-2642) 또순네식당 (041-337-4314) 사과나무 (041-337-4279)	리솜스파캐슬 (041-330-8000) 덕산온천관광호텔 (041-338-5000) 세심천온천호텔 (041-338-9000)
36 공주 마곡사 솔바람길	294	김구 선생도 은신처로 삼은 '마곡사'	마곡사 템플스테이 장승고을 공산성	태화식당 (041-841-8020) 새이학가든 (041-855-7080) 고마나루돌쌈밥 (041-857-9999)	어울림 (041-841-9963) 앙상블모텔 (041-854-8822) 우펜션 (041-858-0223)

길 이름	쪽수	Story Telling	주변 볼거리	맛집	숙소
37 서천 천년 솔바람길	302	명당 한산이씨 시조묘	한산 모시관 한산 소곡주 체험관 한산면 고촌리 효자리 비석	담쟁이넝쿨가든 (041-951-9288) 한산소곡주양조장 (041-951-0290) 토담 (041-951-0106)	문헌서원한옥체험관 (041-953-5895) 프로포즈모텔 (041-951-0920) 산성파크 (041-951-0654)
38 서천 철새 나그네길	312	동백정 동백숲의 전설	홍원항 전어축제장 마량포구 일출 일몰지 선도리 갯벌체험장 · 월하성 갯벌체험장	원조청정해산물소문난집 (041-952-3288) 아침햇살횟집 (041-952-3948) 마량포횟집 (041-952-8948)	아드리아모텔 (041-951-6699) 해오름관광농원 (041-952-1617) 서천비치텔 (041-952-9566)
39 서천 금강2경 도보여행길	320	기벌포와 진포 전투 현장, 금강하구	금강하굿둑 놀이동산 주변 배롱나무 동자북 소곡주 체험마을 달고개 모시마을	달인왕돈까스 (041-956-6711) 덕수궁해물칼국수 (041-956-7066) 홍ულ이해물짬뽕 (041-956-5433)	파라다이스모텔 (041-951-8228) 오페라모텔 (041-956-6565)
40 서천 봉선지 둘레길	328	벽오리 무인가게와 농촌체험마을	새장터 3 · 1운동 기념비 서천 8경, 천방산 풍광 희리산 해송 자연휴양림	보신정 (041-953-7769) 진다리식당 (041-953-2350) 서천아구탕 (041-953-4391)	서천물버들펜션 (041-953-1024) 선명모텔 (041-953-9252) 필모텔 (041-952-9334)
41 아산 천년비손길	338	궁평지, 그 신비로움에 반하다	현충사 온양향교 봉수산	오돌개농가맛집 (041-531-9990) 송악가든 (041-541-4202) 향토길추어탕 (041-544-2118)	뉴코리아관광호텔 (041-542-8151) 나이스모텔 (041-533-1466) 노블레스 (041-534-6330)
42 금산 금성산 둘레길	344	임진왜란 당시의 금산지역 전투	칠백의총 용호석	원조삼계탕 (041-752-2678) 아구산성 (041-751-4979) 너구리의피난처 (041-753-3290)	인삼호텔 (041-751-6200) 월영산모텔 (041-752-6948) 체리의향기 (041-751-2667)
43 부여 장암 송죽 억새길	352	억새와 갈대, 늘 헷갈려!	국립부여박물관 낙화암과 백마강 성흥산 사랑나무	솔내음레스토랑 (041-836-0116) 보성가든 (041-837-2004) 삼정식당 (041-834-4461)	미라보 (041-835-9988) 오얏골민박 (010-6409-8853) 거북장 (041-836-5228)
44 서천 장항 성주산 탐방로	358	장항역과 국립생태원의 탄생	국립생태원 장항송림산림욕장 장항화물역	성환식당 (041-956-5551) 할매온정집 (041-956-4860) 금강회집 (041-956-7222)	노블레스모텔 (041-956-3100) 비치하우스 (041-956-3230) 프린스장 (041-956-4636)
45 청양 남산 녹색둘레길	364	도심 속 생태공원의 성공사례, 백세공원	알프스마을 조롱박축제 천장호와 출렁다리 청양향교	칠갑산묵밥집 (041-942-2760) 한우명가어울림 (041-942-1592) 다래정회관 (041-943-9999)	칠갑산하황토방 (041-943-3232) 꿈의궁전모텔 (041-943-8255) 파라다이스모텔 (041-943-2233)
46 예산 가야구곡 녹색길	372	2대에 걸쳐 천자가 나오는 명당 '남연군묘'	수덕사 추사고택 은성농장	또순네식당 (041-337-4314) 고덕갈비 (041-337-8700) 입질네어죽 (041-337-5989)	리솜스파캐슬 (041-330-8000) 가야관광호텔 (041-337-0101) 휴펜션 (041-664-0604)
47 태안 안면도 안면송길	380	국내 최대의 수련군락지, 승언1저수지	안면도수목원 승언2저수지	숲속가든 (041-673-4465) 딴뚝통나무집 (041-673-1645)	안면도자연휴양림 (041-674-5019) 화이트펜션 (010-3498-3428)
48 보령 오서산 억새길	388	백제 망국의 한이 서린 '도독이 성'	성주사지 대천항 석탄박물관	한울타리 (041-936-0996) 도래 (041-933-8000) 뜨락우미정 (041-931-9966)	오서산촌생태마을 (041-934-0882) 오서산자연휴양림 (041-936-5465) 꿈의궁전모텔 (041-932-3114)

느리게 느리게
걸어유
충남도보여행

초판 1쇄 | 2014년 3월 10일
지은이 | (사)한국여행작가협회
발행인 겸 편집인 | 유철상
책임편집 | 이유나
교정·교열 | 이유나
디자인 | Luna Design
마케팅 | 조종삼

펴낸 곳 | 상상출판
주소 | 서울시 동대문구 용두동 790번지 롯데캐슬 피렌체 상가 3층 306호
구입·내용 문의 | 전화 070-8886-9892~3 팩스 02-963-9892
이메일 | cs@esangsang.co.kr
등록 | 2009년 9월 22일(제305-2010-02호)
찍은 곳 | 다라니

※ 가격은 뒤표지에 있습니다.

ISBN 978-89-94799-60-5(13980)

© 2014 (사)한국여행작가협회

※ 이 책은 상상출판이 저작권자와 계약에 따라 발행한 것이므로
   본사의 서면 허락 없이는 어떠한 형태나 수단으로 이용하지 못합니다.
※ 잘못된 책은 바꿔 드립니다.

www.esangsang.co.kr